中国粮食和物资储备年鉴

Yearbook on Food and Strategic Reserves in China 2024

2024

国家粮食和物资储备局　编

中国计划出版社

·北　京·

图书在版编目（CIP）数据

中国粮食和物资储备年鉴. 2024 / 国家粮食和物资储备局编. -- 北京 : 中国计划出版社, 2024.5
ISBN 978-7-5182-1665-9

Ⅰ. ①中… Ⅱ. ①国… Ⅲ. ①粮食－国家储备－中国－2024－年鉴②国家物资储备－中国－2024－年鉴 Ⅳ. ①F324.9-54②F259.21-54

中国国家版本馆CIP数据核字(2024)第030320号

中国粮食和物资储备年鉴（2024）
ZHONGGUO LIANGSHI HE WUZI CHUBEI NIANJIAN（2024）
国家粮食和物资储备局　编

策划编辑：李　陵（40830954@qq.com）
责任编辑：袁　铭（ym68038102@163.com）

中国计划出版社出版发行
网址：www. jhpress. com
地址：北京市西城区木樨地北里甲11号国宏大厦C座4层
邮政编码：100038　电话：（010）63906433（发行部）
北京汇瑞嘉合文化发展有限公司印刷

889mm×1194mm　1/16　27.5印张　585千字
2024年5月第1版　2024年5月第1次印刷

定价：200.00元

《中国粮食和物资储备年鉴2024》

编委会和编辑人员

编写说明

《中国粮食和物资储备年鉴》主要汇集粮食和物资储备系统重要时事、文献资料，全面客观记述年度工作，完整记录中国粮食和物资储备发展历史足迹，为科学决策和理论研究提供参考，为社会了解粮食和物资储备发展状况提供帮助。

《中国粮食和物资储备年鉴2024》包括综述、全国粮食和物资储备工作、各地粮食和物资储备工作、各垂直管理局工作、政策与法规文件、附录等，记载了2023年度全国与地方粮食和物资储备工作及各垂直管理局相关工作。收集的数据和资料未包括我国香港特别行政区、澳门特别行政区和台湾地区。各省（自治区、直辖市）的排列顺序按照全国行政区划的统一规定排列。

本期年鉴在编辑出版过程中得到了国家发展和改革委员会、农业农村部、国家统计局以及国家粮食和物资储备局各司局单位、各垂直管理局，各省、自治区、直辖市、计划单列市及新疆生产建设兵团粮食和物资储备局（粮食局）等部门单位的大力支持，在此，我们表示衷心的感谢！不足和疏漏之处，敬请批评指正。

《中国粮食和物资储备年鉴》编辑部

中国粮食研究培训中心

2024年3月

目　录

第三篇　各地粮食和物资储备工作……93

第一篇

综　述

2023年全国粮食和物资储备工作综述

2023年，在以习近平同志为核心的党中央坚强领导下，全国粮食和物资储备系统坚持以习近平新时代中国特色社会主义思想为指导，认真贯彻落实党的二十大和二十届二中全会精神，坚决扛稳保障粮食和物资储备安全政治责任，主要目标任务全面完成，粮食市场保持平稳运行，国家储备实力和应急保障能力进一步增强，为经济回升向好和高质量发展提供了有力支撑。

一 全面从严治党不断向纵深发展

加强党对粮食和物资储备工作的全面领导，认真落实管党治党责任，大力营造风清气正的政治生态。主题教育成果丰硕。把学习贯彻习近平新时代中国特色社会主义思想主题教育作为重大政治任务，一体推进理论学习、调查研究、推动发展、检视整改，分层制定问题清单并实行动态管理、统筹抓好整改，以学铸魂、以学增智、以学正风、以学促干取得明显成效。政治机关建设持续强化。完善全过程、闭环式督办机制，认真贯彻落实党中央重要决策部署。配合出版《习近平关于国家粮食安全论述摘编》，做好学习宣传贯彻相关工作。持续抓好中央巡视反馈问题整改，开展党的二十大后国家粮食和物资储备局党组首轮巡视。全系统党员干部的政治站位、政治担当、政治能力不断提高。党建工作扎实推进。研究出台党建高质量发展的意见，召开落实全面从严治党主体责任推进会，分层建立责任清单，建立覆盖全流程的督责考责问责办法。实行国家粮食和物资储备局党组成员分工联系垂直管理局（以下简称垂管局）和基层党建工作联系点制度，机关各司局单位与垂管系统基层单位开展结对共建。制定深入贯彻新时代党的组织路线、加强领导班子和干部队伍建设的意见，加快建设忠诚干净担当的高素质专业化干部队伍。正风肃纪反腐保持高压态势。组织“以案为鉴警示教育月”活动，紧盯廉政高风险领域，完善制度办法。加强审计队伍建设，创新监督方式，精准发现问题，强化问题整改。扎实开展纪检干部队伍教育整顿，建立各级纪检干部每季度全覆盖谈心谈话机制，严肃查办违纪违法案件。

二 粮食安全保障能力不断提升

坚持“产购储加销”协同保障，在国际粮食市场大幅波动的情况下，国内粮食市场运行保持总体平稳。粮食收购平稳有序。认真组织夏粮、秋粮收购，积极优化收购服务，有效应对“烂场雨”、洪涝、暴雪等异常天气影响，保障农民售粮顺畅，全年收购量保持在4亿吨以上。粮食储备逐步增加。粮食库存充裕，库存消费比远高于17%~18%的国际粮食安全警戒线。全国标准仓房完好仓容达到7亿吨，粮食仓储管理规范化、精细化、绿色化、智能化水平不断提升，仓储条件总体保持世界较先进水平。粮食市场供应充足。精准落实粮食宏观调控措施，认真组织政策性粮食销售，适时开展中央和地方储备轮换，发挥吞吐调节作用。具备粮食应急储运、加工企业的县（市、旗）基本实现全覆盖。粮食产业提质增效。深入推进优质粮食工程，加快粮食产业高质量发展。组织发布小麦、大豆强制性国家标准，建立完善粮食质量安全第三方检验监测制度。成功举办第五届中国粮食交易大会和第三届全国脱贫地区优质特色粮油产品展销会，举办第六届全国粮食行业职业技能竞赛。深化粮食领域国际合作，与有关国家政府部门签署粮食合作谅解备忘录。节粮减损有力有效。发挥粮食产后服务中心助农减损增收作用，组织开展绿色储粮技术集成示范和标准化试点。组织开展全国粮食储存损失调查，结果显示农户储粮损失率2.9%，国有粮库储粮周期内综合损耗率控制在1%以内。举行世界粮食日和全国粮食安全宣传周等活动，积极开展科普宣传，在全社会营造爱粮节粮氛围。

三 战略物资储备实力和应急保障能力不断增强

根据构建大国储备体系的需要，持续优化完善储备设施，不断调整储备品种结构布局，以国家储备的确定性应对外部环境的不确定性。储备物质基础进一步夯实。聚焦保障国家粮食安全、能源安全、产业链供应链安全，密切跟踪新态势、新需求、新变量、新要求，认真落实粮食、能源、重要矿产品原材料、应急物资等储备任务，确保各类物资平时备得足、管得住、储得好，关键时刻拿得出、调得快、用得上。加快推进重点项目建设，持续完善物资储存和调运基础设施。加强监测预警和形势分析，发挥储备“压舱石”和“稳定器”作用。应急物资保障作用有效发挥。抓好中央应急抢险救灾物资采购，圆满完成多批次物资调运任务，有力保障了京津冀和东北地区防汛救灾、西北地区抗旱减灾和甘肃、青海抗震救灾等急需。各地建立了分级响应机制，基本形成省市县乡四级应急抢险救灾物资储备体系。

四 粮食监管和储备管理不断强化

深入推进专项整治和监管执法，不断加大储备管理力度，坚决守住管好“天下粮仓”

和“大国储备”。专项整治成效显著。配合中央纪委国家监委持续深化粮食购销领域腐败问题专项整治，开展“严监管强执法重处罚行动年”活动。出台政策性粮食购销违法违规行为举报奖励等办法，采用交叉检查方式组织全国政策性粮油库存检查。坚决查处涉粮违法违规案件，各级粮食和物资储备部门作出行政处罚8000多例，公开通报典型案例，形成有力震慑。信息化建设和监管取得重要进展。中央储备粮、最低收购价粮实现信息化全覆盖。所有省级储备粮、29个省份的市县级储备粮实现信息化全覆盖，省市县三级储备粮信息化覆盖率达到95%。运用粮食购销数字化监管系统，探索建立常态化视频查库机制。12325热线受理举报线索1162件，帮助兑现拖欠农民售粮款2500余万元，有效发挥了“前哨”作用。储备管理力度逐步加大。印发物资储备行业标准规范；出台中央储备棉糖仓储管理办法，启动中央储备棉糖管理提升行动；进一步推动能源储备规范管理。安全生产得到加强。细化量化垂管系统9个方面责任目标，制定双重预防等安全制度，严格落实安全生产责任制，推动重大事故隐患专项排查整治2023行动，全系统安全生产形势保持稳定。

五 管粮管储制度机制不断完善

统筹推进立法、改革和粮食安全考核，不断提高粮食和物资储备治理现代化水平。强化粮食安全考核导向。有关部门制定出台省级党委和政府落实耕地保护和粮食安全责任制考核办法、评分细则，有力引导各地落实党政同责、扛稳粮食安全重任。中央政府储备粮棉管理和中央事权粮食政策执行情况年度考核实行量化评分机制，目标导向和结果导向更加鲜明。改革创新持续推进。持续推进粮食储备、战略和应急物资储备安全管理体制机制改革，研究制定配套政策，抓好任务落地。大力推动科技和人才兴粮兴储，组织粮食科技创新平台清理规范工作，完善粮食科技创新平台体系建设，批复建设4家国家粮食产业技术创新中心。举办全国粮食和物资储备科技活动周，认定首批粮食和储备系统教育培训基地，评选第二批全国粮食和物资储备技能大师。粮食安全立法取得重大成果。《中华人民共和国粮食安全保障法》经十四届全国人大常委会第七次会议审议通过，成为我国保障国家粮食安全的第一部综合性、基础性法律。《粮食流通行政执法办法》、《粮食质量安全监管办法》先后实施。贵州省修订出台本省粮食安全保障条例，江西、湖南等省份出台本省粮食流通管理条例，河北、福建、广西、海南、甘肃、宁夏等省份制修订本省储备粮管理法规规章。

撰稿单位：国家粮食和物资储备局办公室（外事司）；撰稿人：王勇；审稿人：方进

第二篇

全国粮食和物资储备工作

粮油生产

2023年，是全面贯彻党的二十大精神的开局之年，也是实施“十四五”规划的关键之年，夺取全年粮食丰收意义重大。贯彻习近平总书记重要指示批示精神和党中央、国务院决策部署，各级农业农村部门全力以赴、攻坚克难，抓紧抓实粮食生产，大力推进粮油等主要作物大面积单产提升行动，克服黄淮罕见“烂场雨”、华北东北局部严重洪涝、西北局部干旱等灾害影响，全年粮食再夺丰收，连续9年保持在65000万吨以上。

一　粮食生产

（一）粮食生产概述

一是粮食面积稳步增长。2023年粮食播种面积11896.9万公顷，比上年增加63.6万公顷，增幅0.5%。

二是单位面积产量（以下简称单产）稳中有增。2023年粮食平均单产每公顷5845.3公斤，比上年增加43.6公斤，增幅0.8%。

三是全国粮食产量实现多年连丰。2023年粮食总产量69541万吨，比上年增加888万吨，增幅1.3%，粮食产量连续9年稳定在65000万吨以上。

（二）粮食生产品种结构

1. 三季粮食产量有增有减

夏粮面积增、产量减：2023年夏粮播种面积2660.9万公顷，比上年增加7.9万公顷，增幅0.3%；产量14615.2万吨，比上年减少125.1万吨，减幅0.8%；单产每公顷5492.7公斤，比上年减少63.4公斤，减幅1.1%。

早稻面积减、产量增：2023年早稻播种面积473.3万公顷，比上年减少2.2万公顷，减幅0.5%；产量2833.7万吨，比上年增加21.5万吨，增幅0.8%；单产每公顷5987公斤，比上年增加72.7公斤，增幅1.2%。

秋粮面积、产量均增：2023年秋粮播种面积8762.7万公顷，比上年增加58万公顷，增幅0.7%；产量52092万吨，比上年增加991.9万吨，增幅1.9%；单产每公顷5944.8公斤，比上年增加74.4公斤，增幅1.3%。

2.主要粮食品种产量“两增两减”

稻谷面积、产量均减：2023年稻谷播种面积2894.9万公顷，比上年减少50.1万公顷，减幅1.7%；产量20660.3万吨，比上年减少189.2万吨，减幅0.9%；单产每公顷7136.8公斤，比上年增加57.2公斤，增幅0.8%。

小麦面积增、产量减：2023年小麦播种面积2362.7万公顷，比上年增加10.9万公顷，增幅0.5%；产量13659万吨，比上年减少113.3万吨，减幅0.8%；单产每公顷5781公斤，比上年减少75公斤，减幅1.3%。

玉米面积、产量均增：2023年玉米播种面积4421.9万公顷，比上年增加114.9万公顷，增幅2.7%；产量28884.2万吨，比上年增加1163.9万吨，增幅4.2%；单产每公顷6532.1公斤，比上年增加96公斤，增幅1.5%。

大豆面积、产量均增：2023年大豆播种面积1047万公顷，比上年增加23万公顷，增幅2.2%；产量2084万吨，比上年增加56万吨，增幅2.8%；单产每公顷1989.9公斤，比上年增加9.8公斤，增幅0.5%。

撰稿单位：农业农村部种植业管理司；撰稿人：刘阿康、陈明全；审稿人：吕修涛

二 绿色高产高效行动

2023年，聚焦粮油等主要作物大面积均衡增产增效和产业综合效益提升，集中力量、集聚资源，以更强力度、更大规模、更高层次组织开展绿色高产高效行动。明确技术路径，集成组装区域性、标准化高产高效种植技术，构建“五统一”服务体系，选择一批县市整建制推进，打造一批“百亩田、千亩方、万亩片”，有效由点到线及面带动单产提升，助力全方位夯实粮食安全根基。

（一）围绕区域作物，规划布局针对性倾斜带动

2023年，中央财政计划打造整建制推进绿色高产高效行动县631个，各省加力推进，累计打造775个，超额完成23%。突出关键作物，重点向粮油生产倾斜。2023年涉及粮食作物种植的县占比76%，油料作物占比33%。重点打造200个玉米、100个大豆整建制推进县，优先倾斜资金。突出关键区域，统筹主产区和非主产区。立足资源禀赋和生产基础，2023年绿色高产高效行动在13个粮食主产区累计打造整建制县474个，加力提升主产区生产技术水平。在22个巩固脱贫攻坚重点省份打造整建制县640个，打造标杆区，促进生产水平提升和产业协同推进。在少数民族自治区打造整建制县135个，有效拉动当

地生产能力。

（二）围绕集成融合，高产典型大批量涌现打样

坚持全要素融合，集成组装技术模式967个，有效发挥新品种、新技术、新机械协同增效作用。聚焦粮油等主要作物高产样板建设，新疆集成玉米密植水肥一体化机械粒收技术，创建全国首个10万亩集中连片玉米机械收获“吨粮田”。聚焦多熟制地区复种与周年高产，山东莱州市整建制玉米推进县集成“吨半粮”高产技术模式，攻关田小麦单产每公顷13213.35公斤，玉米每公顷产18110.55公斤，周年每公顷产31323.9公斤，创全国小麦玉米周年单产记录。江西丰城市示范应用了“优质稻全程机械化新技术集成稻稻油模式”，双季稻种植面积101公顷，双季稻两季平均单产每公顷16008公斤，比当地农户平均单产每公顷高1372.5公斤。聚焦干旱地区降雨高效利用，甘肃镇原县持续提升以全膜双垄沟播技术为核心的旱作农业技术体系，项目区玉米平均每公顷产10822.5公斤，比全县平均水平每公顷增产1275公斤。宁夏彭阳县生育期降雨量300毫米左右，通过集成“3+4”大豆玉米带状复合、全膜双垄沟播种植、优选品种、有机肥腐熟还田等技术，玉米平均每公顷产9858公斤，较当地大田单产高出70.44%；大豆平均每公顷产921公斤，较当地大田单产高出56.23%。

（三）围绕单产提升，梯次推进大范围拉动增幅

2023年，全国累计打造百亩田17370个、千亩方7325个、万亩片1775个，统筹推进小面积高产攻关和大面积示范推广，促进大面积单产提升。切实推进大面积辐射带动增产，2023年绿色高产高效行动建设面积250万公顷以上，辐射带动650万公顷以上，促进中低产向高产迈进，高产向稳定的高产标杆迈进。切实推进区域均衡增产，突出不同区域不同环节生产特点，系统梳理品种、农机、农技等短板弱项和问题清单，细化技术路径，2023年绿色高产高效项目区水稻、小麦、玉米、大豆等主要粮油作物平均单产分别达到9546.3公斤/公顷、7532.55公斤/公顷、9790.8公斤/公顷、2701.8公斤/公顷，较全国平均水平增产30%以上。各地紧抓品种技术装备更新和区域共性问题，不断提升种植科技含量。如西南地区围绕增密增产，重庆巴南区实施水稻抛秧增密技术，较当地农户增窝70%左右，增产31%，获得了种植户及周边农户的一致好评。云南在玉米种植上因地制宜推广“10+1”增密模式，示范区平均每公顷产7192.5公斤，比2022年单产提升34.3%。

（四）围绕产业协同，绿色高效可持续促进发展

紧扣产业协同带动生产发展，绿色高产高效行动完善生产标准体系，引导订单生产，种植节本、增效、绿色等推广导向得到深化。一是种植节本增收效果明显。河南高产高效项目县小麦、玉米、水稻示范区均实现节本增效5%以上的目标，其中推广玉米密植滴灌精准调控技术地块，玉米平均每公顷产11580公斤，较常规种植主体高945公斤，每公顷增产增收2415元，再加上节本增收766.5元，每公顷纯收益增加3181.5元。二是生产资源利用效率提升明显。陕西高产高效项目县示范田采用专用型微喷带喷灌，灌溉均匀度>80%，按需补灌大幅提高了水分利用率，同时免畦播种，小田并大块可增加土地使用面积

10%以上，实现示范区单产平均水平高于周边区域10%以上、节本增效10%以上，水分生产力提高5%。三是绿色可持续作用发挥明显。四川高产高效项目区节约农药达到17%，节约化肥用量达到13.6%，地膜使用回收率达到92.57%，其中，通过示范推广玉米大豆带状复合种植技术，有效增加土壤有机质含量、根瘤固氮，单位面积减少化肥施用量12.5%；利用生物多样性、分带轮作和小株距密植降低病虫草害发生，减少农药施用量13%~15%，用药次数减少3~4次。

撰稿单位：农业农村部种植业管理司；撰稿人：蓝星杰、丁晓雨；审稿人：吕修涛

三 基层农技推广体系改革与建设

2023年，中央财政投入29亿元，支持全国31个省（自治区、直辖市）、3个计划单列市、2个部直属垦区和新疆生产建设兵团开展基层农技推广体系改革与建设。依托项目实施，遴选发布农业主导品种143个，主推技术176项，指导地方遴选发布省级区域性农业主导品种1538个，主推技术1850项。依托7981个农业科技示范基地推动品种、技术落地应用，主导品种主推技术到位率超过95%。全年累计培训基层农技人员21.2万名，农技推广骨干人才3万余名，培育带动33.66万个农业科技示范主体，为粮油作物大面积单产提升和防灾减灾工作提供了坚实保障。

（一）主要成效

科技支撑粮油作物大面积单产提升。一是搭建大豆技术集成创新平台。统筹产业技术体系试验站、岗位专家，地方农科院所和基层农技推广机构力量，构建了“1+5+43”全国大豆技术集成创新平台体系（1个国家中心、5个产区中心、43个分中心），建立与906个大豆重点县农技人员和生产主体结对联络。二是集成综合性技术方案。2023年遴选发布50多个大豆、玉米、小麦、油菜主导品种，大豆宽台大垄匀密高产栽培等40余项主推技术，因地制宜、分作物分区域形成综合性解决方案。聚焦大豆、玉米重点县，打造3000余个粮油科技示范展示基地，开展推技术提单产主题培训100多场，线上线下培训200万人次。三是助力生物育种产业化应用。支持5省20个县建立生物育种产业化示范基地，农技人员广泛参与试点种植、制种，开展技术培训，进行展示示范。

科技引领农业高质量发展。一是构建技术链式辐射模式。完善部、省、县三级主导品种主推技术遴选推介机制，依托“专家+农技人员+示范基地+示范主体+辐射带动户”链式服务模式，推动4.2万个主导品种和3.06万项主推技术落地应用。二是建立示范展示推广网络。通过7981个农业科技示范展示基地，培育带动33.66万个农业科技示范主体，构建了县有科技示范基地、乡有科技展示样板、村有科技示范主体的推广应用网络，农业主

导品种主推技术到位率达到95%以上。三是完善包村联户机制。遴选一批农技推广骨干、农技指导员，走村入户指导服务，帮助解决产业发展技术难题。安徽1.29万名基层农技人员包联服务1.49万个行政村，服务高素质农民等各类示范户6.85万户，辐射带动普通农户34.25万户。

科技保障防灾减灾应急任务。一是技术指导有效。面对夏收前黄淮“烂场雨”，七八月份华北东北局地严重洪涝等多次极端异常天气，各地第一时间组织农技人员深入灾区，拿出管用的技术措施，最大限度降低了灾害损失。二是重大病虫害防控有力。针对小麦条锈病、玉米草地贪夜蛾等重大病虫害，各地农技部门开展病虫害监测预警，制定病虫害防控技术手册，与社会化服务组织、专业植保队合作开展统防统治和联防联控。三是农技推广信息服务有为。拓展中国农技推广信息服务平台“五位一体”（WEB端、APP、微信公众号、抖音号、快手号）服务功能，万余名专家教授、40多万农技人员在线问答、视频互动、远程诊断，解决生产技术难题。

（二）创新性做法

稳定队伍方面。一是定向培养充实队伍。山西、湖南等12个省份推行“定向招生、定向培养、定向就业”机制，为基层特别是乡镇推广机构充实了1586名高素质人才。山西实施“全额补助激励、本科专业培养、履约动态跟踪”机制，湖南推行本科专科并行、预签定向协议、提前对接实习，浙江实行定向培养招生与推广机构招聘并行，县招乡用。二是优化特聘农技员管理。从土专家、田秀才、新型经营主体技术骨干中招募1.4万名特聘农技员，补充基层力量。河北、陕西将特聘农技员吸收为产业指导员，定时对接、定点服务，提高效能；河南、四川建立日常调度、定期抽查、年终考核管理机制。三是定岗定责充实队伍。山西要求乡镇服务中心配备5名以上农技专岗人员，乡镇财政给予1000元工作补助；重庆出台农技人员“定向评价、定向使用”办法，设置定向岗位，明确“推广工作实绩”评价条件。

提升素质方面。一是分级分类培训提升专业素质。丰富培训方式方法，强化课程体系和师资库建设，实现基层农技人员三年一轮训。陕西坚持小班化、模块化培训和异地研学，丰富路演汇报、实践操作等形式；江西联合团省委开展乡村振兴青年农技人员“培基”行动，每年选派300名青年定向毕业生进入高校学习深造。二是“传帮带”助力青年农技员成长。通过精心选配师徒、技术比武练兵等方式，安排经验丰富的“老推广”手把手传授技巧经验，提高“新推广”能力。广西、陕西通过举办技能大赛，指导青年农技人员实战练兵；西藏选派高级职称专家担任地市技术负责人，帮带培养青年农技员。三是“科研专家+农技员”提升能力。用好科研院校、产业技术体系等专家力量，构建“专家牵头组队、农技员参与跟学”服务模式。河南选定692名农技推广首席专家结对帮带8493名农技员；四川以“一县一团”方式，遴选责任专家，统领农技人员、乡土专家开展技术服务。

回归主业方面。创新体制机制，强化公益性服务功能。一是完善包村联户制度。制定农技推广项目任务清单和工作要求，实行包村联户服务机制，将农技推广工作纳入粮食安全党政同责考核，确保各项任务落地见效。福建细化任务清单，明确主推技术遴选、示范基地建设、农技人员包村联户等工作的具体方案；广西专题研究制定任务清单，明确农技人员“网格化”包村联户、重大技术协同推广等工作要求。二是创设区域性农技站。根据产业布局和发展需要，因地因需创设区域性推广机构，精准化开展技术指导和咨询服务。江西、江苏组建区域农业服务中心，由县农业农村局直管，配备专家顾问、专业辅导员和县级农技员，提升服务能力；新疆设置村级农业技术综合服务站，技术团队、特聘农技员、高素质农民等常态化驻点服务。三是贯通社会化市场化力量。山西、吉林等13个省份深入实施农业重大技术协同推广计划，组建284个“政产学研推用”六方协同推广团队，增强推广效能。湖北探索实施“技术示范到点、专家贯穿到线、推广覆盖到面”的协同推广机制。宁夏支持社会化服务组织牵头，建设40家农业科技综合服务站。

撰稿单位：农业农村部种植业管理司；撰稿人：张良；审稿人：吕修涛

四 农机购置与应用补贴

2023年，中央财政投入补贴资金236亿元；地方落实省级法定支出责任，投入补贴资金57亿元，中央和地方可用资金规模达293亿元，共支持379.7万农民和农业生产经营组织购置机具517.4万台（套）。

（一）全方位支撑粮油等主要作物大面积单产提升

持续深化对粮食生产机具推广应用的补贴支持，并组织各地将大豆收获机、大豆挠性割台等急需急用机具纳入补贴范围，按规定提高补贴标准；继续开展大豆玉米带状复合种植专用机具、油菜移栽机新产品补贴试点；在全国范围内组织开展高性能播种机、北斗监测终端及辅助驾驶系统优机优补，推动高性能播种机等重点机具在生产一线大规模部署应用。

（二）助力落实大食物观

围绕支撑设施农业发展，深入开展成套设施装备补贴试点，支持内蒙古、江西、青海等省份将粮食烘干、柑橘采后处理分级、装配式圈舍等成套设施装备列入补贴范围。

（三）支持短板创新机具研制应用

会同财政部投入3亿元支持江苏、甘肃、北大荒集团3个省级单位，开展农机研发制造推广应用一体化试点，统筹资源力量，加快先进适用短板机具研发制造、熟化定型和推广应用。

撰稿单位：农业农村部种植业管理司；撰稿人：段冬冬；审稿人：吕修涛

五 化肥减量增效

2023年，中央财政加大力度支持各地深入开展化肥减量增效工作。一手抓项目优化，一手抓项目管理，全年推广新型肥料施用面积近1333万公顷次，玉米种肥同播2333万公顷次，小麦机械深施肥800万公顷次，水稻侧深施肥167万公顷次，大豆接种根瘤菌剂133万公顷，全国测土配方施肥技术覆盖率保持在90%以上。绿色种养循环农业试点实施3年以来，培育了2500多家服务组织，推广“粪肥+N”模式410万公顷次，累计还田固体粪肥2586万吨、液体粪肥5348万立方米。

（一）持续推进化肥减量增效

制定印发《关于做好2023年化肥减量化工作的通知》、《关于深入推进绿色种养循环农业试点的通知》，召开全国科学施肥现场观摩会，细化落实年度目标、重点工作和有关要求。打造267万公顷施肥新技术、新产品、新机具集成创新样板，在东北、黄淮等大豆主产区推广接种根瘤菌133万公顷。调度整理30万农户、279万公顷施肥状况，分析10种主要农作物化肥施用情况、果菜茶有机肥使用现状，形成《2022年全国农户施肥监测调查报告》，为进一步推进化肥减量化提供基础数据支撑。

（二）持续推进节水农业发展

结合绿色高产高效行动，在黄河流域和北方干旱缺水地区建设43个节水增粮推进县。实施国家节水行动，参与节约用水部际协调机制，推进农业节水增效。赴西北6省深入调研，召开农业农村部节水农业专家指导组会议，研究提出旱区发展节水农业的思路举措。与水利部等部门联合印发《“十四五”重点区域地下水超采治理方案》和《华北地区地下水超采综合治理实施方案（2023—2025年）》，协同推动地下水超采治理。

（三）强化肥料行业管理

部省联动开展肥料质量监督抽查，抽查复合肥料、有机肥料等10类主要肥料样品5638个，向社会公开抽查结果，肥料质量合格率91.2%。完善肥料标准体系，成立农业农村部肥料标准化技术化委员会，梳理我国现行肥料相关的国家、行业、地方和团体四个层次标准1545项，立项《农田土壤墒情监测技术规范》等标准，《农林保水剂效果试验和评价要求》、《微生物肥料功能菌株筛选与鉴评规程》等标准通过审定。

撰稿单位：农业农村部种植业管理司；撰稿人：薛彦东；审稿人：吕修涛

六 病虫害绿色防控

（一）"虫口夺粮"保丰收成效显著

制定印发《2023年"虫口夺粮"保丰收行动方案》，争取专项资金16.2亿元，先后7次分时段、分区域、分病虫召开油菜、小麦及秋粮作物重大病虫防控现场会、视频会，组派两批次、16个工作组赴重点地区调研指导，组织各地立足"抓早治小、关口前移"，开展大区联合监测、分区协同治理，大力推进统防统治、绿色防控，坚决遏制重大病虫重发危害，实现"虫口夺粮"保丰收。据统计，累计防治小麦、水稻、玉米三大粮食作物重大病虫害2.02亿公顷次，防控后实际发生面积1.38亿公顷次，比预测发生减少29.6%，植保贡献率超30%，减少粮食产量损失15000万吨以上，同比增加650多万吨。

（二）重大病虫疫情处置及时有效

组织保种护农行动。制定《2023年农作物种子苗木检疫检查工作方案》，开展专项检疫监管行动，累计实施产地检疫244万公顷，同比增加32.4%。狠抓红火蚁防控。组织红火蚁春季、秋季集中防控行动，确保新发、重发区域两次防控全覆盖，进一步遏制快速扩展蔓延和重发危害势头。据统计，目前红火蚁发生面积37万公顷，同比减少5%，高密度面积（每公顷平均蚁巢密度450个以上）仅1247公顷，同比下降74%。有效应对新发病虫。针对小麦茎基腐病、番茄潜叶蛾等新发病虫疫情，组织实地调研指导、专题研讨和技术培训，制定防控方案、技术意见和挂图，指导各地抓好防控。

（三）"一喷三防"促小麦稳产丰收

下发《关于提早做好小麦"一喷三防"补助政策和技术措施落实的通知》，要求各地尽早制定实施方案、做好喷防作业准备、提前安排效果评估。要求各地特事特办、急事急办抓好落实，确保农时到、作业到、资金也到。4月下旬开始，严格"一周两调度"，及时掌握资金落实和喷防作业进度。6月中旬，完成《关于2023年小麦"一喷三防"补助政策实施情况及成效的报告》。据统计，2023年累计实施喷防作业3707万公顷次，同比增加16.3%，其中统一作业2600万公顷次，同比增加17.5%，黄淮海部分主产麦区喷防两遍以上。各地"喷"与"不喷"对比试验表明，每公顷平均增产405~480公斤。

（四）豇豆减药控残行动扎实开展

一是制定《全国豇豆减药控残行动工作方案》，争取部门预算445万元，先后9次分省、分片举办观摩会、培训班，组织专家对接示范基地，开展服务指导，取得积极成效。二是建立一批示范基地。省部共建示范基地32个，带动各地建立各类示范区280多个，基本做到重点种植区域、农残突出问题地区全覆盖。三是筛选一批防控产品。筛选出小花蝽、绿僵菌、信息素、双丙环虫酯等一批绿色防控技术产品。四是集成一批技术模式。集成海南等热带种植区"防虫网+生物防治+理化诱控"、重庆等亚热带种植区"金龟子绿僵菌+枯草芽孢杆菌+木霉菌+高效低风险农药"、山东等温带种植区"设施栽培+土壤微生态调控+天敌昆虫”等技术模式。

（五）化学农药减量增效持续推进

一是大力推进绿色防控。省部共建化学农药减量化行动示范基地200个，带动地方建立示范区3.3万个，累计集成推广200余套经济实用、简便易行、农民乐意接受的绿色防控技术模式。2023年主要农作物病虫害绿色防控面积达到8467万公顷，绿色防控覆盖率54.1%，同比提高2.1个百分点。二是大力推进统防统治。组织各地加大购买服务支持力度，发挥3670个装备精良、管理规范的专业化防治组织示范作用，大力推进统防统治。2023年三大粮食作物病虫害统防统治面积1.34亿公顷次，统防统治覆盖率达到45.2%，同比提高1.6个百分点。三是大力普及安全用药技术。持续开展“百万农民科学安全用药培训”活动，普及绿色防控、安全用药知识技能，线上线下累计培训600余万人次。初步统计，2023年化学农药使用量24.5万吨，持续保持下降趋势。

撰稿单位：农业农村部种植业管理司；撰稿人：常雪艳、任彬元；审稿人：吕修涛

七　农业防灾减灾

（一）2023年全国灾情发生情况

据农业农村部农情调度，2023年农业气象灾害局地偏重、总体偏轻，全国农作物受灾累计940万公顷，比去年同期减少142万公顷，其中成灾357万公顷、同比减少61万公顷，绝收98万公顷、同比增加21万公顷。受灾、成灾面积均是近10年同期最低值。

分灾种看：干旱明显轻于去年，轻于常年。2023年，全国农作物因旱受灾累计334万公顷，同比减少142万公顷，其中成灾131万公顷、减少18万公顷，绝收21万公顷、减少4万公顷。受灾、成灾、绝收面积为近10年同期最低值。旱情主要出现在东北、华北、西北和西南。东北、黄淮海局地洪涝灾害集中，总体重于去年、轻于常年。2023年洪涝灾害影响总体偏轻。全国农作物因洪涝受灾373万公顷，较上年同期增加95万公顷，其中成灾157万公顷、增加24万公顷，绝收54万公顷、增加15万公顷，受灾、成灾面积为近10年同期偏轻水平、分别居近10年同期第8、9位。由于2023年启用蓄滞洪区较多，农作物绝收面积为近10年较重的，居近10年第6位。河南、河北、黑龙江3省受灾面积252万公顷，占全国农作物因洪涝受灾面积的近7成。台风登陆强度偏强，华南灾情集中。台风造成农作物受灾11万公顷、减少14万公顷，其中成灾3万公顷、增加2万公顷，绝收2.6万公顷、增加2.5万公顷。受灾面积为近10年最低，成灾和绝收面积分别为近10年同期第2、4位。浙江、福建、广东、广西4省区农作物受灾11万公顷，占全国农作物因台风受灾的95%。风雹灾情轻于去年，轻于常年。全国农作物因风雹受灾35万公顷，同比减少101万公顷，

其中成灾14.6万公顷、同比减少56万公顷，绝收11万公顷、同比增加4万公顷。受灾、成灾面积为近10年同期最低值，绝收面积为10年同期次低值。低温冻害明显轻于去年、轻于常年。全国农作物因低温冻害受灾累计75万公顷，同比减少86万公顷。其中成灾13万公顷、同比减少31万公顷，绝收4万公顷、同比增加2万公顷，低温冻害为近10年同期较轻水平。

（二）防灾减灾工作

科学研判，预案体系完善。及早制定预案。完善多部门信息共享和会商机制，联合制定印发《科学抗旱春管夺夏季粮油丰收预案》。针对即发灾害多次预警，制定分作物的抗灾技术意见。坚持月度会商，重大天气变化及时会商，并及时发布预警信息。组建应急服务队。制定印发《关于推进常态化农机应急作业服务队建设的指导意见》，指导各地依托骨干农机、植保等社会化服务组织建立应急作业服务队，落实应急农机烘干作业服务主体，确保关键时刻能拉得出、用得上、顶得住。

加大投入，物资准备充足。开展农业汛前检查，督促指导各地做好物资储备和技术准备，落实国家救灾储备种子5000万公斤，准备抗旱排涝机具478万多台（套）。组织专家制定分作物抗灾技术意见，组派工作组赴灾区蹲点指导。组织渔业渔政、农垦、农机等重点行业部门对农机、渔船、渔港及垦区内水库、堤坝等开展针对性排查检查，采取“四不两直”方式对重点区域突击检查，全面消除安全隐患。

组织专业力量防灾救灾。组织开展“奋战120天夺夏粮丰收行动”和“下沉一线包省包片奋战100天夺秋粮丰收行动”，派出100多名干部和354名专家分赴27个省份，做好灾后生产恢复。针对“三夏”期间黄淮海麦区遭遇近10年最严重“烂场雨”，打响以“小麦抢收、烘干晾晒、夏播抢种、全面夏管”为重点的抗灾夺丰收大会战，到主产省份督导救灾抢收，派出工作组和科技小分队赴灾区指导服务，每日会商天气形势，每日调度进展，迅速调集履带式收割机，组织6000多支农机应急作业服务队开展抢收作业。针对7—8月北方严重洪涝灾害，会同应急管理部联合下发通知，安排紧急调用排灌机械设备开展救灾抢排田间积水，累计投入59.3万台水泵，组织2274支农机作业应急服务队，帮助受灾农户抢排积水。动员植保专业化服务组织利用无人机喷施生长调节剂、叶面肥、杀虫杀菌剂，促进作物恢复生长。落实救灾种子46万公斤，指导绝收地区尽快改种补种短生育期作物。紧急调拨406吨消毒剂用于灾后动物防疫。为做好防范应对低温雨雪冰冻天气工作，对18个省份启动农业低温雨雪冰冻灾害Ⅳ级应急响应，在组派2个工作组赴4个重点省实地指导雨雪天气防范基础上，派出25个科技小分队、产业技术体系专家等深入一线、进村到田指导落实防御措施。组织油菜、蔬菜、茶树、花卉等专家组制定发布抗冻减灾明白纸、应对低温寒潮天气指导意见等，指导农民落实抗寒抗冻措施，最大限度减轻灾害影响。加强与交通运输等部门沟通协调，加快鲜活农产品、牧区饲草料、疫苗等物资调运。各级农业农村部门累计派出1.6万人次深入生产一线开展防灾减灾技术指导。

强化支持帮助解决困难。组织受灾省份迅速开展精准摸排，逐村逐户摸查脱贫产业和农户受灾情况，及时将存在返贫致贫风险的农户录入全国防返贫监测信息系统，进行动态监测，对洪涝灾害导致脱贫户作物绝收、畜禽死亡等损失较重的，指导地方制定“一户一策”帮扶办法，开展“一对一”指导服务，帮助农户减轻因灾损失，最大限度防止因灾返贫。会同财政部累计下拨37.13亿元农业生产防灾救灾资金，支持受灾地区灾后恢复生产。

撰稿单位：农业农村部种植业管理司；撰稿人：秦兴国；审稿人：吕修涛

粮食生产扶持政策

一 强化粮食生产能力建设

（一）加强耕地保护和用途管控

严守耕地保护红线，严格耕地用途管制，实行最严格的耕地保护制度，全方位夯实粮食安全根基。全面落实永久基本农田特殊保护制度，研究出台《永久基本农田保护红线管理办法》，明确红线优化调整的原则、程序和约束性要求。稳步推进黑土地保护，持续实施黑土地保护工程，依法开展黑土地保护和质量建设监督检查。加快推进第三次全国土壤普查，提升土壤资源保护和利用水平。扎实推进盐碱地综合利用，指导有关省份开展盐碱地综合利用试点。

（二）加强农田水利等基础设施建设

坚持藏粮于地、藏粮于技，大力推进农田水利和高标准农田建设，坚持新增建设与改造提升并重，完成新建和改造提升高标准农田574万公顷，建成高效节水灌溉164万公顷。增发国债支持360万公顷高标准农田建设，优先支持东北地区和京津冀受灾地区，着力推进粮食主产区高标准农田建设。制定逐步把永久基本农田全部建成高标准农田的实施方案，启动实施新一轮千亿斤粮食产能提升行动。

（三）强化粮食科技和物质装备支撑

推动实施《“十四五”现代种业提升工程建设规划》，2023年安排中央预算内投资10多亿元，支持各地加快推进现代种业提升工程等项目建设，加快补上种业自主创新短板。完成新中国历史上规模最大的全国农业种质资源普查。实施《“十四五”全国农业机械化发展规划》、《“十四五”全国农业农村科技发展规划》，补齐农机装备的短板取得突破，农业科技创新能力稳步提升，全国农作物耕种收综合机械化率超过73%，农业科技进步贡献率达到62.4%，农作物良种覆盖率在96%以上。

（四）加强农业减灾防灾工作

加强重大植物疫情监测预警和应急防控，安排中央预算内投资10多亿元实施动植物保护能力提升工程，强化对重大病虫害的监测、诊断、预警和防治能力。中央财政支持各地加强受灾地区农作物重大病虫害防控、小麦抢收烘干、抗旱保粮以及水利工程安全度汛等工作，提高农业生产和水利防灾救灾能力。安排16亿元实施新的小麦“一喷三防”补贴政策，支持冬小麦主产省做好冬小麦促弱转壮工作，确保夏粮丰收。

（五）推动实行耕地轮作休耕政策

立足资源禀赋、突出生态保护、实行综合治理，进一步探索科学有效轮作模式。在东北、黄淮海等地区实施粮豆轮作，在西北、黄淮海、西南和长江中下游等适宜地区推广玉米大豆带状复合种植，在长江流域实施“一季稻+油菜”、“一季稻+再生稻+油菜”轮作，在双季稻区实施“稻稻油”轮作，在北方农牧交错区和新疆次宜棉区推广棉花、玉米等与花生轮作或间套作。继续在河北地下水漏斗区、新疆塔里木河流域地下水超采区实施休耕试点，休耕期间注重采取土壤改良、地力培肥等措施。

二　实施粮食生产补贴和价格支持政策

（一）进一步提高种粮补贴水平

继续实施耕地地力保护补贴政策，2023年安排资金1215亿元，补贴对象原则上为拥有耕地承包权的种地农民，补贴资金通过“一卡（折）通”等形式直接兑现到户，严禁以任何方式统筹集中使用，严防“跑冒滴漏”，确保补贴资金不折不扣发放到种地农民手中。加大耕地使用情况的核实力度，做到享受补贴农民的耕地不撂荒、地力不下降，切实推动落实“藏粮于地”战略部署，坚决遏制耕地“非农化”。同时，完善玉米和大豆生产者补贴政策，稳定实施稻谷补贴政策。

（二）加大农机购置补贴力度

继续实施农机购置补贴政策，重点支持与保障国家粮食安全和重要农产品供给相关的农业机械。坚持补贴机具有进有出、优机优补，推进北斗智能终端在农业生产领域的应用。开展农机研发制造推广应用一体化试点，加强大型智能农机装备、丘陵山区适用小型机械等研发制造应用。支持浙江、安徽、福建等10个双季稻生产省份从事集中育秧（苗）的个人和农业生产经营组织建设集中育秧设施，切实推动科技手段为农业生产赋能。

（三）坚持并完善小麦和稻谷最低收购价政策

坚持市场化改革取向和保护农民利益并重，合理确定最低收购价格水平，充分发挥市场配置粮食资源的决定性作用。2023年生产的小麦（三等）最低收购价格为每公斤2.34元，比2022年提高4分钱。2023年生产的早籼稻（三等）、中晚籼稻和粳稻最低收购价分别为每公斤2.52元、2.58元、2.62元，其中早籼稻（三等）较2022年提高4分钱，中晚籼稻、粳稻与2022年持平。

撰稿单位：国家发展和改革委员会农村经济司；撰稿人：时晓璐；审稿人：张建民

粮食流通

一 粮食收购与销售

国家粮食和物资储备局高度重视粮食收购工作，多措并举保障收购工作顺利开展。一是加强统筹组织。及时印发收购通知、召开工作会议，对收购工作作出安排部署。指导各地严格落实粮食安全党政同责要求，认真抓好市场化收购和政策性收购，牢牢守住农民"种粮卖得出"的底线。二是发挥好最低收购价政策托底作用。批复黑龙江省启动最低收购价执行预案；督促有关央企认真履行政策执行主体责任，严格执行质价政策，切实保护种粮农民利益。三是持续提升为农服务水平。指导各地和有关企业积极探索推广粮食预约收购，利用手机APP、小程序、微信公众号等多种方式，让数据多跑路、农民少跑腿，提升售粮主体获得感和满意度，提高粮食收购工作质量和效率。四是积极应对异常天气影响。针对部分地区遭遇"烂场雨"、洪涝灾害、低温雨雪等不利天气，指导相关省份及时出台针对性政策措施，保障农民顺畅售粮、企业有序收粮。全年累计收购粮食超40000万吨，其中市场化收购占比约98%。

撰稿单位：国家粮食和物资储备局粮食储备司；
撰稿人：董祥、王聪、孙哲、于丽丽、毕一卓；审稿人：唐成

二 粮食保供稳市

认真落实党中央、国务院决策部署，确保粮食市场供应充足、运行平稳。指导各地和有关企业强化粮食"产购储加销"全链条协同保障，统筹推进粮源调度、加工、储运、销售等各环节工作。认真落实国务院批复同意的粮食库存销售安排，根据市场形势变化和调控需要，灵活把握政策性粮食投放的时机、节奏和力度，较好满足了企业用粮需求。2023

年累计公开拍卖成交政策性粮食约500万吨，有效增加了市场粮源供应。加强粮食市场监测预警，适时发布粮食供求、价格、收购等数据信息。加强政策宣传解读，主动回应社会关切，引导稳定市场预期。国内粮食市场始终保持供应较为充足、运行总体平稳良好态势。

进一步健全粮油应急保供机制，扎实做好粮食应急保供工作。一是持续推进粮食应急预案体系建设。指导各地加快推进粮食应急预案体系建设，全国31个省份均实现了省市县三级粮食应急预案全覆盖，新冠疫情发生后，有26个省份结合实际修订了省级粮食应急预案。开展省级粮食应急演练24次，组织粮食应急预案培训4173人次；地市级和县级开展应急演练3927次，组织应急预案培训80172人次。二是持续推进粮食应急保障中心建设。出台区域粮食应急保障中心构建总体安排，聚焦京津冀、长三角、粤港澳、成渝等国家核心城市群和华中、西北、东北等区域的重要节点城市，建立区域粮食应急保障中心顶层框架。指导各地加快完善辖区内粮食应急保障中心建设方案及布局，推动省市县各级粮食应急保障中心建设稳步推进。各级粮食应急保障中心已超1000家。三是持续推进粮食应急保障能力建设。聚焦粮食应急加工、应急供应、应急配送和应急保障能力薄弱县等四个重点，持续优化粮食应急保障企业数量和质量，全方位提升应急保障能力。截至2023年年末，全国共有粮食应急储运企业5039家、应急加工企业6846家、应急配送中心3881家、应急供应网点58657个，应急保障企业总数创新高。全国粮食应急加工企业日加工能力达170.4万吨，日加工量可满足全国人民2天需要；应急供应网点日供应能力达170.1万吨，可在紧急情况下提供充足的粮油供应；近九成地市已配备粮食应急配送中心。聚焦粮食应急保障能力薄弱县，充实应急保障网点数量，优化网点布局，薄弱县粮食应急保障能力稳步提升。四是持续夯实粮食应急保障基础。全社会粮食库存充足，库存消费比远高于17%~18%的国际粮食安全警戒线，口粮保障基础扎实。政府粮食储备规模稳步充实，布局结构持续优化，保供应、守底线、稳预期的能力不断增强。

撰稿单位：国家粮食和物资储备局粮食储备司、应急物资储备司；撰稿人：董祥、王聪、孙哲、于丽丽、李明建，李国强、李燕博、郭云霏、祁钰；审稿人：王宏、唐成、陈林

三 粮油竞价交易

（一）国家政策性粮食销售平稳有序

一是精心组织国家政策性粮食交易。2023年共组织政策性粮食竞价销售交易52场，成交国家政策性粮食2000万吨。其中，小麦成交167万吨，稻谷成交1833万吨。二是协调督导成交粮食履约出库。加大对已成交粮食履约出库督导力度，随时跟进各省粮食出库进度，全年政策性粮食出库履约率100%，较上年提高0.8个百分点。

（二）各级储备粮轮换交易进一步规范

持续推动各级储备粮进场交易，引导储备粮轮换通过国家粮食交易平台规范操作，进场规模持续扩大，全年共组织各级储备粮油竞价销售和采购13650场，成交4004万吨，同比增加310万吨。

（三）国家粮食交易平台综合服务功能持续拓展

一是完善会员服务。深入调研平台重点会员，了解掌握企业需求，适时组织专题讲座，更好地提供宏观经济、市场形势等方面资讯服务。二是优化融资结算功能。持续推进供应链金融服务，解决企业周转缺少流动资金、购买力不足的问题，为竞买企业提供合同履约贷款服务，有效缓解平台企业融资难问题，不断优化结算服务模块。三是提供粮食交易信息服务。密切跟踪市场动态，及时发布粮食交易相关信息，全年通过平台门户网站累计发布交易信息297条，通过微信公众号累计发布各类信息174条。四是精心筹备组织第五届中国粮食交易大会。2023年8月26日至28日，第五届中国粮食交易大会在郑州举办，成交及意向签约各类粮油1575万吨，成交金额达559亿元，辐射带动效应日益增强，为促进现代粮食产业发展，推动更高质量、更可持续、更有效率的粮食安全保障体系建设作出了积极贡献。

撰稿单位：国家粮食和物资储备局粮食交易协调中心；
撰稿人：姜青志、郝晋彬；审稿人：许策

粮食流通体制改革

一　全面部署粮食流通和物资储备改革工作

2023年1月，全国粮食和物资储备工作会议在北京召开。会议强调，全国粮食和物资储备系统要坚持以习近平新时代中国特色社会主义思想为指导，全面贯彻党的二十大精神，完整、准确、全面贯彻新发展理念，加快构建新发展格局，着力推动高质量发展，更好统筹发展和安全，着力补短板、强弱项、固底板、扬优势，切实增强粮食、能源资源、重要产业链供应链安全保障能力。

二　深入推进粮食流通领域改革

粮食收购平稳有序。认真组织夏粮、秋粮收购，引导多元主体积极入市，切实发挥最低收购价政策托底作用。积极优化收购服务，大力推广预约收购，有效应对“烂场雨”、洪涝、暴雪等灾害天气影响，保障农民售粮顺畅。运用粮食信用保证基金支持企业获得贷款资金，助力解决收购资金难题。

粮食市场供应充足。聚焦重点粮食品种，精准投放国家政策性粮食，有效增加市场供应。认真组织政策性粮食销售，适时开展中央和地方储备轮换，发挥吞吐调节作用。具备粮食应急储运、加工企业的县（市、旗）基本实现全覆盖，粮食应急保障能力不断增强。密切关注市场动态，加强监测预警，及时引导预期，保持了粮食市场供应充足、价格总体平稳。

制度机制不断完善。2023年12月29日，国家主席习近平签署第十七号主席令，公布第十四届全国人民代表大会常务委员会第七次会议通过的《中华人民共和国粮食安全保障法》，自2024年6月1日起施行。地方粮食法规规章不断健全。持续深化重点领域改革，各项改革举措和重点任务全面推进。省级党委和政府落实耕地保护和粮食安全责任制考核办法、评分细则印发，有力引导各地落实党政同责、扛稳粮食安全重任。中央政府储备粮棉管理和中央事权粮食政策执行情况年度考核实行量化评分机制，考核“指挥棒”作用进一步放大。

执法监管持续强化。配合深化粮食购销领域腐败问题专项整治，开展“严监管强执法重处罚行动年”活动。出台政策性粮食购销违法违规行为举报奖励等办法，采用交叉检查方式组织全国政策性粮油库存检查。集中查处一批涉粮违法违规案件，公开通报典型案例，形成有力震慑。运用粮食购销数字化监管系统，探索建立常态化视频查库机制。

粮食产业提质增效。深入推进优质粮食工程，各地加快落实财政资金支持实施“六大提升行动”。组织发布小麦、大豆国家标准。深化粮食领域国际合作。发挥粮食产后服务中心助农减损增收作用，组织开展绿色储粮技术集成示范和标准化试点。积极开展“降油增绿”科普宣传，营造爱粮节粮氛围。

撰稿单位：国家粮食和物资储备局法规体改司；

撰稿人：张亚奇、王镭；审核人：肖玲

粮食流通监管

一 粮食流通监督检查

（一）扎实开展粮食和物资储备各环节监督检查，全面堵塞管理风险漏洞

一是全力抓好粮油收购和政策性粮食销售出库检查。印发《关于做好2023年粮油收购及政策性粮食销售监督检查工作的通知》，指导各级粮食和物资储备部门聚焦重点环节，加大检查力度，着力维护粮食购销市场秩序，保障口粮安全。组成检查组先后赴湖北、江苏、广西、湖南、吉林、安徽、四川、云南、福建、辽宁、黑龙江等11省份开展现场检查。督促地方粮食和物资储备部门认真履行监管职责，严查涉粮违法违规行为，切实保护种粮农民利益。二是扎实组织开展2023年全国政策性粮油库存检查。联合国家发展和改革委员会、财政部、中国农业发展银行印发工作通知，部署各地各单位从严从实推进检查工作。首次采用跨地域交叉检查，打破地域界限和“熟人执法”困扰。印发重点问题整改通知，督促各地做好检查发现问题整改和行政处罚工作，确保问题整改到位、行政处罚到位、追责问责到位。三是强化对垂管局执法监管调度指导。印发《政策性粮食购销违法违规行为举报奖励办法（试行）》，进一步拓宽涉粮违法违规问题举报渠道，持续强化群众监督作用。加强对垂管局中央政府储备在地监管和重大涉粮案件查办的督促力度，指导垂管局查处了一批重点案件，并依法依规严肃开展行政处罚，释放强监管信号，形成强有力震慑。不断创新培训方式内容，举办垂管局中央储备粮违法违规典型案例讲学研讨班，邀请业务专家讲解各地近年来查实的典型案例，总结交流经验、全面剖析问题、系统解答困惑，不断提升行政执法队伍能力水平。

（二）狠抓涉粮案件查办，严厉打击违法违规行为

组织开展“严监管强执法重处罚行动年”活动，压实粮食企业主体责任和行政部门监管责任，明确行政部门监管执法重点，细化部署安排，创新监管方式，提升执法效能。一是严肃惩治涉粮违法违规行为。加强办案指导，坚决打击涉粮违法违规问题。2023年各级粮食和储备部门依法作出警告以上行政处罚8001例，罚款1979.73万元，没

收违法所得230.82万元。二是定期通报典型案例。坚持惩戒与教育相结合，通过主流新闻媒体先后两次通报18起违法违规典型案例，充分发挥案件查办警示教育作用，切实达到查处一案、警示一片、治理一域的良好效果。三是定期通报行政处罚情况。建立定期通报机制。通过严格实施行政处罚，各级粮食和储备行政管理部门依法履职的责任意识明显加强，监管执法人员斗争精神持续增强、实战经验不断积累、法治成效日益彰显。

（三）发挥12325热线“前哨”作用，切实维护人民群众合法权益

2023年，12325全国粮食和物资储备监管热线（以下简称热线）持续加大工作力度，夯实线索查办实效，通过电话、微信、网站等渠道接收咨询及投诉，受理投诉举报线索1162件，办结1196件（含2022年受理的投诉举报）。多次收到举报人及单位的感谢锦旗和感谢信，真正将热线打造成国家粮食和物资储备局规范执法“新名片”，建成“我为群众办实事”民生品牌。为确保粮食和物资储备安全、维护正常市场秩序发挥了重要的、积极的保障作用。

在各级粮食和物资储备部门、垂管局和相关单位的共同努力下，热线“前哨”作用日益凸显，线索查处效率不断提升，热线社会知晓关注度不断提高。从热线受理情况看，按受理举报地域划分，主产区999件，占比85.97%；主销区52件，占比4.48%；产销平衡区111件，占比9.55%。其中，黑龙江（310）、内蒙古（141）、吉林（113）、河南（105）、山东（55）举报数量排在前五位。按受理渠道划分，电话1025件，占比88.21%；网络平台59件，占比5.08%；微信52件，占比4.48%；信访26件，占比2.23%。按举报类型划分，已结案线索中粮食收购831件，占比69.48%；粮食销售135件，占比11.29%；储备粮管理17件，占比1.42%；粮食储存19件，占比1.59%；物资3件，占比0.25%；其他191件，占比15.97%。从举报线索核查情况看，查办了一批如河南省鹤壁市某粮食和物资储备有限公司拖欠1071.6万元售粮款等重大案件。兑现拖欠售粮款2500余万元，协调履约出库粮食近7500吨，及时阻止3000余吨食品安全指标不合格粮食流向口粮市场。

（四）创新监管方式，充分发挥信息化监管作用

持续优化中央储备粮库存动态监管系统功能，加大对中储粮流转数据质量监控分析力度。与交通运输部建立长效沟通机制，获取运粮车辆运输轨迹数据并进行分析研判，开发运粮车辆轨迹还原应用程序，进一步拓展中央储备粮动态监管系统预警能力。出台《政策性粮食常态化远程抽查日常抽查操作指引》等制度文件，明确各类日常抽查和专项检查操作规范，按照“四不两直”要求，扎实开展政策性粮食远程抽查，探索建立常态化视频查库机制，提升信息化监管穿透力。

撰稿单位：国家粮食和物资储备局执法督查局；撰稿人：展飞、李昭、杨栋、刘尧、李阳、安佳宁、杨锦波、杨乐；审稿人：钟海涛、唐茂、邓立

二 耕地保护和粮食安全责任制考核

习近平总书记始终心系粮食安全国之大者，多次就耕地保护和粮食安全实行党政同责作出重要指示，特别指出要全面落实粮食安全党政同责，坚持稳面积、增单产两手发力；要守住耕地这个命根子，坚决整治乱占、破坏耕地违法行为，加大高标准农田建设投入和管护力度，确保耕地数量有保障、质量有提升。党的二十大提出“全方位夯实粮食安全根基，全面落实粮食安全党政同责”、“确保中国人的饭碗牢牢端在自己手中”等科学论断。习近平总书记的重要指示批示和党的二十大报告，对做好粮食安全工作、保障国家粮食安全指明了方向，提供了根本遵循。

2023年，国家发展和改革委员会、自然资源部、农业农村部、国家粮食和物资储备局会同有关部门和单位，对省级党委和政府落实耕地保护和粮食安全责任制的情况进行年度考核，对耕地保护、粮食生产、种植结构调整等重点事项，设置“一票否决”项，明确考核“红线”，守住安全底线。各有关部门按照有关办法规定，严格开展考核，压实地方党委和政府的耕地保护和保障粮食安全责任，确保党中央、国务院决策部署落地见效，确保14亿多人的饭碗端得稳、端得牢。

撰稿单位：国家粮食和物资储备局执法督查局；
撰稿人：游泳、张军杰、闫飞；审稿人：钟海涛、唐茂

三 中央储备粮棉管理和中央事权粮食政策执行情况年度考核

采用量化评分考核新机制，扎实开展2022年度考核工作。2023年年初，修订印发《中央政府储备粮棉管理和中央事权粮食政策执行情况年度考核办法》，同步印发《关于做好2022年度中央政府储备粮棉管理和中央事权粮食政策执行情况考核及部署2023年度考核工作的通知》。2月，召开中央政府储备粮棉管理和中央事权粮食政策执行情况年度考核视频培训会议，全面部署2022年度中储粮考核工作。

各垂管局“一把手”直接抓，充分利用2022年度日常监管发现问题和省级粮食和物资储备部门考核意见，针对考核评分点组织开展实地检查等查漏补缺工作，确保打分依据充分全面。4月下旬，如期完成对辖区内中储粮企业的考核评价，并报送考核结果报告。

考核工作组成员单位根据工作职能和考核任务分工，审核考核材料，与中储粮集团公司相关业务部门沟通对接，采取电话沟通问询、随机实地检查、视频抽查等多种形式深入核查核实有关问题，考核中储粮集团公司总体情况，提交考核意见；复核垂管局考核结果，指导相关垂管局核实核清核准问题。中储粮集团公司各职能部门在资料准备、回复问

询、补交材料等方面能够主动积极配合，为客观评价中储粮管理情况提供支持。

国家粮食和物资储备局考核办结合2023年粮油库存检查垂管局交叉检查，随机选取考核得分较高的几家中储粮直属库，采用国家粮食和物资储备局线上指挥和相关垂管局线下核查相结合的方式进行现场核查。印发《关于2022年度中储粮考核视频核查有关情况的通报》，要求各垂管局对考核工作进行再回顾、再梳理、再评审，确保从严监管考核进一步落实落地。

从考核结果看，中储粮集团公司认真贯彻党中央、国务院决策部署，积极服务保障国家粮食安全和经济社会发展，聚焦政策性粮棉收储管理主责主业，不断健全完善内控制度体系，加大内控管理和问责力度，在管好中央政府储备粮棉和中央事权粮食工作方面取得新成效。

撰稿单位：国家粮食和物资储备局执法督查局；
撰稿人：杨乔伟、郭坚、段岫；审稿人：钟海涛、邓立

四 粮食监测预警

进一步优化粮食监测预警体系，持续发挥粮食监测预警委员会作用，建立健全跨部门常态化会商机制。加强与重点企业、行业协会和各省级粮食监测预警委员会的沟通协调，紧盯重点热点问题，加强关联行业的研究分析，及时组织相关专家开展分析会商，统筹把握市场形势发展和变化方向，适时提出政策建议。持续优化监测网点布局和数量，及时调整监测品种和价格类型，加大对重点时段、重点地区、重点品种的监测力度。适时通过多种方式对外发布粮食市场价格、收购进度等信息，持续提高统计监测服务决策、服务行业、服务社会的水平。

撰稿单位：国家粮食和物资储备局粮食储备司；
撰稿人：李洵、耿晓頔、温江波、张杨雨松、姚朗；审稿人：唐成

五 粮食仓储管理

印发《政府储备成品粮油安全储藏技术要点》，从基本要求及入仓、储藏、出仓等环节予以明确规范，填补成品粮油储藏规范空白。开展“新形势下政策性粮食仓储管理高质量发展”课题研究，深入分析政策性粮食仓储管理面临的新形势新任务和存在的问题，提

出工作思路和具体举措，为推动粮食仓储管理高质量发展提供理论支撑。研究制定政策性粮食承储企业仓储管理规范化评价体系，开展评价试点和实地预评，广泛征求意见建议，不断完善规范化评价的体系内容和机制方法。开展“储粮故事”征文活动，将85篇优秀作品汇编成册，促进行业交流互鉴。通过编发期刊简报、拍摄“储粮专家说”系列微课、组织专家研讨、现场培训授课、答复“局长信箱”及有关政策性业务咨询等形式，不断加强政策宣贯、业务指导和学习交流。

撰稿单位：国家粮食和物资储备局安全仓储与科技司；
撰稿人：施季辉、包亚妮；审稿人：周冠华、彭扬

粮食流通体系建设

一 深入推进优质粮食工程

国家粮食和物资储备局深刻领会习近平总书记关于粮食安全的重要论述精神，把发展粮食产业作为兴粮之策、富农之道、惠民之举抓紧抓实，提高粮食产业链供应链韧性，更好满足群众消费升级需求，在更高层次上保障国家粮食安全。一是加强协调调度。按月召开深入推进优质粮食工程工作例会，调度各行动进展并形成月报，督促指导各地实施优质粮食工程“六大提升行动”。二是加大宣传力度。围绕“六大提升行动”，深入挖掘典型案例，印发优质粮食工程简报。同时，指导各地总结用好深入推进优质粮食工程、加快粮食产业高质量发展的有益经验。三是强化项目支撑。开发新一轮优质粮食工程项目库系统，并专门组织培训，指导各地做好项目入库工作，发挥项目库调度作用，推动项目建设落地见效。

2023年，各地按照财政部、国家粮食和物资储备局联合印发的《关于深入推进优质粮食工程的意见》以及本地区“十四五”时期深入推进优质粮食工程实施方案，健全“省负总责、市县组织、企业实施”的机制，着力补短板、强弱项、扬优势、促升级，支持建设了一批重点项目，创新探索了一批服务模式，培育推广了一批示范样板，呈现出全面推进、整体提升、亮点纷呈的良好局面。

2023年10月17日至18日，国家粮食和物资储备局在江苏盐城召开全国深入推进优质粮食工程、加快粮食产业高质量发展现场经验交流会，深入学习贯彻习近平总书记关于保障国家粮食安全的重要论述精神，深化认识，交流经验，部署任务，着力打造优质粮食工程升级版，以粮食产业高质量发展的新成效促进粮食安全保障能力的新提高。

撰稿单位：国家粮食和物资储备局规划建设司；
撰稿人：展圣洁；审稿人：晁铭波

（一）提升绿色仓储水平

建立定期调度与实地调研相结合的工作机制，跟踪行动进展情况，挖掘典型经验做法，梳理问题、研究对策，形成阶段性报告及多篇信息，促进各地交流互鉴。推进分生态区绿色储粮技术创新系统集成示范，在全国七大储粮生态区10多个省份对接布局一批集成示范单位，因地制宜打造绿色储粮技术体系。推进绿色储粮标准化试点工作，召开“绿色储粮标准化试点中期交流研讨会”，探索可复制、可推广的绿色储粮工作模式和典型经验。将每年新增应用绿色仓储技术改造升级仓容有关情况纳入“省级党委和政府落实耕地保护和粮食安全责任制考核”内容，发挥考核指挥棒作用。加强绿色储粮政策宣贯解读，持续丰富“储粮专家说”系列微课，指导各地科学合理选配应用仓储设施设备和绿色储粮技术工艺，不断提高科学储粮水平和品质保障能力。

撰稿单位：国家粮食和物资储备局安全仓储与科技司；
撰稿人：施季辉、包亚妮；审稿人：周冠华、彭扬

（二）完善质量监测体系

督促指导各省份推动粮食质量追溯提升行动方案实施，及时掌握各地实施进展情况。梳理总结典型省份先进经验做法，形成《四川夯实检验基础　激发机构活力　推进粮食质量追溯提升行动落地见效》、《陕西省强化体系建设　提升检验能力　全力筑牢粮食质量安全防线》典型经验材料，以工作简报形式印发，供各地参考借鉴。在2023年全国深入推进优质粮食工程、加快粮食产业高质量发展现场经验交流会上，吉林等省份交流了粮食质量追溯提升行动实施进展情况和典型经验做法。

撰稿单位：国家粮食和物资储备局标准质量中心；
撰稿人：张庆娥、尹诗文；审稿人：王耀鹏

（三）推动粮食品种品质品牌提升

各省份以粮油产业高质量发展为目标，更加突出需求导向，更加注重品质提升，全力打造区域公共品牌，统筹利用产粮大县奖励资金、粮食风险基金等落实资金支持40多亿元，采取有力措施推动“粮食品种品质品牌提升方案”落实落地，加快粮食产业创新发展、转型升级、提质增效。一是粮食品种结构持续优化，助力“中国饭碗”装满优质粮。各地整合政策、资金、人才等资源，加大科技投入，深耕良种培育，促进科技与种业集成发展。通过发布推荐种植品种，倡导订单种植，引导农民精准对接市场需求。建设优质粮源基地，探索农业合作机制，推动产业链向上游延伸，从源头上保障绿色优质粮油供给。二是粮食品质提升多措并举，优质粮油产品供给日益丰富。各地立足自然禀赋，因地制宜完善粮食质量标准体

系，强化市场需求导向，推动土地、金融等资源要素向优势粮食企业集中，培育发展市场竞争强、辐射带动大的链主企业。支持企业大力发展新技术、新产品、新业态，加强科技成果转化，提档升级加工能力，扩大优质粮油产能，提升粮油产品品质。三是优质粮食品牌不断强化，品牌价值和影响力显著提升。各地持续发力，加强品牌知识产权保护和规范管理，完善营销网络建设，推动多渠道推介和营销优质粮油产品，促进产销深度融合，不断深化优质粮食品牌体系建设，提升品牌价值。“山西小米”、“水韵苏米”、“齐鲁粮油”、“荆楚粮油”、“天府菜油”等省级区域公用品牌连续多年上榜中国粮油影响力公共品牌。

撰稿单位：国家粮食和物资储备局科学研究院；
撰稿人：周明慧、欧阳姝虹；审稿人：邱平

二 粮食仓储物流体系

2023年，通过粮食等重要农产品仓储设施中央预算内投资专项，支持有关中央企业和地方建设一大批粮食仓储物流设施项目，提高粮食仓储能力和物流水平，加快优化粮食仓储物流设施布局和结构，进一步完善形成与保障粮食存储安全需要相适应的仓储设施网络。统筹保障国家粮食安全和产业高质量发展要求，完善粮食物流关键节点集并、中转和分拨功能，建设设施完备、功能齐全的粮食物流核心枢纽，打造一批带动能力强、辐射范围广的区域性粮食物流中心、加工中心和信息中心，提升粮食产业发展质量、效益和竞争力，为保障国家粮食安全提供有力支撑。

2023年12月27日，《高标准粮仓建设标准》（LS/T 8014–2023）正式发布，自2024年6月27日起实施。鼓励地方和中央企业推进高标准粮仓建设，大力开展绿色仓储提升行动，支持浅圆仓等机械化、自动化程度高的仓储设施建设，提升粮食储备仓房隔热气密等性能，强化绿色储粮技术应用和设施装备信息化、智能化，提高仓储现代化水平，确保粮食储存安全和保质减损。

撰稿单位：国家粮食和物资储备局规划建设司；撰稿人：展圣洁；审稿人：晁铭波

三 粮油统计与信息体系

（一）粮油统计信息

深入贯彻落实《国家粮食流通统计调查制度》，围绕粮食收购五日报、价格监测周报、流通统计月报、行业统计年报和供需平衡调查、农户余粮调查等日常性工作，在确保统计数据质量和时效性的基础上，更加注重挖掘数据变化趋势和原因，充分发挥统计服务国家粮食宏观调控的重要作用。持续加强统计制度体系建设，完善统计指标，适应新形势新要求，创新统计调查方法，在深入开展调研的基础上，探索建立重点企业收购进度抽样调查制度，并在部分主产区开展试点。督促指导地方强化源头数据质量核查，加大粮食流通统计培训力度，提升基层统计人员能力和水平。

撰稿单位：国家粮食和物资储备局粮食储备司；

撰稿人：李洵、耿晓頔、温江波、张杨雨松、姚朗；审稿人：唐成

（二）粮油市场信息体系建设

不断完善新型粮食市场监测预警体系。根据市场形势变化动态调整信息监测点，完善监测指标，拓展监测内容，加强重点企业、物流节点等监测，强化国际粮油市场监测，提高监测的全面性、准确性和时效性，为服务粮食宏观调控当好参谋助手。高度关注事关高质量发展的重大问题，不断增强敏锐性、洞察力，站好岗、放好哨，紧盯粮食领域的"黑天鹅"和"灰犀牛"。充分利用现代信息技术，构建粮油信息报送系统，提高信息采集、整理和加工的智能化水平，实时监测市场变化，努力做到眼睛亮、见事早、行动快。

持续提高信息服务决策质量。统筹运用监测预警、大数据分析、座谈交流、实地调研等手段，深入研究粮油市场重大问题，强化对苗头性、倾向性、潜在性问题的深度分析研判，提升信息服务决策的敏感性、准确性和时效性。围绕市场热点和社会关注焦点，坚持目标导向和问题导向，组织开展调研座谈和专家会商，切实把情况摸清，把问题研究透，强化粮食市场形势分析研判，不断提高信息服务决策的能力和质量，全年完成专报等各类决策报告216份。完成重点调研课题3项和软科学课题1项，加强课题成果转化。

正面引导市场预期。优化完善信息发布机制，及时发布市场性、行业性、时效性信息，全年在官方微信公众号发布信息240期，在国家粮油信息中心网站发布市场信息1700余条，发布定期市场报告1942期，9人次接受央视、经济日报社等主流媒体采访，及时回应社会关切，加强新闻舆论宣传。在市场敏感期和波动期，主动向媒体提供新闻素材，加强正面信息引导，提升行业话语权，服务粮食宏观调控和社会需求。2023年举办油菜籽产业发展会议和玉米市场年会，参会企业近500家。

协同联动共建粮食信息体系。建立完善上下贯通、协同联动的工作机制，加强国内信息机构之间的业务合作、信息共享和经验传导，与国家气象中心、国家气候中心、中国人民大学、大连商品交易所等机构开展学术交流，着重在监测对象、监测范围、监测内容、监测手段以及信息采集、整理、分析、研判等方面进行优化整合，形成"分工合作、各有侧重、共同发展"的新格局。北京市、天津市和河北省认真落实京津冀协同发展战略，加

强市场分析研判，联合开展会商、调研，持续编印《京津冀粮食信息快讯》，实现粮油信息的互联互通。湖北省定期发布《粮油市场信息周报》，贵州省定期撰写《粮情月报》，及时反映省内外的粮油市场状况。

撰稿单位：国家粮油信息中心；撰稿人：李圣军；审稿人：李喜贵

（三）政府信息公开

主动公开方面。全年通过国家粮食和物资储备局政府网站（以下简称局政府网站）发布各类信息3289条。及时转载《中华人民共和国粮食安全保障法》，主动公开《中央应急抢险救灾物资储备管理暂行办法》等行政规范性文件，粮食收购制度文件，经批准的部门预算、决算信息，公务员招考、事业单位招聘信息，中央救灾物资、防汛抗旱物资招标中标信息和防汛救灾物资调运信息，粮食储存节约减损“小发明小创造小创意”作品和行业科技重大项目信息，政策性粮油监督检查制度规定等，持续提升工作透明度。主动发布主产区粮食收购进度、价格、交易、质量监测等数据，《粮食仓储企业安全生产作业指南》、事故隐患判定标准，全级次企业名单、假国企名单，现行粮油国家标准目录等，便于社会各界查询了解和监督。主动通报粮食收购环节违法违规典型案例，强化警示教育作用；按规定公开推进全面依法管粮管储进展成效，及时公开5件主办的建议提案答复，自觉接受监督。

解读回应方面。强化政策解读，重点对《粮食质量安全监管办法》和《政策性粮食购销违法违规行为举报奖励办法（试行）》等部门规章和规范性文件进行解读，主动介绍出台背景、目的依据、主要内容等，有助于增进公众理解、推动政策落实。全年国家粮食和物资储备局主要负责同志等出席国务院新闻办公室“权威部门话开局”系列主题新闻发布会1次，召开新闻通气会2次；中央主要媒体刊（播）发主题报道550余篇（条）。

依申请公开方面。严格执行国家粮食和物资储备局信息公开申请办理答复规范，专人盯办、每日查收、及时转办，督促主办司局规范办理、按时答复。全年共受理有效信息公开申请22件。从申请方式看，21件为网络申请，1件为信函申请；从办理情况看，17件按期答复申请人，5件办理过程中经沟通申请人主动撤回。

政府信息管理方面。设置专栏，集中公开现行有效的行政规范性文件，方便公众查询使用。全年制发规范性文件4件。在制定过程中，充分征求全系统各单位等意见并修改完善后，再通过局政府网站公开征求社会意见，并认真研究采纳收到的意见建议，不断提升国家粮食和物资储备局制度建设的质量和水平。

公开平台建设方面。对局政府网站相关栏目进行优化改版，重点呈现党中央、国务院重大决策部署。围绕学习贯彻习近平新时代中国特色社会主义思想主题教育、全国粮食和物资储备工作会议、粮食产后节粮减损工作现场推进会、世界粮食日和全国粮食安全宣传周等主题，整合发布信息，展示工作成效。严格履行信息发布审批程序，切实做好各类发布平台的内容审核、规范管理、安全运行等工作，充分发挥局政府网站、政务微博微信在新闻宣传、信息发布、解读回应、互动交流等方面作用。全年局长信箱共收到来信647件，均已办结；公开45件具有代表性的网民来信答复。

监督保障方面。把依法履行公开义务，纳入法治机关建设考核评议。把政务公开列入各单位职能目标考核，分值不少于4分；列为公务员初任培训必修课程。

撰稿单位：国家粮食和物资储备局办公室（外事司）；撰稿人：赵胜君；审稿人：周辉

粮食质量标准

一 粮食质量安全检验监测管理

2023年，国家粮食和物资储备局进一步强化粮食质量安全制度建设，加快粮食质量管理相关制度制修订工作。制定《政府储备粮油质量检查扦样检验管理办法》，规范了政府储备粮油质量检查中最基础和最重要的扦样检验工作，并开展了多种形式的宣贯解读。

强化新收获粮食质量安全监测，提升监测效能。全年共采集检验样品近8万份，获得数据超过100万条，为相关政策的制定提供了有力保障。根据气候环境变化等实际情况，及时开展应急监测。创新形式，开展新入库粮食质量安全跨省异地监测。坚持问题导向、目标导向，重点选择粮食收储任务量大、风险较高的地区，并持续对被监测收储企业质量安全管理和仪器设备情况进行现场调研，对于发现的问题，举一反三，强化整改。

强化库存粮食质量安全风险监测。组织完成了2023年全国政策性粮油库存质量检查工作，各地共采集检验样品约10700份，获得数据10万余个。从检查结果来看，政策性粮油库存整体质量安全情况处于较高水平，但个别地区和少数库点仍存在质量安全隐患。

撰稿单位：国家粮食和物资储备局标准质量中心；
撰稿人：魏铭、汪啸天；审稿人：王耀鹏、孙长坡

二 主要粮食品种收获质量与品质状况分析

（一）早籼稻

浙江、安徽、江西、湖北、湖南、广东、广西、海南等8个主产省份共采集检验质量样品3632份，涉及99个地市的433个县（区）。监测结果显示，新收获早稻总体质量为近年来正常水平，中等（三等）以上比例近九成。全部样品检验结果为：出糙率平均值为77.2%，与上年基本持平；一等至五等的比例分别为18.1%、41.9%、29.5%、7.2%、1.8%，

等外品为1.5%；中等以上占89.5%，较上年下降4.6个百分点。整精米率平均值为52.9%，较上年增加1.2个百分点；其中整精米率不低于44%（三等）的比例为89.8%，不低于50%（一等）的比例为64.1%，较上年分别增加4.9个百分点和1.5个百分点。不完善粒平均值4.8%，与上年基本持平。

相关省份采集的优质品种样品份数和整精米率、食味品质评分、直链淀粉、垩白度4项指标符合国家优质稻谷标准的样品比例（以下简称达标率）分别为：安徽采集样品17份，达标率为29.4%；湖北采集样品39份，达标率为23.1%；广东采集样品215份，达标率为60.5%；海南采集样品20份，达标率为15%。

（二）中晚籼稻

江苏、浙江、安徽、江西、河南、湖北、湖南、广东、广西、重庆、四川、贵州等12个省份共采集检验样品13425份，覆盖137个地市的784个县（区）。从监测结果看，中晚籼稻整体质量较好。全部样品检验结果为：出糙率平均值为77.3%，与上年持平；一等至五等的比例分别为17.6%、43.2%、29.7%、6.2%、2.1%，等外品为1.2%；中等以上的占90.5%，较上年增加0.3个百分点。整精米率平均值为55.6%，较上年增加1.5个百分点，不低于44%（三等）的比例为93.2%，较上年增加7.3个百分点。不完善粒平均值为3.5%，较上年增加0.7个百分点。

相关省份采集的优质品种样品份数和达标率分别为：安徽采集样品191份，达标率为50.3%；河南采集样品74份，达标率为93.2%；湖北采集样品396份，达标率为65.9%；广东采集样品293份，达标率为97.6%；四川采集样品1989份，达标率为55.1%。

（三）粳稻

辽宁、吉林、黑龙江、江苏、安徽、宁夏等6个省份共采集检验样品6755份，覆盖57个地市的287个县（区）。从监测结果看，粳稻整体质量为近年来正常水平。全部样品检验结果为：出糙率平均值为80.2%，与上年持平；一等至五等的比例分别为34.7%、43.1%、18.3%、3.1%、0.6%，等外品为0.2%；中等以上的占96.1%，较上年增加2个百分点。整精米率平均值为64.4%，较上年下降0.6个百分点；不低于55%（三等）的比例为96.8%，与上年持平；不完善粒平均值为4.3%，较上年增加0.5个百分点。

相关省份采集的优质品种样品份数和达标率分别为：吉林采集样品186份，达标率为48.9%；黑龙江采集样品438份，达标率为84.0%；安徽采集样品58份，达标率为6.9%；宁夏采集样品340份，达标率为72.6%。

（四）小麦

河北、山西、江苏、浙江、安徽、山东、河南、湖北、四川、陕西、甘肃、宁夏、新疆等13个省份共采集检验质量样品14452份，涉及146个地市的816个县（区）。监测结果显示，受收获期连续阴雨天气影响，新收获小麦整体质量较上年有所下降，为近年来较低水平，主要表现为容重下降、不完善粒（主要为生芽粒和生霉粒）增加。全部样品检验结果为：容重平均值为773g/L（二等），较上年下降21g/L，一等至五等的比例分别为31.7%、32.5%、19.3%、8.0%、4.4%，等外品为4.0%；中等（三等，容重不低于750g/L）以上的占83.5%，较上年下降12.7个百分点；千粒重平均值为43.6g，较上年下降2.3g；不完善粒平均值为16.3%，较上年增加13.2个百分点，其中符合最低收购价要求（≤10%）的比例为63.8%。

相关省份采集检验小麦样品份数和符合优质强筋小麦国家标准的比例（以下简称强筋比例）分别为：安徽采集样品282份，强筋比例为0.4%；河南采集样品575份，强筋比例为0.9%；湖北采集样品98份，强筋比例为1.0%；新疆采集样品121份，强筋比例为0.8%。

（五）玉米

天津、河北、山西、内蒙古、辽宁、吉林、黑龙江、江苏、安徽、山东、河南、湖北、广西、重庆、四川、贵州、云南、陕西、甘肃、宁夏、新疆等21个省份共采集检验样品29443份，覆盖239个地市的1510个县（区）。从监测结果来看，质量方面，玉米整体质量好于上年，平均容重和一等比例提高，为近年来正常水平。全部样品检验结果为：容重平均值为729g/L（一等），较上年有所提高，一等至五等玉米比例分别为65.7%、22.0%、10.1%、1.8%、0.3%，等外品为0.1%；中等以上比例为97.8%，较上年提高了0.9个百分点，一等比例较上年提高5.7个百分点。不完善粒含量平均值为3.4%，较上年增加0.1个百分点；不超过8%（对应三等以上）的比例为94.1%，较上年下降0.5个百分点。霉变粒含量平均值为0.2%，达标（不超过2.0%）比例为99.0%。

21个省份玉米内在品质指标整体属于正常水平。其中，淀粉含量平均值为72.2%，粗蛋白含量平均值为9.1%，粗脂肪含量平均值为3.9%，各项指标与上年基本持平。

（六）大豆

内蒙古、辽宁、吉林、黑龙江、安徽、山东、河南、四川等8个省份共采集检验样品1542份，覆盖87个地市。从监测结果来看，大豆整体质量基本正常。全部样品检验结果为：完整粒率平均值为90.4%（二等），较上年略有提高，国标中等以上的占90.6%，较上年提高0.8个百分点。损伤粒率平均值为4.5%，符合等内品（不高于8%）的比例为97.6%，较上年提高5.4个百分点。

8个省份大豆粗蛋白质含量平均值40.1%，符合高蛋白质大豆标准（粗蛋白质含量不低于40%）的比例为47.5%，为近年来较好水平。粗脂肪含量平均值20.4%，符合高油大豆标准（粗脂肪含量不低于20%）的比例为64.5%，属于近年来较好水平。

（七）油菜籽

江苏、安徽、江西、河南、湖北、湖南、重庆、四川、贵州等9个省份共采集样品2831份，涉及92个地市431个县（区）。监测结果显示，受收获期连续阴雨天气影响，新收获油菜籽整体质量较上年有所下降，为近年来较低水平。全部样品检验结果为：含油量方面，平均含油量（标准水计，下同）为40.4%（二等），一等比例为32.5%，中等以上比例为75.0%，为近年来较低水平。不完善粒方面，未熟粒、生芽粒平均值较上年有所下降，生霉粒较上年有所增加。未熟粒平均值为1.2%，符合中等以上要求（≤6.0%）的比例为98.6%，较上年增加4.3个百分点。生芽粒平均值为0.2%，符合标准要求（≤2.0%，以下简称达标）比例为99.5%。生霉粒平均值为0.5%，达标比例为97.0%。芥酸含量平均值为13.4%，符合低芥酸油菜籽标准（≤3.0%）的比例为39.7%，较上年提高3.5个百分点。

（八）花生

河北、辽宁、吉林、安徽、江西、山东、河南、湖北、广东、广西、四川11省份共采集检验样品1753份，覆盖119个地市。从调查结果来看，整体质量良好。全部样品检验结果为：纯仁率平均值为70.1%，中等以上比例为78.8%；含油率平均值为47.8%，含油率超过50%的比例为30.5%，不完善粒平均值为4.2%。

撰稿单位：国家粮食和物资储备局标准质量中心；
撰稿人：魏铭、汪啸天；审稿人：王耀鹏、孙长坡

三 粮食标准化

截至2023年年底，国家粮食和物资储备局负责归口管理的粮食标准共687项。其中，国家标准386项，行业标准301项，建立了覆盖粮食收购、储存、运输、加工等环节的粮食全产业链标准体系。

（一）加强粮食标准制修订工作

一是强化主粮强制性国家标准修订工作。推动国家市场监督管理总局（国家标准委）批准发布新修订的《小麦》、《大豆》2项强制性国家标准，于2023年12月1日起正式实施。其中，《小麦》强制性国家标准主要完善了小麦“生芽粒”的定义，《大豆》强制性国家标准主要完善了大豆“损伤粒率”的限量要求。这2项强制性国家标准的发布实施，对于保护种粮农民利益、维护粮食市场稳定、更好地服务国家新一轮千亿斤粮食产能提升、促进粮食流通顺畅有序、保障国家粮食安全具有重要意义。

二是抓好重点领域标准制修订工作。2023年，发布了《高标准粮仓建设标准》、《稻米加工技术规程》等26项粮食行业标准。其中，《高标准粮仓建设标准》的制定，对于提高我国粮食仓储设施建设和技术应用水平，推动粮食仓储设施建设和管理高质量发展具有重要意义；《稻米加工技术规程》的制定，有助于指导大米加工企业规范生产工艺，提高大米出品率和稻米资源利用率，减少稻米加工全过程的损耗。发布了《小麦粉加工精度标准样品　精制粉》等12项粮食行业标准样品，用于指导大米、小麦粉等加工企业适度加工，

最大限度保留粮食中固有营养成分，促进节粮减损。推动国家标准委发布《大米加工企业设计规范》推荐性国家标准和《菜籽油》第1号修改单等3项国家标准修改单。《大米加工企业设计规范》的制定，有利于推动大米加工企业的规范化管理，进一步提高企业生产效率和管理水平。面向社会公开征求《全谷物与全谷物食品通则》等60项粮食标准意见。

三是做好粮食标准制修订计划立项工作。围绕公共安全、基础通用，绿色优质、营养健康，节粮减损、适度加工，绿色仓储、安全生产等重点领域，面向社会公开征集粮食标准制修订计划项目。经组织申报、专家组评审等程序，2023年10月，共下达50项粮食行业标准制修订和标准样品计划。组织完成《粮油储藏技术规范》、《油茶籽油》等36项国家标准制修订计划立项，按程序向国家标准委申请《全麦粉》、《熟糙米粉》等22项国家标准制修订项目立项，进一步健全完善粮食全产业链标准体系。

（二）大力推动粮食标准实施和宣传

一是做好强制性标准实施情况统计分析。2023年5月，开展《玉米》强制性国家标准实施情况调查和统计分析，创新调研方式，共收到有关机构、企业1300余份问卷反馈，形成分析报告，并入选国家标准委强制性国家标准分析工作典型案例。2023年8月，国家粮食和物资储备局标准质量中心牵头申报的国家强制性标准实施情况统计分析点（粮食安全）入选了国家标准委第一批统计分析点。

二是积极开展节粮减损标准宣传解读工作。在全国食品安全宣传周·粮食质量安全宣传日、世界粮食日等活动中，通过对《发芽糙米》、《留胚米》等粮油适度加工产品标准进行宣传解读，指导粮油加工企业、广大消费者正确理解和准确实施标准。在《中国粮食经济》、《中国食品安全》等学术期刊上发表节粮减损标准体系建设相关学术论文。

三是强化粮食标准宣传执行工作。向各地、各单位和有关企业发放《粮食购销领域常用标准汇编》3000余册，并指导做好执行工作。及时更新局政府网站现行粮油国家标准目录和行业标准目录，供社会公众查看。

（三）提升粮油标准化技术支撑水平

为进一步提高粮油标准质量和可操作性，提升标准制修订的科学性、规范性、时效性，推动粮油标准有效实施，2023年9月，开展2023年首批国家粮油标准研究验证测试机构申报工作。经形式审核、专家组评审，遴选出北京市食品检验研究院等35家国家粮油标准研究验证测试中心和唐山市食品药品综合检验检测中心等23家国家粮油标准验证测试工作站。

（四）持续深化粮食标准化工作改革

2023年9月，组织召开全国绿色储粮标准化试点中期交流会，推进试点实施，加强绿色储粮技术应用、创新研发与标准制修订工作的衔接，促进绿色储粮标准体系建立和完善，探索可复制、可推广的绿色储粮典型经验和工作模式，服务于粮食绿色仓储提升行动。2023年11月，组织开展粮油产品企业标准领跑者“回头看”活动，对获得粮油产品企业标准“领跑者”称号的全部企业标准开展有效性核查，对执行“领跑者”标准的产品开展符合性抽检，督促获得“领跑者”称号的企业持续强化标准质量意识，保证产品质量符合领跑标准要求。

（五）持续提高粮油标准对外开放水平

一是积极推动谷物和豆类国际标准体系建设。认真履行国际标准化组织谷物与豆类分委员会（ISO/TC34/SC4）秘书处工作职责，发布《谷物、豆类及制品　灰分的测定》等2项国际标准，推进《谷物及制品　水分含量的测定　自动烘箱干燥法》等12项标准制修订项目。组织召开分委员会第43次会议，来自19个国家成员体和3个国际组织的63位代表参会。会议研究解决了全谷物定义和标签要求、谷物和豆类质量安全检测方法、粮食储存等国际标准制修订关键问题。

二是加快推进中国粮油标准转化为国际标准。我国牵头提出的《谷物和豆类　隐蔽性昆虫感染的测定》等5项国际标准提案获ISO批准立项。《油茶籽油》等3项在研国际标准项目按要求完成国际协同验证和委员会阶段征求意见。

三是着力推动标准联通，共建“一带一路”。推动发布《玉米储存品质判定规则》等4项粮油领域国家标准外文版，其中《粮油检验　大米加工精度检验》标准外文版作为典型案例在国家市场监督管理总局官网进行了宣传。推动国家标准委与俄罗斯标准化管理机构分别代表两国政府签署5项动植物油脂领域标准互认协议，服务优质粮油产品进口，这是中俄两国首次签署粮油领域标准互认协议，对于促进两国粮油贸易具有重要意义。此外，还与巴西、美国深入开展《大豆》等标准交流，强化贸易便利化标准支撑。

撰稿单位：国家粮食和物资储备局标准质量中心；
撰稿人：徐广超、张艳、袁强；审稿人：王耀鹏

粮食和物资储备法治建设

一 加快推动粮食和物资储备安全立法

2023年，粮食和物资储备安全立法工作取得新成效。一是粮食安全保障法正式公布。2023年12月29日，国家主席习近平签署第十七号主席令，公布第十四届全国人民代表大会常务委员会第七次会议通过的《中华人民共和国粮食安全保障法》，自2024年6月1日起施行。粮食安全保障法作为粮食领域的基础性、统领性法律，共11章74条，主要确立了耕地保护、粮食生产、粮食储备、粮食流通、粮食加工、粮食应急、粮食节约等基本制度。二是国家储备安全法列入十四届全国人大常委会立法规划。在认真梳理相关法律法规、组织专家研究论证、深入开展实地调研的基础上，加快推动国家储备安全法起草工作。三是持续推进粮食储备安全管理条例起草工作，进一步修改完善相关条款。四是地方粮食立法取得明显成效。截至2023年12月底，浙江、福建、广东、四川、贵州、新疆等6个省份出台粮食安全保障省级地方性法规规章，天津、辽宁、江苏、江西、宁夏等29个省份出台粮食流通、粮食储备等涉及粮食安全保障的省级地方性法规规章。

二 不断提高粮食和物资储备依法行政水平

制定法治机关建设年度工作计划，明确工作目标、具体举措和任务分工。加强法治教育培训，把法治教育培训纳入干部教育培训规划，组织开展建设法治政府、推进依法行政专题培训和法治骨干培训，在粮食行政执法人员、新入职人员等相关培训中设置法治课程。组织开展法治机关建设年度考核评议，强化结果运用。加强行政规范性文件制定和管理，对制修订的行政规范性文件及时进行政策解读。认真做好行政复议案件审理和行政应诉工作。通过局政府网站面向社会公开年度推进法治政府建设情况，促进行政权力规范透明运行。完成公职律师首次年度考核工作。

三　持续推进粮食和物资储备法治宣传教育

组织实施《全国粮食和物资储备法治宣传教育第八个五年规划（2021—2025年）》，持续做好《粮食流通管理条例》学习贯彻，深入解读《粮食流通管理条例》的主要制度和重要内容。结合“4·15”全民国家安全教育日、全国粮食和物资储备科技活动周、全国食品安全宣传周、全国粮食安全宣传周、“12·4”国家宪法日等重要节点，开展普法宣传活动。对全系统“八五”普法规划实施情况进行中期评估，认真总结好的经验和做法，推动解决问题，进一步推动“八五”普法规划全面贯彻落实。丰富普法形式，积极利用互联网、微博、微信公众号等，搭建法治宣传平台，增强法治宣传教育的覆盖面和影响力。

撰稿单位：国家粮食和物资储备局法规体改司；
撰稿人：于涛、王尧、宋凯强、许莹、刘森、齐倩、王铎羲；
审稿人：韩继志、肖玲

棉花和食糖储备

一 棉花和食糖市场运行

（一）棉花市场运行情况

一是棉花产量下降。根据国家统计局数据，2023年全国棉花播种面积279万公顷，比上年下降7.1%。其中，新疆种植面积237万公顷，下降5.1%，占全国棉花种植面积的比重上升至85%；其他地区棉花播种面积42万公顷，下降16.8%。全国棉花产量561.8万吨，下降6.1%。其中新疆棉花产量511.2万吨，下降5.2%，占全国总产量的比重升至91%；其他地区棉花产量50.6万吨，下降13.7%。

二是棉花消费量增加。国内疫情防控平稳转段后，纺织品服装消费逐步复苏，带动棉花消费量小幅增长。据国家棉花市场监测系统预计，2022/2023年度（2022年9月—2023年8月）全国棉花消费量为770万吨，同比增加40万吨；2023/2024年度全国棉花消费量760万吨，同比减少10万吨。

三是棉花价格上涨后回落。2023年一季度由于国内消费复苏缓慢，棉花价格总体弱势运行，现货价格在15000~16000元/吨。4月以后，受棉花种植面积减少、商业库存快速下降、新疆棉抢收预期较强等因素影响，国内棉花价格持续上涨，现货价格最高涨至18000元/吨左右。随着国家及时采取措施加强调控、增加市场供应，加上新疆棉抢收预期落空，10月新棉大量上市后现货价格逐步回落至16000元/吨左右。

四是中央储备棉适时轮出。为应对国内棉花价格上涨、缓解市场供应紧张，有关方面在2023年7月底至11月中旬持续销售中央储备棉，并适时调整销售节奏，更好满足棉纺企业用棉需求，实际成交88.5万吨，成交率71.8%，竞买成交均价为17424元/吨，有效稳定了市场预期，促进棉花市场平稳运行。

（二）食糖市场运行情况

一是糖料种植面积增加。根据中国糖业协会数据，2022/2023年度（2022年10月—2023年9月）全国糖料种植面积128万公顷，比上年度增长1.6%。其中甘蔗种植面积110

万公顷，同比下降1.8%；甜菜种植面积为18万公顷，同比增长29%。糖料收购价格较上年度有所提升，其中甘蔗平均收购价512元/吨、甜菜平均收购价555元/吨，分别较上年度提高6元/吨和14元/吨，糖农收入371亿元，基本保持稳定。

二是食糖产量和消费量下降。根据中国糖业协会数据，2022/2023年度全国食糖产量897万吨，同比下降6.2%。其中，甘蔗糖789万吨、下降9.3%，甜菜糖108万吨、增长25.1%。全国食糖消费量1535万吨，同比下降0.1%。消费结构基本稳定，民用消费占比45.9%，工业消费占比54.1%。

三是食糖销售价格上涨。根据中国糖业协会数据，2022/2023年度全国制糖工业企业成品白砂糖累计平均售价6270元/吨，较上年度上涨516元/吨，涨幅9%。受益于食糖价格上涨，制糖企业普遍盈利，全国制糖行业销售收入（含综合利用产品销售收入）696亿元，盈利33.85亿元。

二 棉花和食糖储备管理

2023年，国家粮食和物资储备局认真履行中央储备棉糖行政管理职责，持续推进建章立制，精心组织储备投放，各项工作取得积极进展。

加强棉糖储备管理制度建设。配合国家发展和改革委员会、财政部修订《中央储备糖管理办法》，研究制定《中央储备棉管理办法》。宣贯解读《中央储备棉仓储管理办法》、《中央储备糖仓储管理办法》，加强中央储备棉糖仓储管理业务培训和调研指导。组织做好中央储备棉投放。充分发挥储备吞吐调节作用，2023年7月至11月，根据市场形势变化情况，公开挂牌销售部分中央储备棉，合理把握挂牌数量和节奏，累计成交88.5万吨，有效满足了国内纺织企业用棉需求。

组织中国储备棉管理总公司、华商储备商品管理中心有限公司首次开展中央储备棉糖仓储信息报告工作，为棉糖收储政策完善和设施规划建设提供参考依据。结合局重点调研课题，完成“中央储备棉糖仓储管理现状问题及对策建议”研究，基本摸清中央储备棉糖仓储能力、设施条件和保管水平情况，深入分析存在的问题并提出相关政策建议，为深化国家战略物资储备改革发展提供支撑。

撰稿单位：国家粮食和物资储备局粮食储备司、安全仓储与科技司；
撰稿人：孙哲、纪展、邢文煦，施季辉、包亚妮；审稿人：周冠华、唐成、彭扬

物资储备

一 战略物资储备管理

着力建立季度资源安全保障形势分析机制、大宗商品市场跟踪机制、全系统青年干部专门专业专研“三专分析师”工作机制，提升预见、预判能力。完成企业社会责任储备、国家储备市场调节机制、战略性矿产品社会库存调查制度等多项课题研究和调研，进一步推进战略物资储备体制机制改革任务落实落地。坚持作业前严格审查、全程现场安全督导，建立视频调度制度，举办业务培训班，开展年度库存检查，提高物资管理安全可靠能力和系统干部职工业务能力。开展“战略性矿产品物资采购廉政风险大起底”，制定党员干部“宁可严过头，不可触红线”的廉洁自律“八不准”更高要求，狠抓廉政风险防控、提升廉洁自律能力。

撰稿单位：国家粮食和物资储备局物资储备司；
撰稿人：王敏、高春旭、夏保强、潘瑶；审稿人：周海扬、邱永峰

二 应急物资储备管理

储备规模、布局和品种结构不断优化。储备总价值是机构改革前的3倍，会同应急管理部首次增加前置储备库点，储备仓库总数量增加到102座，实现全国31个省份全覆盖，储备品种增加到111个。

中央应急抢险救灾物资管理水平不断提升。构建《中央应急抢险救灾物资储备管理暂行办法》、《中央应急抢险救灾物资储备监管评估暂行办法》、《中央应急救灾物资储备管理规范（试行）》、《中央应急抢险救灾物资储备库设施设备升级配置指引》物资管理“四个一”制度体系，并运用多种载体在全系统组织宣贯，中央应急抢险救灾物资管理更加规

范；两次召开全系统中央应急抢险救灾物资储备管理工作会议，在山东局组织综合应急演练。有效发挥监管评估指挥棒作用，加强实地检查、远程监管，以监管评估促管理提升，形成了较为完善的储备仓库管理模式。

中央应急抢险救灾物资保障能力不断夯实。闻灾而动、闻令而动，先后圆满完成京津冀和东北地区重大洪涝灾害、山西运城雨雪冰冻灾害、冬春救助、甘肃积石山6.2级地震、尼泊尔地震援助等紧急调运任务31次，共调运价值1.7亿元中央应急物资，支援灾区、救助群众，受到广泛赞誉。

撰稿单位：国家粮食和物资储备局应急物资储备司；
撰稿人：王兵、杨林；审稿人：王宏、陈林

三　物资储备标准化

印发《国家物资储备标准体系》等16项物资储备行业标准。在强化物资收储管理、提高规范化水平、保障安全生产、服务储备效能提升等方面具有重要的支撑和保障作用。下达《国家物资储备重大危险源判定标准》等14项国家物资储备行业标准制定计划。重点聚焦安全生产、应急保供、储备管理、质量监测、库房建设、数字化等领域反复研究确定的立项计划。

撰稿单位：国家粮食和物资储备局标准质量中心；
撰稿人：付伟铮、颜婷婷；审稿人：王耀鹏、孙长坡

四　安全管理

（一）深入贯彻习近平总书记关于安全生产重要论述

坚持“第一议题”制度，采取国家粮食和物资储备局党组理论学习中心组、党组会议学习传达等多种形式，深入学习贯彻习近平总书记关于安全生产重要论述和重要指示批示精神，深刻领会精神实质和丰富内涵，对标对表推动学以致用。全年10余次召开局党组会议、局长办公会议，以及局安全生产领导小组会议、全系统视频会议等，研究具体贯彻落实措施，部署安全生产重点工作。

（二）扎实推进重大事故隐患专项排查整治2023行动

结合实际印发全系统《重大事故隐患专项排查整治2023行动方案》，明确各有关司局

单位具体分工。印发《粮食仓储企业重大生产安全事故隐患判定标准（试行）》、《关于进一步加强粮食流通行业安全生产监督管理工作的意见》、《粮食仓储企业安全生产作业指南》、《危险化学品重大危险源判定办法（试行）》等，规范和强化安全管理。岁末年初、重大节日等关键时点，以“四不两直”、明查暗访、交叉检查等多种形式，组织全系统开展安全生产督导检查。组织第三方机构开展安全检查和指导帮扶，有针对性地发现问题和推动解决问题。

（三）严格落实安全生产责任制

夯实安全生产主体责任。粮食行业，以推动落实“一规定两守则”为抓手，不断健全落实全员安全生产责任制。垂管系统，量化9个方面35项责任目标，层层签订安全责任书。履行安全生产监管责任。针对安全监管中的突出问题，实施综合治理，提升监管效能，切实履职尽责。强化追责问责，在全系统进行通报，达到处理一个、警示全局的效果。压紧压实工作责任。充分发挥国家粮食和物资储备局安全生产领导小组统筹协调作用，定期研究解决安全生产重大问题。有关成员单位将业务工作和安全生产工作同部署、同落实、同检查。

（四）加强应急保障准备

扎实开展应急演练和安全生产教育培训，不断营造安全生产良好氛围。2023年11月，联合地方政府及有关单位和部门，在广东局七三三处举办了大型综合应急演练，提高了国家储备安全保障能力。落实《国家战略储备反恐怖防范要求》系列标准要求，开展反恐防范试点建设，不断提升应急处突能力。组织安全生产教育培训。部署开展“安全生产月”活动。组织全系统开展线上安全生产培训，全系统超过30万人注册学习，总学时超过200万，提升了全系统安全管理人员专业素养和法治素养。

撰稿单位：国家粮食和物资储备局应急物资储备司；
撰稿人：葛宁、皇甫志鹏；审稿人：王宏、陈林

能源储备

高效推进国家原油储备年度收储任务，圆满完成国家成品油储备年度收储轮换计划及汽油质量升级任务，煤炭储备工作扎实推进，国家能源储备规模进一步扩大，品种结构布局进一步优化。印发国家原油储备运行管理相关工作规定，签订运行管理责任书，研究提出进一步规范国家成品油储备库管理意见，健全长效机制，储备管理制度机制进一步完善。2023年在山西举办2期专业技术岗位人员培训班，先后有156人获得职业资格证；组织有关管理业务线上培训，垂管系统200余人参加；在广东召开现场会，总结部署推进工作，推广先进经验做法，协调解决难点问题，进一步夯实了科学规范管理基础。密切关注国际形势变化，建立能源形势分析机制，召开市场分析研判专家座谈会，每月开展运行情况分析，每季度分品类形成市场形势分析报告。深入开展能源储备领域重大问题研究，煤炭储备运行管理机制研究等取得阶段性成果；跟踪研判重大事件影响，定期形成研究报告，为决策提供参考。

撰稿单位：国家粮食和物资储备局能源储备司；
撰稿人：葛连昆、刘伟然、石光波、徐成杰、杨若愚；审核人：车英

信息化建设

一 加强统筹谋划，拼图式实施“十四五”信息化发展规划

（一）加快推进“十四五”信息化建设任务

以《“十四五”粮食和物资储备信息化发展规划》为引领，进一步强化数据治理能力，提升应用水平。优化完善“一中心六平台”功能，巩固提升粮食购销监管效能完善储备动态监管、应急指挥调度、监测预警功能，健全粮食和物资储备安全网络，提升国家战略储备、应急物资储备数据安全和应急指挥调度能力。

（二）持续对接公共安全保障工程

按照国家发展和改革委员会部署，与应急管理部等部门分工编制《“十四五”公共安全保障工程框架方案》，并承担国家粮食和物资储备安全监测和应急保障提升工程，坚持统筹谋划、共建共用，在现有信息化资源基础上，着力夯实网络和数据安全基础，深化数据运用，提高风险监测预警水平，增强应急调度指挥能力，强化与有关部门的数据共享和业务协同，全面提升粮食和物资储备在公共安全风险事件中的保障能力和保障效率。

（三）强化物资储备信息化整体谋划

紧密结合《国家储备中长期发展规划》重点任务和局内分工方案、《“十四五”国家储备基础设施能力提升实施方案》，启动编制“智慧储备”建设总体方案，初步完成三类储备库信息化规范，提升库点业务标准化、管理信息化、作业智能化水平，为开展储备仓库（基地）信息系统建设和应用提供统一标准依据。按照统一标准规范，有序开展战略物资、中央应急救灾物资等基层储备库点信息化配套建设。

二 持续用力加快推进粮食购销监管信息化建设专项工作

（一）粮食购销监管信息化成效显著

按照专项工作安排，派出调研督导组赴中储粮集团公司和31个省份开展全覆盖督导式

调研，深入基层粮库及省粮食和物资储备部门现场发现和解决问题，提出整改意见；召开推进会、调度督导会和约谈督导会，采取因省施策、精准施措，确保建设进度、质量按期达标。中央储备粮、最低收购价粮已经实现信息化全覆盖，29个省级储备实现信息化全覆盖，地方政策性粮食整体覆盖率达到95%，信息系统数据和视频全面、准确、实时反映粮食购销全过程，基本实现政策性粮食全覆盖、主要业务数据准确及时上传国家平台，粮食购销领域监管信息化建设取得明显成效。

（二）加快推动粮食购销监管信息化国家平台项目建设

国家平台进入建设阶段，建设统一编码系统，实现粮食行业法人企业、库区库点、仓房廒间编制统一规范编码，建立基层库点业务系统数据级联平台，打通数据壁垒，形成业务闭环。开展储粮统一编码系统试点运行，逐步在中储粮集团公司和各省推广上线；建设粮食质量管理系统，深入挖掘质检业务信息化运营模式，细化信息采集和关联关系，从源头获取粮食质量数据；稳步推进一体化应用支撑系统和国家平台基础设施环境建设。

（三）以粮食购销监管为契机，整合数据资源建立大数据平台

结合正在开展的购销领域监管信息化建设工作，梳理现有的粮食行业日常保管和生产经营的相关数据，按照数据安全相关要求，编制《国家粮食和物资储备局数据分级分类规范》、《2024年度国家粮食和物资储备局数据安全风险评估报告》和《国家粮食和物资储备局重要数据和核心数据保护工作指南》，完善落实数据分级分类保护制度。

三 信息化应用成效再上台阶

（一）储备仓库信息化应用整体提升

进行综合物资管理平台试运行，结合新增需求不断完善功能。推进成品油库信息系统应用，搭建数据平台，为实现“数据通”打好基础。国家粮食和物资储备局视频监控平台已基本覆盖基层储备单位，保障了常态化监管、远程调度、专项任务需要，在应急指挥中心集中展示信息化全貌，为开展信息化远程监管夯实基础。

（二）充分利用现有信息化资源开展常态化远程监管

运用信息化手段开展常态化远程抽查监管工作，对承储中央政府及地方政府储备的粮库进行远程抽查，加紧编制垂管局接入查看中储粮视频监控系统方案，充分发挥粮食购销领域监管信息化系统发现问题、解决问题的作用，提升监管效能。突出以应用为导向、以数据为核心，完善省级平台功能，加快监管业务与信息化深度融合，提升穿透式监管能力。督导各储备库使用信息系统开展政策性粮食购销和储备业务，落实深化信息化应用有关通知要求，进一步规范业务流程，实现数据实时采集和上传。

（三）持续完善和推广网上办公

优化升级OA办公系统，聚焦OA应用堵点，完善签报线上编号、领导意见一键上传

等功能，打通OA系统与智能文件交换系统交互通道，深化细化解决OA应用“最后一公里”，实现线上办文全流程闭环。健全视频会议保障机制，印发《视频会议系统分级管理办法》，规范会议申请和保障流程，视频会议保障质量进一步提升。

四 持续提升信息化运维服务质量

将数据运维和安全运维纳入统一运维范畴，加紧安排数据资源盘点，补齐运维工作短板。持续整合优化云资源，通过优化存量、严控增量，在需求持续增加的情况下大幅缩减资源量，资源使用效率进一步提升，通过盘点软件资产和优化部署结构，进一步提升数据库等软件资产利用率。

撰稿单位：国家粮食和物资储备局信息化推进办公室；撰稿人：邝琼、袁鸿珊、史策、史彬桐、钞伯霖、刘欣欣、马伯骏、苑江浩、赵文博；审稿人：于英威

科研发展

一 科技进步与创新

精心组织开展粮食和物资储备科学普及工作。2023年5月21日，在安徽省合肥市成功举办以“储备安全 科学减损”为主题的2023年全国粮食和物资储备科技活动周，现场展示粮食和物资储备科技创新重大科技成果、高水平人才队伍和院校建设成效等。其间，邀请行业专家讲解粮油科普知识，各地围绕活动主题陆续开展系列科普活动。9月，在全国科技活动周“科技列车渝东南行”活动期间，会同重庆市粮食局在重庆市石柱县中益乡现场捐赠100套农户科学储粮仓，发放科学储粮科普知识宣传材料，邀请粮食领域专家为当地讲授节粮减损、安全储粮等科普知识。组织粮食行业全国科普日活动。向司法部反馈科学技术普及法修订草案修改意见。

召开全国粮食和物资储备科技和人才兴粮兴储工作经验交流会。在全国粮食和物资储备科技活动周期间，组织召开全国粮食和物资储备科技和人才兴粮兴储工作经验交流会。8家单位结合各地科技创新工作实际情况进行典型经验交流，提出有关措施和建议，积极营造粮食和物资储备领域科技创新工作良好氛围。

强化规划宣贯与重点任务落实工作。10月，在“2023年全国粮食和物资储备高质量发展高级研修班”讲解粮食科技体制改革历史沿革与粮食科技规划编制思路。配合科技部开展“十四五”农业农村和食品等2个科技创新规划中期评估。系统梳理“十四五”时期粮食和物资储备领域科技体制机制改革、科技创新攻关、科技成果转化、人才培育等方面的进展成效，撰写《“十四五”粮食和物资储备科技和人才发展规划》中期评估报告。

加强国家科技计划项目管理。推荐粮食科研团队竞争承担国家重点研发计划项目，开展低碳保质干燥、太阳能低温储粮、储粮品质高精度检测传感器等储运领域关键技术研发，以及特色油料精深加工、微生物菌体蛋白生产关键工艺、应急救生食品等粮油加工技术创新，其中“应急救生食品创制与关键技术研究”等4个项目成功获批立项；推荐上海理工大学承担2024年度“中法科研伙伴交流计划”候选项目、国家粮食和物资储备局科学研究院承担2024年度“中法杰出青年科研人员交流计划”候选项目，并组织参加答辩；按照国家发展和改革委员会财政金融和信用建设司《关于请协助开展支持科技型企业融资第一批企业和项目审核的函》要求，对涉粮领域的科技型企业融资第一批企业和项目候选对象进行审核，提出支持候选对象建议；向中央科技委员会办公室反馈“国家科技重大项目”立项和管理暂行规程、监督评估管理暂行办法修改意见，提供粮食和物资储备领域现行科技政策及相关建议。

加强科技创新平台指导和管理。批复组建国家粮食产业（全谷物）等4家技术创新中心，在全国粮食和物资储备科技活动周期间授予牌匾；指导功能粮油、亚麻籽油及欧米茄-3油脂、核桃油及核桃加工、稻米油产业创新战略召开联盟年会，留存功能主食科技创新联盟信息；按照中央科技委员会办公室要求，梳理报送4类粮食科技创新平台实施成效，推进科技创新平台清理整合工作，反馈《关于科技创新平台基地清理规范的指导意见（征求意见稿）》的意见。

培育高层次科技创新人才。推荐“粮食仓储物流咨询设计团队”参评“国家工程师奖”（团队奖）。会同有关单位组织推荐粮食和物资储备领域国家高层次人才特殊支持计划科技创新领军人才、青年拔尖人才候选人，第十九届中国青年女科学家奖和第八届未来女科学家计划候选人。向科技部推荐2023年全国科技周表现突出参加单位和人员，全国科普工作先进集体和先进工作者候选对象。梳理粮食产后领域国家高层次人才特殊支持计划入选人才发展情况，并报送科技部。

撰稿单位：国家粮食和物资储备局安全仓储与科技司；
撰稿人：姚磊、王旸、夏丹萍、管伟举、杨道兵；审稿人：周冠华、彭扬

○ 国家粮食和物资储备局科学研究院

粮食储运研究方向。以“节粮减损和保质保鲜”为核心目标，围绕绿色仓储提升行动，针对我国不同储粮生态区开展分区集成示范，2023年度新增6个生态区15个示范试点，其中张家港示范库点在节本降耗、提质增效等方面初现成效；积极响应我国储备粮技防技管的需求，采取“理论拓展—技术创新—管理规范”模式，在黑龙江三个库区应用储粮粮情云图软件，开展储粮历史状态追溯、实时状态分析和未来状态预测的示范，并制定储粮粮情云图软件推广应用工作方案，该软件系统已在全国200多个库点推广应用；为减少化学农药使用，推动储粮害虫生态、绿色、安全防治技术应用落地，积极推进益螨防治害虫技术基础研究和产业化示范工作，在福建、广东、广西高温高湿地区启动实仓中试，初步形成益螨防控实仓应用技术方案。

粮油质量安全研究方向。基于“粮食真菌毒素监测预警技术”等研究成果，在我国小麦和玉米主产区开展新收获粮食真菌毒素风险监测研究，对污染风险进行深入分析，并对收储工作提出相关建议，形成监测报告；在小麦收获前开展主产区小麦收获期呕吐毒素动态预测研究，为监测工作的开展、农药使用和秸秆还田等政策的制定提供重要依据，并形成预测报告；积极推进粮食质量安全自动化检测平台研发，完成基于磁珠修饰和化学发光技术粮食中黄曲霉毒素B1、脱氧雪腐镰刀菌烯醇、赭曲霉毒素A、玉米赤霉烯酮、铅和镉等同步测定自动化检测方法开发，实现高通量自动化的检测；建立粮食中B型单端孢霉烯毒素未知代谢物的精准识别方法；构建基于机器学习的隐蔽型真菌毒素分子结构预测数据库，并初步完成我国粮食中新兴和隐蔽型真菌毒素（EMMS）风险监测数据库的构建。

粮食品质营养研究方向。针对我国粮食资源禀赋基础数据支撑不足、粮食收储品质判定技术短板明显等问题，以及节粮减损、豆粕减量替代和人民生命健康等需求，形成2023年小麦、2022年稻谷品种品质报告，开发近红外、无人检测等粮食质量检测新装备；发布《小麦》等国家标准6项；形成发酵酒糟等重大项目产业化方案，新型高效包被乳酸菌成果转化落地，可降低动物养殖50%的抗生素使用量；研发具有集吸附、抗菌于一体的新型食品保鲜抗氧化材料及技术；开发低GI食品，研发了粮油功能活性物质稳定化和靶向控释技术。

粮油加工研究方向。以助力“健康中国战略实施”与“粮食节约行动实施”为根本出发点，围绕《粮食节约行动方案》提出“加快推进粮食加工环节节粮减损”“提高粮油加工转化率”要求，启动“国家全谷物行动计划”方案编制工作；“国家粮食产业（全谷物）技术创新中心”获得授牌；牵头承担的“优质油料油脂营养安全评价标准研究与应用”获得2023年度中国粮油学会科学技术奖一等奖；发布《发芽糙米》国家标准1项，获批《油茶籽油》国家标准和《全麦馒头》行业标准；牵头研制的《全谷物与全谷物食品通则》等15项行业标准通过审定；开发全谷物食品品质改良加工技术2项、新产品6种。

粮食产业技术经济研究方向。完成国家粮食和物资储备局重点调研课题《优化粮食应急体系　提升应急保障能力》调研工作，提出加强粮食应急立法修规等明确具体的对策，成果运用于向全国人大常委会法制工作委员会反馈意见以及粮食行业相关“十四五”规划中期评估工作中；完成国家粮食和物资储备局软科学课题《中国式现代粮食产业体系建设：基本内涵、战略导向与路径选择》研究，分析我国粮食产业现代化发展水平和区域差异，研究成果被评为具有较高学术水平和实用价值等级；承担乌鲁木齐国家粮食交易中心委托课题《提升新疆进口粮油储备加工能力路径研究》，通过提升新疆进口粮油储备加工能力，突破增储粮源有限的瓶颈；完成阜南县、东阿县、克拉玛依市等粮食产业发展规划编制工作；编印《粮食科技要报》20期。

战略物资储备管理技术研究方向。针对解决“储什么”、“储多少”的问题，持续开展基于储备库存天然橡胶质量状况的区域储存布局分析、战略性新兴产业发展对储备品种影响等基础性研究工作。针对储备仓储高质量发展和高水平安全，开展多功能储备仓库库内分区管理及风险辨识管控、储备综合物资入库过程数据规范等研究工作，提升储备仓储管理效能，推动落实“国家储备制度体系进一步健全，储备品种和规模进一步充实，储备保障能力进一步增强”的规划发展目标。

国际科技交流工作。主办首届“APEC粮食产业数字化和创新技术研究与经验交流研讨会”，来自不同经济体的专家与参会人员就应用于粮食产业链的数字化和创新技术政策及应用案例等进行了交流；主办“2023年澜沧江—湄公河绿色生态储粮合作示范项目研修班”，分享中国在绿色生态安全储粮技术方面取得的宝贵经验，助力保障澜湄区域粮食安全；积极拓展国际合作伙伴关系，与乌拉圭国家农业研究院签署《中国国家粮食和物资储备局科学研究院—乌拉圭国家农业研究院合作谅解备忘录》，共同组织开展粮食领域专题研讨、人员互访、培训和信息交流等合作。

撰稿单位：国家粮食和物资储备局科学研究院；
撰稿人：郭伟群、张丽；审稿人：孙辉

○ 中国粮油学会

（一）助力粮油科技创新发展

助力“十四五”规划实施。围绕“十四五”粮食科技规划及行业创新发展，举办“中国粮油学会第十一届学术年会”等高水平学术交流活动，研讨交流粮食产后加工、节粮减损技术等创新成果。开展“真菌毒素污染谷物综合处理及安全利用关键技术研发及应用”等“十四五”时期保障国家粮食安全重点科技创新成果的评估，促进成果有效转化。

推动节粮减损科技创新。组织召开“2023真菌毒素检测与防控技术研讨会”，交流分享真菌毒素检测与防控减损技术的新方向、新思路和新成果。举办第七届小麦加工与主食产业大会、粮新青年论坛等学术交流活动，聚焦粮油及交叉学科领域研究，促进节粮减损全产业链创新技术发展。《中国粮油学报》全年刊载56篇粮食储藏和加工等节粮减损相关学术论文，为节粮减损创新工作提供科技支撑。通过虚拟展厅、科技成果汇编等途径，加强对节粮减损新技术、新成果、新设备宣传推广。加快节粮减损领域团体标准的制修订工作，发布22项节粮减损团体标准。举办“爱粮节粮　从我做起”品牌科普活动，2023年线上线下总受众120万余人次，营造了良好的社会氛围。

促进科技成果有效转化。全年完成25项科技成果评价服务。组织完成2023年度中国粮油学会科学技术奖评审，共有获奖项目31项。粮油科技奖制度改革，获国家粮食和物资储备局安全仓储与科技司、人事司支持，奖项影响力进一步提升。

研判科技前沿和学科发展。征集前沿科学问题1项、工程技术难题1项和产业技术问题5项，集中行业力量破解“卡脖子”难题。撰写形成《关于科技小院模式在粮食产后服务领域中的推广应用研究》的报告，得到国家粮食和物资储备局领导批示。撰写形成《关于大力加强粮油加工可食副产物食品化转化利用的建议》，被中国科协《科技工作者建议》采纳收录。

加强标准化建设。积极响应粮油市场和产品创新需求，加快粮食领域团体标准制修订工作，新增立项19项，发布39项，涵盖米、面、油加工、粮食储藏及检测等多个领域。

推进一流科技期刊建设。《中国粮油学报》全年共出版12期，刊登论文363篇，网络首发文章293篇。入选《食品科学与工程领域高质量科技期刊分级目录（2022年版）》T1级期刊。1篇优秀论文入选中国科协第七届优秀科技论文遴选计划。

加强国际交流合作。与国际谷物科技协会（ICC）合作，成功举办第三届ICC亚太区粮食科技大会。同期开展科普展、新技术新成果展、技术参观等活动，全方位展示粮油食品前沿科技和创新成果。聚焦共建“一带一路”，举办国际花生产业与科技创新大会暨2023年国际花生年会，共同探讨花生产业与科技发展。派员参加ICC第六届无麸质谷物产品及饮料研讨会，建立与欧洲乳糜泻协会的联系，深入研讨无麸质食品研究的前沿热点和产业链延伸等议题，邀请专家来华或派员赴国外开展薯类制品国际交流与合作，提升加工应用水平。

（二）助力科技人才健康成长

高水平科技人才表彰与举荐。配合国家粮食和物资储备局人事司向中国工程院申请将“粮食储藏与加工”列为中国工程院院士增选优先学科方向。向中国科协推荐5名中国工程院院士候选人，其中3人成为中国工程院2023年院士增选有效候选人。推荐2名获第三届全国创新争先奖。推荐第十五届光华工程科技奖有效候选人1名。评选出“最美粮油科技工作者”3名。

科技人才职业发展和培养。受国家粮食和物资储备局委托，配合局人事司开展2023年工程系列高级职称评审工作。举办2023年“节粮减损科技创新及专业技术转移转化能力提升”高级研修班，来自全国粮食行业及相关专业领域的中高级专业技术人员和高级管理人员共80人参加本次培训，并获得人力资源和社会保障部颁发的国家专业技术人才知识更新工程培训证书。

撰稿单位：中国粮油学会；撰稿人：张成志、于衍霞、左巍；审稿人：张成志

二 重点课题调研

坚持调研开路，服务中心工作。研究印发国家粮食和物资储备局党组《关于在粮食和物资储备系统大兴调查研究的通知》，明确总体要求、重点方面和工作安排，围绕落实党中央、国务院决策部署，着眼以粮食和物资储备的高质量发展推动经济社会的高质量发展，列出了7个由国家粮食和物资储备局领导牵头的全局重点调研课题，以及37个司局重点调研课题，使调查研究的过程成为理论学习向实践运用转化的过程，成为转变作风、增进同群众感情的过程，成为提高履职本领、增强责任担当的过程。

坚持领导带头，深入基层一线。国家粮食和物资储备局领导以身作则，围绕重点调研任务，聚焦党建工作、粮食安全、行业发展、粮食流通、体制改革、科技成果、项目建设等重点工作，带头深入开展调查研究。各司局单位、各垂管局深入田间地头、储备仓库、涉粮企业、应急网点、科研院所开展各类专题调研。注意做好调研统筹协调工作，做到轻车简从、厉行节约，切实减轻基层负担。

坚持问题导向，推动成果转化。把着力点放在解决问题、推动工作、指导实践上，通过召开调研成果交流研讨会、建立调研成果转化运用清单等方式，研究提出解决问题的新思路新办法新举措，有关调研成果在政策制定、重要文件出台、做实重要举措等方面发挥了服务决策、指导实践、推动工作的支撑作用。连续4年扎实开展优秀调研成果评选活动，2023年评选出由国家粮食和物资储备局机关优秀调研成果15篇、粮食和物资储备系统优秀调研成果20篇，并予以通报表彰，为进一步树立重视调研、创新创优的导向，发挥了示范带动作用。

撰稿单位：国家粮食和物资储备局办公室（外事司）；
撰稿人：张亚龙；审稿人：方进

三 软科学课题研究

2023年，中国粮食研究培训中心组织国家粮食和物资储备局各司局单位、各省级粮食和物资储备局（粮食局），各垂管局，有关中央企业、院校及科研机构等，紧扣粮食和物资储备安全核心职能，突出问题导向和目标导向，聚焦初级产品保障供应及能力提升、粮食安全领域和物资储备领域风险防范、深入推进粮食安全和物资储备安全管理体制机制改革、全面落实粮食安全党政同责、加快推动粮食产业高质量发展、践行大食物观构建多元化食物供给体系、有效减少粮食损失浪费等7个研究方向，完成了65项软科学课题研究，形成了一批具有较强针对性、实效性和前瞻性的研究成果。

经组织专家评审，“去全球化时代重要战略性矿产品供应安全影响及未来趋势研究”等35项课题，被评定为具有较高学术水平和实用价值；“关于践行大食物观保障国家粮食安全的研究”等30项课题，被评定为具有一定学术水平和实用价值。部分重点研究成果通过专题签报及时报送有关领导和单位参阅，为服务政策决策和推动实际工作发挥了积极作用。

撰稿单位：中国粮食研究培训中心；

撰稿人：王娟、张慧杰、崔菲菲、宋琦琦；审稿人：李福君、刘珊珊

人才队伍建设

一 高水平人才队伍建设

（一）选拔第二批全国粮食和物资储备技能大师

根据《全国粮食和物资储备高水平人才选拔培养管理办法》，组织开展第二批全国粮食和物资储备技能大师推荐选拔工作。各省级粮食和物资储备行政管理部门、各垂管局和有关中央企业自下而上、层层选拔推荐候选人。经组织专家评审，选拔确定第二批20名全国粮食和物资储备技能大师，并支持入选人员围绕粮食和物资储备事业高质量发展重点领域，开展技术创新、技能创造和带徒传技。

（二）认定首批全国粮食和物资储备教育培训基地

编制印发《全国粮食和物资储备教育培训基地管理办法》，推进全国粮食和物资储备教育培训工作体系建设，进一步规范管理粮食和物资储备教育培训工作。组织开展首批全国粮食和物资储备教育培训基地遴选认定工作，经组织推荐、专家评审，遴选认定首批10家全国粮食和物资储备教育培训基地，并指导相关单位研究起草基地项目管理机制。

（三）组织自然科学研究系列、工程系列高级职称评审

按照《国家粮食和物资储备局职称评审管理办法》要求，周密组织2023年国家粮食和物资储备局自然科学研究系列、工程系列高级职称评审工作。经申报推荐、资格审核、专家评审等程序，评选出正高级职称10余人，副高级职称40余人，大力营造尊重劳动、尊重知识、尊重人才、尊重创造的良好氛围，扎实推进行业专家技术人才队伍建设。

（四）组织举荐高层次专业技术人才

贯彻落实习近平总书记关于做好新时代人才工作的重要思想，按照党中央、国务院关于优化政府特殊津贴制度的部署要求和人力资源社会保障部有关工作安排，面向各直属联系单位和各垂管局事业单位，认真组织开展新一批享受政府特殊津贴人员选拔推荐工作。经组织评选推荐，1人入选2023年享受政府特殊津贴人员。

（五）稳步实施国家专业技术人才知识更新工程

按照国家专业技术人才知识更新工程2023年高级研修项目安排，聚焦粮食和物资储备深化改革转型发展重点工作加强研修培训。2023年10月31日至11月4日在河南省郑州市举办1期全国粮食和物资储备高质量发展高级研修班，组织各省级粮食和物资储备行政管理部门、各垂管局、有关中央企业和高校推荐的70名学员，以实施《“十四五”粮食和物资储备科技和人才发展规划》为引领，围绕践行大食物观、建立大安全大应急框架、保障粮食与食物安全、行业科技规划与体制改革、全谷物产业发展、能源储备、遥感技术应用等内容开展专题讲座与研修。

撰稿单位：国家粮食和物资储备局人事司；

撰稿人：韩思文、程鹏、王奇、陈志宁；审稿人：廖小平、林明亮、李寅铨

二 青年人才托举工程

中国粮油学会滚动实施第五届到第八届中国科协青年人才托举工程项目，通过搭建学术交流、科技创新等支撑平台，进一步提升托举对象的科研能力、个人成就和社会影响，助力人才挑大梁、担重任。成功申请第九届中国科协青年人才托举工程项目，获批5个资助名额，其中中国科协资助3名，自筹资助2名。

撰稿单位：中国粮油学会；撰稿人：张成志、于衍霞、左巍；审稿人：张成志

三 举办第六届全国粮食行业职业技能竞赛

2023年11月13日至15日，由国家粮食和物资储备局、中国就业培训技术指导中心和中国财贸轻纺烟草工会联合主办的2023年全国行业职业技能竞赛——第六届全国粮食行业职业技能竞赛，在广西壮族自治区南宁市成功举办。竞赛主题是“技能成才，为国保粮”，开展（粮油）仓储管理员和农产品食品检验员两个职业的比赛。来自30个省（区、市）以及中国储备粮管理集团有限公司、中粮集团有限公司、中国供销集团有限公司、中国中化控股有限责任公司和18所职业院校、8所本科学校共34支代表队，322名选手参加了比赛。选手总数比上届增加近20%，学生组选手新增65%，竞赛规模创历届新高，行业影响力进一步扩大。

经过角逐，中国储备粮管理集团有限公司代表队、安徽省粮食和物资储备局代表队获

得团体一等奖，中粮集团有限公司代表队、浙江省粮食和物资储备局代表队、广西壮族自治区粮食和物资储备局代表队获得团体二等奖，山东省粮食和物资储备局代表队、湖南省粮食和物资储备局代表队、广东省粮食和物资储备局代表队、湖北省粮食局代表队获得团体三等奖。中央储备粮盘锦油脂直属库有限公司陈开军、浙江省储备粮管理有限公司唐建伟、中国华粮物流集团北良有限公司邵昊博获得（粮油）仓储管理员职业比赛一等奖；中储粮承德质检中心有限公司叶明星获得农产品食品检验员职业机构组比赛一等奖；安徽省储备粮管理有限公司现代粮食物流中心库平婵媛、中储粮（山西）质检中心有限公司王明璐获得农产品食品检验员职业企业组一等奖；卓先锋、胡蓉、张乾坤等24名同志获得（粮油）仓储管理员、农产品食品检验员职业机构组和企业组比赛个人二等奖；钟建军、郑欣怡、费淑君等20名同志获得（粮油）仓储管理员、农产品食品检验员职业机构组和企业组比赛个人三等奖。南京财经大学姚堃、浙江农林大学王季婕分获（粮油）仓储管理员、农产品食品检验员职业方向本科学生组一等奖；广西工商职业技术学院杨林建、吴润佳分获（粮油）仓储管理员、农产品食品检验员职业方向高职学生组一等奖；湖南省经济贸易高级技工学校冯棋、安徽科技贸易学校马晶晶分获（粮油）仓储管理员、农产品食品检验员职业方向中职学生组一等奖；戴琼琼、姚奕雯、韦春剑、吴钰、凡荣荣、杨卫民等30名来自各职业院校的学生获得（粮油）仓储管理员、农产品食品检验员职业方向本科、高、中职学生组二、三等奖。北京市粮食和物资储备局、辽宁省粮食和物资储备局、江苏省粮食和物资储备局、浙江省粮食和物资储备局、安徽省粮食和物资储备局、江西省粮食和物资储备局、河南省粮食和物资储备局、湖北省粮食局、湖南省粮食和物资储备局、广东省粮食和物资储备局、广西壮族自治区粮食和物资储备局、四川省粮食和物资储备局、中国储备粮管理集团有限公司、中粮集团有限公司共14家单位获得优秀组织奖。浙江农林大学、南京财经大学、广西工商职业技术学院、山东商务职业学院、安徽科技贸易学校、湖南省经济贸易高级技工学校获得优秀院校奖。

撰稿单位：中国粮食研究培训中心；撰稿人：杨婷婷、沈红、
王小可、张晋萍、詹丽丽、孙晓宇；审稿人：李福君、赵广美

节粮减损

印发《关于加快粮食产地烘干能力建设的意见》，充分发挥粮食产后服务中心助农减损增收作用，在应对当年河南小麦“烂场雨”、东北地区暴雪等极端天气中，及时提供清理、干燥、收储等服务，有力保证了“颗粒归仓”。印发《粮食运输技术指南（试行）》，明确运输技术要求，引导降低粮食运输损耗。

在山东滨州召开“全国粮食产后节约减损工作现场推进会”，交流工作经验，研讨减损技术，安排部署工作。组织召开国家粮食和物资储备局推进节粮减损工作机制会议，传达学习国家发展和改革委员会全面加强资源节约工作专项督察会议精神、全国粮食节约和反食品浪费工作电视电话会议精神，推动解决地方反映的相关问题，安排部署下步工作。

组织完成2022年度全国粮食储存环节损失损耗调查工作，基本摸清农户储粮损失和粮库保管损耗情况。组织开展粮食产后服务中心运营管理调查，掌握产后服务中心运营情况和减损成效。完成国家粮食和物资储备局重点调研课题《粮食产后减损工作现状及对策建议》研究，系统总结我国推进粮食产后储存、运输和加工等环节减损的主要做法及成效，深入分析制约产后节粮减损存在的问题和短板弱项，并提出有针对性的对策建议。

深入推进绿色储粮技术应用。积极推动绿色优储，以改善仓储设施硬件和应用绿色储粮技术为重点，加强设施建设、推动改造升级、分生态区推进绿色储粮技术创新系统集成示范。

不断完善节粮减损标准体系。持续加强标准制度体系建设，发挥标准引领作用，完成《早籼米加工精度标准样品　精碾》等10项标准样品的审查，推动国家标准委发布《小麦》、《大豆》等2项强制性国家标准和《大米加工企业设计规范》、《稻米加工技术规程》等12项推荐性标准，以及《小麦粉加工精度标准样品　精制粉》等3项行业标准样品。

大力开展节粮宣教活动。加强农户科学储粮技术指导，编发农户科学储粮、粮食节约减损、粮油加工等科普手册，普及节粮减损技术和营养健康消费知识。组织开展全国粮食储存节约减损“小发明小创造小创意”征集活动，向各地推介“十佳”案例及百余项实用技术，促进各地交流互鉴。

撰稿单位：国家粮食和物资储备局安全仓储与科技司；撰稿人：李鹏飞、姚磊、胡兵、夏丹萍、商博、胡浩、时欢欢、肖玥；审稿人：周冠华、彭扬

定点帮扶、对口支援与援藏援疆

一　定点帮扶

强化政治引领，持续推动定点帮扶工作提质升级。国家粮食和物资储备局上下始终把做好定点帮扶工作作为重要政治任务，牢牢抓在手上，落实在行动上，圆满完成定点帮扶各项工作。2023年，直接投入帮扶资金562.7万元、连续3年保持在500万元以上，引进帮扶资金2.16亿元、项目或企业5个，引进企业到位资金2.77亿元，完成培训13890人次、增长94%，购买脱贫地区农产品等1106万元、增长39%，帮助销售402万元。深化组团式帮扶，挂职干部人数保持在6名，一线推动任务落实落细；阜南县选派4名青年干部到国家局学习锻炼，以点带面培养基层力量。消费帮扶经验做法被国家发展和改革委员会评为全国消费帮扶助力乡村振兴优秀典型案例，《党建引领打造乡村振兴"阜南样板"》获评人民网"2023乡村振兴创新案例"。阜南县在安徽省乡村振兴后评估年度考核中位列"好"等次，获得阜阳市第一的好成绩。

聚焦优质粮食产业全链条发展，助力产业振兴。立足阜南产粮大县实际，指导实施优质粮食工程，完善利益联结机制，争取支持、整合资源，强化多方合力，推动粮食"产购储加销"协同发展，持续提升放大"阜南样板"成效。一是巩固拓展优质粮源基地带动农民增收。优质品牌小麦集中连片种植面积稳定在4.3万公顷，推广实行土地组织、技术方案、机械作业、金融保险、烘干收储、品牌培育"六统一"模式。阜南小麦得益于标准化生产，总体品质优于周边地区，品牌小麦优于普通小麦。同时，推动新建9万吨高大平房仓，协调落实3000万元低息粮食收储专项贷款，指导龙头企业牵头组建粮食经纪人联盟，打造专业化收粮团队，解决收粮和储粮难题。二是打造产业园带动县域增收。推动原粮就地加工转化，把更多收益留在县域，让种粮农民切实享受到产业增值收益。滨州中裕食品有限公司投资3.9亿元的一期30万吨面粉加工项目2023年3月正式投产，招聘员工120余人，预计年产值达15亿元。皖西北（阜南）粮食产业园3.2亿元专项债成功获批，投资1.58亿元的智慧型中央主食厨房项目动工建设，预计2024年6月建成，可带动3万多农户增收，吸纳1000多人就业。加快推动投资36亿元的中裕二期热电联产项目和小麦精深加工项目落地，实现副产物循环、全值和梯次利用。积极对接中储粮集团公司、浙江省储备粮管理有限公司等企业，利用现有仓容开展异地代收代储业务，增加县域内国有粮食购销企业收入。三是谋划粮食产业发展助力乡村产业振兴。指导编制《阜南县粮食产业高质量发展五年规划（2023—2027年）》，以开展优质粮食工程“六大提升行动”为重点，扎实推动粮食产业全链条升级，走好带动周边地区建设优质粮源基地—打造皖西北（阜南）粮食产业园—培育区域性粮食安全产业带“新三步”，为保障区域粮食安全、助力乡村产业振兴作出贡献。四是扩大“阜南样板”影响力。支持中化集团等龙头企业因地制宜复制推广“阜南样板”发展模式，助力小农户和现代农业有效衔接，促进农村一二三产业深度融合，2023年拓展到21个省份415个县，发展优质粮食订单超过93万公顷，带动5170个农民合作社、7313个家庭农场、17273户种粮大户、100万户小农户共同发展。

坚持协同发力，助力全面推进乡村振兴。一是助力打造一支本领过硬的乡村振兴人才队伍。加强产学研深度融合，依托科技小院、全国粮食安全宣传教育基地等平台，建立人才培养、科学研究和农业技术服务“三位一体”工作模式。制定《2023年阜南县乡村振兴培训实施方案》，共培训基层干部、乡村振兴带头人、专业技术技能和低收入人员12期13890人次。连续8年投入45万元“励志助学金”，资助450名家庭困难学生。二是全力提升公共服务水平。针对阜南县防疫物资不足和采购渠道不畅问题，第一时间帮助采购10万元的药品和制氧机，同时积极协调中化现代农业有限公司、人民网捐赠约8万元的紧缺药品和医疗物资；挂职干部开展疫情防控政策和个人防护知识宣传，确保药品和防疫物资精准投向重点人群。帮助建设乡村道路、安装太阳能路，解决群众出行难题；支持建设综合农贸市场，改善街道环境。三是加强宣传推广。组织开展世界粮食日和全国粮食安全宣传周阜南活动，大力弘扬勤俭节约、反对浪费、爱粮节粮观念。在《中国粮食经济》设立乡村振兴专栏，刊登公益广告6次。四是积极承担地方帮扶任务。国家粮食和物资储备局垂管系统共帮扶26个脱贫村，选派干部51人，投入资金245.7万元，2名驻村干部获得省级表彰。

强化党建引领，指导建强脱贫村。第一书记驻村的洪河桥镇盛郢村党支部持续增强“村社合一”合作社组织力，提升带贫增收能力，2023年度营业性收入633万元，解决灵活就业岗位115个，带动村民增收超50万元，在全镇经济发展和村务考评中稳居前列，实现党支部建强、村集体壮大、脱贫户增收、农产品畅销“四方共赢”，被评为安徽省乡村振兴示范村。一是提升基层综合治理能力。选派的第一书记扎根一线，走进群众察民生，沉下身子解民忧，扮演好脱贫致富带头人、基层治理责任人、惠农政策传达人、群众诉求解决人的多重角色。推广“四事四权”工作法，针对民生领域突出矛盾，组织党员、网格员对农户进行广泛走访和综合摸排，分板块制定为民办事清单。建立村级产业收益转移支付机制，优先保障解决群众急难愁盼问题。帮助修建生产生活道路，解决村民的出行难题；

在进村门楼、村室、小学、幼儿园、产业基地安装照明和美化灯光，盏盏便民灯照亮群众幸福路。二是保障集体经济优先发展。自营特色农产品销售额70万元，"洪河味"商标初步得到市场认可。以高于同期粮食经纪人每公斤8分钱的价格收购本村小麦100万公斤，营收额突破250万元，直接提升送粮农户收益，带动周边农户增加售粮收益。与中化现代农业技术服务中心开展直销代理，夏秋两季共销售化肥286吨，营收额87万元，为农户降低种植成本约3.9万元。利用帮扶资金购买4台农用机械，成立盛郢村农机服务中心，在集中供种基础上稳步增强对全村637公顷大托管耕地的服务能力，建设800平方米农业设施场地，用于粮食临时收储，提升村级农业生产效率和粮食竞争力。三是推动一老一小保障先行。利用帮扶资金和村集体收益，设立全镇第一家老年食堂，为全村1073名60岁以上老人提供助餐服务，每名用餐老人全年最多可节约2880元的用餐成本，约占年度返贫监测收入（7900元/人）的36%，被阜南县老年协会授予先进单位称号，被阜阳日报、阜阳新闻联播等媒体专题报道。为1073名老人购买银龄安康保险。为村小学改造操场和墙体、购买校服、成立托管班等。充分发挥离退休老同志优势，开展4次"老手拉小手"活动，邀请盛郢小学优秀学生代表到北京参观学习。

坚持多措并举，凝聚合力全链推进消费帮扶。2023年8月26日至28日，举办第三届全国脱贫地区优质特色粮油产品展销会暨中央和国家机关定点帮扶县农副产品产销对接活动，为388个脱贫县（包括110家中央和国家机关定点帮扶的170个脱贫县）、786家企业和"832平台"提供"免费参展、拎包卖货"一站式服务，现场布置大型广告牌、宣传海报等，展区设置大屏幕，循环播放脱贫县以及脱贫地区企业宣传片，组织18场脱贫地区农副产品现场推介会，提高脱贫地区产品认知度，开展18场企业直播带货，拓展销售渠道、减少销售成本，组织6对脱贫地区采购销售和建设项目集中签约，依托淘天集团在淘宝天猫平台开展粮油主题营销活动，为企业提供平台活动专区支持，实现现场销售和签约40.8亿元。国家粮食和物资储备局及垂管系统有食堂的164家预算单位按11%的比例预留食堂食材采购份额，积极参与消费帮扶新春行动、金秋行动等，号召在发放工会福利、慰问老干部时优选阜南等脱贫地区农副产品，全年共采购脱贫地区产品1106万元、帮助销售402万元。

二 对口支援和援藏援疆

选派4名优秀干部到于都县挂职，发挥一线工作力量持续推动相关举措落地见效。一是支持于都县深入实施优质粮食工程。全力推动富硒大米特色产业加快发展，投入60万元支援资金支持建设"段屋乡粮食产业综合体（二期）——综合农事服务中心"项目，推动建立专业化、社会化粮食产后服务体系。积极推进于都新长征富硒产业园建设和运营，持续提升富硒品牌形象。推动于都县人民政府与中国农业大学达成战略合作，在产业园成立中国农业大学于都县富硒产业教授工作站。于都县获评全省富硒功能农业重点县（一类县）等称号。二是深入推进消费帮扶。举办第三届全国脱贫地区优质特色粮油产品展销会，为于都县安排优质展位、招商引资专场推介，提升于都县特色农产品品牌知名度和市场影响力。协调于都富硒农特产品上线本来生活网、832平台等全国性电商平台，协调全局系统干部职工对于都县开展消费帮扶活动，消费金额达150余万元。三是支持于都县招培引学。充分发挥于都县红色资源优势，组织协调10余个省份相关单位到于都县开展主题党日、主题教育读书班活动，组织国家粮食和物资储备系统2023年新录（聘）用人员在于都县开班培训等，累计招培引学1060人次，直接消费金额达200余万元，带动县内消费80余万元。

持续抓好国家粮食和物资储备局"十四五"时期对口援藏和对口援疆工作两个实施意见的落实。一是深入推进优质粮食工程。积极支持指导西藏、新疆发展特色粮食产业，因地制宜开展"六大提升行动"，推进粮食产业高质量发展。邀请西藏、新疆粮油企业参加第五届中国粮食交易大会、第三届全国脱贫地区优质特色粮油产品展销会，宣传推广优质粮油产品，推动西藏、新疆地区优质粮油产品走向全国。二是加强重点项目建设。指导西藏、新疆做好粮食等重要农产品仓储设施专项中央预算内投资项目申报工作，做好高标准粮仓建设。聚焦粮食应急保障能力薄弱县，指导西藏、新疆持续充实粮食应急保障网点数量、优化网点布局。完成乌鲁木齐中央级救灾物资储备库喀什分库项目建设。三是加强科技人才支援。选派优秀干部到西藏、新疆粮食和物资储备局及其下属单位任职，保证相关岗位人员的接续性，有力支援了西藏、新疆兴粮兴储工作。指导支持援派地区干部人才职业技能培训工作，重点推进"组团式"援藏援疆，加强少数民族职工技能培训，免费赠送培训教材，实施"送学上门"，不断加强培训和技能鉴定班的办学质量，协助提升储备粮管理和粮油检化验工作水平。四是召开全国粮食和物资储备系统对口援疆工作暨粮食产业对接现场会。总结成效、交流经验、部署任务，现场签约产业项目17个、约35亿元，强化产销对接，协同推动新疆粮食产业高质量发展。

撰稿单位：国家粮食和物资储备局规划建设司；
撰稿人：周世东、黄思思、韩帅、葛瑶；审稿人：晁铭波

财务资产管理与内部审计

一　行业财务

（一）加大银企对接力度，多渠道保障粮食收购资金

国家粮食和物资储备局加强综合调度，做好粮食收购形势、资金需求分析研判，协调中国农业发展银行完善粮食收购信贷政策，保障政策性粮食收储轮换资金需要。赴山东、河南、湖北开展粮食行业银企对接“痛点”、“难点”问题调研，选取典型企业“解剖麻雀”，深入了解夏粮和秋粮收购资金筹集准备情况。指导各地多渠道筹集粮食收购资金，切实支持企业有钱收粮。截至2023年年末，全国已有17个省份建立170只信用保证基金，各地累计通过基金支持3500多户（次）企业获得贷款2300多亿元，有效缓解了中小微粮食企业融资难题。持续深入沟通对接中国农业银行、中国银行、中信银行等商业银行，协调加大粮食信贷投放，支持粮食收购、加工、应急供应、仓储设施建设等。各地粮食和储备财会部门积极采取多种措施，建立健全信用保证基金政策措施、加强与商业银行沟通合作、推动创新信贷模式，充分利用好粮食收购贷款信用保证基金等市场化融资支持机制，认真指导粮食企业做好秋粮收购资金筹措准备工作，保障市场化收购顺利进行。

（二）争取行业财税金融政策，促进粮食产业高质量发展

国家粮食和物资储备局加强涉粮财政政策研究，继续协调财政部、国家税务总局免征粮棉糖等储备企业房产税、城镇土地使用税及印花税，指导各地深入落实相关优惠政策，进一步减轻企业负担，促进企业降本增效，推动粮食产业高质量发展。

二　预算财务

全力争取中央财政对粮食和储备事业的支持，科学编制年度预算，加大资金统筹力度，提高全局全系统经费保障和管理水平，有力保障国家粮食和物资储备局重点工作所需，更好保障粮食、能源资源、重要产业链供应链安全。落实中央国家机关“过紧日子”

要求，持续加强预算资金绩效管理，持之以恒抓好全系统预算执行管理。深入开展财会监督，督促和指导全系统制定预算、资金、资产等方面制度规定135项，真正织密织厚从上至下的财经规章体系，为全系统加强和规范管理打下了良好制度基础。

三 审计监督

（一）开展审计监督

一是创新性组建内部审计队伍，制定《组建内部专业审计队伍开展审计工作暂行方案》，统筹全局全系统财务审计力量，组建内部审计人员库。二是召开国家粮食和物资储备局审计工作动员暨审计人员培训会，圆满完成经济责任审计任务，配合做好审计署对国家粮食和物资储备局2023年预算执行等现场审计。

（二）推动整改落实

一是制定《国家粮食和物资储备局审计约谈办法（试行）》、《国家粮食和物资储备局审计查出问题整改结果认定标准（试行）》，加快构建集中统一、全面覆盖、权威高效的审计监督体系，促进领导干部履职尽责、担当作为。二是定期调度审计整改进度，通报整改情况，约谈整改滞后单位主要负责同志，压实各单位主体责任，督促整改落实。

四 资产管理

（一）加强国有资产管理

一是创新国有资产“公物仓”管理模式，规范公务用车管理使用，“公物仓”、公车管理2项专项工作被国家机关事务管理局定为试点单位，被评为“公物仓创新试点单位”，资产管理工作连续4年得到财政部、国家机关事务管理局通报表扬。二是按规定严格审核年度资产配置计划，严控资产配置“入口关”，2023年通用资产配置计划批复数量同比减少174件，压减16.2%；金额减少166.3万元，压减32.6%。严格履行审批手续，规范处置行为，严把资产“出口关”，2023年审核批复资产出租出借、处置、备案等54项。

（二）推动资产盘活利用

一是成立垂管系统经营指导专班，开展垂管系统所属企业经营指导体系和管理制度体系建设，及时发现企业存在问题、解决问题、纠偏定向，形成震慑。二是积极组织所属单位加快推进行政事业单位国有资产盘活工作，通过综合利用内部挖潜、调剂利用（无偿划转）、对外出租、转让（出售）等多种方式，提高资产使用效益。

撰稿单位：国家粮食和物资储备局财务审计司；
撰稿人：马雯婧、杨梦雯、张雷、崔韫慧、冯雅博；审稿人：刘翔宜、郭建

新闻宣传

精心设置议题，强化正面宣传。准确把握粮食和储备新闻宣传面临的新形势新任务，聚焦全局全系统工作举措和经验成效，精心设置议题，正面引导社会预期。围绕粮食收购和保供稳市、粮食应急救灾、粮食产业经济、粮食产后节约减损、粮食执法监管等主题，商请人民日报、新华社、中央广播电视总台、光明日报、经济日报等中央媒体及行业媒体，通过新闻通气会、专家访谈、署名文章、专题节目等多种方式，持续释放积极信号。全年，国家粮食和物资储备局主要负责同志出席国务院新闻办公室“权威部门话开局”系列主题新闻发布会1次；局主要负责同志在《人民日报》、《学习时报》、《习近平经济思想研究》发表《认真践行大食物观　更好保障国家粮食安全》、《做好粮食市场和流通文章　确保国家粮食安全》等署名文章7篇，中央广播电视总台《新闻联播》播发报道19条，《新闻直播间》、《朝闻天下》等栏目推出专题报道7次，中央媒体共刊（播）发主题报道550余篇（条）。

注重协同联动，优化宣传格局。一是国家粮食和物资储备局主要负责同志等出席国务院新闻办公室“权威部门话开局”系列主题新闻发布会，介绍“保障粮食安全　端牢中国饭碗”有关情况，并回答记者提问。中外媒体及时予以充分报道、反响积极热烈。据不完全统计，全网相关报道1.3万余篇（条）。新浪微博热搜话题“保障粮食安全　端牢中国饭碗”阅读量67.9万次，抖音、微信视频号等自媒体平台就“‘三个更强’保障粮食安全”、“端牢中国饭碗”、“为粮食安全‘保驾护航’”等话题展开讨论，网民阅读量超200余万次。路透社等多家国外媒体网站予以正面报道。二是以全国粮食产后节约减损现场推进会为契机，组织召开部门联合新闻通气会，国家粮食和物资储备局、山东省粮食和物资储备局、滨州市政府等部门负责同志出席通气会并发布有关情况，接受媒体采访。相关媒体就“粮食产后节约减损成效显著”、“全国绿色储粮仓容超量亿吨”、“耕好‘无形良田’端稳‘中国饭碗’”等话题进行充分报道，取得良好传播效果。舆论普遍认为，要坚持开源与节流并重，增产与减损同时发力，共同耕好节粮减损这块“无形良田”，进一步筑牢粮食安全防线，助力端稳中国饭碗。

创新开展粮食安全宣传教育。一是2023年10月16日，会同农业农村部、教育部、科技部、全国妇联以及联合国粮食及农业组织，以“践行大食物观　保障粮食安全”为主题，在江苏南京举办2023年世界粮食日和全国粮食安全宣传周主会场活动。活动现场宣传推广了一批“践行大食物观　保障粮食安全”典型案例，向全社会发出粮食安全主题倡议，为首批国家粮食和物资储备教育培训基地代表授牌。二是发挥先进典型引领示范作用。宣传周期间，面向大食物观全域和粮食产业全链条、各环节，按照“重在基层、优中选优”原则，聚焦惠农强农、科技支撑、国民教育、爱粮节粮等维度，组织开展“践行大食物观　保障粮食安全”典型案例挖掘推广。通过倡树先进典型，挖掘典型经验做法，大力宣传一批积极践行大食物观、强化粮食“产购储加销”协同保障、推进全链条节约减损的具体实践，推动粮食安全宣传教育工作走深走实。三是多措并举做强做大主流舆论阵地。宣传周期间，组织中央主要媒体及行业媒体，广泛开展“节约一粒粮”主题宣传。组合运用公益视频、网络直播、图解动画等方式，不断增强宣传报道传播力和覆盖面。新华网全程直播粮食日主会场活动，在线观看人数达到361.3万余人次，在线观看人数创历史新高。新浪微博“第43个世界粮食日”、“全国粮食安全宣传周”、“践行大食物观　保障粮食安全”等热搜话题阅读量超1.5亿次。中国移动、中国联通、中国电信三大运营商，向全国6亿手机用户发送粮食安全公益短信，大力营造厉行节约、反对浪费的浓厚社会氛围。

强化监测应对，确保舆情平稳。一是着力提升舆情监测质效。做好重大政策举措、重要会议、重要活动舆情风险评估，及时抓住舆情苗头、把握发展趋势、找准要害节点，结合媒体公众关注热点焦点，及时动态调整监测关键词，前移处置关口，有效争取应对时间。全年共组织监测相关领域热点舆情2万余条，编报《舆情摘编》、《舆情专报》、《舆情旬报》等各类分析报告80余期。二是提高舆情分析处置能力，及时回应社会关切。对一些苗头性、倾向性问题，及时排查涉粮涉储舆情风险点，会同有关方面及时研究提出针对性意见建议，通过中央媒体网站及时释放权威信息，尽早化解舆情风险。针对稻谷、玉米、大豆等粮食品种价格波动，多次组织专家进行解读，先后推出《国际粮价上涨对国内粮食市场影响如何？》、《中晚稻整体品质好于上年　收购价格高开稳走》、《大米市场消费需求转向品质化　衍生产品销量高》、《多渠道拓展国产大豆消费》等主题报道30余篇（条），广泛宣传我国保供稳价基础扎实、粮食市场运行总体平稳等情况，正面引导社会预期。

撰稿单位：国家粮食和物资储备局办公室（外事司）；
撰稿人：王辉、王晶；审稿人：方进、李涛

○ 宣传教育中心

（一）打造“一刊两号两微”融媒体宣传矩阵，建设粮食和物资储备领域思想阵地、交流平台、精神家园

2023年，国家粮食和物资储备局宣传教育中心（以下简称宣教中心）新闻宣传工作坚

持以习近平新时代中国特色社会主义思想为指导，坚持正确政治方向和舆论导向，牢牢把握服务中心、服务大局的宣传工作职责使命，适应媒体融合大趋势，着力打造自有全媒体宣教平台，形成《中国粮食经济》期刊、宣教中心学习强国号、微信公众号和视频号、官方微博的“一刊两号两微”融媒体宣传矩阵，影响力不断扩大，宣教工作能力不断提升。

2023年是《中国粮食经济》创刊35周年。国家粮食和物资储备局主要负责同志作出重要批示，要求坚持正确政治方向，坚持守正创新，把刊物办得更富时代气息、更具专业水平、更有粮食特色，切实打造成全国粮食和物资储备领域的思想阵地、交流平台、精神家园，为推动粮食和物资储备事业高质量发展作出新的更大贡献。宣教中心坚决落实重要批示要求，有力有效做好各项工作。

1.聚焦中心，适时策划推出重点主题专栏，出版专题增刊特刊

紧扣重大部署、重要动态，及时开设“贯彻落实党的二十大精神”、“学习贯彻习近平新时代中国特色社会主义思想主题教育”、“大兴调查研究”等专题专栏，推出一批政治站位高、引领传播力强的重磅文章，如《准确把握战略定位、战略举措、战略保障 牢牢把住粮食安全主动权——深入学习领会习近平总书记关于国家粮食安全重要论述》、《习近平关于国家粮食安全重要论述中的红色基因研究》、《学习领会习近平总书记给中国农业大学科技小院学生的回信精神 探索粮食行业青年科技人才培养模式》等，全面宣传展示习近平新时代中国特色社会主义思想在粮食和物资储备领域落地生根的生动实践和亮点成就。2023年，推出中国粮食交易大会增刊、全国粮食行业职业技能竞赛增刊和创刊35周年特刊。加强公益广告宣传力度，刊发“主题教育”、“降油增绿”、“乡村振兴”、“粮食文博馆”等系列公益广告及“世界粮食日”主题公益广告共35版。

2.开门办刊，努力提升杂志“理论含金量”

坚持内容为王，加强“理论文章”、“学术科普”等专栏建设，面向行业内权威专家学者，以及专家咨询委员会委员等进行约稿，征集推出一批理论性强、研究深入、具有前瞻性观点及政策转化价值的粮食和物资储备理论学术稿件，如《“大食物观”战略下粮食安全新风险及其防范对策》、《从国情和发展阶段的实际出发 推进农业经营体系创新》《“双碳”目标下粮食仓储业的探索》、《中国式现代化视域下大食物观的理论逻辑与实践价值》等。杂志理论引领力、社会认可度大幅提高，入选“中国人文社会科学期刊AMI综合评价”扩展期刊，获评2023BIBF精品期刊，在第二十九届北京图书博览会上展出。组织文章参评第七届“期刊主题宣传好文章”推荐活动，组织读者参加中国期刊协会和中国新闻出版传媒集团“期刊阅读新时代——分享好刊，阅读有我”主题征文活动，推荐若干阅读《中国粮食经济》刊评和阅读心得。

3.创新开展粮食和物资储备新媒体宣传

将期刊、宣教、新媒体工作融会贯通，提前策划、合理选题，加强正面宣传引导、创新信息发布形式、增加原创图解和视频发布数量，严把稿件政治关、政策关、文字关，宣传粮储好声音，弘扬粮储正能量。2023年，主要围绕主题教育、粮食安全形势、粮食收储调控、优质粮食工程、粮食科技、节粮减损、交易大会等重大主题开展新媒体宣传。科技活动周期间，开设专题专栏，集中发布活动开展情况，展示各地科技人才兴粮兴储，助推行业高质量发展的经验成效、亮点做法。对交易大会等重大活动派员采访、撰稿，在新媒体平台实时发布。与国家粮食和物资储备局规划建设司、科学研究院合作，组织制作优质粮食工程主题宣传视频。与水利部宣教中心合作，联合制作发布世界粮食日主题公益广告。与国家粮食和物资储备局科学研究院合作，制作发布"粮科之歌"、"降油增绿"专题视频3期，回顾油脂加工科学发展历程，倡导油脂健康消费科学消费新理念。提炼推出"粮储讲堂"品牌概念，以"粮储讲堂"品牌形式多平台推出系列主题宣教视频、图解等。策划制作吉祥物、数字人等主题标识，在各类主题宣传活动中初步投入使用，逐步强化夯实品牌形象。截至12月底，宣教中心微信公众号关注用户较年初增加53%；新媒体平台累计发布图解、视频及各类文章1300余篇，学习强国号发布的部分稿件阅读量超100万次，关注度和影响力稳步提升。

4.夯实基础，狠抓转型发展

期刊建设方面，加入中国期刊协会，成为常务理事单位，借助协会大平台，强化与各大期刊出版单位的联动沟通。与中国知网建立沟通联络机制，探索开展期刊数据加工、主题检索、精准推广等业务合作。优化重构杂志策、编、审、发工作全流程，逐级压实责任，保障杂志质量。开展读者调查问卷、调研访谈，深入了解阅读需求和观感体验，持续优化改进印刷用纸、内文版式、配图设计等。新媒体建设方面，2023年年初与中央网信办沟通协商，微信公众号实现"一日多发"，传播效能和影响力显著提升；新增新浪微博平台新媒体账号，进一步壮大宣教中心融媒体矩阵，发挥整体传播优势；与中宣部宣传舆情研究中心沟通协商，调整学习强国号名称及栏目设置，丰富发布内容、优化阅读体验，不断强化宣传效果。舆情监测分析方面，引入专业监测平台，组织开展粮储热点舆情常态化监测，确保重点舆情"心中有数"。加强舆情研判分析，围绕粮食、农业、物资能源储备、大宗商品、相关宏观经济形势等领域舆论热点，系统整理媒体态度、公众反应、观点倾向、舆情热度，在此基础上研判舆情走势，研提新闻发布及舆情应对工作建议，定期报送报告。2023年，共编发《粮食和物资储备舆情报告》25期。

（二）各地粮储期刊强化宣传引导，营造良好氛围

1.开设专题专栏，服务地方粮储中心工作

各地粮储期刊围绕学习贯彻党的二十大精神和习近平新时代中国特色社会主义思想主题教育，结合粮食和物资储备系统重点工作任务，大力开展宣传报道。《浙江粮食经济》开设"贯彻党的二十大精神"、"振兴浙粮"等栏目，集中报道浙江省局、地市局贯彻落实党的二十大精神情况，以及"守好浙江储备 端牢浙江饭碗"的新思路、新举措，围绕主题教育，组织系列文章，助推浙粮振兴；《齐鲁粮食》开设"主题教育"、"调查研究"专

栏，充分展现山东省粮食和物资储备系统扎实开展主题教育和大兴调查研究的工作进展和实践成效，开设“特约专栏”、“政策文件”、“视点聚焦”等栏目，将粮食方针政策及时传达到基层单位；《吉林粮食和物资储备》开辟“喜迎中国共产党建党102周年”专栏，专题报道中国共产党发展历程和伟大成就，新设“本期特稿”、“交流园地”、“粮油百科”、“大事记”等栏目；《陕西粮食经济》开设“粮油高质量发展”、“品牌建设”、“节粮减损”等特色栏目；《广西粮食和物资储备》围绕粮食和物资储备领域重点工作开展宣传报道，开设“焦点报道”、“法规政策”、“粮食收购”等栏目。

2.聚力打造理论研究阵地和工作交流平台

各地粮储期刊立足本地工作实际，注重建设理论研究和工作交流平台。《贵州粮食》开设政策瞭望、工作研究、党建交流等专栏，大力宣传行业政策，以及贵州省内粮食理论研究和党建工作开展情况；《甘肃粮食和物资储备》聚焦落实粮食安全党政同责，结合甘肃省“抓学习促提升抓执行促落实抓效能促发展”行动，开辟“‘三抓三促’行动进行时”专栏进行宣传；《江苏粮食和物资储备》突出粮食安全保障、粮油产业高质量发展等重点，刊发高水平专业论文和调研报告、专访宣传等，打造工作交流平台；《冀粮经济》围绕行业重点工作，开设粮经论坛等专栏，专题宣传行业理论研究成果；《晋粮经济》刊登基层粮食工作者和科研院所、高等院校有关人员撰写的优质文章，为广大干部职工提供探讨行业政策、研究粮食经济发展的优质渠道。

3.注重提高杂志质量和影响力

各地粮储期刊通过多种方式提高杂志办刊质量和影响力。《齐鲁粮食》增加文章和彩页宣传数量，大力刊发宣传“齐鲁粮油”公共品牌，扩大山东粮油企业的影响力以及刊物在当地粮油产业领域的影响力；《吉林粮食和物资储备》对封面、栏目、图片、色彩等进行重新设计，提高阅读体验；《浙江粮食经济》注重提高刊物覆盖面，让内容全面充实，实现百花齐放；《粮食问题研究》聘请中国农业技术经济学会会员、中国社科院农村发展研究所研究员等专家学者成立编委会，对文章的专业性、学术性进行审核把关；《粮食科技与经济》聘请中国工程院院士等知名专家学者担任顾问，申报中国科技核心期刊和中国人文社会科学A刊引文数据库（CHSSACD）来源期刊，部分论文入选《学术精要数据库》“高影响力论文”。

撰稿单位：国家粮食和物资储备局宣传教育中心；撰稿人：李可、刘婧怡、王鹏昊、石磊、闫文婷、韩丽丽、马卓伟、肖赟、许晴；审核人：陈玲、田临、智振华

机关党建与文化建设

2023年，国家粮食和物资储备局各级党组织认真组织开展学习贯彻习近平新时代中国特色社会主义思想主题教育，全面贯彻党的二十大精神，持续深化全面从严治党，全面加强党的各项建设，机关党建和文化建设取得新的成效。中央和国家机关工委《旗帜》、《机关党建研究》两次刊登国家粮食和物资储备局工作经验。

一 认真开展学习贯彻习近平新时代中国特色社会主义思想主题教育

一是从严从实加强理论学习。组织党员干部认真学习8种学习材料，及时跟进学习习近平总书记最新重要讲话精神，深入研读《习近平关于国家粮食安全论述摘编》。举办为期7天的党组中心组主题读书班，党组主要负责同志作开班动员讲话、专题辅导党课，围绕特定主题开展4次专题研讨交流。组织各基层党组织开展学习研讨1800余次，取得良好学习效果。

二是深入开展调查研究。统筹安排44个重点调研课题，国家粮食和物资储备局局领导带头深入全国20余个省份和相关基层单位开展调查研究30多次，各司局单位、各垂管局开展各类专题调研1000余次。组织召开国家粮食和物资储备局调研成果交流研讨会，建立成果转化运用清单，推动20余项调研成果转化形成多篇专报、信息。

三是较真碰硬抓好问题检视整改。分层制定问题清单并实行动态管理，每两周更新一次。局党组层面明确19个问题全部销号，各司局单位、各垂管局排查的515个问题整改销号506个。组织有关司局开展涉法涉诉案件应对处置专项整治，同步做好国有资产损失认定和追责问责工作。同步开展干部队伍教育整顿，把中央明确的9方面问题细化为55种具体表现，组织全系统党员干部认真自查自纠。针对党员干部在粮食执法监管能力素质方面存在的突出短板，组织开展专项整治，党员干部素质本领得到有效提升。

四是切实加强对全局全系统主题教育的组织领导。成立主题教育领导小组，下设办公室和6个工作组，切实组织做好主题教育各项工作。研究制定实施方案，及时召开动员部署会、总结大会，派出10个巡回指导组，对各单位主题教育开展情况进行全覆盖全过程巡回检查指导。督促各单位认真做好集中学习、专题党课、专题民主生活会等规定动作，编发24期简报反映工作动态和做法成效。主题教育成效得到中央第三十一指导组充分肯定。

二 层层压实全面从严治党“两个责任”

一是认真组织好党组中心组学习和专题民主生活会。制定党组中心组年度学习计划，年内组织集体学习20余次。召开局党组2022年度民主生活会暨以案促改专题民主生活会、主题教育专题民主生活会，会前及时研究制定会议方案，及时向党中央报告会议情况。两个会议针对查摆的问题，分别提出87条、72条整改措施并切实抓好落实。

二是层层压实管党治党政治责任。年内组织召开领导小组会议5次，充分发挥党建工作领导小组作用。起草全面从严治党责任书，切实抓好贯彻落实。认真组织所属党组织书记抓党建述职评议考核，11名党组织书记考核等次被确定为“好”。召开全面从严治党工作会、落实全面从严治党主体责任推进会，通报反面典型案例，分析形势、明确要求、压实责任。每半年进行1次干部职工思想动态分析研判，通报1次垂管局分党组落实“两个责任”情况，定期向党中央报告落实意识形态工作责任制情况。

三是深入整改全面从严治党突出问题。每季度组织1次中央巡视整改“回头看”，截至2023年年底，中央巡视反馈的67个问题，已整改57个，完成率85%。认真组织局党组与驻委纪检监察组2次全面从严治党专题会商，制定87条整改措施，向8家垂管局主要负责同志印发书面提醒函，层层压实问题整改责任。对照中央和国家机关党的建设专项督查发现的42个具体问题，开展自查自纠，印发整改方案并督促抓好落实。

四是认真做好局党组巡视工作。出台巡视工作五年规划，修订巡视工作领导小组工作规则，印发加强巡视巡察干部队伍建设的意见，对3家单位巡视整改情况进行评估检查。召开局党组巡视工作会议暨第一轮巡视动员部署会议，举办巡视工作培训班，召开巡视进驻前情况通报会，指导巡视组成立临时党支部，全面提高巡视工作规范化水平。对8个垂管局分党组进行常规巡视、对1家基层单位党委进行提级巡视，发现“四个落实”方面的突出问题并督促抓好整改。

三 持续加强基层党组织和党员队伍建设

一是持续深化支部标准化规范化建设。复查同意国家粮食和物资储备局4家2022年中央和国家机关“四强”党支部保留称号，推荐4家党支部参评2023年“四强”党支部，推荐10名党员、2个党组织获国家发展和改革委员会“两优一先”称号。指导5个直属党组织进行换届，9个党组织补选书记、副书记、委员。基层党组织标准化规范化水平不断提升。

二是加强党员干部教育管理。认真做好发展党员工作，组织60名党员发展对象和新党员参加集中培训，接收18名同志为中共预备党员，按期转正34名预备党员。开展“文明100+”示范路口志愿服务。组织年轻干部开展“根在基层”和“关键小事”调研攻关活动，1项调研成果获中央和国家机关工委三等奖。评选国家粮食和物资储备局第四届青年理论学习小组标兵5个、青年理论学习标兵10名，2名干部获国家发展和改革委员会青年理论学习标兵。机关纪委书记为700多名新入职年轻干部讲廉政党课，引导扣好“第一粒扣子”。

三是加强专兼职党务干部队伍建设。年内分别召开直属机关党委、纪委、工会委员会会议8次、4次、2次，及时传达学习上级精神，研究重大问题。选派19人参加上级党支部书记、党小组长和党员教育示范培训，组织70多名党务干部参加为期3天的专题培训，提高党建能力和水平。

四 坚定不移正风肃纪反腐

一是严格落实中央八项规定精神。配合驻委纪检监察组严肃查处7件违反中央八项规定精神的问题，给予党纪处分7人。加强重要时点教育提醒，节前印发通知，转发典型案例通报，提出明确要求；节日期间通过“家庭助廉”短信平台、“国储党建”微信公众号发送提醒信息；节后及时报告情况。组织各单位对酒驾醉驾、借培训之名组织公款旅游等问题进行认真自查自纠。

二是抓实抓细纪律教育。开展“以案为鉴警示教育月”活动，邀请驻委纪检监察组主要负责同志为全系统3500余名党员干部作辅导报告。组织廉政高风险岗位党员参观北京市全面从严治党警示教育基地，赴北京市第一中级人民法院旁听贪污受贿案件开庭审理。每月编发1期《纪律教育参考》，抓实抓细纪律和党性教育。通报2起严重违纪违法典型案件，切实汲取深刻教训。

三是提高机关纪委履职规范化水平。调度国家粮食和物资储备局落实《关于加强中央和国家机关部门机关纪委建设的意见》情况，逐条逐项抓好贯彻落实。督促机关纪委每半年向驻委纪检监察组报告履职情况，听取直属纪委履职情况报告。依规依纪依法对有关问题线索开展核查并办理相关案件，督促各单位按月报送案管数据，跟踪办理情况并进行清理核对。赴5个基层库点开展深入调研，对机构改革以来纪检机构受理的全部问题线索和立案件进行清仓起底，形成调研剖析报告。印发司局级干部忏悔录，对直属党组织书记进行廉政提醒。督促党员干部按季度报告不当用权和插手干预重大事项情况，按月记录过问打探工作事项情况。年内为458人次出具廉政审核意见，把好干部选任廉政关。

四是认真组织开展纪检干部队伍教育整顿。召开动员部署会，印发工作方案，分类提出要求。组织纪检干部学习指定书目，定期参加驻委纪检监察组集体学习，组织全系统70

余名纪检干部分2批参加纪检监察学院监督执纪专题培训。清仓起底党的十八大以来涉及纪检干部的问题线索和立案件，建立台账、挂牌督办。组织纪检干部全覆盖谈心谈话，细化完善“六个是否”自查表，440名教育整顿对象先后2次填报自查事项报告表。向国家粮食和物资储备局全体纪检干部家属寄送廉洁家书。每月编发2期工作简报，交流经验做法，推动教育整顿持续走深走实。

五　切实加强对垂管系统党建工作的指导

一是加强机关党建重大课题调研。制定推动党建高质量发展专题调研方案，在总课题下明确5个子课题，深入基层一线开展调查研究，认真剖析系统党建工作面临的难点堵点问题，研究提出解决思路举措。加强调研成果转化运用，以党组文件印发关于推进党建高质量发展的意见。

二是压紧压实垂管单位党建工作责任。认真落实《中共中央组织部关于进一步明确垂直管理部门党建工作责任的通知》，推动压实垂管单位党建工作责任。每半年通报一次各垂管局分党组落实全面从严治党“两个责任”情况，梳理全局系统158个基层处党组织设置情况，认真分析突出问题，分类提出整改建议。

三是着力提升基层党建工作质量。认真落实国家粮食和物资储备局党组成员分工联系垂管局和基层党建工作联系点制度，通过主题联学、主题党课、主题党日、专家辅导报告等方式，开展结对共建活动120余次。召开推进基层党建高质量发展现场会，国家粮食和物资储备局党组负责同志出席会议并讲话，参观学习吉林局二三八处党委加强基层党建特色做法，8家单位党组织书记介绍抓党建工作经验，取得良好会议效果。

六　持续加强机关文化建设

一是大力弘扬系统优良传统。局党组中心组围绕学习贯彻习近平文化思想主题，开展专题学习研讨。组织年轻干部认真学习中国共产主义青年团第十九次全国代表大会精神，研究提出贯彻落实措施。全系统5家单位获评第21届全国青年文明号。组织颁发“光荣在党50年”纪念章和预备党员集体宣誓仪式，开展“口述粮储史”访谈活动，赓续粮食和物资储备系统优良传统，传承“宁流千滴汗、不坏一粒粮”行业优良作风。

二是着力激发干事创业激情热情。认真做好民主评议党员工作，253人评议结果定为“优秀”等次，表彰11个单位为年度先进单位，137名干部为年度优秀个人，激励党员干部积极进取、比学赶超。继续组织干部职工大病医疗互助保障，做好重要节日、会员生日及婚育、患病、退休、困难干部职工关怀慰问工作，积极协调帮助解决干部职工子女入学等实际困难，为党员干部全身心投入工作做好服务保障。

三是努力营造积极向上的机关文化氛围。创新加强廉洁文化建设，举办“弘扬清风正气、传承廉洁文化”主题书画展，组织观看电影《望道》和《榜样7》专题节目，筑牢拒腐防变思想防线。组织147名干部职工参加中央和国家机关第二届运动会，2个参赛项目获第二名、1个项目获第三名、1个项目获第六名，太极拳队应邀参加开幕式展演。指导各文体协会规范有序开展太极拳、瑜伽、健步走、户外运动等活动，丰富干部职工文化生活。

撰稿单位：国家粮食和物资储备局直属机关党委；
撰稿人：王成辉、朱江、张倩、李炜、董琦琦；审稿人：王永圣、刘铁宏、张永福

国际交流与合作

一 全力服务元首外交，不断提高对外合作层次水平

2023年9月1日习近平主席会见来访的贝宁总统塔隆期间，在两国元首的见证下，国家发展和改革委员会主任郑栅洁代表国家粮食和物资储备局与贝宁经济、财政和合作国务部长瓦达尼签署了《关于粮食仓储管理和产后减损领域合作的谅解备忘录》。双方将在促进两国粮食仓储管理和产后减损等领域合作，促进相关政策、技术和信息交流，分享技术和经验。

11月乌拉圭总统拉卡列访华期间，中乌双方发表了《中华人民共和国和乌拉圭东岸共和国关于建立全面战略伙伴关系的联合声明》。联合声明指出，“双方认识到在粮食资源可持续性管理和利用方面面临的共同挑战，将共同推动粮食产后管理、减损等法律法规、政策与技术研究”，推动中乌粮食领域合作在更高层级达成共识。

二 深化粮食领域南南合作，推动构建人类命运共同体

为贯彻落实习近平主席在中非合作论坛第八届部长级会议上的讲话精神和达喀尔行动计划，进一步落实与联合国世界粮食计划署（WFP）签署的南南合作谅解备忘录，2023年6月，国家粮食和物资储备局与WFP农村发展卓越中心等单位在江苏省无锡市共同举办了2023中非稻米价值链合作研讨会。来自加纳、坦桑尼亚、科特迪瓦、塞内加尔、马达加斯加、几内亚、塞拉利昂等国家政府部门、驻华使馆、国际组织、科研机构、企业及社会团体的近150位嘉宾代表参与研讨。会议分享了中国在稻米收购、储存、运输、加工、质检、营养品质等方面的管理方式和技术应用，为推动中非稻米产业链价值链持续深入合作增添动力。

2023年，国家粮食和物资储备局协调安排多名非洲国家官员和相关领域专家考察了国家粮食和物资储备局科学研究院大兴研发中试试验基地、国家粮食交易中心、中储粮成都

储藏研究院、成都直属库、上海直属库、河南省粮食交易物流市场等粮食仓储物流、产后服务和粮食产业发展示范单位。选派专家参加WFP和非洲联盟委员会等组织举办的专题研讨会，与非洲发展中国家分享我国在储备粮管理、粮食储藏、质检、科技研发、粮食电子交易平台建设等方面的经验和技术。选派专家赴斯里兰卡执行WFP粮食产后干燥、储藏减损技术培训任务，推动发展中国家提升粮食产后管理能力。

三　发挥亚太经合组织（APEC）机制下粮食安全合作引领作用，提升多边粮食领域合作水平

积极贯彻落实习近平主席在APEC领导人会议上的重要讲话精神，推动落实《亚太经合组织面向2030粮食安全路线图》，履行国家粮食和物资储备局作为APEC粮食安全政策伙伴关系机制（PPFS）中国政府代表单位职责，在APEC粮食安全合作领域发挥引领作用，合作成效显著。与APEC成员共同制定《实现APEC区域粮食安全和可持续的粮农系统原则文件》，推动多边机制粮食安全合作良性发展。申报实施APEC合作项目，2023年12月在杭州市举办首届“APEC粮食产业链数字化和创新技术研究与经验交流研讨会”，推动APEC区域粮食系统缩小数字鸿沟，加速粮食系统数字化转型发展。

四　持续推动双多边粮食、物资和能源储备安全对外合作

持续加强与“一带一路”相关国家在粮食、物资和能源储备领域的交流合作。组织高访团组访问乌拉圭、阿根廷、埃及、南非、瑞士、意大利、秘鲁、智利等国，与相关国际组织、政府部门、行业协会、研究机构、跨国企业等就粮食安全和矿产物资领域合作达成共识，与部分国家签署合作文件。与巴西、美国、法国等国政府部门、行业协会及跨国企业负责人就粮食生产流通、科技创新、标准质量、市场信息等议题进行交流。

在部际协作机制下推动多边及区域粮食安全合作。落实全球发展倡议、全球安全倡议、中非合作论坛后续事项等重要工作，为APEC、二十国集团、金砖国家、中国—东盟、澜沧江—湄公河合作、东盟与中日韩、上海合作组织等多边合作机制，第三届“一带一路”国际合作高峰论坛等重要活动，以及世贸组织贸易政策审议、对外援助等工作提供有力支持。

五　扎实开展粮食和物资储备科技对外交流

一是举办专业学术国际会议和研修班。2023年11月，中国粮油学会联合国际谷物科技协会（ICC）、河南工业大学共同举办了第三届ICC亚太区粮食科技大会。会议设置17

个交流议题，召开179个分会场报告，同期举办新技术新成果展，国内外近600名粮油科技工作者、企业代表参会交流，取得了良好效果。12月，国家粮食和物资储备局科学研究院举办“2023年澜沧江—湄公河绿色生态储粮合作示范项目研修班”，与来自泰国、缅甸等地区的30余位学员，分享了中国在绿色生态安全储粮技术方面取得的宝贵经验，助力保障澜湄区域粮食安全。12月，国家粮食和物资储备局标准质量中心作为国际标准化组织谷物与豆类分委员会（ISO/TC34/SC4）秘书处单位，以线上方式召开了ISO/TC34/SC4第43次会议，相关国家成员体和国际组织的60余位代表参会。会议讨论了全谷物定义和标签要求、谷物和豆类质量安全监测方法、粮食储存等相关国际标准项目，为粮食国际标准化工作作出了积极贡献。

二是实施高端外国专家引进计划项目。2023年，国家粮食和物资储备局共执行高端外国专家引进计划项目2项，分别引进奥地利维也纳自然资源和生命科学大学、澳大利亚默多克大学的教授，来华指导科研人员开展相关科研工作，在储粮害虫防治、真菌毒素监测等领域进行广泛交流，充分发挥引智专家的联系带动作用，提高粮食科技水平。

三是建立科技交流合作关系。国家粮食和物资储备局科学研究院与乌拉圭国家农业研究院正式签署双方合作谅解备忘录，开展人员互访、信息交流，共同商讨下一步合作重点；与法国阿尔瓦利斯植物研究院、美国加利福尼亚州大学戴维斯分校生物与农业工程系等研究机构和高等院校开展科技交流合作。

四是广泛参与粮食行业和物资储备领域专业学术活动。派出管理和技术人员参加国际食品污染物法典委员会第16届会议、国际标准化组织含油种子、果实及饼粕分委员会第39次会议和动植物油脂分委员会第30次会议、第34届国际石油储备机构年会、第6届无麸质谷物产品及饮料研讨会、全球贵金属会议、第9届食品化学与技术国际研讨会等国际粮油、物资和能源领域相关专业会议，掌握相关行业最新国际动态，提升专业技术领域对外合作水平。

撰稿单位：国家粮食和物资储备局办公室（外事司）；
撰稿人：胡瑶庆、张怡；审稿人：曹颖君

信访工作与建议提案办理

一 信访工作

2023年，国家粮食和物资储备局共接待群众来访22批61人次，受理来信54件，均得到及时办理，全年信访工作平稳有序。

一是健全完善信访工作机制。认真贯彻落实《信访工作条例》，出台国家粮食和物资储备局《信访工作规定》，进一步明确“属地管理、分级负责，业务工作谁主管、信访工作谁负责”的要求，严格落实信访工作责任。

二是加强信访培训。在福建省厦门市组织开展全系统信访工作专题培训，邀请国家信访局专家授课，全系统分管或从事信访工作的同志150余人参加培训。

三是规范办好信访件。认真落实修订后的《信访工作规定》，通过规范信访事项的登记、转办、答复、复查、复核、督办等环节，以点带面，进一步督促指导各单位落实责任，规范流程，提高工作水平。

四是全力保障和谐稳定。及时印发通知部署全系统做好重大会议活动和重要节日期间信访维稳工作。妥善处理相关信访件，确保机关办公秩序和信访安全稳定。

撰稿单位：国家粮食和物资储备局办公室（外事司）；
撰稿人：黎霆、李华华、杨雪、蔡超；审稿人：王世海

二 建议提案办理

2023年，国家粮食和物资储备局承办十四届全国人大一次会议代表建议和全国政协十四届一次会议委员提案共计86件。其中，人大代表建议61件（主办18件、分办3件、协办35件、参阅5件）、政协委员提案25件（主办12件、会办13件）。

建议提案内容涉及健全粮食和储备安全法规制度、完善战略物资储备体制机制、严格省级党委和政府落实耕地保护和粮食安全责任制考核、健全粮食储备和应急管理体系、加强政策性粮食信息化建设、优化粮食流通领域行政管理体制等多个方面，与全国粮食和物资储备改革发展重点工作紧密相关，具有较强的前瞻性和建设性，为进一步加强粮食和物资储备工作提供了有益启示和借鉴。

按照全国人大和全国政协关于建议提案办理的工作要求，国家粮食和物资储备局印发《关于认真做好2023年人大代表建议和政协委员提案办理工作的通知》，就重点建议提案办理、复文格式和办理时限、答复公开等工作作出具体安排。工作中注重沟通协调，凝聚共识，准确把握建议提案内涵，结合实际进行答复，确保答复的合理性、有效性和满意度，较好地实现了办理工作促进完善政策措施、解决实际问题、推动工作落实的目的。

撰稿单位：国家粮食和物资储备局办公室（外事司）；
撰稿人：李红、冉岚；审稿人：方进、周辉

老干部工作

一 总体情况

截至2023年12月底，离退休干部办公室（以下简称离退办）服务管理的离退休干部共382人（含代管退休人员），其中离休28人、退休354人；部级2人，司局级131人，处级及以下249人；全体老干部平均年龄74岁，90岁以上53人，其中100岁以上2人。2023年接收退休人员14人，其中司局级10人、处级及以下4人；去世22人，其中离休7人、退休15人。

二 以符合老党员实际的学习形式为载体，推动主题教育走深走实

离退休党员主题教育紧贴老同志实际。依托“老干部网络课堂”开展知识竞赛，有效激发老同志学习热情，除购买发放指定书籍外，考虑老同志视力差、无法长时间阅读，离退办在微信公众号推送《习近平著作选读》有声书18期。各离退休党支部分别到中国共产党历史展览馆、国家粮食和物资储备局科学研究院大兴研发中试试验基地等开展主题党日活动，100余名党员参加。开展“老干部对美好生活新期待”、异地康养等调研活动。努力推动老干部活动场所、家属院维修改造等问题整改。

在职党员主题教育突出特色。在职支部和上海局九三七处党支部开展联学联做，组织“日学、周思、月交流”活动，先后分享“天天小提示”学习资料78条、组织“周思”10次、“月交流”3次，党员每天积极参加“逐梦路上　奋勇闯关”小程序的答题学习，总积分名列前茅。在职支部和机关党委（人事司）党支部联合开展“口述粮食史　传承正能量”主题党日活动，邀请退休干部作题为《人口、粮食、机构》的专题报告。

三 以中央文件和国家粮食和物资储备局党组实施意见为遵循，切实抓好老干部党建工作

印发实施意见，加强对党建工作的领导。认真学习中共中央办公厅印发的《关于加强

新时代离退休干部党的建设工作的意见》，印发国家粮食和物资储备局党组的相关实施意见。

举办专项培训，提高党务人员素质能力。举办党务人员暨新退休人员培训班，邀请国家粮食和物资储备局原副局长曾丽瑛、梁彦，各离退休干部、在职人员党支部党务人员及新退休人员共60余人参加。安排4名同志参加国家粮食和物资储备局党务人员培训班，切实提高党务工作能力。

举行专门仪式，增强党员的组织归属感。配合党委举办"光荣在党50年"纪念章暨全局31名新党员入党宣誓仪式，国家粮食和物资储备局有关局领导为7名老党员代表逐一颁发、佩戴"光荣在党50年"纪念章，感谢他们为粮食和物资储备事业作出的重要贡献。该活动大大提升新老党员的自豪感、荣誉感和归属感。

四 以情况通报会和重要节日走访慰问为重点，落实好老同志的政治待遇

情况通报会反响热烈。国家发展和改革委员会党组成员，国家粮食和物资储备局党组书记、局长刘焕鑫向老领导、老同志通报了2023年粮食和物资储备重点工作情况，聂振邦等4名中管老领导和老干部代表100余人参加通报会。通报会信息被中央组织部"离退休干部工作"微信公众号转载。

走访慰问温暖人心。国家粮食和物资储备局领导在离退办微信公众号上发布致全局离退休老同志新春贺词，局党组成员分别慰问了白美清、聂振邦等老领导、老同志。采取线下线上相结合的方式开展走访慰问工作，实现全覆盖。"两节"共走访慰问老同志419人，其中上门走访慰问104人，电话等线上方式慰问315人，将组织关怀送到老同志心坎上。邀请白美清等8名老领导到月坛北街25号院参观。

订阅报刊方便学习。安排专项资金24.7万元，为所有老同志订阅"两报一刊"，切实保证老干部政治学习的需要。

五 以提升老年生活品质为目标，落实好老同志的生活待遇

按时足额发放有关费用。及时足额发放离退休费，做好上调养老金的解释说明和宣传工作，全年为老同志按时报销医药费，发放去世老同志的抚恤金，有效保障好老同志的切身利益。

为老同志健康保驾护航。分8批次组织233名老干部健康体检。全年完成3000余人次测量体温、血压、心电图、取药等诊疗项目。组织老同志参加中央和国家机关工委举办的"老干部健康讲堂"，聆听"长寿的瓶颈——脊柱健康"、"老年人自我健康管理"讲座。

落实生活福利待遇。及时提高老同志节日慰问标准和生日慰问有关标准。在劳动节、端午节、国庆节、重阳节等节日为老同志购买慰问品等。

提供精准化个性化服务。按照“等不及、慢不得、坐不住”的要求，为离休干部提供“一人一策”服务；引入社会养老平台开展居家养老服务，在国家机关事务管理局会议上作典型发言介绍有关经验。

丰富老同志的精神文化生活。组织146名老同志参加书画、摄影、模特、歌咏、太极拳等文体兴趣小组；“三八”妇女节，组织40余名女同志开展手绘国瓷活动；组织“七一”建党节、重阳节答题竞赛，90余位老同志获奖；春秋游活动受到欢迎，参加人员达400余人次。

为困难群体排忧解难。“两节”期间，安排85.35万元资金走访慰问老同志；给予96名老同志发放困难补助共计17.06万元；对特殊困难的老同志，各工作处结合实际情况实施救助；对生活完全不能自理的退休人员，每人给予一次性救助3600元；对在册无工作的老干部遗属，每人给予一次性困难补助1000元。

六 以发挥优势作用为抓手，汇聚老同志的强大正能量

引导老同志发挥政治优势，为推动党的二十大作出的重大决策部署落地落实助力添彩。根据中央组织部统一部署，在老同志中深入开展“话传统、谈复兴、聚力量”专题调研，汇聚起实现第二个百年奋斗目标的强大力量。为助力扶贫攻坚和乡村振兴有效衔接，一是组织第4次“老手拉小手”品牌活动，邀请定点帮扶村12名师生代表来京参观学习；二是为定点帮扶村的父老乡亲写春联送祝福，共寄出380副春联，送上新春祝福；三是先后4次组织老同志从定点帮扶县采购价值32.87万元的农产品，开展消费帮扶。

引导老同志发挥经验优势，为粮食和物资储备改革发展建言献策。深入开展“口述粮食史”活动，收录文稿54篇，录制访谈视频21期；抢救性挖掘老同志中的好故事、好典范，总结提炼老同志在长期工作中积累的好经验、好方法，宣传弘扬他们为行业铸就的优良传统和作风。组织老同志赴上海局九三七处，开展党建联学联建活动。

引导老同志发挥威望优势，为营造和谐稳定社会环境释放正能量。在抗击甘肃地震等重大自然灾害中，动员组织广大离退休干部为党分忧、为民解难，影响和带动更多人时刻与党中央同心同行、同频共振。组织老同志参加局机关“弘扬清风正气·传承廉洁文化”主题书画展，4位老同志的作品入展。

七 以系统工作会议和业务培训为依托，加强对垂管系统老干部工作的指导

举办垂管系统离退休干部工作会议暨提升素质能力培训班。刘焕鑫局长亲自审定会议

方案材料，会前作出批示要求、会后给予鼓励肯定，分管局领导出席会议并讲话。有关司局单位负责同志、各垂管局分管离退休干部工作的领导及专兼职离退休干部工作人员共计80余人参加会议暨培训班。

及时学习传达贯彻全国老干部局长会议精神。将2023年全国老干部局长会议精神转发各垂管局离退休干部工作部门，并就学习贯彻落实提出要求，切实加强对系统老干部工作的科学指导。

八 以担当作为干事创业信念，打造高素质的干部队伍

与兄弟单位交流借鉴工作经验、取长补短。先后与国家药品监督管理局、国家统计局的离退休干部工作部门联合举办老干部工作经验交流会，就加强新时代老干部党建工作、组织老同志开展学习贯彻习近平新时代中国特色社会主义思想主题教育、推动老干部工作高质量发展进行座谈交流。

加强岗位锻炼，提升素质能力。认真制定2023年素质能力提升工作计划，实施干部队伍能力素质提升工程，着力培养高素质专业化老干部工作者。安排3名处级干部参加公务员面试考官培训班，选派5名考官和2名保障人员，积极配合人事司顺利完成2023年度公务员招录面试工作，录用3名新公务员，下半年接收安置2名转业军官。1名处级干部被借调到中共中央纪律检查委员会帮助工作，1名处级干部主动到定点帮扶县挂职锻炼。

2023年度被《中国老年报》评为2023年度离退休干部宣传工作优秀单位，离退办青年理论学习小组被国家粮食和物资储备局直属机关党委评为“青年理论学习小组标兵”。

撰稿单位：国家粮食和物资储备局离退休干部办公室；
撰稿人：崔亚晶；审稿人：金贤

第三篇

各地粮食和物资储备工作

北京市

一　稳市场保民生，服务保障能力经受住实战考验

一是保供稳价能力稳步提升。强化粮食产销合作，与黑龙江省等8个主产区签订合作协议，积极搭建合作平台。投入产销合作财政资金515.1万元，拉动社会资金投入1201.8万元，不断提升北京市粮源保障能力。严格落实政府储备粮规模，科学制定轮换计划，按时组织开展市储备粮销售和采购，确保市储备粮"常储常新"。面对部分小麦主产区遭遇"烂场雨"的新情况，及时调整小麦轮换计划，完善入库质量检验指标，优化入库作业流程，确保全年"两次小麦采购"任务圆满完成。加强粮源组织调度，强化"产购储加销"全链条协同，充分发挥政府储备吞吐调节作用，全年共举办市、区储备粮竞价交易会31场次，有效调节了粮食市场供求和价格。

二是粮食应急保障能力不断增强。修订印发北京市粮食供给应急预案，完善粮食应急保障体系，优化形成粮油应急加工企业31家，应急储运企业15家，应急配送企业46家，应急投放网点888个。推动开展绿色储粮标准化试点工作，不断提高储备能力。石景山等区及时修订区级粮食供给应急预案，坚持做好应急保障企业动态更新和备案工作。房山区总结防汛救灾经验，研究建设村集体运营、平急两用的便民服务点新模式，进一步完善山区乡镇粮食应急网点。

三是应急物资储备实战效果突出。在"23·7"极端强降雨抢险救灾中，健全汛期联合响应机制，完善调运预案，强化部门合作，确保调运工作高效衔接，先后8次紧急出库，调运棉褥、帐篷等中央和市级救灾物资共计3.65万件，大力支援天津市、河北省以及本市部分地区防汛救灾工作。门头沟、房山、昌平等区强化物资保障，调运区级救灾物资10万多件，为防汛救灾提供有力支持。

二　强责任重担当，坚决扛稳保障粮食安全的政治责任

一是"首考"有序推进。市委、市政府高度重视耕地保护和粮食安全责任制工作，把

耕地保护和粮食安全纳入党委常委会及其委员职责清单，建立健全政府领导班子及其成员重点工作职责清单，完善市级考核机构，专题研究部署粮食安全保障工作。市级考核机构各成员单位压实工作责任，强化协同配合，进一步形成整体工作合力。严格区级考核，形成“指标发布—日常检查—年终考核—问题整改”闭环管理机制，增加重大问题倒扣分指标，同时将“国考”超过80%考核内容延伸至区级，进一步压实区级党委政府责任。

二是专项整治深入开展。持续推进粮食购销领域腐败问题专项整治，保持机制不变、力度不减、标准不降，制定专项整治实施方案和任务清单，全面落实74项具体措施。朝阳区统筹推进粮食安全工作，制定保障粮食安全三年工作方案。大兴、平谷等区不断完善区储备粮管理制度，形成轮换、资金、质量安全等制度体系。西城区、顺义区、密云区、经济技术开发区等通过“双随机、一公开”监管、季度巡查、专项检查等方式，切实维护粮食购销领域秩序。

三是监管力度持续加大。召开全系统警示教育会议、警示教育现场会，以案释纪、以案说法、以案示警。启动“以案为鉴警示教育月”和“严监管强执法重处罚行动年”活动，进一步增强执法监管的穿透力约束力震慑力。持续提升全面从严、依法依规治粮管储的力度，全市开展粮食行政执法检查939次，同比增加55.98%。强化粮食质量安全管理，制定粮食质量追溯提升三年行动方案，推动出台粮食收购（入库）和销售出库必检项目、粮食质量安全监管、进口粮食安全风险管控等质量安全管理制度。

三 保安全促发展，加快构建符合首都功能定位的储备体系

一是粮食储备管理不断优化。制发地方粮食储备管理政策性职能和经营性职能分开、区级储备成品粮管理等工作指导意见，不断完善地方储备粮管理体制机制。优化储备粮布局，完善储备方式，新增社会责任储备1100吨。加强市储备粮仓储保管，市储备粮宜存率、科学保粮率均达到100%。

二是物资储备管理水平持续提升。推进战略和应急物资储备安全管理体制机制改革，北京市粮食和物资储备局完成年度目标任务13项。建立健全管理机制，修订完善市级应急救灾物资储备管理办法，出台突发事件救灾物资保障预案。持续优化储备库布局，将物资储备前置到自然灾害易发、多发地区，形成“1+2”储备格局。树立“大储备”思维，加强对重要商品储备的指导监督，定期召开重要商品储备部门联席会议，制定新版重要商品及应急物资统计制度，打通数据“孤岛”，开展部门联合监管，进一步夯实物资调度基础。

三是安全生产工作深入推进。按照北京市统一部署，迅速开展安全生产和消防隐患大排查、大整治。制定工作方案，编制隐患排查标准和安全生产检查清单，指导企事业单位通过“企安安”系统开展安全生产和火灾隐患自查自纠，实现台账企业自查率100%。组织2023年安全风险评估，开展安全生产标准化（二级）创建工作，粮食仓储企业安全生产管理和隐

患治理能力显著提升。抓紧抓实市储备粮防汛度夏工作，在“23·7”极端强降雨期间，加强值班值守，及时排除库区积水、围墙倒塌、路基损毁等险情6处，没有发生储备粮受损事件。

四　打基础强实力，推动粮食产业优化发展

一是基础设施建设取得新进展。扎实开展项目建设，南口面粉厂完成设备更新改造，纳入城南行动计划的北京粮油应急保障中心（面包生产线）建设项目扎实推进。积极推动粮食仓储设施维修，投入财政资金630.3万元，拉动社会资金投入1470.7万元。扎实推进“智慧粮库”建设，承（代）储地方储备粮库点信息化全覆盖，实现数据全面准确上传、视频全时段在线。顺义、昌平、大兴等区大力推进粮食仓储、加工等设施建设，积极支持北京市粮食流通基础设施建设。

二是粮食产业优化发展。大力打造“北京好粮油”公共品牌和中国国际服务贸易交易会“粮食现代供应链发展及投资国际论坛”2块招牌，发布“北京好粮油”标识，自首次遴选以来累计选出“北京好粮油”产品31个，成功举办2023年论坛，取得积极反响。落实国家商品储备税收优惠政策，共计减免税款2136.35万元。北京粮食企业优化发展，实现利润总额15.19亿元，同比增长23.8%。东城、海淀等区通过农产品进京推介、消费帮扶产业对接，进一步丰富老百姓的餐桌。丰台区积极支持粮油老字号品牌发展。延庆区依托“妫水农耕”优质农产品品牌，推进优质粮食工程建设。

五　转作风提能力，努力提升治理效能和服务水平

一是坚定不移推进全面从严治党。紧扣主题教育“学思想、强党性、重实践、建新功”的总要求，把理论学习、调查研究、推动发展、检视整改等贯通起来，促进主题教育走深走实。组织专题学习《习近平关于国家粮食安全论述摘编》，把习近平总书记关于国家粮食安全重要指示批示精神作为根本遵循和行动指南。提高规矩意识，完善制度体系，制定监督事项清单、廉政谈话、问责办法等一系列制度。

二是加强行业人才队伍建设。召开行业表彰大会，对5年来在保供稳价、应急救灾等工作中作出突出贡献的27个先进集体、36名先进个人进行表彰，积极营造爱岗敬业、敢于奉献、奋发向上的良好氛围。大力实施人才兴粮兴储，成功举办第六届北京市粮食行业职业技能竞赛，联合开展京津冀三地国赛选手赛前集训，组织北京代表队参加全国决赛并荣获优秀组织奖和个人三等奖的好成绩；制定粮食和物资储备人才队伍建设指导意见，成立技能大师工作室，连续两批推荐人才入选全国粮食和物资储备技能大师。

撰稿单位：北京市粮食和物资储备局；撰稿人：石红兵、赵静；审稿人：任昌坤

天津市

一 粮食安全保障更加有力

一是粮油市场运行平稳。积极推动市场化粮食收购，优化为农服务，夏、秋粮收购有序推进，守住了农民“种粮卖得出”底线。深入开展产销合作，牵头在津举办京津冀粮食和物资储备协同发展第八次局长联席会议，与河北、山西两省分别签署进一步深化粮食产销合作的战略协议，与吉林省在津成功举办“吉林大米、吉林鲜食玉米品牌天津推介会”，组织本市企业参加第五届中国粮食交易大会，优质粮食进津渠道不断拓展，津门百姓餐桌日益丰富。强化数据统计和监测预警，紧盯重要时段和重点品种市场供应，做到问题早发现、早应对、早处置。2023年，全市CPI中粮食价格指数涨幅0.1%，远低于全国1%的水平。

二是粮食质量管控得到加强。稳妥推进地方储备粮轮换，科学制定实施轮换计划，准确把握价格走势和供求变化，圆满完成市级储备粮轮换任务。加强粮食质量安全监管，严密组织储备粮检验检测和新收获粮食质量安全风险监测，地方储备粮质量合格率和宜存率均为100%，新收获粮食各项指标全部合格。

三是仓储设施条件不断提升。天津临港利达粮油有限责任公司粮食油脂应急储备物流中转项目如期完工并通过验收，新增粮食仓容约8.7万吨，油罐罐容11万吨。天津天食小站稻粮食储备有限公司“收储+”基地项目一期工程按时完工，新增粮食仓容约11.5万吨。滨海新区、津南区、武清区等组织相关承储企业对储粮仓房进行保温隔热、防水维修改造，安装内环流系统和制冷控温设备，共计改造仓容40.2万吨，推动绿色储粮水平进一步提高。

四是节粮减损持续推进。组织开展粮食储存环节损失损耗调查，推动储备粮承储企业更新设施设备降低出入库损耗。举办世界粮食日和粮食安全宣传周系列活动，广泛普及粮食安全知识，倡导科学消费、健康消费，中央广播电视总台天津总站、新华社、天津电视台等多家主流媒体深入跟踪报道。

二 物资保障能力明显增强

一是储备基础逐步夯实。扎实推进应急救灾物资增储采购，新增满足灾后初期1万人基本生活所需物资，市级救灾储备物资保障人数提高到11万人。大力推进物资储备分中心建设，初步形成“一个中心库、五个分中心库”的市级救灾物资保障体系。积极推进地方政府成品油储备，在全国较早完成建储任务。

二是制度机制日益完善。制定实施救灾物资报废处置工作流程、采购工作机制，储备糖仓储管理制度、质量检验制度、供给应急预案，成品油储备管理办法、应急动用预案，修订完善救灾物资管理办法、救灾物资调运预案，市级救灾物资全链条、各环节管理更加规范。加强救灾储备物资年度库存检查、超年限和新入库物资质量检测和成品油、食糖定期抽查，所有物资数量真实、质量合格。审慎解决储备糖糖权问题，顺利完成2000吨食糖承储单位变更工作，实现了市级储备食糖糖权统一。

三是应急动用响应迅速。构建“1+6”应急调拨预案体系，从调度指挥和组织调运两个层面强化预案编制，加强应急培训和实战演练，持续锻炼队伍、磨合机制，提升应急反应能力。在防汛抗洪、驰援甘肃地震灾区期间，按照国家粮食和物资储备局和市应急管理部门指令，紧急调运接收中央救灾物资3批、市级救灾物资16批，共计近10万件，为满足灾后群众基本生活提供了有力物资保障。系统1个单位获评市级“防汛抗洪先进集体”、2人获评市级“防汛抗洪先进个人”。

三 管粮管储效能稳步提高

一是依法行政能力不断增强。积极推进立法进程，《天津市粮食安全保障条例》被列入市十八届人大常委会立法规划。规范执法制度和执法行为，印发关于加强粮食流通行政执法监管的实施意见，集中开展2次行政执法案件评查。加强行政规范性文件制发审核，全年出台行政规范性文件5件。深入开展宪法、民法典和涉粮法规等宣传教育，广大干部职工尊法学法守法用法氛围进一步浓厚。

二是执法监管质效持续提升。组织开展“严监管强执法重处罚行动年”活动，建立事前事中监管与事后执法联动机制，强化政策性粮油库存检查，开展市、区粮食行政管理部门与相关部门联合巡查，推动各区开展定期巡查，严格粮食流通企业年度信用评价，全年共开展行政执法检查704次，作出行政处罚49个，罚款近58万元。

三是穿透式监管格局初步形成。对“粮安工程”粮库智能化系统进行升级改造，安排市级建设资金852万元，推动异地储备企业和相关区投入258万元，政策性粮食业务实现信息化全覆盖。深化系统功能提升和日常应用，粮食储存和购销领域监管全面加强，建设和使用经验受到国家粮食和物资储备局肯定，先后2次在全国会议上作典型发言。

四是耕地保护和粮食安全责任制考核稳步推进。配合制定市委常委会及其委员职责清单、市政府领导班子及其成员年度重点工作职责清单，经市委常委会研究通过。落实市粮食安全责任制考核工作组职责，建立定期调度机制，组织有关考核成员单位进行迎考培训和模拟演练，不断查弱项、补短板，全力做好迎接国家“首考”工作。参与制定区级耕地保护和粮食安全考核工作方案，对各区粮食安全考核有序推进。

五是安全生产形势稳定向好。深入推进重大事故隐患专项排查整治2023行动，扎实开展“安全生产月”活动，加强安全生产宣传教育培训，有效防范遏制各类事故发生。制定安全生产约谈办法，印发健全安全风险分级管控和隐患排查治理双重预防工作机制的指导手册，行业安全生产责任进一步压实，整体预控能力有效提升。

四　全面从严治党深入推进

一是主题教育成效明显。把学习贯彻习近平新时代中国特色社会主义思想主题教育作为重大政治任务，坚持以学铸魂、以学增智、以学正风、以学促干，一体推进理论学习、调查研究、推动发展、检视整改，建立常态长效机制，主题教育不断走深走实，成果持续巩固拓展。

二是党的建设扎实推进。严守政治机关属性，研究制定贯彻落实党的二十大精神助力天津“十项行动”实施方案，重新修订相关工作台账，持续跟踪问效、闭环落实。开展市委专项巡视整改“回头看”，深化粮食购销领域腐败问题专项整治自查自纠，配合市委常规巡视工作得到巡视组肯定。意识形态、信访稳定、保密等工作扎实推进，党的各项建设全面加强。

三是正风肃纪反腐保持高压态势。持续推动廉洁文化建设，集中开展“以案为鉴警示教育月”活动，4次组织全行业、全系统警示教育大会，针对典型案例暴露的问题，深刻剖析原因教训，举一反三排查廉政风险，堵塞制度漏洞，做到以案为鉴、以案促改、以案促治。扎实开展纪检干部队伍教育整顿，以“零容忍”的态度正风肃纪反腐，风清气正的政治生态加快形成。

撰稿单位：天津市粮食和物资储备局；撰稿人：刘艺；审稿人：徐剑

河北省

一 抓好为农为企服务，粮食收购进展顺利

统筹粮食政策性收购和市场化收购，组织巡回指导督导，强化为农为企服务，牢牢守住农民“种粮卖得出”底线。2023年，全省粮食生产基础稳固牢靠，粮食播种面积645万公顷，粮食总产量达到3810万吨，连续11年保持在3500万吨以上。6—9月夏粮集中收购期间，累计收购新小麦600.15万吨，同比增加81.5万吨，平均收购价格2.96元/公斤。截至2023年年底，全省地方粮食企业累计收购新产玉米211.5万吨，同比增加58万吨。全年共收购粮食2531.5万吨，同比增加186.5万吨。修订印发《河北省粮食收购贷款信用保证基金管理办法》，27家企业通过资格认定，18家缴纳信用保证基金1.31亿元，2023年取得贷款15.39亿元。跨区域粮食产销合作进一步深化，在第五届中国粮食交易大会期间，交易粮食78.93万吨，与广东、陕西、天津、山西、北京等省市签订了粮食产销合作框架协议。

二 完善政策制度，储备管理持续加强

公布施行《河北省地方储备粮管理办法》；制定印发《河北省粮食加工企业社会责任储备管理办法》，进一步明确社会责任储备的范围和标准；修订出台《河北省地方储备粮食质量安全管理办法》、《河北省省级储备粮轮换管理办法》、《河北省省级成品粮储备管理办法》、《河北省最低收购价小麦驻库监管暂行办法》等规范性文件，制定印发《河北省政策性粮食溢余粮处置操作指引》，政策性粮食管理制度体系进一步健全。提出调整粮油储备政策建议，以河北省委办公厅、省政府办公厅名义印发实施。开展全省政策性粮食库存检查，扦样检测218份，排查整治问题216个。开展地方储备粮承储企业管理和政策执行情况考核，207家企业优良率94.2%。通过上述政策措施，有效保障了全省各类政策性粮食库存数量真实、质量良好、储存安全。制定印发《河北省省级成品油储备管理办法（试行）》，全面完成国家下达的成品油储备计划，落实进度居全国前列。与河北交通职业

技术学院、河南工业大学签订人才继续教育合作框架协议，开辟粮储人才培养新路径。

三 强化应急保供，粮食市场运行平稳

闻灾而动、闻令而动，及时向保定等6市22县调运救灾物资19.28万件，支持抗洪救灾工作；向甘肃积石山地震灾区运送6000件救灾物资，支持灾区群众临时安置和生活救助工作。印发《优化完善粮食市场监测预警体系工作方案》，突出抓好重要时间节点以及受灾地区粮油供应。积极推进粮食供应应急体系建设，认定第二批省级应急保障企业18家，补齐了4个粮食应急保障能力"薄弱县"短板，全省粮食应急网点增至3384个。组织投放国家政策性粮食和轮换地方储备粮77.3万吨。全省粮食市场供应充足、运行平稳。

四 扎实推进项目建设，促进产业高质量发展

协同河北省发展和改革委员会争取中央预算内投资1.05亿元，支持建设5个粮食仓储物流项目。加快实施优质粮食工程，累计开工建设项目272个，完成投资9.35亿元，完工项目125个，拆旧建新仓房仓容7.4万吨，购置设备3027台（套），新建烘干塔23座，硬化地坪9.3万平方米，储备粮库绿色仓储和质检体系建设取得长足进展。协调落实财政性建设资金6314.73万元，有力有效推进粮食购销领域信息化建设，实现全省地方储备粮信息化监管全覆盖。切实做好援疆工作，河北苹乐面粉机械集团有限公司与巴州天山新粟粮食储备有限公司合资建设20万吨小麦粉生产项目等有序推进。

五 强化市场监管，维护粮食流通秩序

大力开展"以案为鉴警示教育月"和"严监管强执法重处罚行动年"活动，落实定期巡查制度，严格开展监督检查。2023年全省组织检查2265次，检查收购主体3672个，纠正违规行为144例，作出行政处罚44件，罚款7.2万元，追回拖欠粮款175.62万元，切实维护粮食流通秩序。探索实施信用监管，出台《河北省粮食企业信用监管实施办法（试行）》，将1121家粮食企业纳入信用监管平台。开展了全省国有粮食企业查纠整治，进一步完善制度，规范企业管理。加强安全生产检查，促进行业安全发展，全年未出现安全生产事故。深化粮食购销领域腐败问题专项整治，发现问题整改完成率99.6%。

六 耕好"无形良田"，节粮减损取得新成效

组织企业对标学习河北柏粮粮食储备集团有限公司绿色储粮标准化试点经验，积极开

展全国首批政策性粮食仓储管理规范化评价试点工作。全年粮食检验和仓储培训2130余人次。开展了科学储粮“百社”、“百户”行活动，推送78项科学储粮新技术，帮助农民解决科学储粮问题。在国家粮食和物资储备局举办的粮食储存节约减损征集活动中，河北省选送的任丘市“玉米筐翻转机”荣获“小发明小创造小创意”十佳作品；选送的河北柏粮粮食储备集团有限公司“在管好‘天下粮仓’中践行初心使命”荣获“储粮故事”十佳作品。积极引导139家粮食产后服务中心为农服务，帮助农民减少粮食损失13.6万吨。组织开展了科技活动周、世界粮食日和全国粮食安全宣传周等系列活动，通过现场讲解、知识竞答、视频讲座、云展览、微信公众号、电子屏、条幅和海报等多种形式，加强节粮减损宣传，营造良好氛围。

七 认真落实管党治党责任，推动全面从严治党向纵深发展

把加强党的全面领导贯穿粮储工作各领域全过程，完善河北省粮食和物资储备局党组“把方向、管大局、保落实”工作机制，确保习近平总书记关于粮食和物资储备工作的重要指示批示精神不折不扣落实到位。始终把政治机关建设放在首位，教育引导党员干部忠诚捍卫“两个确立”，坚决做到“两个维护”，自觉做党的创新理论的坚定信仰者和忠实实践者。深入开展学习贯彻习近平新时代中国特色社会主义思想主题教育，专题学习习近平总书记两次视察河北重要讲话精神，深入学习研讨《习近平关于国家粮食安全论述摘编》。开展作风纪律专项整治，深化精文减会，推动调查研究制度化常态化，健全完善督查督办机制，坚决守住管好“天下粮仓”和“大国储备”。

撰稿单位：河北省粮食和物资储备局；撰稿人：牛聪；审稿人：李志明

山西省

一 坚持一体推进，粮食安全保障能力不断加强

一是粮食安全考核体系更加健全完善。认真贯彻落实国家关于耕地保护和粮食安全责任制考核工作的部署，积极配合山西省发展和改革委员会健全完善考核机制，在省委农村工作会议上，组织各市市长向省长递交《2023年度耕地保护和粮食安全责任状》，粮食安全省长责任制国家考核工作组办公室对此予以宣传报道。认真履行粮食安全考核组职责，配合省发展和改革委员会完成对各市的预考核，强化统筹协调，督促整改落实，及时将“国考”指标分解下达，实行问题清单管理和月调度机制。

二是粮食安全供给能力稳固提升。积极应对极端天气影响，开展市场分析研判，严格落实收购政策，拓展融资渠道，全省累计收购粮食587.5万吨，销售粮食720.5万吨，粮食市场平稳有序。完成新收获粮食质量安全监测。组团参加第五届全国粮食交易大会，成功举办2023山西粮食产销衔接会，与有关省份签订粮食安全战略合作框架协议和产销合作协议，粮食跨区域流通保障机制更加牢靠顺畅。完成10万吨省级储备小麦增储任务。太原市新增了10万吨市级储备小麦。积极推进薄弱县应急保障能力建设，确定6家省级粮食应急保障企业，全省入统粮食应急保障企业、网点数量达2268家。编制年度《山西粮食流通发展报告》，强化粮食和物资储备国家安全协调机制作用，主动服务政府决策和宏观调控。

三是粮食产业质效明显增强。组织召开粮食产业发展座谈会，凝聚发展共识，夯实产业发展根基。投资2200万元用于主食糕品项目建设，带动社会投资5000多万元，有力推动产业集群发展。评定新增朔城区、霍州市、闻喜县等为粮食产业强县；兴县、偏关县分别被中国粮食行业协会授予“中国杂粮之乡”、“中国糜子之乡”称号；朔州市、忻州市、晋中市积极发挥杂粮优势，强化龙头企业引领，取得明显成效，县域粮食产业经济“特”、“优”发展迈出新步伐。遴选“山西好粮油”产品33个，“山西主食糕品”获“中国粮油影响力公共品牌”，粮食区域公共品牌影响力进一步扩大。组织27个脱贫县的60个企业参加第三届脱贫地区优质特色粮油产品展销会，举行山西优质粮油品牌专场推介活动，助力消

费帮扶和乡村振兴。强化科技支撑和标准引领，推进屯留库、晋城库绿色储粮试点，编制发布了2项管理标准和技术规范，行业标准体系不断完善。

二 坚持统筹谋划，粮食和物资储备管理水平不断增强

一是加强顶层设计。以“两办”名义印发《关于改革完善体制机制加强战略和应急物资储备安全管理的实施方案》，制定8项重点任务责任清单，作出工作安排，稳步推进物资储备体制机制改革。深入开展立法调研，《山西省粮食安全保障条例》列入2023年地方立法计划预备审议项目。

二是增强物资储备效能。组建工作专班，借鉴先进省份经验，制定山西省《建立地方政府成品油储备实施方案》，成品油建储任务全面完成。修订《省级猪肉储备管理办法》和《省级应急生活必需品储备管理办法》，开展现场监督检查，督促问题整改。强化救灾物资储备管理，及时做好轮换补库，圆满完成3.67万件救灾物资调运任务，应急保障作用有效发挥。

三是深入推进工程项目建设。完成“十四五”规划中期评估。出台山西省《粮食和物资储备投资项目实施管理办法》，规范项目投资管理。召开项目推进现场会，明确目标任务，省级投资5000万元，加快现代化高标准粮库建设。争取中央预算内投资6100万元，用于粮食储备基础设施建设。落实项目资金1778万元，加强项目组织实施和建设调度，粮食购销监管和粮库信息化项目建设阶段性任务按期完成，省级平台上线运行，全省超过160个储备库点数据与国家实现互联互通。

四是持续强化粮食执法监管。从严从实开展“严监管强执法重处罚行动年”活动，组织开展政策性粮食库存检查，抽查库点79个，扦样180个，检查结果显示全省库存粮油数量真实、质量良好、储存安全。组织开展粮食购销季度巡查、新入库夏秋粮库存检查、省级承储企业年度评价等工作。发挥12325监管热线作用，加大案件查办力度，全省共查办各类涉粮案件线索58件，作出行政处罚53件，帮助农民追回售粮款770多万元，公开通报典型案例，形成有力震慑。

五是抓实抓细安全生产。两次召开全系统安全生产工作视频会，对安全生产工作作出安排部署，组织相关单位签订责任状，压实安全生产责任。开展全系统重大事故隐患专项排查整治2023行动、秋季“两个安全”检查和有限空间作业安全专项检查等，加大问题隐患排查整治。积极组织安全生产教育培训和消防应急演练，全系统安全生产形势保持稳定。

三 坚持标本兼治，粮食购销领域专项整治不断深化

一是强化整治整改督导调度。先后在全省粮食和物资储备工作会、全系统全面从严治

党暨警示教育视频会上，对持续深化专项整治整改作出部署、提出要求。召开深化专项整治工作调度会，开展“回头看”，总结整治进展，查找堵点难点，研究深化举措。将深化专项整治与主题教育检视整改相结合，与省局组织开展的遗留问题清理、问题隐患排查、改革宣传聚力、队伍素质提升等“四大专项行动”相结合，以“四个贯穿始终”指引专项整治高质量推进。通过有力有效的工作举措，解决了一批重点难点问题，落实了一批重大事项，完善了一批规章制度。

二是坚持“三不腐”一体推进。按照省委、省纪委监委第二批“不能腐”制度建设要求，组建工作专班，深化调查研究，牵头制定出台《持续强化粮食购销领域执法监督实施意见》和《加强国有粮食企业内控管理实施方案》，抓好贯彻落实和组织实施。聚焦粮食收购、储备粮轮换、销售出库等重点领域、重要岗位和关键环节，编制工作流程图83张，明确重要业务环节86项，列出廉政风险点167个，梳理防控措施216条。扎实开展“以案为鉴警示教育月”活动，邀请省纪委监委同志作廉政警示教育专题讲座、省检察院工作人员开展预防职务犯罪讲座，深化以案释纪、以案释法、以案促治。

三是问题整改取得积极成效。专项整治自查自纠问题中，省局层面完成问题整改64个，整改率92.8%；全省完成自查自纠问题整改2144个，整改率99.2%。省局专项巡视确立的94项目标任务，完成92项，占比97.87%。专项整治以来，省局制修订规章制度44件，“1+2+N”制度框架体系逐步完善。

四 坚持政治引领，队伍建设水平不断提升

一是主题教育活动取得明显成效。把学习贯彻习近平新时代中国特色社会主义思想作为重大政治任务，成立领导机构，组建工作专班，制定实施方案，全面动员部署，结合实际一体推进理论学习、调查研究、推动发展、检视整改，形成了一批调研成果，解决了一批遗留问题。

二是政治机关建设得到持续强化。围绕重大决策部署，制定《关于认真贯彻落实党的二十大精神扎实做好粮食和物资储备工作的实施意见》，明确今后五年4个方面29项重点工作任务。联合省发展和改革委员会印发《关于深入学习贯彻习近平总书记关于国家粮食安全重要论述精神的通知》，抓好学习宣传贯彻。严格落实省政府“十抓落实”要求，完善工作机制，强化责任落实，不断提升干部队伍的“政治三力”。注重全面统筹，协同用力，国家安全、保密、档案、信访、双拥、老干部、驻村帮扶、节约型机关创建等工作取得新进展。

三是党建工作不断走深走实。印发年度党建工作要点，制定《高质量党建引领保障粮食和物资储备事业高质量发展的专项工作方案》，落实“三会一课”制度，完善“六学联动”机制，规范各支部党内政治生活。树立大抓基层的鲜明导向，开展“两优一先”评比

表彰，完成基层支部换届选举，推进支部标准化规范化建设，锻造坚强有力的基层战斗堡垒。

四是干部队伍素质得到有效提升。举办全省粮食储备安全能力提升暨廉政警示教育培训班和干部素质能力提升培训班，以会代训、教学相长；举办“晋粮大讲堂”3期、“处长大讲坛”8期，推动领导干部上讲台，以讲促学、以讲促干；党员干部的政治站位、政治担当、政治能力不断提高。坚持正确选人用人导向，注重选拔优秀年轻干部，干部梯队结构不断优化。

五是全面从严治党纵深推进。召开全系统全面从严治党暨警示教育视频会，出台落实全面从严治党主体责任任务清单，与各支部签订党风廉政建设责任书。全面推进“清廉粮储”部门建设，组织开展“八项行动”，常态化开展警示教育。深入开展“衙门习气”、“两不一欠”、“不担当不作为”等专项治理。严格落实中央八项规定精神，修订贯彻落实中央八项规定精神的实施办法和“三重一大”集体决策制度实施办法，推动全面从严治党向纵深发展。

撰稿单位：山西省粮食和物资储备局；撰稿人：赵钢；审稿人：薛绛力

内蒙古自治区

一 提升调控流通能力，不断夯实粮食安全保障基础

一是多措并举抓好粮食收购。紧紧围绕“有人收粮、有钱收粮、有仓储粮、有车运粮”，调度压实各方责任，不断加强政策宣传引导、规范收购秩序、抓好粮食产后服务保障，扎实完成2022/2023年度秋粮收购，坚决守住“种粮卖得出”的底线。印发《内蒙古自治区粮食收购管理办法（试行）》，推动粮食收购的管理和服务进一步规范。针对呼伦贝尔市大豆“卖难”，组织驻区央企带头入市收购，引导市场预期，最大限度保护农民利益，促进大豆销售。

二是扎实推进粮油保供稳市。紧盯“两节”、“两会”等重大节日、时段，深入成品粮油储备企业及时调研解决相关问题，确保粮油市场供应充足、运行平稳。在呼和浩特市开展粮食应急培训演练。加大对应急保障企业建设资金支持，指导盟市加快建设粮食应急保障中心。全区各类粮食应急保障企业的各环节协同运作能力得到有效提升。

三是持续深化粮食产销协作。搭建平台、持续加强政府层面战略合作，先后组织区内粮油企业参加省区间的粮油产销协作洽谈会和第五届中国粮食交易大会。

二 聚焦核心职能，深化粮食和物资储备改革

一是调整地方储备粮运行机制。借鉴先进经验，出台地方储备粮管理政策性职能和经营性职能分开的指导意见，对“两分离四分开”提出明确要求，不断严格行政监管。

二是优化自治区级储备粮结构布局。公开遴选7批44家自治区级承储企业，逐步推进缩点并库，不断解决自治区级储备粮库点布局分散、管理难度大等问题。

三是落实落细战略和应急物资储备体制机制改革任务。向有关储备主管部门印发重点任务分解表，两次调度任务落实情况，准确及时掌握储备现状，促进改革走深走实。

四是落实自治区地方成品油储备任务。按照自治区政府专题会议精神，与相关部门、

企业协商，制定成品油收储方案，确定8个成品油储备库点，下达自治区地方成品油储备计划，与收储单位签定三方协议。

三　严格落实粮食安全党政同责要求，全力以赴迎接考核

全力配合首考落地。按照考核要求，积极与自治区发展和改革委员会、自然资源厅等部门沟通，全力推动考核工作顺畅承接。开展责任制考核预评。结合国家考核指标评分方法，提早谋划、量化考核指标、分解任务、汇总梳理指标完成情况，并按期调度，实现以考促改、以考促建的目的。

四　狠抓粮食流通监管，不断提升监管效能

一是强化巡查监管。印发粮食流通执法督查和巡查工作制度，梳理政策性粮油季度巡查检查工作任务清单（试行）8大类439项，每季度统筹各类检查任务，采取企业自查、盟市间交叉检查、自治区重点抽查等方式对全区政策性粮食储存进行检查，严肃查处涉粮案件，定期通报问题、督促限时整改。

二是扎实开展粮油库存检查。按照全区2023年政策性粮油库存检查工作方案要求检查，检查比例达56%，超过国家要求。共发现问题62个，已全部完成整改。

三是做好“12325”监管热线。共接收办理案件线索83件，为售粮者挽回经济损失4633.1万元，行政处罚11起、罚金29.65万元，全区粮食流通秩序更加规范。

四是运用信息化平台进行穿透式监管。建成投用自治区粮食购销领域监管平台，采取一级建、多级用模式，实现自治区、盟市、旗县三级信息化监管全覆盖，并及时与国家粮食和物资储备局数据平台实现互联互通。建立《内蒙古自治区政策性粮油网络巡查工作制度（试行）》，对储备库点每日网上巡查一次，并将相关情况记录在案。每周数据汇总一次，发现问题及时处置。自治区党委常委、纪委书记、监委主任实地督导检查全区粮食购销领域监管平台建设和应用情况。

五　深入实施优质粮食工程，不断构建新发展格局

安排4900万元并鼓励盟市统筹使用产粮大县奖励资金、粮食风险基金等实施“六大提升行动”。对全区的25个项目给予支持，进一步推动粮食产业高质量发展。进一步抓好存储环节节粮减损，积极与国家粮食和物资储备局就节粮减损相关标准制定工作沟通对接，开展粮食科技活动周，积极引导各地加大科技投入，采取新技术新装备推动科学减损，在兴安盟组织召开“全区科学储粮节粮减损工作现场会”，通过实地观摩、经验交流，推动

全区粮食产后节约减损工作提质增效。国家粮食和物资储备局印发的《全国粮食储存节约减损“小发明小创造小创意”作品集》和《全国粮食储存节约减损“储粮故事”作品集》，收录了包头市“手工快速组拆下线器”、兴安盟“立体传送式储粮仓”2个作品和兴安盟5篇储粮故事。

六 扎实做好物资保障，筑牢安全生产底线

根据雨雪冰冻天气和灾情研判，先后向中东部5个盟市预置调拨4.05万件棉帐篷、折叠床等应急救灾物资。接收并向10个高寒地区和重点帮扶旗县调拨2.57万件中央救灾储备物资。在甘肃青海发生地震后，借助多方协调联动机制，及时调拨两批共3.5万件救灾物资，支持灾区做好临时安置和救助。聘请专业第三方安全评价公司连续2年对自治区级承储企业进行调查摸排，累计整治安全问题隐患1272个。向各盟市印发安全生产检查指南（试行），将企业安全生产内容细化为175项具体检查清单。编印《安全生产工作手册》发放到基层，积极引导广大干部职工掌握应知应会内容。

七 加强党风廉政建设，注重提升队伍素质

严格按照要求扎实推进主题教育，从讲政治的高度将铸牢中华民族共同体意识这条主线贯穿于工作各方面，推动新时代党的民族工作不断高质量发展；持续深化粮食购销领域党风廉政建设，以台账式管理推进全区深化粮食购销领域专项整治任务落实；常态化开展廉政警示教育，组织“以案为鉴警示教育月”活动，观看张天喜庭审录像和自治区深化粮食购销领域专项整治警示教育片，赴监狱、廉政警示教育基地参观，不断提高全系统拒腐防变的意识。与河南工业大学签订人才教育培训框架协议，共建教育教学交流平台，并在河南工业大学举办2期能力素质培训，行业累计150人次参加培训，为打造新时代粮食和物资储备干部队赋能增效。

撰稿单位：内蒙古自治区粮食和物资储备局；撰稿人：李强；审稿人：宝鲁、杨盛

辽宁省

一　粮食安全保障能力不断提升

2023年辽宁省粮食总产量2563.5万吨，居全国第12位，创历史最高水平；粮食单产7163.25公斤/公顷，居全国第4位、粮食主产省第2位；粮食播种面积357.84万公顷，连续3年稳定在353万公顷以上，居全国第14位，为保障国家粮食安全作出了辽宁贡献。

一是粮食流通平稳有序。认真组织秋粮收购，推动粮食收购贷款信用保证基金建设，发放粮食收购贷款20.83亿元。开拓“银政企”合作对接，17家金融机构向粮食企业授信82亿元。推进粮食收购资格备案信息化管理，在全国率先实现粮食收购资格备案“秒批秒办”和“掌上亮证”。

二是粮食储备管理规范。5万吨省级储备粮调整落实到位，12万吨地方储备粮增储工作积极推进，完成48.8万吨省级储备粮年度轮换计划。

三是粮食市场供应充足。全年粮食购销总量15320万吨，其中粮食购进8160万吨，粮食销售7160万吨。巩固发展购销合作关系，先后与黑龙江、江西、贵州、北京、重庆签订粮食产销战略协议。

四是粮食产业提质增效。深入推进优质粮食工程“六大提升行动”，加强项目谋划，备案项目163个，总投资8.18亿元。加快推进“辽宁好粮油”行动计划项目建设，完工8个项目，完工率66.7%，完成投资4.96亿元，投资完成率89.2%。组织企业参展第六届中国国际进口博览会、第五届中国粮食交易大会和第十九届中国国际粮油博览会，利用高铁、户外、电视、传统纸媒等方式开展宣传，推广宣传优质大米、特色杂粮等粮油产品。

五是节粮减损有力有效。发挥粮食产后服务中心助农减损增收作用，全省应用绿色储粮技术仓容达1200万吨，主要粮食仓储企业损耗率控制在1%以内，农村储户损失率降至3%以内。在沈阳市、盘锦市举行全省2023年粮食安全宣传周、世界粮食日、粮食科技活动周主会场活动，积极开展粮食安全科普宣传。

二 粮食监管不断强化

一是信息化监管取得重要进展。成立全省粮食购销领域监管信息化工作领导小组和工作专班，建立粮食购销领域监管信息化工作体系，将信息化监管纳入粮食安全党政同责考核指标。围绕粮食购销领域穿透式监管新要求，谋划信息化应用系统项目建设。

二是监督执法力度逐渐加大。深入开展“严监管强执法重处罚行动年”活动，召开全省警示教育现场会，深化粮食购销领域腐败问题专项整治。与吉林、黑龙江、内蒙古建立粮食流通行政执法区域联合战略协作机制。开展全省政策性粮油库存检查、地方储备粮管理和政策执行情况考核、粮食流通统计制度执行情况专项检查、秋粮收购监督检查等工作。加大违规线索查办力度，协助国家粮食和物资储备局查办案件，全年受理“12325”举报案件31起。全年共查办案件51起，移交公安机关1起，移交纪检部门4起，给予相关企业行政处罚24起，处罚金额10.4万元。

三是安全生产得到加强。落实重点时段、重点企业、重点部位安全生产督查工作，督促各市开展安全生产隐患排查。对重点企业开展现场督查，及时发现问题并督促企业整改。

三 管粮管储制度机制不断完善

一是粮食安全考核责任制落实更加扎实。积极推动耕地保护考核和粮食安全考核“两考合一”，出台《省委常委会及其委员职责清单》和《省政府领导班子及其成员职责清单》。制定印发《辽宁省耕地保护和粮食安全责任制领导小组工作规则》、《市级党委和政府落实耕地保护和粮食安全责任制考核指标评分细则》、《市级党委和政府落实耕地保护和粮食安全责任制考核指标评分方法》。与各市委、市政府主要负责人签订《2023年耕地保护和粮食安全责任书》。全面完成2022年度市级党委和政府落实耕地保护和粮食安全责任制考核工作。考核结果对各市进行了通报，并督促各市开展问题整改。

二是粮食安全法治建设取得进展。编制《重大行政决策目录》，制定《行政执法案卷档案管理规定》等相关制度。监督规范行政执法行为，印发《不予行政处罚事项清单》等文件，组织开展行政执法专项考核。首次开展行政执法案卷评查。

三是粮食质量安全监测不断强化。印发《粮食质量档案》模板，完善粮食收储企业质量管理制度。省本级全年开展库存粮食检查、秋粮收购监测等政策性粮食质量检验检测4633批次，做到“检测全覆盖，监管无盲区”。

四 应急保障和物资管理不断增强

一是粮食应急保障工作落实落细。有序开展仓储管理，全省各类涉粮企业标准仓房仓容为4748万吨，其中完好仓容4579万吨，占96.4%。对粮食应急保障企业实行动态管理，全省共落实应急供应网点1893个、配送中心87个、储运企业160个、应急保障中心57个、应急加工企业213个。在大连市举办全省粮食供应应急演练。

二是物资储备管理规范有序。制定《辽宁省省级成品油政府储备实施方案》，省级成品油政府储备已落实到位，应急救灾物资和防疫物资日常储备及调拨有序开展。健全完善应急物资储备管理制度体系，制定《辽宁省省级应急救灾物资储备管理暂行办法》、《辽宁省省级应急救灾物资储备管理规范（试行）》，开展省级应急救灾物资管理工作考核。在丹东市开展全省救灾物资应急演练，提升应对能力。2023年共调拨出库中央和省级救灾物资33437件（套）。

五 全面从严治党不断向纵深发展

一是"两个责任"得到进一步落实。召开全省粮食和物资储备系统警示教育会议，组织参观辽宁反腐倡廉展览馆，集中观看警示教育片，严的总基调进一步增强。开展全系统"以案为鉴警示教育月"活动，印发《"以案为鉴警示教育月"活动实施方案》，围绕党的二十大精神和二十届中央纪委二次全会精神、全国粮食和物资储备系统警示教育现场会精神开展集中学习，围绕典型案例开展研讨，层层开展廉政约谈提醒，抓早抓小、防微杜渐。

二是购销领域腐败问题专项整治成果进一步深化。梳理习近平总书记在粮食安全方面作出的重要论述，筛选粮食购销领域13起典型案例，印制《全省粮食购销领域腐败问题专项整治警示教育材料汇编》，全系统进行典型案例警示教育，以身边事教育身边人，切实让各级干部重视、警醒、知止。

撰稿单位：辽宁省粮食和物资储备局；撰稿人：杜柏林；审稿人：于衡

吉林省

一　全面落实耕地保护和粮食安全责任制考核工作

一是提高政治站位。先后召开3次局党组会，学习责任制考核相关文件，部署落实考核工作；召开4次专题会议，梳理各项考核目标任务完成情况。成立落实耕地保护和粮食安全责任制工作领导小组，明确工作职责。

二是强化工作统筹，分解落实责任。制定工作方案和责任分工清单，将牵头承担责任制考核目标任务，分解落实到省发展和改革委员会、财政厅等部门及局机关10个处室、4个单位，加强统筹推动，做好沟通协调，定期调度情况，及时研究解决重点难点问题，采取有效措施，确保目标任务全面落实。

三是加强与国家粮食和物资储备局沟通对接。要求考核指标的牵头部门积极同国家粮食和物资储备局对口司（局）沟通，明确考核指标评分办法和采分点，逐项对照梳理，找弱项补短板，做到工作成效说得清，佐证材料找得全，国家质疑答得准。

四是做好对市州考核的准备工作。两次向市县两级下发工作督导函，要求各地对标对表，查漏补缺，完善佐证材料；组织部分处室单位对重点地区实施现场督导指导；全力配合综合考核办公室，拟制对市州考核办法、评分细则、实施方案等，召开全省粮食储备流通考核指标解读培训视频会，组织各地全面开展自评工作。在2023年度国家部委联合实地抽查考核中，吉林省粮食和物资储备局负责的粮食储备流通工作取得了满分成绩。

二　做优做实粮食储备

一是抓好新粮收购。落实玉米“市场化收购+补贴”政策，组织中粮集团有限公司、中储粮集团公司、省储粮管理有限公司等企业，入市收购粮食。制定稻谷最低收购价预案，指导督促有关地方和企业做好启动托市收购的各项准备，需要时立即启动，守住农民“种粮卖得出”底线。协调省农业发展银行对央地政策性粮食收购给予足额贷款，解决中粮贸易有限公司、中合粮油吉林有限公司等央企收购资金。截至2023年年底，全省入统企业累计收购新粮3080.75万吨，同比增加277.5万吨。

二是强化粮食储备。研究出台吉林省加强粮食储备管理的实施意见，明确省级储备粮和市州成品粮油储备功能定位和规模并全部落实到位。出台粮食加工企业社会责任储备指导意见，组织企业建立社会责任储备7.78万吨，丰富储备层次，扩充储备规模。

三是做好粮油盐稳价保供。布局应急供应网点，制定保供预案，加强市场监测预警，较好应对日本核废水排放引发的食用盐抢购以及春节、国庆节等主要节日市场波动，保证了粮油盐市场稳定。

三 切实加强安全储粮保障能力

一是指导企业抓好安全储粮。加强指导检查，严格执行安全储粮和仓储管理规范及“一规定两守则”，督导企业认真做好检查及问题整改，规范省级储备粮代储企业选定行为，完成储粮环节损失损耗调查，做好仓储设施统计分析，报告质量在全国同类报告中评分排在第4位。

二是深入推进农户储粮减损工作。坚持政府引导、尊重农民意愿，因地制宜指导全省“地趴粮”整治工作。14个重点县市新建简易储粮装具70.8万套，达到368.9万套，全省建设集中储粮点达到371个。吉林省农户储粮减损工作做法得到中央广播电视总台的肯定报道，在全国粮食产后节约减损工作现场推进会上作了典型发言，被内蒙古等省份借鉴推广。

三是实施优质粮食工程项目建设。根据粮食产业发展、应急保障和节粮减损工作需要，继续推进粮食绿色仓储、品种品质品牌、应急保障和粮机装备能力提升项目。2023年度31个项目总投资2.13亿元，截至2023年年底，已有17个项目竣工并投入使用。

四 全力推进粮食产业经济发展

一是实施吉林大米品牌跃升工程。紧扣“六大提升行动”主题，以优良品种选育为立足点，以优势区域品牌和头部企业品牌创建培育为着力点，创新开展品牌宣传推介、强化龙头企业培养、加速推进三产融合、健全完善标准质量管控体系、大力拓展品牌营销渠道，稳步推进品牌跃升从“量的发展”转向“质的突破”。吉林大米连续5年荣登“中国粮油影响力公共品牌”榜首，成为2023世界品牌莫干山峰会指定用米和中国企业家博鳌论坛指定用米，并入选“国民品牌创新万里行”创新案例。吉林大米企业自有基地面积22万公顷，优良品种覆盖率超过80%，中高端大米销量稳定在100万吨以上。

二是大力发展玉米水稻产业集群。通过举办中国·吉林鲜食玉米产业大会，开展“政企银担”对接活动等，积极搭建企业、经销商、金融机构、科研院所等多方对接平台。通过推进“双百工程”、“150”计划，培育壮大示范市县、骨干企业。加强现代产业园区建设，重点推进20个省级以上玉米水稻现代农业产业园建设。2023年玉米水稻产业集群全产业链产值1413.4亿元，同比增长13.6%。提升吉林鲜食玉米品牌影响力，建设1.3公顷吉林省中高端鲜食玉米品种试验示范基地，产品销往国内30个省份，远销美国、日本、俄罗斯、德国、荷兰、新加坡、澳大利亚等22个国家和地区。

三是推动粮食产销合作深入开展。坚持以市场需求为导向，强化粮食产销衔接。2023年，全省粮食市场购销两旺，外销粮食在2500万吨以上。加强衔接，同北京、山西、安徽、福建、贵州5省份粮食和物资储备局签定省际粮食产销合作框架协议，推动深化省际合作。同北京、天津、浙江、福建4省（市）开展粮食储备合作，在吉异地储备粮规模达到42.94万吨，并争取免征承储企业2022—2027年房产税、土地使用税等税费。搭建平台，组织参加第五届中国粮食交易大会、第十九届粮食产销协作福建洽谈会，举办7.16吉林粮食品牌日暨产销对接活动，开展吉浙粮食对口合作，推进吉云粮食产销合作，展示宣传吉林粮食品牌，促进企业合作和粮食销售。

五　切实强化法治粮食建设

一是积极开展普法宣传。利用国家法制宣传日、粮食科技宣传周、世界粮食日，加大力度，组织开展普法宣传活动。

二是全力推进粮食立法。加大协调力度推进《吉林省粮食流通条例》立法工作，省司法厅已按照程序书面征求了各地各部门及省政府决策咨询委员会意见和面向社会公开征集意见，组织开展了立法调研、专家论证、风险评估、公平竞争审查和集体讨论。条例草案已经省政府常务会讨论通过并向省人大常委会提请审议。

三是加强对粮食流通市场的监督检查。认真开展政策性粮油库存检查，确保全省政策性粮食库存真实可靠。加强粮食收购、出库监督检查，坚决打击“以次充好”、“先收后转”、“转圈粮”等违法违规行为，杜绝出现“卖粮难”，依法治理各种形式的“出库难”。加强对定向销售粮食出库监管，严防不符合食品安全标准的粮食流入口粮市场。强化粮食质量检验监测能力，构建完成省市县三级质量监测网络，做到了机构成网络、监测全覆盖、监管无盲区。

六　持续推进物资储备领域改革落地

一是指导基层推进物资储备改革工作。采取下发通知、实地检查督导的方式，指导市、县物资储备部门理清改革思路、制定有效措施，推进各地职能整合，出台改革方案。

二是加快推动重点储备库项目建设。争取国家投资4040万元，建设完成东北首家省级政府医疗物资储备专用库；积极推动36个重点市县物资储备库建设，已完成建设22个，完工率61%。

三是分类落实省级储备品种规模。与相关部门协力推进首批医疗物资、成品油储备入库工作，完成1466万元救灾物资采购、中央支援防汛物资接收入库任务。

四是科学前置承储库品种规模提升保障效能。增设省级物资承储库2个，优化储备布局，调整前置各承储库品种规模。全年累计调拨省级应急抢险救灾、医疗物资102批次，价值3182万元，有效保障抢险救援开展和受灾群众安置。

七 持续抓好安全生产工作

一是扎实安全制度的笼子。出台《管行业必须管安全、管业务必须管安全、管生产经营必须管安全实施细则》，明确职责任务，压实安全生产责任。

二是成立安全专家库。吸收应急救援、科研院所专家和基层技术骨干30人，成立吉林省粮食和物资储备安全专家库，提升发现安全隐患和治理防控风险的能力。

三是开展隐患排查治理行动。开展重大事故隐患排查治理、燃气、消防安全等5大专项行动，全省累计出动6128人次，排查隐患2191项，整改2176项，整改率99.3%。

四是组织应急演练。围绕“人人讲安全、个个会应急”的年度主题，举办粮库突发事件应急演练和消防技能大比武，进一步增强干部职工风险忧患意识，提高火灾初期扑救能力和紧急避险自救水平，全系统未发生安全生产事故，安全生产形势持续稳定。

撰稿单位：吉林省粮食和物资储备局；撰稿人：缪智慧；审稿人：田涛

黑龙江省

一 粮食生产

2023年，黑龙江省绿色有机食品认证面积627万公顷，保持全国第一，建成高标准农田57.9万公顷，累计建成面积达720万公顷，规模全国最大。全面完成稳粮稳豆任务，有效应对局地洪涝灾害，粮食生产实现“二十连丰”，总产量为7788万吨，占全国11.2%，连续14年位居全国第一。

二 粮食购销

2022/2023年秋粮收购期，全省入统企业累计收购新粮6372.5万吨。其中，市场化收购4749.5万吨、政策性收购1623万吨。启动实施地方调节储备大豆收购，全省累计收购200.6万吨，有效解决了农民“卖豆难”问题，帮助农民增收约11亿元，为稳定省内大豆生产提供了有力保障。组织开展新收获粮食质量安全监测，采集并检验省级样品质量调查8000份、品质测报1200份、安全监测1200份，中等品以上占比达90%左右。2023/2024年秋粮收购期，截至2023年年底，全省入统企业累计收购新粮2922.5万吨。其中，市场化收购2617万吨、政策性收购305.5万吨。通过盯牢行情、预判风险、超前处置、适时售粮，统筹抓好市场化粮食购销和政策性粮食收购，助力农民持续增收。

三 粮食加工

2023年，黑龙江省成立粮储系统玉米、水稻、大豆产业工作专班，制发贷款贴息政策，制定“三大品种”产业链发展任务目标和工作要点，持续监测“三大主粮”加工业运行情况，完善考核考评体系，指导推动全省粮食加工原料消耗量超过5000万吨、营业收入超过2000亿元。持续开展全省粮食产业经济发展示范县创建，富裕县、青冈县、富锦市、北安市、建三江国家农业科技园区5个县（市、区）成功上榜，典型引领、示范带动作用不断增强，粮食加工业实现健康发展。

四　优质粮食工程

2023年，黑龙江省优质粮食工程筹集资金6.85亿元，新建和升级改造省市级储备粮承储企业粮仓395栋，10个省级、37个市级储备粮绿色仓储提升项目100%完成年度建设目标任务。认定省级粮食应急保障中心7个、市级13个、县级78个，市、县级粮食应急保障中心覆盖率达92%，超既定目标42个百分点。成功举办第十九届金秋粮食交易暨产业合作洽谈会，达成意向交易金额168.9亿元。全省现有“中国好粮油”产品26个、“黑土优品·龙江粮油”产品127个。组织参加中国粮食交易大会、粮食产销协作福建洽谈会，签订意向性合同金额174.3亿元，数量484.4万吨，省际产销合作“朋友圈”扩大到24个，品牌知名度、美誉度和影响力持续提升。圆满完成全省质量调查样品8000份及安全监测样品1200份的监测任务，三大品种质量良好，库存粮食主要食品安全指标总计合格率100%。全省201户粮食产后服务中心及相关企业为农提供“五代”及“一卖到位”服务1345.92万吨，应用11.41万套农户科学储粮装具助农减损5.24万吨，增收1.03亿元，为加快粮食产业高质量发展奠定了坚实基础。

五　粮食安全责任制

2023年，黑龙江省粮食和物资储备局会同省耕地保护和粮食安全责任制考核成员单位研究起草考核办法，制定评分细则，全面夯实市（地）党委和政府落实耕地保护和粮食安全责任。积极推进国家对黑龙江省2023年度耕地保护和粮食安全责任制考核工作，确保高质高效完成国家对省考核任务。

六　保供稳市

2023年，黑龙江省扎实推进省市县三级粮食应急保障中心建设，认定粮食应急保障中心96个，超额完成覆盖率50%的目标，全省粮食应急保障企业2553个，实现了粮食应急保障能力薄弱县清零目标。省市级储备实储率达100%，适时有序完成省级储备粮轮换销售34.57万吨，实现价差收入2718万元。上下联动、高效推动成品粮油储备规模全部实储到位。开展粮食绿色仓储提升行动，47个省市级储备粮承储企业升级改造仓容127.43万吨并在秋粮收购季投入使用，新建高标准仓容87.14万吨，科学储粮水平和品质保障能力进一步提升。开展仓储规范化管理提升行动，创建市级示范企业26个、县级74个，优选3户标杆型企业在全省推广。粮油应急保障能力持续提升，有效保障了应急时能够顶得上、靠得住。

七 信息化建设

2023年，黑龙江省粮储领域信息化建设新增投资2080.62万元，55户省市级储备粮承储企业增装摄像头4145个，实现了视频监控“五个全覆盖”。及时规范处理预警信息34906条，穿透式监管作用有效发挥。累计上传国家粮食和物资储备局平台数据1219570条，质量评价为A级。

八 粮食流通执法检查

2023年，黑龙江省牵头建立了黑吉辽蒙粮食流通行政执法区域联合战略协作机制、涉粮案件跨区域协查机制和省市县三级粮食、发改、市场监管、公安四部门执法联动机制，为强化监管执法提供了制度保障。督促指导市、县开展定期巡查，组织开展秋粮收购检查、政策性粮油库存检查、政策性粮食销售监督检查、统计调查制度执行情况专项检查，发现并整改问题1990个。核查办理12325热线受理举报线索258件，坚决查处涉粮违法违规案件，各级粮储部门作出行政处罚240个、罚没金额188.55万元，形成有力震慑。各级粮储部门积极履行行业安全生产监管职责，组织实施重大事故隐患专项整治、粮食企业安全生产标准化建设等“四项行动”，检查抽查企业2300余次，发现安全隐患4189个，完成整改4188个，全省粮储行业本质安全水平得到提升。

九 粮食购销领域腐败问题专项整治

2023年，黑龙江省开展“严监管强执法重处罚行动年”活动，持续深化“五化管粮”建设。组织开展三轮次“国皮民骨”问题整改情况实地检查验收，全省79户“国皮民骨”企业全部完成整改。组织开展自查自纠和巡视整改“回头看”，强力推进916个问题全部整改到位。梳理粮食购销全流程风险点96个，细化实化8个方面防范措施，加强源头严防、过程严管、风险严控。深化以案促改、以案促治，推动政治生态考核反馈问题全部整改到位，开展“以案为鉴警示教育月”活动，用“粮食事”教育“粮食人”。加强新时代廉洁文化建设，营造崇廉拒腐的良好风尚。

撰稿单位：黑龙江省粮食和物资储备局；撰稿人：刘思阳；审稿人：李莹

上海市

一 认真组织责任制考核，粮食安全党政同责全面落实

一是强化高位推动。全面贯彻落实党政同责，成立由市委书记、市长任双组长的粮食安全责任制考核工作领导小组，召开了责任制考核工作领导小组会议，制订了粮食安全责任制考核实施方案、粮食安全责任制考核工作领导小组工作规则和成员单位职责。各区认真落实《地方党委和政府领导班子及其成员粮食安全责任制规定》，切实做好耕地保护和粮食安全工作。

二是落实两考合一。按照国家考核办《省级党委和政府落实耕地保护和粮食安全责任制考核办法》，会商相关成员单位，做好耕地保护和粮食安全考核合并的相关工作，分解任务落实到本市考核指标和评分办法中。

三是强化考核实效。坚持以考促改、以考促建、以考促发展，加大对2022年考核发现重点问题整改情况的督导。修订印发本年度考核指标和评分办法，不断提高考核工作科学性、有效性。2023年年底，对各区、市属相关企业进行了考核，考核结果报市委、市政府领导，并纳入年度党政领导班子绩效考核。

二 深入推进改革和立法，管粮管储体制机制逐步完善

一是深化推进粮食储备管理体制机制改革。完成市级层面的改革总结评估。督导光明集团和各区结合实际认真开展总结评估，针对自身不足，进一步落实落细各项举措。

二是贯彻落实战略和应急物资储备管理体制机制改革。强化央地、市区同向发力，与国家粮食和物资储备局上海局常态化业务沟通联动，指导区级贯彻实施体制机制改革。将“引导会员企业参与物资储备能力建设”纳入《上海市行业协会商会服务高质量发展专项行动实施方案》重点任务，与相关协会、社会组织开展常态化沟通合作；与菜鸟等供应链平台类企业确立战略合作关系，依托区域供应链优势，提升应急状态下本市粮食和救灾物

资应急保供能力。

三是加快推动立法进程。推动《上海市粮食安全保障条例》列入《上海市十六届人大常委会立法规划(2023—2027年)》和2023年度市人大立法预备项目。深入开展调查研究，广泛听取、吸收采纳各方面意见建议，形成草案初稿。同时，组织开展物资储备政府规章立法调研，加快推动物资储备政府规章立法进程。

三 注重强化粮食流通管理，粮食储备和市场供应保持平稳

一是深化落实粮食收购。局党组将抓好粮食收购工作作为主题教育专题调查研究第一课题，深入基层广泛听取种粮农民、收购企业、基层部门等意见建议，总结分析存在的问题，研究制订相应的工作措施，印发《关于优化本市粮食收购工作的指导意见》，并组织落实。加强区国有粮食购销公司收储能力建设，积极开展预约烘干和预约收购，减少农民排队等待时间。2023年，区国有粮食购销公司收购总量53.5万吨，同比增幅35.3%，总体平稳有序。

二是扎实做好粮食储备工作。全面落实新增地方小包装成品粮油储备任务，建立市场化、半市场化、非市场化三种模式。指导相关承储企业储存库点实现与市级信息平台视频监控对接，进一步规范成品粮油储备管理。结合本市收储实际，进一步优化市级储备粮品种结构，研究起草新的储备粮承储模式工作方案。及时落实国家下达的增储任务，研究制订新增地方粮食储备规模工作方案并报请市政府审定。有序推进2023年度地方储备粮轮换计划。

三是不断完善粮食应急保障体系。抓好长三角区域粮食应急保障演练，根据国家粮食和物资储备局应急物资储备司要求，拟制演练工作方案、推演脚本，落实责任分工，做好具体工作落实。推进应急信息化建设，推动落实应急企业数据信息实时化、现场情况可视化、形势研判精准化等功能。完善扶持政策，修订印发《上海市粮食应急设施设备改造专项补助资金使用管理办法》，支持应急加工企业提高保障效能。指导各区将符合条件的粮食合作社纳入区应急保障体系，作为整体保障能力的有力补充。研究形成《多场景下本市粮油市场应急保供研究》报告，不断完善粮食应急预案。

四是坚持落实粮食市场监测预警。修订印发《上海市粮食市场监测管理办法》，监测网络覆盖粮食加工、批发、零售(电商)等环节。加强与第三方合作，邀请统计、物价、重点企业会商粮食市场行情，形成季度分析报告。督促各区、相关企业认真做好监测数据报送，全年累计上报监测数据6000余条，定期发布周报分析。加强统计工作，全面掌握粮食流通情况，准确反映粮食行业状况，更好服务粮食宏观调控。做好重要时间节点粮食市场检查，确保供应稳定有序。

五是重视加强节粮减损。贯彻落实《上海市加强粮食节约和反食品浪费重点任务安排

（2022—2025年）》，组织开展本市粮食储存环节损失损耗调查工作。与市教育委员会、共青团市委、市市场监督管理局、市农业农村委、各区粮食部门、本市粮食安全宣传教育基地等深入开展合作，在全市大中小学、热门商圈、街道社区、地铁站点和新媒体平台等进行广泛爱粮节粮宣传；与徐汇区政府联合举办了一场简约、安全、精彩的世界粮食日和全国粮食安全宣传周活动。

四 优化完善物资储备，应急保障和能源收储能力稳步提升

一是推进物资储备信息平台建设。优化完善物资储备信息，将市级储备商品、市级救灾物资、各区粮食和物资储备局掌握的物资储备数据纳入统一的本市物资储备信息平台，并做好各类应急场景使用物资的渠道储备信息收集、拓展工作，基本实现物资储备一张图。

二是落实地方成品油储备工作。根据国家发展和改革委员会、国家粮食和物资储备局有关工作要求，会同市发展和改革委员会、市经济和信息化委员会、市财政局等部门，形成地方成品油储备工作方案报请市政府批复同意后，与成品油承储企业签订委托承储协议书，落实储备任务，并开展专项检查，确保数量、质量符合国家要求。

三是规范市级救灾物资储备管理。加强市级救灾物资储备管理制度建设，组织编写《救灾物资储备库运行管理基本要求》地方标准，研究修订市级应急救灾物资储备管理办法。加强对救灾物资库的日常管理和监督检查，完成嘉定库和临港库移库工作，成功举办了市应急救灾储备物资保障联合演练。

四是协同做好公共卫生等其他市级储备物资管理。有序规范处置新冠疫情防控剩余物资，委托第三方完成2021—2022年度处置费用审计清算。依托物资储备信息平台，对市级储备商品的储备、库存情况实现统计监测数字化；配合做好冻猪肉收储、调整优化市级储备商品目录、公共卫生常规防护物资日常监测和应急调拨等工作。

五 持续强化执法监管，风险隐患持续化解

一是抓好质量安全监管。协调有关企业对进口大豆质量检测结果的差异进行调查分析，督促上海光明粮油储备管理有限公司组织重新过筛，严把入储质量关口。开展粮食加工企业质量例行检测，对中小包装成品粮储备企业粮食产品质量安全进行抽查。调研本市“藏粮于企”单位稻谷存储水分标准执行情况。组织质量监管培训，委托上海粮食质量监测中心对各区及粮食企业、质量管理人员开展送教上门式培训。

二是守牢安全生产底线。印发《关于健全安全风险分级管控和隐患排查治理双重预防工作机制的指导意见》、《上海市粮食和物资储备系统重大事故隐患专项排查整治2023行动方案》等通知，全面推进重大事故隐患排查专项行动，聘请第三方按照粮食仓储行业重

大事故隐患判定标准开展实地排查。

三是开展专项检查。根据国家粮食和物资储备局要求开展年度库存检查，对域内域外18个市级储备粮存储库点逐个进行检查，查实并整改涉粮问题64个。组织专门力量对2013年以来市级储备进口大豆、市级储备油全流程规范操作情况开展专项监督检查。开展“3·15”晚会曝光的假冒泰国香米专项检查。

四是强化行政处罚。紧盯重点领域、重点企业，对涉嫌违反《粮食流通管理条例》的单位实施行政处罚，年内对大成良友食品（上海）有限公司和闵伟米业有限公司实施行政处罚，指导青浦区对上海自在青西农业发展有限公司实施行政处罚。

六 加强基础设施建设，粮食和物资保障能力普遍增强

一是大力推进仓储设施建设。强化粮库建设顶层设计，推进本市储备粮库专项规划编制工作。跟踪推进市区两级粮库建设项目，进一步夯实本市粮食储备保障基础。市级储备嘉定粮库改建项目已招标施工；崇明区粮食储备库项目完成主体工程建设，投入使用；宝山区粮食储备库项目正处于主体工程施工阶段，2024年将建成投入使用；浦东新区粮食储备库项目处于主体工程施工阶段，预计2025年建成投入使用；嘉定区、青浦区粮食储备库项目都已开工建设。

二是深化推进新一轮优质粮食工程建设。制定出台绿色仓储、质量追溯、应急保障能力、品种品质品牌“三品”提升三年行动计划，指导各区及企业深入推进优质粮食工程建设。积极协调争取政策支持，助力粮食产业高质量发展。

三是推动制定本市粮食风险基金管理办法。主动与市财政局沟通达成共识，多方汲取兄弟省市经验，并结合本市实际，提出扩大粮食风险基金使用范围及具体落实的流程，形成《上海市粮食风险基金管理办法（征求意见稿）》，为后续支持本市优质粮食工程建设奠定基础。

四是扎实推进地方储备绿色储粮提升行动。通过专项检查、粮食安全党政同责考核等，督导光明集团及各区加快推进地方储备绿色储粮工作，浦东、青浦等区加大财政投入，加快对现有粮库仓房的绿色储粮设施进行改造提升，不断提升绿色储粮覆盖率。

五是有力推动科技和人才兴粮兴储。聚焦“三对接”活动，5个科技成果、2个粮油储藏技术难题及需求、1个科研机构，3个创新团队入选2023年国家粮食和物资储备科技汇编。紧扣粮食和物资储备创新发展短板，开展科技创新研究，组织专家评审，给予项目支持。以“悦享科技　智创未来”和“储备安全　科学减损”为主题在静安区举办科技活动周主会场活动，宣传健康消费理念，普及粮油和物资储备知识。举办本市粮食和物资储备技能比武竞赛，组织人员参加第六届全国粮食行业职业技能竞赛，取得历史性突破；与市人力资源社会保障局联合印发本市粮食行业技能人才评价指导性文件，组织实施首批等级

认定工作。

七 深入开展主题教育，机关自身建设不断加强

一是深入开展主题教育。与国家粮食和物资储备局上海局分党组、中储粮上海分公司党委建立健全和充分运用“联组学习”、“联手调研”、“联动整改”、“联推发展”有效机制，将主题教育成效转化为推动粮储事业发展的强大动力。

二是落实落细全面从严治党重点任务。强化廉政风险防控，进一步健全风险排查、整治、总结验收工作机制，落实闭环管理，筑牢廉政风险防控根基。注重廉政教育，积极开展廉政党（团）课，涵养廉洁文化，促进廉政勤政。落实政治生态“分析、报告、整改、销号”工作闭环，营造风清气正政治生态。

三是持续深化粮食专项整治。着力推动智慧粮库建设，如期完成粮食省级平台、18个市级智慧粮库、13个区级智慧粮库和15个数字监督模型建设任务，全面实现上下端数据对接，以数字赋能推进穿透式监管和数字化监督。大力实施“强监管严执法重处罚”专项行动，同步配合市纪委监委开展“智慧粮库建设”专项督查，切实做好2件问题线索核查和移送。在全市粮储系统全覆盖开展“以案为鉴警示教育月”活动，以案明纪强化警示震慑。坚持“查、改、治”一体，推进本市储备改革、智慧管粮、绿色储粮、好库放好粮等方面取得长足进步。

四是注重加强法治机关建设。严格执行行政规范性文件、重大行政执法决定、合同协议等法制审核要求，及时排查问题隐患，防止法律风险。开展“国家安全教育日”、“宪法宣传周”等宣传教育，深入学习宣传习近平法治思想，营造良好的法治氛围。组织开展全系统年度法治和政务公开培训，提升干部职工依法行政水平。

撰稿单位：上海市粮食和物资储备局；撰稿人：杨怡琳；审稿人：丁绍文

江苏省

一 粮食收储保供能力持续增强

一是扎实抓好全年粮食收购。加强收购工作督导检查，倡导优质优价收购，不断提高农民种粮收益；发挥全省13.5亿元粮食共同担保基金作用，满足200亿元市场化收购贷款需求，全力保障“有钱收粮”；推广“满意苏粮”APP使用，提升收购服务水平，让农民卖“放心粮”、“舒心粮”；及时启动不合格粮处置预案，守住农民“种粮卖得出”的底线。

二是持续扩增地方储备规模。完成地方原粮及成品粮增储任务，南京、苏州、无锡等市成品粮储备达到15天以上市场供应量，其他设区市达到10天供应量。

三是逐步提升应急保供能力。全省建立粮食应急供应网点2572家、加工企业404家、储运企业171家、配送中心96家。市有粮食应急配送中心，县有应急加工企业、应急储运企业，覆盖全省的粮食应急保供网络体系基本建立。

二 仓储设施现代化水平不断提升

一是加速“建”的进程。下拨省级财政资金9.4亿元，支持建仓项目39个，建设仓容207万吨。全省完好仓容4563万吨，其中低温准低温仓容2225万吨，居全国第一。大力提升粮食产后服务能力，累计建成230个粮食产后服务中心，全省粮库共有烘干设备2445台（套），烘干能力达15.6万吨/天，灾害天气下的粮食收储能力进一步增强。

二是加大“退”的力度。优化整合“小散旧”粮食仓储设施，通过拆除、迁移或者改变用途，全年各地退出仓容110万吨，“现代型仓储设施覆盖率”达87.5%，较上年提高4个百分点。

三是增强“管”的能力。推进“安全粮库、智慧粮库、绿色粮库、廉洁粮库、美丽粮库”建设，开展绿色储粮标准化试点，提升仓储管理现代化水平；在载体建设、技术创新、科普宣传等方面持续发力，推动粮食节约减损，有关做法在全国系统会议上作典型交流。

三　粮食产业强省建设提质增效

一是深入实施优质粮食工程。以“六大提升行动”为牵引，构建优质粮食全产业链、完善供应链、提升价值链，全链条推动粮食产业高质量发展。20家单位入选“中国粮油榜”，荣获“中国十佳粮油品牌”等21个奖项，上榜单位和奖项数均位居全国第一。成功承办全国优质粮食工程现场交流会，充分展示了江苏全链条推动粮食产业发展丰硕成果，相关经验做法被新华社内参刊登。

二是持续推进“水韵苏米”品牌建设。出台“水韵苏米”品牌高质量发展三年行动计划，聚力打造“水韵苏米”、“水韵苏面”省域公共品牌，培育7家企业取得“江苏精品”认证，“水韵苏米”公用品牌连续5年获评“中国粮油影响力公共品牌”，影响力不断提升，带动全省优良食味水稻品种种植面积120万公顷以上。

三是不断提升科技创新能力。聚焦行业发展需求，围绕“卡脖子”难题开展重点攻关，“基于粮食仓储保质减损的节能智慧管控技术与装备研发应用”入选省科技计划专项资金重点研发项目、《小麦收购中腥黑穗病病粒的鉴别与病麦分类》获批2023年第15批江苏省地方标准。

四　物资储备保障能力逐步增强

一是持续夯实物资储备基础。采取“政府储备、部门监管、企业运作”的储备模式，高效完成国家下达的战略物资储备任务；遴选重要物资企业，制定七大类279家重要物资保障单位名录，落实省级应急储备物资，满足约3.5万人紧急安置保障需要；完成新一轮3年省级猪肉储备招标工作，落实省级冻猪肉年度常态储备规模。

二是不断优化应急保障机制。建成省级应急物资储备管理云平台，收录省市县通用性应急物资、16类专用物资统计数据1.5万余条，为发挥产、储、采、运全链条协同能力提供决策支撑。加强区域和部门统筹联动，完善多方式协同、多主体参与的物资保障工作机制。开展应急物资保障演练，切实提高突发情况下的应急处置能力。

三是大力发挥应急保障效能。在2023年年初疫情突发期间，统筹调配医疗物资3468.7万件，缓解了短期内重点医疗物资的供需矛盾；同时，竭尽所能完成国家调拨任务，有力服务了全国的疫情防控大局。2023年春节期间，在全省13个设区市160个销售网点进行10天省级储备肉投放，投放冷鲜肉1649吨，9个设区市联动投放871吨，稳价保供效果明显。

五 行业体制机制改革稳步推进

一是统筹实施储备粮集并。将省级储备粮油承储计划整体下达省储备粮公司，并督导库点划转、推进新（扩）建储备专库建设，确保完成集并任务；优化高质量发展考核中“地方储备粮规模储存率”计算方式，推动集中存储、规模存储。

二是深化国有粮食企业改革。在基本完成国有粮食企业“两分离”、“四分开”改革基础上，重点围绕政企分开、公司制改革、集团化经营等目标，督导市县落实国有粮食企业改革要求，帮助基层监管部门和国有粮食企业厘清政策边界，解决不敢干、不会干等问题，提高储备企业运营能力。

三是积极推进“一体化”管理。完善产销利益补偿机制，推广（无）锡连（云港）、宁（南京）淮（安）、苏（州）宿（迁）等地产销区衔接做法；积极搭建合作平台，促成省内外签订购销合同66份，成交154万吨；加强物资储备区域联动，探索构建“合力储备、分储共用”协同一体的储备模式。

六 监管执法体制机制逐步完善

一是健全协同联动监管机制。召开长三角地区粮食流通执法督查联席会议，与江苏垂管局建立央地粮食储备协同执法监管机制，联合市场监管部门常态化开展联合监督执法，统筹调度全省行业执法力量，不断强化央地、部门、条线、区域“四个协同”，协作机制更加完善，监管合力不断增强。

二是积极创新监管方式。推动智慧粮储项目纳入2023年省级政务信息化建设项目，拟建成省级粮食储备、物资储备业务一体化综合管理和应急调度指挥平台，推进省及地方储备粮动态监管平台升级项目，完成省级应急物资储备管理云平台建设，为数字赋能行业治理提供坚实的技术支撑，实现省市县三级政府储备粮监管信息化“全覆盖”。

三是加大监管执法力度。开展粮食流通“监督检查质量提升暨强监管严执法重处罚行动年”活动，督促各地充分发挥粮食流通监管热线“前哨”作用，进一步丰富监管手段、加大检查力度，提高案件查办质量，切实维护粮食市场秩序和粮食储备安全。

七 机关政治建设坚强有力

一是深化作风建设。严格落实中央八项规定及其实施细则精神，坚决防“四风”反弹回潮、隐形变异，靶向整治形式主义、官僚主义，推动作风建设常态长效；坚持纠“四风”树新风并举，突出宣传新时代行业精神，传承粮储人朴实勤劳、无私奉献的优良作风，弘扬行业“宁流千滴汗，不坏一粒粮”的光荣传统，重塑粮储人忠诚干净担当的良好形象。

二是推进廉政建设。以强化学习教育、严明纪律规矩、深化制度建设、弘扬廉洁文化为抓手，不断拧紧“总开关”，补足精神之“钙”，涵养清朗的机关作风。加强行业廉政建设，上下联动，层层传导责任压力。以案说法，一体推进不敢腐、不能腐、不想腐，巩固风清气正的行业生态。

三是建强干部队伍。强化实践磨炼，落实领导干部挂市联县、年轻干部蹲库锻炼等制度，通过建立健全专题培训、轮岗交流、蹲点锻炼等机制，努力为想干事真干事能干事的干部成长成才、施展才华搭建舞台，全方位开拓干部视野、补齐短板弱项，不断提升干部队伍建设水平。

撰稿单位：江苏省粮食和物资储备局；撰稿人：甘正新；审稿人：韩峰

浙江省

一 粮食安全党政同责压紧压实

承担粮食安全考核组日常工作，研究制定《浙江省市级党委和政府落实耕地保护和粮食安全责任制考核指标评分办法》和《浙江省市级党委和政府落实耕地保护和粮食安全责任制考核指标体系》，推动省市县三级层层签订《耕地保护和粮食安全责任书》，分解落实任务指标，压实各级党政主体责任。坚持“有研究、有部署、有落实”原则，建立月度推进、每周会商、每日报送等工作制度机制，协同力量，合力推进，压实责任，做到“人人有责”。

二 粮食收购政策服务更加精准

加强惠农支农政策激励，确定粮食最低收购价，建立23个省级储备订单粮源基地，确保省级订单奖励政策最大限度惠及省内种粮农民；全省全年发放政府订单奖励约10亿元，切实促进农民增收，提高农民种粮积极性。针对农民投售量不断增加、短时集中售粮需求与基层收粮服务能力供给不足的矛盾，开展现代化粮食收购服务体系建设试点，打造“粮农之家”、建立粮食收购服务联盟、实行网格化管理、增配检验仪器，收购质检时长、售粮车辆等待时间平均缩短1/3。

三 粮食物资储备基础持续夯实

根据国家下达新增粮食储备任务，研究测算省市县三级分解增储计划并报经省政府批准同意，力争在2024年6月底前落实到位。圆满完成新增食用植物油储备任务。积极探索能源储备轮换模式和贴息补贴方式创新，全面落实国家下达的政府成品油和煤炭储备任务。按计划持续优化救灾物资储备，全力做好台风、杭州亚运会等期间物资保障，全省共调拨应急生活包、应急灯等救灾物资19类、22.68万件。此外，认真落实肉、棉、糖等重要商品储备任务。

四 储备管理能力水平不断提升

加快粮食购销领域监管信息化建设，持续推进“浙江粮仓”粮食安全协同应用平台部署推广，全省501个政策性粮食储备库点实现信息化全覆盖、监控视频全覆盖，粮食出入库数据全面上云、实现100%线上流转。着力推进救灾物资储备数字化监管，督促各地加快管理平台运用，全省116个救灾物资储备库点全部接入省级平台，实现“统计一本账、管理一平台、保障一张网”。全面贯彻落实新发展理念，加快推进“未来粮仓”建设，在全省组织开展示范试点，建立揭榜挂帅机制，推动形成一批实践应用成果和工作标准规范。

五 粮食产业提质增效振兴发展

围绕“六大提升行动”，深入实施优质粮食工程，推进全产业链节粮减损，推动“湖州模式”提质扩面、迭代升级，加快培育浙江好粮油品牌，累计遴选出59个“浙江好粮油”产品，增加优质粮食有效供给。全省累计创建32个“粮食五优联动示范县”，五优联动实施规模约6万公顷，超2019年的8倍。成功举办“振兴浙粮”主题系列活动，调动一切积极因素开展好粮油品牌宣传，并延伸拓展深化活动成果。

六 仓储设施建设加快

突出“凝心聚力抓项目、聚焦重点抓项目、攻坚克难抓项目、协同合作抓项目、压实责任抓项目，真抓实干、紧盯快干”，以问题为导向，聚焦难点重点，凝心聚力、攻坚克难、协同合作、压实责任，全年累计完成全省粮食物资应急储备重大项目建设投资44.06亿元，年度投资计划完成率111.8%；新开工项目15个，新建成项目14个，建成高标准粮食仓容64.9万吨、物资库房17435平方米。全省物资仓储设施建筑面积由机构改革前的3万平方米增加到16万平方米，仓储设施条件得到较大改善，储备能力得到较大提升。

七 行业治理能力水平切实提升

组织开展全省粮食物资系统“严监管强执法重处罚行动年”活动和“以案为鉴警示教育月”活动，深化推进专项整治走深走实。完成执法检查6100次，涉粮领域抽查任务930个，任务完成率100%；办结行政处罚353件，罚款金额80.77万余元；认真核实办理

12325热线转办线索14件。学习借鉴“后陈经验”，加快推进清廉粮仓建设，印发工作规程，推动全省国有粮食收储企业和粮库普遍建立党组织领导下的库（企）务监督机制，召开全省清廉粮仓建设现场推进会。

八 系统安全生产形势稳定向好

紧盯重要时点、重要领域、重点单位、重大风险，通过“四不两直”随机抽查、交叉检查、隐患通报和“回头看”整改等，有效推动全省粮食物资系统增强安全生产意识、提升安全防护能力。组织开展消防逃生演练、有限空间应急救援联合演练，提升应急处突能力。强化问责整改，加强督促检查和责任追究，倒逼安全责任落实。

撰稿单位：浙江省粮食和物资储备局；撰稿人：魏骁；审稿人：余伟刚

安徽省

一　全面从严治党深入推进

全系统分两批扎实开展学习贯彻习近平新时代中国特色社会主义思想主题教育，深学细悟规定读本和《习近平关于国家粮食安全论述摘编》，将理论学习、调查研究、推动发展、检视整改、建章立制贯通起来，一体推进，达到了“以学铸魂、以学增智、以学正风、以学促干”的目标，促进精神状态、工作业绩旧貌换新颜。把牢意识形态阵地，深化“一支部一品牌”创建，着力夯实党建基础。持续深化粮食购销领域腐败问题专项整治，制定深化专项整治工作方案，召开全省系统全面从严治党暨深化粮食购销领域腐败问题专项整治工作会议。在全省系统部署开展“以案为鉴警示教育月”活动，6万人次接受警示教育。持续有效推进省委专项巡视整改任务落实，制定完善制度39项。注重信访件办理，强化问题线索核办，及时纠偏校正，严格执纪问责。建立干部廉政档案，开展约谈提醒120人次。严格落实中央八项规定精神，切实精文简会，为基层减负，行业发展生态持续优化。

二　粮食安全责任全面落实

一是党政同责高位推动。省委、省政府把重农抓粮摆在突出位置，粮食安全工作纳入国民经济和社会发展重要预期目标，写入省委1号文件，省委十一届五次全会、六次全会决议。省委、省政府主要领导亲自研究部署，24次批示粮食安全工作。合肥、亳州、阜阳、淮南、淮北、滁州、马鞍山、安庆等市党委或政府主要负责同志实地调研指导粮食工作，铜陵市政府举办粮食安全专题报告会，形成全省上下党政齐抓共管、责任共担的良好局面。

二是责任体系全面构建。提请省委、省政府出台《市级党委和政府耕地保护和粮食安全责任制考核办法》、《省政府领导班子及其成员2023年度粮食安全重点工作及责任分解》，成立由省委、省政府主要负责人任双组长的粮食安全领导小组。各市县比照省级做法，层层签订责任书，细化核心指标和目标任务，切实将粮食安全责任落实到“最后一公里”。

三是考核工作稳步推进。组织开展对各市落实2022年粮食安全责任制考核和各县乡村振兴粮食安全板块考核，建立问题清单，督促整改，有效发挥考核“指挥棒”作用。省市县相关部门全力做好2023年度耕地保护和粮食安全责任制国家“首考”迎检工作，较好完成国家考核组在皖实地抽查。

三 粮食安全基础持续夯实

一是粮食收购有序。各级粮储部门制定分类收购预案，成立工作专班，做好资金和仓容保障，强化市场监测预警，深入一线督查调研，及时优化收购举措，确保“有人收粮、有钱收粮、有仓收粮、有车运粮”。针对夏粮收获期“烂场雨”不利天气，皖北各市积极优化“五代”服务、对接饲料加工企业，做好政府临时收储预案，引导农民抢收、企业入市，组织加工企业、饲料企业、养殖企业收购受损小麦约249万吨，平均价格超过小麦最低收购价0.09元，在守住“种粮卖得出”底线同时，促进农民增收超4.5亿元，全年收购夏粮1050万吨。收购秋粮867万吨，呈现质量好、价格高、进度快、市场旺的可喜局面。

二是储备保障有力。超额完成国家下达政府储备粮计划22%，成品粮油储备满足城市应急需求，马鞍山、六安、滁州、合肥、芜湖、宿州、淮北等市主动增加地方储备规模。建立省级企业社会责任储备30万吨。高效落实年度增储和轮换任务，储备布局不断优化。

三是应急体系高效。修订《安徽省粮食应急预案》，布设粮食应急保障企业2988家，签署应急保供协议，加强粮油供需和价格监测，形成覆盖城乡、响应及时、保障有力的应急供应体系。在阜南县开展粮食应急演练和业务培训，宿州、宣城、黄山等市强化应急演练，达到检验预案、提升能力、锤炼队伍的良好效果。

四 粮食产业发展稳步向好

一是加强项目资金支持。以“优质粮食工程”项目为抓手，落实1.46亿元省级财政资金，支持66个项目建设，新建和改造提升仓容144万吨。配合申报中央预算内投资项目5个，获批资金1.05亿元，新建仓容47万吨。合肥、阜阳、安庆等市积极推进粮食物流项目建设，提高区域粮食流通能力。搭建政银企产业高质量发展合作平台，组织10家龙头企业现场签约融资贷款30.48亿元，落实粮油加工企业生产用电优惠政策，减少电费6821万元。

二是积极开展“双招双引”。认真贯彻落实省委加快打造“千亿斤江淮粮仓”的部署要求，着力做好“粮头食尾”“农头工尾”增值文章。出台粮食产业园区建设意见，确定

18个省级重点调度园区，已入驻企业115家，粮油日加工能力2.13万吨。各市支持粮食产业集群发展，全力服务企业发展，邀请省外涉粮企业代表团来皖考察投资。2023年粮食加工业年产值突破3100亿元，其中亳州、六安、马鞍山、淮南、滁州等市增幅较大。

三是深化产销协作。积极融入长三角一体化发展，促成上海市、浙江省在皖异地储备增加。拓展外销渠道，与山东、贵州、福建等7个省份签订粮食产销合作协议，产销合作省份已达19个，组团赴部分省份开展合作洽谈。宿州、滁州、马鞍山、芜湖、安庆等市通过订单收购、对接收购、代收代储等模式，实现粮食跨省产销合作。

四是提升品牌效应。举办"皖美粮油"、"皖美粮机"福建、上海、河南推介会，组织企业参加粮食产销协作福建洽谈会、中国粮食交易大会、黑龙江金秋粮食交易暨产业合作洽谈会、山东粮油产业博览会等各类展会10余次，"皖美粮油"公共品牌再度荣获"中国十佳粮油影响力公共品牌"称号，拥有"中国好粮油"产品40个，居全国第2位，"安徽好粮油"产品157个。马鞍山市"含山大米"、芜湖市"芜湖大米"、黄山市有机大米、蚌埠市"怀远糯米"等安徽好米日渐"出圈"、香飘四海。

五 国有企业活力更加强劲

一是加强统筹指导。出台推进国有粮食企业改革发展的意见，召开全省国有粮食购销企业改革会议，加强工作调度、纵深推进改革进程。稳妥加快国有粮食企业重要岗位人员轮岗交流，相关做法被中央纪委国家监委作为典型经验刊发通报。全省139家承担政府储备任务的企业全部实现政策性业务与经营性业务分开。

二是支持省企壮大。完成安徽现代粮食物流中心库、安徽现代粮食科技园人员转隶和资产划拨，推动省粮食产业集团、省储备粮食管理有限公司挂牌运营。2023年，省粮食产业集团完成省储粮油轮换任务，与牧原集团、新希望集团、五粮液集团等龙头企业开展市场化合作，发展态势良好。

三是市县改革加速。各地积极落实改革要求，13个市直、35个县（市、区）成立粮食集团，国有粮食一级法人企业151家，较改革前减少73%。合肥市注资1000万元助力市粮食集团经营发展，宿州、池州、淮南等市协调解决企业历史遗留问题，马鞍山、滁州等市利用政策性、开发性金融工具支持仓储设施建设，淮北市推动国有粮食企业与安徽口子酒业股份有限公司合作经营，全省国有粮食企业权责更加清晰、管理更加规范、活力更加强劲。

六 物资储备能力不断增强

一是深化体制机制改革。出台《安徽省省级物资储备管理暂行办法》，统筹推进物资储备体制机制改革，形成了省市县三级联动的物资储备格局。全省16个市均制定物资储备改革实施方案，建立议事协调机构。

二是强化储备能力建设。优化省级物资储备品种、增加储备规模，完成食糖、疫情防控重点医疗物资等储备任务。开展专题调研，制定实施方案，积极落实汽柴油储备。宿州、淮南、安庆等市不断整合优化储备品种，提升储备能力。

三是强化物资储备管理。修订《安徽省省级救灾物资计划调用管理办法》，规范物资储备合同管理，定期收集存储库存、管理情况。推进物资储备信息化建设。组织开展防灾减灾日活动，紧急调运省级救灾棉被、毛毯等3万件，确保受灾地区群众温暖过冬。

七 粮食流通更加规范有序

一是夯实法治基础。《安徽省实施〈中华人民共和国粮食安全保障法〉办法》列入省人大常委会第一类预审议立法项目。紧扣“依法治粮管储”工作主线，精准开展线上线下普法宣传活动。

二是强化常态监管。落实定期巡查制度，组织开展“严监管强执法重处罚行动年”活动，加强夏粮、秋粮收购专项检查，累计检查1661次，覆盖全省所有库点。完成政策性粮食库存检查。全年给予行政处罚178例，罚款71.83万元。发挥“智慧皖粮”信息化系统穿透式监管作用，实现粮食出入库全流程实时监管。开展安全生产隐患专项排查整治行动，对591家涉粮企业进行全面“安全体检”，排查、整改隐患342处。

三是严格质量监测。推进粮食质量安全检验监测体系和能力建设，完成4257组新收获粮食质量安全风险监测、省级储备粮油轮入验收和全省政策性粮油库存检查、普查工作，确保在库粮食质量可靠。开展企业落实粮食质量安全主体责任检查，严防不符合食品安全标准粮食流入口粮市场和食品加工企业。

四是促进节粮减损。开展粮食储存环节损失损耗调查，使用“智慧皖粮”平台检测和统计省级储备粮储存环节溢余损耗情况，推广应用科学储粮技术，引导企业适度加工，合肥等市给予“节粮减损”项目奖补，持续耕好“无形良田”。

八 人才科技支撑成效彰显

一是培育专业人才。开展全省行业综合能力提升行动，全年组织鉴定培训1201人次。新增创建国家级技能大师（拔尖人才）工作室1个、省级行业技能大师工作室7个。组队参加第六届全国粮食行业职业技能竞赛，荣获优秀团体奖一等奖、优秀组织奖，位列省（区、市）代表队第1名。

二是搭建育才平台。深化与合肥工业大学、安徽科技学院战略合作，支持局属院校与中国科学技术大学先进技术研究院建立长期战略合作关系，推动校企、院企合作项目落地。局属院校获评国家级高技能人才培训基地、首批全国粮食和物资储备教育培训基地。

三是坚持科技创新。加强粮油科技“三对接”，3项科技需求、5项科研成果、4个科研团队入选国家项目库。成功承办2023年全国粮食和物资储备科技活动周主会场活动，全面展示全省粮食和物资储备科技创新的发展成效，人才兴粮兴储成效得到国家部委和省委、省政府领导肯定。

撰稿单位：安徽省粮食和物资储备局；撰稿人：申晨；审稿人：吴龙剑

福建省

一 以政治建设为统领，立根铸魂打开了新局面

一是政治引领的新局面。以主题教育为主线，采取“六学”即党组中心组带头学、专题读书班重点学、交流研讨深入学、党支部跟进学、干部职工全员学、良友讲坛辅助学的方式，党组中心组开展集中学习27次，举办5期专题读书班，开展专题研讨15次，建立成果转化运用清单23份，解决问题82个。

二是政治领导的新局面。印发《全面从严治党主体责任清单》，逐级修订完善“三重一大”集体决策制度，细化重大事项决策、主要人事任免、重要项目安排、大额资金使用四个方面31条清单，层层明确责任、压实责任，党的领导弱化虚化问题得到有效解决。

三是政治执行的新局面。建立贯彻落实党中央决策部署和习近平总书记重要指示工作机制，梳理21条工作台账，明确6项管理机制，逐条明确标准，层层传导压力。

二 以改革创新为动力，主责主业展现了新作为

一是构建了党政同责的“三个体系”。构建上下贯通的责任体系，协调成立由福建省委书记任组长，省长任第一副组长的领导小组，牵头制定耕地保护和粮食安全职责清单，召开全省耕地保护和粮食安全工作大会，福建省委主要领导出席会议亲自部署，省市县乡层层签订责任状。构建左右联动的考核体系，牵头成立全省耕地保护和粮食安全考核工作组，联合省直相关部门开展全面预评预估，把方案定实定细定到位。构建协同发力的督办体系，通过主动作为、汇报争取，推动福建省委将考核工作列入督查事项，省政府将存在的短板弱项纳入督查计划，省纪委监委将粮食购销监管信息化建设作为重点督办内容，传导责任压力。2023年8月，福建省作为唯一省份就落实粮食安全党政同责工作在全国粮储系统半年工作会上作典型发言，经验做法在全国系统交流推广。

二是取得了收储调控的“三个突破”。增储扩容实现突破，全省储备规模达到历史高

位，超过国家任务的15.4%；省级规划投资14.65亿元建设仓容65万吨，2024年5月可全部建成投用，整体工期提前2个月；各地同步加快粮库建设，规划投资29.18亿元，已建成投用12.66万吨；省级储备订单粮食收购任务顺利完成。产业发展实现突破，深入开展“六大提升行动”，着力打造优质粮食工程升级版；成功举办第十九届粮食产销协作福建洽谈会，签订粮食购销意向合同396万吨，获得国家粮食和物资储备局领导的高度肯定和各兄弟省粮储部门的一致好评。应急保障实现突破，打造一个“135应急保障圈”，即实现主城区“1个小时”、周边城市“3个小时”、城市群“5个小时”应急保障；形成“两为主”的应急储备布局，即省级储备布局以沿海销区、市场易波动地区为主，市县储备布局以人口密集的城镇以及交通便捷、灾害频发的缺粮地区为主；健全应急保障机制“三个全覆盖”，指导和制定省市县粮食应急预案94个，认定粮油应急供应网点1702家，全省规上粮食加工企业均建立社会责任储备，实现应急预案全覆盖，应急供应网点全覆盖、社会责任储备全覆盖。

三是实现了购销监管的“三个强化”。强化了信息化建设，实施购销监管信息化提升行动，创新粮食购销监管信息化平台建设模式，通过福建省粮食和物资储备局主导协调、省大数据集团作为业主承办、省数字福建建设领导小组办公室提供技术支持、省纪委监委监督推动的“四责协同”，创造了建设的“福建速度”、“福建模式”，受到国家粮食和物资储备局的充分肯定，并在全国会上作经验交流；强化了标准化建设，召开全省标杆库建设现场会，选定福建省储备粮公司长乐直属库试点探路，出台指导性方案规范统一；强化了法治化建设，充分发挥法治固根本、稳预期、利长远作用，推动出台《福建省粮食流通管理办法》、《福建省地方储备粮安全管理办法》、《福建省地方政府储备粮分级动用方案》等，推进《福建省粮食安全保障条例》立法工作，加速形成涵盖“产购储加销”全领域各环节的完备制度。

四是强化了物资储备管理。修订出台《福建省救灾物资储备管理办法》，进一步规范救灾物资采购、管理、调拨等工作。2023年共完成四批次调运任务，紧急调拨夏凉被、帐篷、折叠床、棉被等救灾物资28259件，总价值244.39万元，保障了受灾群众的基本生活需求。

三 以队伍锻造为保障，奋斗奋进实现了新突破

一是从转变思想、作风入手，围绕“真抓实干扬正气，守护粮安为人民”，开展“能力作风建设年”活动，推动转变作风、纠治躺平、激励担当。

二是从改善素质、结构入手，做到“交流一批”，破除人岗固化壁垒，健全完善干部轮岗交流、挂职锻炼制度，与福建省发展和改革委员会交流3人，从基层引进3人，招录博士选调生1人；“培训一批”，在重大任务、重点工作和关键吃劲岗位考察和锤炼干部，

组织业务骨干55人开展业务提升培训，全省行政执法持证上岗达550人；“调整一批”，分期分批调整干部46名，立起能者上、庸者下的用人导向，有利于干部成长的制度环境、事业环境、人文环境正在全面形成。

四 以监督执纪为后盾，重构重塑呈现了新气象

一是内容上全涵盖。邀请福建省纪委常委为全系统上廉政教育专题党课，采取“场景化”、“沉浸式”方式召开警示教育现场会，编印粮食购销领域案件选编，组织观看典型案件警示录，用“身边事”教育“身边人”，让干部重视、警醒、知止。

二是对象上全覆盖。围绕“三个波次”全面防范廉政风险。第一波次抓风险排查，紧盯工程领域、粮食购销、企业经营等高风险领域，梳理排查廉政风险点92个，制定防控措施286条；第二波次抓制度完善，修订完善粮食安全专项资金分配办法等20余项制度规定；第三波次抓日常监管，开展9次建库廉政风险防控督导检查，做到监督常在、形成常态。

三是责任上全链条。主体责任层面，完善对局属单位廉政风险防控方面考核，组织开展主体责任检查；纪检监督层面，印发《关于进一步规范日常监督检查工作的通知》，配齐专职纪检人员；审计监督层面，遴选建立内部审计人员信息库，对福建工贸学校、省救灾物资储备中心和省储备粮管理公司及其部分直属库开展内部审计。

四是制度上全贯通。针对执纪办案、行业整肃暴露出的问题，组织局机关及局属单位开展廉政风险再排查，编印廉政风险防控手册，推动实现制度治党、依规治党。同时以开展“严监管强执法重处罚行动年”活动为契机，创新建立飞行检查制度，全面检查各级政策性粮油库存，行政执法处罚数量创历史新高，确保情况见底、问题见底、整改见底。认真落实《关于深化现代职业教育体系建设改革的意见》，做优粮食储藏、检验等特色专业，提升教学质量，推进福建工贸学校、福建经贸学校高质量发展。统筹推进工青妇（工会、共青团、妇联）、统战、老干部和关心下一代工作，全省系统凝聚力、向心力、战斗力进一步增强。

撰稿单位：福建省粮食和物资储备局；撰稿人：陈舒婷；审稿人：钟昌华

江西省

一 党政责任有效压实

一是建体系。推动建立省市县三级党政主要负责同志任组长的工作领导小组及办公室，制定工作规则及细则。推动制定党政领导班子及其成员工作职责清单、部门职责清单、市县粮食部门购销安全责任清单，签订责任书，粮食安全责任体系不断健全。

二是严考核。完成2022年度责任制考核，考核结果以两办名义通报各地，启动考核约谈机制，对考核排名靠后的5个县（区）党政主要负责同志进行约谈。从严开展2023年度考核，制定年度考核工作方案，组成10个组完成市县全覆盖实地核查，有力传导责任压力。

三是见实效。考核指挥棒作用充分发挥，各地对粮食安全重视程度明显增强，及时召开会议研究粮食安全重大问题，推动出台重要政策措施，主要负责同志开展实地调研，领导班子成员按照职责清单，推动分管领域粮食安全工作，形成了齐抓共管良好格局。

二 基础设施不断提升

一是大力推进仓储设施建设。印发优化仓储设施布局提升仓储物流现代化水平的意见，将仓储设施控制规模落实到市县。通过压实责任，大力推进新仓建设和旧仓升级改造，全年建成仓容67万吨，在建项目55个，在建仓容210万吨。

二是大力推进信息化建设。围绕政策性粮食穿透式监管目标，制定实施方案，成立工作专班，建立督办机制，推动各地加快建设进度。升级优化粮库信息系统，提升监管效能。全省地方储备粮已实现信息化全覆盖，承储库点积极运用信息化系统开展粮食购销业务。

三 收储调控能力持续增强

一是粮食收购平稳有序。落实国家粮食收购政策，建立粮食收购突发性事件应急处置机制，印发不合格粮食临时收购处置管理办法，确保应收尽收。全年累计收购粮食976万吨，同比增加11万吨。修订粮食收购贷款信用保证基金管理办法，全年新增投放基金贷款3.73亿元，同比增长1.51亿元，增幅68%，有力支持市场化收购。

二是粮食储备管理逐步规范。下达地方粮油储备规模分解计划，新增地方储备粮规模5万吨。制定省级储备粮布局调整方案，按计划推进省级储备粮集中管理，省级储备粮轮换任务顺利完成。同时，同步推动市县储备粮集中管理。出台政策性粮油仓储企业管理规范、财务管理指导意见，推进企业提质增效。

三是保供稳价有力有效。修订《江西省粮食应急预案》，充实粮食应急网点数量，组织应急工作培训。与中储粮江西分公司建立储备协同机制，发挥储备调节稳定市场价格作用。深化粮食产销协作，组织参加第五届中国粮食交易大会，连续举办中国粮食交易大会籼稻专场交易会，有效维护粮食区域市场稳定。

四是物资储备稳妥推进。开展救灾物资调拨应急演练，完成毛毯、毛巾被等4个品种3.03万件物资入库和质量抽检，提升应急救灾保障能力。召开地方政府成品油储备工作座谈会，开展专题调研，印发工作方案，稳步推进储备落实。

四　执法监管严格有力

一是严查违法违规案件。深入开展“严监管强执法重处罚行动年”活动，坚决查处涉粮违法违规案件，有力维护粮食流通秩序。组织核查“12325”热线线索34件，按期办结率100%，有效保障种粮农民利益。在全省开展“以案为鉴警示教育月”活动，通报10起典型案例，起到“处罚一例、触动一片”的警示震慑效果。

二是从严开展监督检查。认真开展定期巡查，高效完成政策性粮油库存、粮食收购、粮食出库及粮食流通统计等检查任务，确保各项粮食政策严格落实。建立央地、省直跨部门联合执法监管工作机制，形成监管合力。

三是强化粮食质量安全管控。推动省粮油科技创新和物资储备中心取得原粮质检资质，明确了相关职能。加强粮食质量安全风险监测，建立全省粮食质量安全数据库，将省级粮食质量安全风险监测经费列入省财政预算，印发加强粮食质量安全监管工作的意见，出台江西省稻谷收购入库和销售出库质量安全必检项目清单，开展粮食质量安全专项检查，不断提升粮食质量安全管控能力。

五　队伍建设扎实推进

一是深入开展主题教育。坚持把理论学习、调查研究、推动发展、检视整改、建章立制贯通起来，切实运用党的创新理论研究解决问题，针对存在问题，省粮食和物资储备局确定19个调研课题，形成调研成果，有效促进工作。

二是大力推进依法行政。推动《江西省粮食流通条例》完成立法，制定普法工作方案，开展“百万网民学法律”《江西省粮食流通条例》专场知识竞赛等系列普法活动。

三是不断建强行业队伍。深化行业人才定向培养，对接培养需求150余人。组织全省粮油仓储管理员职业技能等级认定。参加江西省第一届职业技能大赛，获3金5银4铜7优胜奖的优异成绩。参加全国粮食行业职业技能竞赛，1人获二等奖，2人获三等奖，省局获优秀组织奖。组织开展执法、统计、质量安全等培训30余场，培训8000余人次，实现市县粮食行政管理部门和国有粮食企业业务骨干培训全覆盖。

撰稿单位：江西省粮食和物资储备局；撰稿人：钟华友；审稿人：成钦虎

山东省

一 粮食安全责任持续压紧压实

一是党建引领全面深化。深入开展学习贯彻习近平新时代中国特色社会主义思想主题教育，认真学习《习近平关于国家粮食安全论述摘编》，机关各党支部与市县部门党组织开展联建共建，抓好离退休干部、青年干部理论学习，粮储党建底色更亮。持续深化粮食购销领域腐败问题专项整治，自查自纠发现问题全部整改到位，扎实开展“以案为鉴警示教育月”活动，风清气正行业生态更加浓厚。

二是党政同责全面落实。省委成立由省委书记、省长任组长的省耕地保护和粮食安全工作组，召开全省耕地保护和粮食安全工作会议高位部署推动。配合有关部门起草耕地保护和粮食安全责任书、省级党委和政府落实考核指标责任清单、市级党委和政府落实年度考核工作方案及考核指标评分细则等文件，部门协同联动、上下贯通带动，共同扛牢责任。

三是安全形势全面向好。选聘86名专家组建第二届行业安全储粮和安全生产专家库，组织700余人参加线上培训，举办省级应急演练，组织开展重大事故隐患专项排查整治、驻点监督、暗访检查，全系统安全生产形势稳定向好。

二 粮食市场流通持续活跃增效

一是粮食收购服务更优。全省建立总规模超6亿元的粮食收购贷款信用保证基金，支持企业获得增信贷款45亿元，全年累计从生产者购进粮食4082万吨，同比增加217万吨。其中，夏粮集中收购期间，全省累计收购新小麦1089万吨。统筹抓好省级储备粮轮换，完成年度轮换计划。

二是粮食质量保障更强。扎实开展新收获粮食、政策性库存粮油、新入库粮食质量安全检测，检验样品1422个；参与制修订粮油类国家标准6项、行业标准20余项，制定发布实施《山东小米》、《山东煎饼》两项团体标准，填补了全省粮食行业团体标准空白。

三是节粮减损成色更足。全省280家粮食产后服务中心年清理烘干处理粮食537万吨、减少损失21.5万吨；开展粮食绿色仓储提升行动，完成升级改造和新建扩建仓容202.4万吨，全省完好仓容达到4349万吨，国有粮库储粮周期内综合损耗率降至0.42%。

三　应急保供能力持续巩固提升

一是储备实力有效增强。超额完成国家下达地方政府粮油储备规模。优化地方储备粮区域布局和品种结构，玉米储备提高到10.1万吨，建成高标准省级应急物资储备保障基地。扎实做好物资储备日常管理，严格值班值守，强化应急演练，确保储备物资数量准确、储存安全，圆满完成平原县抗震救灾物资保障任务。按要求完成地方政府成品油储备任务。

二是应急项目加快推进。临沂、滨州省级区域性粮食安全应急保障基地主体完工，粮食应急供应网点改造升级项目提前超额完成。

三是及时正确引导市场预期。加强市场监测预警，密切跟踪市场形势，召开4次会商会议，加强预研预判。强化信息发布和舆论引导，及时发布收购进度、交易信息、市场分析等情况100期，组织8场新闻发布会、6场政务公开局长办公会，解读政策，引导预期，全省粮食市场保持稳定。

四　粮食产业经济持续高速发展

一是品牌宣传深化拓展。着力打造“齐鲁粮油”公共品牌升级版，组织开展江苏、广西、新疆、辽宁等“中国行”和“六进”品牌推介类活动25场，百余家企业参与展示展销，授权38家企业的61个产品使用“齐鲁粮油”商标，举办品牌建设创新发展大会，“齐鲁粮油”连续5年入选中国粮油影响力公共品牌。

二是产销对接广泛深入。全面深化产销协作，与海南、陕西、甘肃等11个省份签订战略协议。成功举办第四届山东粮油产业博览会，联合13个省份共500多家企业、近700个品牌、3000多人携手参展，参展企业、品牌、人员数量均创新高，取得丰硕成果。组团参加第十九届粮食产销协作福建洽谈会、第五届中国粮食交易大会，成交产品70多万吨。“好粮有网”产业互联网平台交易额达135亿元。

三是科创人才活力充足。国家粮食产业（副产物食用资源开发）技术创新中心落户山东省，国家级技术创新中心达到5家。组队参加第六届全国粮食行业职业技能竞赛再获佳绩，职工组总成绩位居全国第6、高职组全国第2，10名选手参赛获得三银四铜，山东商务职业学院获优秀院校奖。

五 粮食执法监管持续加力增压

一是常态化监管扎实开展。抓好政策性粮油库存检查、新入库政策性小麦检查、省级储备粮管理绩效评估，覆盖库点323个、数量630多万吨，库存检查问题整改率、应罚尽罚率均达100%。开展夏秋粮收购、政策性粮食销售、粮食流通统计调查制度执行情况检查，检查主体2053个次。配合开展对中储粮年度考核，压实属地监管责任。开展“严监管强执法重处罚行动年”活动，严查涉粮违法案件，全年作出行政处罚490多例，其中查处12325热线案件61起，全省粮食市场秩序良好。修订出台全省粮食行政处罚裁量基准，进一步规范粮食执法行为。

二是多元化监管统筹融合。强化跨部门综合监管、“双随机、一公开”监管、信用监管，联合国家粮食和物资储备局山东局、省市场监督管理局等部门开展联合检查3次，实行分级分类差异化监管，及时归集检查数据信息，实现监管事项覆盖率、监管数据填报正确率和及时率三个100%。

三是信息化监管突破领先。狠抓粮食购销领域监管信息化建设，省级平台优化升级，在全国首批实现与国家平台互联互通。各级地方储备粮承储企业全部按最新规范安装管理信息系统，粮食出入库全部应用信息系统操作，实时数据自动上传省级平台，省市县三级304处库区、2821座仓房的地方储备粮全部实现远程在线穿透式监管。

撰稿单位：山东省粮食和物资储备局；撰稿人：张伟；审稿人：刘绪斌

河南省

一 打赢粮食收购攻坚战，守住农民“种粮卖得出”底线，保障种粮农民收益

在夏粮收购关键期，河南省遭遇了1961年以来最严重的“烂场雨”，河南省粮食和物资储备局第一时间牵头出台受损小麦收购方案，明确了省市县财政共担、定点企业敞开收购、产销对接系列具体措施，地方财政准备专项资金近37亿元，对新收获小麦分类施策、敞开收购、专仓储存、定向销售提供资金保障，组织产销合作，成功搭建了地方政府、银行、粮企、种粮农民和饲料酒精企业的多方联结机制，稳住了小麦市场价格。驻马店、南阳、平顶山、漯河、周口、许昌等地同向发力，采取果断措施，积极做好受损小麦收购。小麦集中收购期间，全省累计收购小麦1514万吨，超出上年全年收购量120万吨，保障了农民种粮收益，守住了农民“种粮卖得出”和食品安全的底线，政策托底作用明显，实现了地方政府、种粮农民和用粮企业三方满意。

在秋粮收购期间，出现了少见的连阴雨天气，河南省粮食和物资储备局成立6个省级工作组开展收购指导服务，加强烘干腾库晾晒，坚持收购进度统计和秋粮主要品种价格监测。截至2023年年底，全省按市场价收购秋粮422.8万吨，收购市场顺畅有序。国家粮食和物资储备局、农业农村部等有关部门高度肯定受损小麦收购工作，国家、省主流媒体以及新媒体持续对夏秋粮收购进行跟踪报道，省内外社会各界普遍反映良好。

二 扎实做好储备、应急等基础性工作，粮食安全保障能力不断提升

完成2023年度省级储备粮油轮换任务，着力加强粮食仓储管理，全省库存粮油“一符四无”粮油率保持在95%以上。省储备粮保障中心累计检查省级储备粮213.98万吨，完成轮换验收省级储备粮21.97万吨。洛阳市、县两级共新增政府储备小麦近16万吨，其中2023年新增市级政府储备小麦3.4万吨，在全省率先达到全市居民半年口粮消费量的储备

规模。粮食应急体系不断健全，省局印发《关于建立健全粮食应急保障中心的实施方案》，指导各地科学建设粮食应急保障中心，推进全省粮食应急保障资源优化整合。已纳入粮食应急保障信息系统应急保障企业4146家，基本形成覆盖全省的粮食应急供应网络。与开封市政府联合举办粮食防汛暨应急演练观摩现场会，为全省乃至全国粮食应急处突提供了示范教材。各省辖市加快推进县级粮食应急保障能力提升建设，郑州市主城区“1小时粮食应急保障圈”基本形成。充分发挥粮食市场监测预警体系作用，累计报送粮食收购各项信息简报300多期，对外发布粮食市场相关信息近400篇，及早发现苗头性、倾向性、潜在性问题，有效应对粮食市场风险，扎实做好稳价保供工作。发挥粮食产后服务中心作用，提供粮食烘干、清理、仓储等服务，指导农户科学储粮，减少粮食损失浪费。省局联合漯河市政府举办“世界粮食日”“全国粮食安全宣传周”活动，在三门峡市、洛阳市召开全省地方国有粮食企业改革储备粮监管信息化项目建设暨节粮减损工作现场会，在全社会营造了爱粮节粮氛围。

三 成功承办第五届中国粮食交易大会，充分展示河南粮食大省形象

第五届中国粮食交易大会在郑州举办，这也是三年疫情以来全国粮食和物资储备系统第一次举办大规模的现场交易大会。国家粮食和物资储备局党组书记和河南省省长出席开幕式，并为大会启幕。山西、福建、黑龙江、山东、湖北、四川、新疆等省份省领导出席开幕式并巡馆。全国31个省（区、市）和新疆生产建设兵团及多家大型涉粮企业、金融机构等组团参展，参展企业2600余家，观众近10万人次。大会同期还举办国家粮食产业高质量发展高层专家报告会、国家粮食政策和市场形势分析会以及项目签约仪式，共成交及意向签约金额558.8亿元，为历届粮食交易大会最高；成交意向及签约金额172亿元，参展面积、意向交易量和金额均位居全国第一。国家粮食和物资储备局专门向省政府发函表示感谢。13个省（区、市）代表团还深入到各地洽谈合作。郑州、开封、平顶山、新乡、焦作、漯河、南阳、商丘、信阳等市9家单位和99名个人工作突出受到通报表扬。

四 积极推动粮食产业高质量发展，着力提升粮食核心竞争力

筹集财政资金3亿元，带动社会资本总投资超过8.2亿元，实施优质粮食工程“六大提升行动”项目55个。河南省粮食和物资储备局在鹤壁市、新乡市召开全省优质粮食工程现场推进会。信阳把优质稻米产业作为全市农业六大主导产业之一，成立了由市级干部作为牵头领导的优质稻米产业发展工作专班。支持企业应用低温、准低温和气调储粮等技术，探索应用推广低温等离子储粮技术等，改造仓容25万吨，争创国家级绿色储粮标准化试点单位3家；推动《豫麦》标准制定，支持河南想念食品股份有限公司等优质企业健全产

品追溯体系；提高优质粮油加工装备自主化水平，增加绿色产能38.5万吨；争创国家级应急保障企业6个，应急加工、供应能力增加184万吨；优质粮食种植面积增加2.87万公顷，预制菜、酸辣粉产业发展迅猛，豫道、千味央厨等新兴品牌日益叫响。鹤壁市积极推动粮油加工企业做大做强，飞天生物科技公司以“吃干榨净”为目标，利用玉米原料、小麦尾粉研制开发结晶葡萄糖、阿洛酮糖等10多种高附加值产品，成为全省规模最大、产品种类最多的粮食深加工企业。高质量推进“人人持证、技能河南”建设工作，全省全系统2023年新增技能人才8724人，新增高技能人才5640人，超额完成省定目标。3名选手在第六届全国粮食行业职业技能竞赛中斩获佳绩。

五　有序推进粮食安全责任制考核，推动粮食安全党政同责有效落实

会同相关单位起草了落实耕地保护和粮食安全责任制考核的“一办法、一细则、一小组、两清单”制度体系，建立考核工作机制。明确全省粮食安全考核工作组及全省粮食和储备系统考核领导小组，起草制定《迎接省级党委政府落实耕地保护和粮食安全责任制考核工作方案》和《市级党委政府落实耕地保护和粮食安全责任制考核工作方案》，参与完成了对6个省辖市的考核抽查。一方面积极与国家粮食和物资储备局沟通协调，争取不扣分、多加分，力争考核成绩走在前列；另一方面，对各省辖市考核也在有序进行，做到迎接国家考核和对各省辖市开展考核两手抓、两不误。各省辖市积极配合做好相关工作，全省上下层层压实党政同责，形成重视粮食安全责任的政治自觉和行动自觉。

六　持续深化粮食购销领域腐败问题专项整治，推动解决制约粮食事业高质量发展难题

大力开展以“国皮民骨”、“高息集资”、“财务管理问题”为主的专项治理，全省高息集资问题化解率为90.38%，开封、焦作、信阳、鹤壁、安阳等市率先达到100%；“国皮民骨”问题专项治理，共摸底排查“国皮民骨”问题企业148个，督促完成整改143个，消除了“假合资”风险，化解了政策性粮食收储可能出现的问题；全省358家国有粮食企业自查发现484个财务管理问题，已整改447个，整改率92.4%，为下一步深化改革奠定了基础。围绕“根治”目标，大力推动省储备粮管理集团成功组建并健康运营；2市7县地方国有粮食企业改革试点进展顺利，成效明显，郑州、开封、洛阳、新乡、焦作等市成立了政策性粮食收储公司，其他省辖市也已实现政策性业务和经营性业务相分离；强力推进监管信息化建设，省市县政策性粮食存储库点实现互联互通、与国家粮食和物资储备局平台实现对接，真正做到了政策性粮食一网联通、一键监管，郑州、商丘、周口等地目前上传省平台数据质量较好。开展“严监管强执法重处罚行动年”暨“保粮护粮安粮”活动，

全省共受理并办结案件292件，行政处罚265件，罚款共计113.85万元，为群众追回售粮款1400余万元。创新粮食流通监管，在全国率先出台《河南省粮食经营者信用评价办法（试行）》，建立省级涉粮执法检查专家人才库和涉粮案件研讨咨询专家组，执法督查工作不断实现规范化、科学化、专业化。全国粮食系统警示教育现场会在南阳市召开，专项整治工作获得国家粮食和物资储备局充分肯定。

七　不断增强战略和应急物资储备实力，应急物资保障作用得到有效发挥

河南省粮食和物资储备局积极争取增加应急物资储备规模，拟按照达到自然灾害救助二级应急响应标准逐步落实新增应急救灾物资储备任务。加快地方成品油储备实施步伐，即将开始采购入库。加快推进应急救灾物资储备管理规范化制度化建设，出台《河南省省级应急救灾物资储备管理暂行办法》、《河南省省级应急救灾物资储备管理规范（试行）》。圆满完成救灾物资调运任务，全年调运中央和省级应急救灾物资4批96200件。郑州、平顶山、新乡、许昌、南阳等地积极充实应急救灾物资，安阳市启用市级救灾物资储备库，濮阳市加快推动应急物资储备库县（区）全覆盖，驻马店市应急物资储备中心项目被列为市2023年重点项目。焦作市、漯河市圆满完成物资调运任务，用于冬春救助和防汛救灾。

八　抓好主题教育，聚力粮食高质量发展助推中国式现代化建设河南实践

制定实施方案，坚持理论学习、调查研究、推动发展、检视整改、建章立制一体推进。以学铸魂、以学增智、以学正风、以学促干取得明显成效。特别是两次召开学习《习近平关于国家粮食安全论述摘编》座谈会研讨交流，深刻领会习近平总书记关于粮食安全论述的丰富内涵，不断增强用重要论述指导实际工作的思想自觉、政治自觉和行动自觉，大力推进粮食产业高质量发展，坚决扛稳粮食安全政治责任。同时，在全局以“五型机关”、“五型个人”创建为载体，打造政治型、学习型、服务型、创新性、清廉型机关。树立正确的选人用人导向，持续优化干部选育管用，激发干部队伍活力，激发干事创业的精气神，营造了浓厚的比学赶超的好氛围。省委主题教育领导小组办公室简报多次介绍省局相关经验，党组书记在中央第九指导组召开的座谈会上作典型发言。

撰稿单位：河南省粮食和物资储备局；撰稿人：滕庆磊；审稿人：李刚

湖北省

一　严格考核，压实粮安责任展现新作为

一是高位推进。省委常委会会议、省政府常务会议3次研究粮食安全工作，省政府印发服务保障先行区建设守住粮食安全底线工作方案，将粮食安全指标纳入高质量发展综合绩效评价和强县工程考核。书记、省长等多位省领导多次调研粮食工作和作出批示，省委副书记专题研究“江汉大米”等粮油品牌建设。

二是抓好考核。对标国家建立耕地保护和粮食安全责任制考核新机制，由省发展和改革委员会牵头成立国家耕地保护和粮食安全考核工作组，统筹推进粮食安全考核工作，制定湖北省落实耕地保护和粮食安全责任制考核实施办法、评分细则。在省考核工作组的统筹下，高标准迎接“国考”，力争考核进位争先；高质量组织“省考”，增强考核精准性，充分发挥考核“指挥棒”作用。

三是用好结果。强化考核结果运用，点对点反馈考核发现问题并督促整改。首次对2022年度考核优秀的7个市（州）给予资金奖励，激励各地落实党政同责，扛稳粮食安全重任。

二　严守底线，粮食收储协同取得新成效

一是市场收购平稳有序。统筹粮食市场化和政策性收购，加强产购形势调研和收购督导检查，做好托市定点等政策执行准备，守住农民“种粮卖得出”底线。全省入统企业累计收购粮食1300.75万吨，实现了市场平稳、愿售尽售、优粮优价、农民增收。

二是储备结构持续优化。超额完成国家下达的政府储备计划；积极扩大成品粮储备规模，武汉市、襄阳市可满足主城区常住人口15天消费需求；267家加工企业建立社会责任储备33.4万吨，多元多层的粮食储备体系初步成型。全面完成储备粮油轮换任务，无超架空期情况。

三是应急保障更加有力。制定粮食应急保障体系建设运行指导意见、省级粮食应急保障企业管理细则等制度，择优选定235家省级应急主体，总结推广4种平急结合运营模式。动态调整应急主体，有效发挥3400多家粮食应急保障企业（网点）作用。

四是质量安全不断提升。扎实开展粮食质量安全监测，收购粮食质量调查、品质测报和安全风险监测任务全面完成，确保了口粮绝对安全。坚持标准引领，牵头修订《稻谷》等国家标准，发布13项粮食行业协会团体标准，服务粮油产业发展更加有力有效。

三 夯基提能，安全储粮科学管粮实现新突破

一是项目建设全面提速。全省25个仓储物流项目启动建设，建成后新增高标准仓119.5万吨。武汉、黄石等地28个县（市、区）启动36万吨准低温仓改造，建成后全省准低温仓容达到400万吨。

二是能力素质稳步提升。推进国有粮库能力提升三年行动，选树12家突出粮库进行经验推广。实施粮食行业人才队伍建设三年行动，省级组织业务培训8期，现场培训1070人次。在全国率先启动粮食行业职业技能培训鉴定，在第六届全国粮食行业职业技能竞赛中斩获两银两铜和优秀团体奖、优秀组织奖的好成绩，人才队伍建设切实加强。

三是"两个安全"常抓不懈。扎实开展重大安全隐患整治专项行动，常态化开展储粮安全、安全生产排查整治，安全形势平稳向好，全年全行业无重大安全责任事故发生。

四是节粮减损持续发力。践行绿色发展理念，学习应用绿色储粮技术降低储粮损耗，鼓励引导适度加工增加成品产出，通过揭榜制项目支持智能化生产线和节粮减损技术成果转化，发挥粮食产后服务中心作用减少产后损失，组织开展世界粮食日和全国粮食安全宣传周、科技活动周等活动，引导爱粮节粮新风尚。

四 深化整治，粮食购销监管形成新机制

一是探索穿透式精准监管。全国首个地方储备粮交易监管系统建成使用，134个中心库点按期完成信息化系统改造，实现省市县三级储备粮信息化监管全覆盖，政策性粮食穿透式监管能力大幅提升。

二是推动全链条综合监管。印发实施《加强粮食购销跨部门综合监管的意见》，组织开展粮食收购跨部门综合监管，先后组织4次季度巡查。

三是动员全社会参与监管。在全国率先出台《湖北省政策性粮食购销违法违规行为举报奖励办法（试行）》，引导社会力量参与政策性粮食购销领域监管。制作动漫视频宣传12325监管热线，受理举报线索17件，及时查处率100%，国家粮食和物资储备局推介做法。

四是组织全覆盖监督检查。开展2022年度新轮入秋粮和2023年度新轮入夏粮库存交叉检查，组织省级储备粮管理“首考”。探索信用分级分类监管，获全省2023年信用承诺优秀案例奖。

五是依法依规打击涉粮违法违规行为。扎实开展“严监管强执法重处罚行动年”活动，提级查办典型案件，挂牌督办重大案件，建立案件移送机制，严肃查处一批违纪违法典型案件，形成有力震慑。

五 延链补链，产业转型提质焕发新动能

一是产业链建设克难奋进。积极争取财政首次从粮食流通发展资金中安排4000万元用于油菜籽加工补贴，促进转化增值。优化产业链专项资金安排，集中支持11个龙头、1个公用品牌和3个联合体建设，实现重点突破。省粮油集团有限公司2023年营收突破206亿元，一批中小企业业绩逆势上涨。“湖北菜籽油”获评“中国粮油最具影响力品牌”。

二是产销合作亮点突出。创新举办第二十三届“荆楚粮油”精品展示交易会，15省首次联合发起保障粮食安全湖北宣言，现场签约104.5亿元，十堰、武汉、荆州等地成功引进益海嘉里金龙鱼粮油食品股份有限公司、三全食品股份有限公司、燕京啤酒集团有限公司等头部企业。开展“荆楚粮油中国行”大型活动7场次，首次在省外（北京）建立“荆楚粮油”展销中心，进一步拓展省外市场。坚持开展“荆楚粮油促销季”活动，支持粮油企业抱团进入中百、武商等大型商超的860多家门店，累计安排消费券2800万元。

三是品牌影响大幅提升。与央视饮食文化节目合作，丰富“荆楚粮油”品牌的文化内涵；引入“绿波纹”战略标识，统一“荆楚粮油”形象展示；引导48家粮油企业的106款产品参与“荆楚粮油+”共建共享，强化品牌的产品支撑。权威机构评估发布“荆楚粮油”价值608.9亿元，在全国同类品牌中排名第2，再次获评“中国粮油影响力公共品牌”。

六 凝心铸魂，党建引领谱写新篇章

一是政治机关建设进一步强化。认真学习贯彻习近平总书记关于粮食安全重要论述和关于湖北工作的重要指示批示精神，牢牢把握粮食安全“国之大者”、“省之要事”的战略定位，坚决扛起农业大省、粮食主产区的政治责任，确保党中央决策部署和省委工作要求在粮食系统落地落实。

二是主题教育取得显著成效。扎实开展学习贯彻习近平新时代中国特色社会主义思想主题教育，一体推进理论学习、调查研究、推动发展、检视整改，有关做法在省委工作简报、《湖北党建》上刊发。

三是为民务实理念进一步树牢。弘扬“四下基层”优良传统，走好新时代党的群众路

线，运用共同缔造理念，深化党员干部下基层察民情解民忧暖民心实践活动和“解难题、稳增长、促发展”企业帮扶活动，全力服务粮农粮企。

四是行业政治生态更加清朗。召开全省粮食系统警示教育视频会议，通报典型案例，用行业事教育行业人。推动源头防腐，全省粮食部门和企业共建章立制458项。严肃查办违纪违法案件，以“零容忍”的态度正风肃纪反腐。

撰稿单位：湖北省粮食局；撰稿人：王玉玲；审稿人：龙小红

湖南省

一 坚持高位推动

省委、省政府高度重视粮食安全工作，5次召开省委常委会议、10次召开省政府常务会议研究相关工作，高规格召开全省耕地保护和粮食安全工作会议。省委书记亲自调度、亲自研究、亲自部署，多次深入市州调研耕地保护、春耕生产、高标准农田建设、粮食收储等工作，强调要坚决守住耕地保护红线和粮食安全底线。省长亲自带队深入长沙浏阳、株洲渌口等县（市、区），督导调研耕地保护、粮食生产和流通等工作。全省各级党委政府、各有关部门自觉落实粮食安全责任，强化工作措施，形成了齐抓共管的良好格局。2023年湖南全省完成粮食播种面积476万公顷，产量3068万吨，增长1.7%，连续4年保持在3000万吨以上。

二 全面压实粮食安全党政同责

在全国率先出台《粮食安全责任清单》和《市州党委和政府落实耕地保护和粮食安全责任制考核方案》。对标国家考核要求，及时印发考核方案，全年召开8次调度会议，年终认真组织部门评审和实地核查，真考严考。将保障国家粮食安全纳入省政府真抓实干督查激励，将落实耕地保护和粮食安全责任制纳入省对市州绩效考核和乡村振兴考核的重要内容，压实各级党委政府粮食安全责任。

三 不断筑牢安全基础

增强粮食储备实力。全省储备粮油数量真实、质量良好、储存安全。粮食储备企业全面落实政策性和经营性分离，所有地方政策性粮食实现监管信息化100%全覆盖，走在全国前列。建立能源储备体系。圆满完成国家下达地方政府成品油建储任务，建储模式和速度走在全国前列。强化储备安全管理。建立成品油管理有关规章制度，在全国率先实现建储、管储同步推进。全面提升物资储备规范化、标准化、精细化管理水平，省备灾减灾中心接受国家组织的交叉检查考评获优异成绩。完善质量监测体系。立项和发布标准21项，在全省建立“1+14+48+N”的省、市、县、企业四级粮食质检体系，2023年完成粮食抽检监测任务3.58万批次，同比增长42.6%。完善粮食应急体系。修订发布《湖南省粮食应急预案》，全省确定3600余家粮油应急企业，设立323个价格监测点。做好救灾物资调运。2023年共调运中央、省级救灾物资共52155件，有力有效保障应急所需。

四　稳步推进两项改革

推进省级储备粮改革，成立改革领导小组，印发改革指导性文件，省储粮设点布局取得实质性进展，14个市州都设立省储粮控股库点。省储备粮管理公司已承储总规模的71%。推进物资储备体制改革。落实中央、省委有关文件精神，按照“六个一”的思路稳步组织实施改革，印发关于落实物资储备体制改革任务责任清单和工作安排，部分市州出台了改革实施方案。

五　切实抓好粮食购销

粮油购销趋升回暖。2023年全省共购进粮食2200.6万吨（其中稻谷1076.5万吨）、食用油219.0万吨，同比分别增加68.3万吨、17.3万吨。共销售粮食2143.5万吨（其中稻谷1049.9万吨）、食用油234.2万吨，同比分别增加55.6万吨、11.4万吨。有序抓好粮食收购。布设各类收购库点214个，入统企业累计收购543万吨。早稻、常规中晚稻收购均价较上一年分别上涨3.4%、7.4%，带动粮农增收。完成全省储备粮轮换任务，常规质量好于往年。积极推进场内交易。全年组织交易1033场，成交各类粮油137.79万吨，总成交额35.32亿元，守住了超标粮食不流入口粮市场和食品生产企业的底线。

六　持续强化涉粮领域监管力度

深化粮食购销领域腐败问题专项整治。省市县三级粮储部门共召开警示教育会议250余次，向同级纪检监察机构移送违法违纪案件线索10件，对涉粮行政处罚案件责任人追责问责207人次。完善粮食监管机制。制定粮食经纪人负面清单，成立省市县粮储和市监部门粮食购销联合执法协调机制，明确“19+5”项执法职权目录清单。实现地方政策性粮食监管信息化全覆盖，数据质量和监管效能走在全国前列。强化执法督查力度。全省组织涉粮专项检查1.3万余人次，作出涉粮案件行政处罚2064起，确保全省粮食流通市场稳定有序。粮食流通法治能力建设持续推进。修订《湖南省实施〈粮食流通管理条例〉办法》，粮食流通治理能力稳步提升。

七 有力推动粮油产业提质增效

打造“优质粮油工程升级版”。2023年下达资金3.2亿元，重点支持120个粮食产后服务中心建设项目、2个低温绿色储粮标准化试点项目和30个构建现代化粮油食品产业发展体系示范县。建立完善省市县三级粮食市场化收购贷款信用保证基金。全省基金规模总额达到5.56亿元，比上一年增加5.31亿元。积极开展粮油品牌推介及展示展销。组织企业参加第十九届粮食产销协作福建洽谈会等展示展销活动，在怀化市举办湖南RCEP粮食安全合作交流会暨湖南（怀化）米粉节，现场签约项目18个。

八 持续加强党的建设和人才培养

大兴调查研究之风。完成23项重点调研课题，3篇调研报告获国家粮食和物资储备局奖项。推进全面从严治党。深入开展“以案为鉴警示教育月”“两带头五整治”专项行动等，落实廉政风险防控排查，查摆廉政风险170条，制定措施218条，做到正风肃纪反腐“零容忍”。加强人才培养力度。两次开展全省粮食行业特有工种职业技能培训与第三方社会评价工作，644人次获得职业资格证书，参加第六届全国粮食行业职业技能竞赛，获得1金3银4铜的好成绩。

撰稿单位：湖南省粮食和物资储备局；撰稿人：蒋昀羲；审稿人：兰录平

广东省

一　聚焦国家重大战略部署，推动决策部署落地见效

一是全面贯彻国家粮食安全战略部署。提请省委常委会会议、省政府党组会议传达学习中央有关落实耕地保护和粮食安全责任制考核的文件精神，构建党政齐抓共管、一体推动的工作格局。落实粮食安全党政同责，首次将省对市耕地保护和粮食安全责任合并考核，对重点事项设置“一票否决”项，强化红线指标，守牢安全底线。首次经省委、省政府审定后通报考核结果，将考核结果作为领导干部综合评价、政绩考核、审计问责等重要参考。

二是扎实推进乡村振兴战略任务落实。成立省粮食和物资储备局落实“百县千镇万村高质量发展工程”考核评价工作领导小组和纵向帮扶支持县域高质量发展工作专班，进一步加强组织领导，助力全面推进乡村振兴。协调将粮食储备规模纳入乡村振兴战略实绩考核，强化粮食储备安全保障。省粮食和物资储备局选派1名副处长到韶关市乐昌市开展纵向帮扶，1名副处级干部驻镇帮镇扶村，为推进镇域全面振兴、支持县域高质量发展贡献力量。

三是主动对接国家区域发展战略需求。粤港澳大湾区粮食应急保障中心建设取得阶段性成果，推动设立粤港澳大湾区粮食应急保障省、市指挥协调中心，初步建立应急保障中心基础组织架构和基本运作机制，确定第一批成员企业，形成初步应急保障能力。修订印发《粤港澳大湾区粮食应急保障中心工作规则》。完善广东省粮食安全保障央地协同机制，扩充成员单位，组织召开第四次联席会议，共同发布“弘扬粮食文化　端牢中国饭碗”倡议书。

四是全力推动物资储备安全管理重大改革。印发加强战略和应急物资储备安全管理实施方案，推动物资分级分类和部门归口储备责任有效落实，“3+N”重点领域关键品类储备体系建设稳步推进。推动广东省储备制度工作协调机制升格重塑，成立6年来首次召开全体会议。召开全省粮食和储备系统加强物资储备安全管理工作动员部署会，统一思想，明确目标。

二　优化销区特色储备体系，储备水平显著增强

一是夯实地方粮食储备基础。抓好地方各级储备规模任务落实，储备规模居全国首位。落实国家下达新增地方储备规模任务工作要求，研究制定储备规模分解落实方案，加快推进新增储备规模落实。将成品粮油储备落实情况纳入粮食安全责任制考核，各地提高优质粮油储备比例，并建立不低于主城区常住人口3天市场供应量的小包装成品粮油储备，品种结构进一步优化。全省按计划轮换各级地方储备粮670万吨，实现常储常新。

二是提高综合物资储备能力。地方成品油储备建储工作取得突破性进展，方案报经省政府同意。省级医药储备得到大力优化，报请省政府同意后指导省级常规药品承储企业顺利退出储备，取消专项药品储备，促请有关部门及时调整相关储备目录，突出应对急需属性。截至2023年11月底，全省救灾救助类物资储备库存价值4.07亿元；公共卫生（社会层面）类物资储备规模价值6.62亿元；全省冻猪肉储备库存可满足全省城镇常住人口5天用量，全省物资储备品类数量和规模均居全国前列。

三是完善储备管理机制。印发《广东省省级储备粮代储管理实施细则》、《关于进一步推进地方粮食储备企业政策性职能和经营性职能分开的实施意见》和地方成品油储备管理办法，组织修订《省级储备粮自主轮换储备管理实施细则》、制定《广东省省级救灾物资储备管理办法》，储备管理制度不断健全。研究起草加强规模以上粮食加工企业社会责任储备管理的有关文件，推动建立常态化社会责任储备。完成公共卫生类省级专项药品储备处置，完善中央直达资金项目闭环管理机制。

三　不断健全应急保障体系，应急供应保障有力有效

一是健全粮食应急保障体系。印发《广东省粮食应急保障企业管理实施细则》，确认5家企业为第一批市级区域粮食应急保障中心。全省共有粮食应急保障企业4194家，其中应急供应网点3410家，加工企业372家，储运企业215家，配送中心131家，粮食应急供应能力持续提升至6.56万吨/天，较“十四五”初期大幅提升。联合汕尾市粮食和物资储备局开展《广东省粮食应急预案》修订后的首次实战演练。

二是落实物资应急保供任务。针对日本福岛核污染水排海引发大范围食盐抢购的紧急情况，迅速组织动用省市级食盐储备2.2万吨保障市场供应。优化疫情防控措施后，调拨医疗防控物资300余批次价值超1.7亿元。全年前置和紧急调拨省级救灾物资48批次、8.5万件、价值约1332万元，有力保障受灾群众基本生活需要。及时优化省级救灾物资布局，调配物资26批次价值2354万元。圆满完成“中国—太平洋岛国应急物资储备库”机制下的援助瓦努阿图任务，服务外交大局。

四 不断加强调控能力建设，供应链产业链安全稳定

一是开展产销合作稳定粮源保障。积极组团参加第五届中国粮食交易大会，参展参会规模、成交数量金额均居销区前列。参与举办2023黑龙江第十九届金秋粮食交易暨产业合作洽谈会，推动黑龙江省好粮油进入广东市场。省粮食和物资储备局与河北、新疆、贵州等省份粮食和物资储备部门签订省际粮食产销合作备忘录，重点加强与湖北、内蒙古、山东、湖北等8个粮食主产省份的产销对接，建立长期稳定的战略合作关系。广州市与齐齐哈尔市举办大豆产业链招商推介暨粮食经贸洽谈对接会。全年外省来粮超2200万吨，同比稳定增长，粮源得到有效保障。

二是规范粮食收购和政策性粮食交易管理。联合省发展和改革委员会等部门印发文件，部署做好全省早、晚稻收购工作，特别是抓好2023年粮油收购及政策性粮食销售监督检查，加大对未按要求进行收购备案等违法案件的处罚力度，切实保护种粮农民和粮食经营者合法权益，维护粮食收购市场秩序。完善粮食交易制度，推动修订《广东省省级储备粮竞价交易规则》，堵塞储备粮交易管理漏洞。

三是加强粮食市场统计监测预警。针对印度限制大米出口造成的国际粮食市场波动，密切跟踪、及时分析大米供需情况及国家米价波动影响，分析报告获省领导肯定批示。创新推动建立粮油市场保供稳市哨点机制试点。做好全省粮食流通统计特别是港口库存统计工作，加强基层粮食流通统计培训，省粮食和物资储备局被评为“2022年度全国粮食流通统计工作优秀单位”。

五 打造现代储备流通体系，基础设施建设加快向好

一是优化粮食仓储设施。省属中山直属库二期工程已进入土建施工阶段，汕头直属库二期、珠海直属库二期工程正在开展前期工作。部分市县中心库、骨干库建设进度加快，截至2023年11月底，全省尚未建成骨干粮库的16个县（区）骨干库项目已完工8个，其余均已开工。协调相关部门优先支持相关骨干粮库建设项目，饶平、清城、紫金、揭东、汕尾等5个项目共获得中央预算内投资9600万元。

二是提高科技储粮水平。推动绿色仓储提升行动，加强高标准粮仓建设和旧仓性能改造提升，全省共完成新建高标准粮仓仓容34.71万吨、旧仓升级改造仓容28.63万吨。省直属粮库气调、控温仓容均超90%，完成44座平房仓、东莞直属库立筒仓仓顶光伏低温仓建设。全省低温准低温仓容已提升至749.5万吨，提前完成“十四五”规划目标任务。

三是加快物资储备库建设。广东省暨广州市应急物资保障基地项目已开工建设，累计填土超20万立方米，基本完成管桩施工，初步设计和概算编制已完成，累计支付资金13082.46万元（占项目总投资48%）。佛山市物资储备综合基地项目顺利完工。全省救灾

物资储备库达到197个，基本实现省市县三级全覆盖。

六　持续规范安全监管体系，粮食安全底线守稳守牢

一是完善监管制度机制。出台《广东省省级储备粮质量安全管理细则》，规范省级储备粮质量管理。将省级储备粮入库验收质量检测机构由原省粮食科学研究所调整为第三方质量检验检测机构。编制《广东省粮食购销领域监管信息化规范》，省粮食和应急物资综合管理信息平台及企业库点信息系统上线试运行，实现地方储备粮数据全覆盖，监管数据质量在全国排名前列。

二是紧盯监管重点领域。扎实开展政策性粮油库存检查，全省检查政府储备粮油数量占库存总量比例高于国家要求8个百分点。全省地方储备粮质量安全抽检比例51%，储备库点覆盖率73%，采集新收获粮食样品1618份，抽检数量和比例均大幅超过国家考核要求。省级储备粮样品质量指标达标率、储存品质宜存率、食品安全指标合格率均达100%。省级储备物资检查实现全品类覆盖，检查发现问题整改完成率100%。

三是加大执法监督力度。深入开展“严监管强执法重处罚行动年”活动，开展执法督查工作业务培训2600人次；全省办理涉粮违法行政处罚案件155宗，比上年翻三番；核查12325全国粮食和物资储备监管热线投诉举报10件，向纪检监察部门移送涉嫌违纪问题线索8宗，形成严监管的有力震慑。

四是强化行业“两个安全”管理。修订《广东省“等级粮库”评定管理指导意见》，开展“等级粮库”评定，41家粮库获评AAA级粮库，14家粮库通过AAA级粮库复评。全系统扎实开展重大事故隐患专项排查整治2023行动、“安全生产月”、“安全生产南粤行”、“奋战六十天全年保平安”安全生产攻坚行动和“两个安全”培训暨应急综合演练。

七　强化科技法治人才支撑，可持续发展水平不断提升

一是提升领导干部履职能力。扎实落实国家粮食和物资储备局关于科技和人才兴粮兴储的重要部署，举办1期全省粮食和物资储备局长培训班、2期党员干部履职能力提升培训班，召开全省粮食和物资储备局长座谈会，提升各级粮食和物资储备部门领导干部履职能力。印发《广东省粮食和物资储备局关于全面推进法治机关建设的实施方案》，健全粮食行政执法队伍，充实执法力量，持续推动全系统干部依法行政能力提升。全省粮食和物资储备系统行政执法证持证人数达904人，其中省局在编干部的执法证持证人数比例首次超过70%。

二是强化粮食行业职业技能人才培育。积极推动评价机构申请和备案，举办粮食职业技能等级认定考评员督导员培训班，强化粮食职业资格和技能等级认定。组织选拔粮食行

业职业技能人才，参加第六届全国粮食行业职业技能竞赛决赛，代表团获得优秀团体奖三等奖、优秀组织奖，及个人二等奖1名、三等奖5名。2名高水平人才获第二批全国粮食和物资储备技能大师荣誉称号，并分别获准成立技能大师工作室。完成4个省级粮食行业技能拔尖人才工作室项目验收。制定1项储备物资品质监测省级团体标准。

三是加强创新科技推广运用。成功举办2023年广东粮食和物资储备科技活动周、广东省世界粮食日和粮食安全宣传周等活动，展示粮食和物资储备领域的新技术、新成果、新应用，突出信息化在推动粮食购销监管、节粮减损、粮食产业高质量发展、增强粮食和储备安全保障能力等方面的重要支撑作用。

八 不折不扣开展主题教育，党的建设取得扎实成效

一是加强党的创新理论武装。牢牢把握“学思想、强党性、重实践、建新功”总要求，做深做实“第一议题”制度和“五学联动”机制，扎实抓好必读和选读书目学习。举办学习贯彻习近平新时代中国特色社会主义思想读书班，组织党员领导干部讲好专题党课，举办专题知识竞赛和“微课堂”系列活动，全面深入学习贯彻习近平新时代中国特色社会主义思想。

二是突出问题整治整改工作成效。紧密结合主题教育、专项巡视巡察、两项审计等发现的问题，制定整改问题清单、任务清单、责任清单，明确责任单位、责任人和工作措施，持续抓好问题整改落实。主题教育、巡视、两项审计共发现和反馈问题36个，24项完成整改，12项取得阶段性成效。基层粮库项目、信息化建设进度滞后等问题整改取得积极成效。编制印发《广东省粮食和物资储备业务术语汇编（试编）》，各地反响良好。

三是推进全面从严治党。开展全系统“以案为鉴警示教育月”活动，通过召开警示教育会、交流研讨、实地廉政教育、廉政约谈提醒等活动，增强干部正风肃纪反腐、保障粮食安全的责任感紧迫感。印发《广东省粮食和物资储备局内部审计工作规则（暂行）》，组织开展下属单位主要负责人经济责任审计，切实发挥内部审计监督职能，有效防范经济和廉政风险。

四是推动调研成果转化。印发局调查研究工作方案，局领导班子带头深入基层、深入群众开展调查研究，形成调研报告9篇，完成调研成果转化10余项。其中，1项获2023年度国家粮食和物资储备局软科学课题立项，2项成果在全国有关会议上作汇报交流。《在“大食物观”引领下加强广东粮食安全保障工作的探索》获得2022年度粮食和物资储备系统优秀调研成果一等奖；《关于进一步完善和创新主销区粮食市场化收购机制助力乡村振兴的探索研究》被评为具有一定学术水平和实用价值的软科学研究成果。

撰稿单位：广东省粮食和物资储备局；撰稿人：程磊；审稿人：肖晓光

广西壮族自治区

一 坚持全面从严治党，党对粮食和物资储备行业的领导持续增强

扎实开展学习贯彻习近平新时代中国特色社会主义思想主题教育，组织开展集中理论学习90多次，专题读书班6期34天。选定稻谷补贴政策性粮食收购等21个调研课题，以全区粮食和物资储备事业高质量发展的新成效检验主题教育成果。推进基层党建“五基三化”提升年行动，制定完善创建“四强”党支部评价体系（试行）。扎实推进清廉机关、清廉学校、清廉国企建设，修订和制定出台19项规章制度，进一步扎牢制度笼子，驰而不息狠抓反腐败和作风建设。

二 扎实开展粮食安全责任制考核工作，压实地方粮食安全责任

按照自治区党委、政府的部署要求，梳理粮食和物资储备部门在国家落实耕地保护和粮食安全责任制考核任务，对照评分细则开展分析研判和自评打分。配合自治区党委督查室、自治区粮安考核办开展专项督查调研，跟踪指导地方粮食安全责任制落实。举办迎考培训班，部署推进考核指标落实各项工作。加强与国家部委对接联系，高质效报送各阶段考核材料。

三 实行稻谷补贴政策，粮食综合调控能力持续提升

与自治区财政厅等部门联合印发《广西2023年稻谷补贴实施方案》，安排补贴资金3.08亿元，在全区53个县（市、区）实施稻谷补贴收购政策性粮食80万吨。截至2023年年底，全区完成稻谷补贴粮食收购76.38万吨，占年度计划95.50%。2022年自治区新增的全区地方储备粮规模、食用植物油储备规模全部落实到位，口粮品种储备比例不低于70%，地方粮油储备库存充实。

四 应急储备体系建设稳步推进，保障能力持续提升

修订出台《广西壮族自治区粮食应急预案》。全区应急成品粮库存达历史高位，库存常年保持在储备规模的90%以上。落实应急供应网点1615家、应急加工企业272家、应急储运企业124家、应急配送中心85家、应急保障中心43家，均能发挥应急保障功能。强化应急救灾物资储备和在库管理，自治区本级应急救灾物资储备库存价值9529.35万元。高效完成中央及自治区应急物资调运3次1万多件，其中向北海市合浦县、柳州市调运防汛救灾物资装备1.08万件，实现"储得好、调得快、用得上"，南宁、贵港2个物资储备库列入全国物资储备库监管评估优秀库。

五 深入推动体制机制改革，物资和能源安全保障有力

超额完成自治区政府下达的全区猪肉储备任务。建立成品油储备包干轮换机制，全面完成国家下达的成品油采购入库任务，成为全国全面完成收储任务的7个省份之一。积极推进政府煤炭储备前期准备工作。高质量承办国家粮食和物资储备局在广西举办的全国粮食和物资储备改革发展座谈会，作相关经验交流发言。

六 重点项目建设全面提速，保安全促发展基础更牢固

安排自治区本级预算仓储设施建设和维修改造专项资金4165万元，完成新建和续建标准仓房仓容4.58万吨、维修仓容5.87万吨、低温准低温仓改造6.84万吨。钦州—北海—防城港纳入国家《"十四五"粮食仓储物流设施布局和建设规划》，明确作为全国粮食物流关键节点进行建设；广西（中国—东盟）粮食物流产业园区及南宁、柳州、桂林等市国家粮食物流重要节点项目建设加速，为融入"四横八纵"国家粮食物流枢纽建强基础。广西应急物资储备库、自治区粮油质量检验中心购置业务技术用房项目等重点项目已获得立项批复和专项资金支持。

七 扎实推进粮食购销领域整治工作，监管效能持续提升

深化推进粮食购销领域腐败问题专项整治，加强粮食流通执法监管，作出行政处罚117例，新颁布实施《广西壮族自治区粮食行政处罚自由裁量权基准制度（试行）》。加快推进粮食购销领域监管信息化建设，多部门联合印发信息化建设方案，组建工作专班，印发《广西粮库信息化建设指引》，已经上线广西粮食购销领域监管模块，自治区本级及各市县的390个储备、收纳库点链接自治区监管平台，实现政策性储备粮信息化监管全覆盖。

自治区粮油质量检验中心获国家粮食和物资储备局批准加挂“国家粮食质量安全检验监测华南中心”牌子，成为全国第二家国家级区域粮食质检中心。新增港南区、覃塘区、桂平市3个县级机构取得检验检测机构资质认定（CMA），粮食质量检验能力水平再上新台阶。

八　继续做强品牌培育人才，粮食产业发展取得新成效

以深入实施优质粮食工程为契机，投入1000多万元加大“广西香米”品牌宣传推介力度，“广西香米”入选第十三届中国粮油榜“中国粮油影响力公共品牌”；持续深化与粤港澳大湾区粮食产销合作，每年销往广东、香港等地的优质粮食超100万吨，品牌发展战略取得新成效。高质量承办第六届全国粮食行业职业技能竞赛，自治区代表队个人赛获2金4银2铜，团体获“优秀团体二等奖”、“优秀组织奖”、“优秀院校奖”，竞赛组织保障工作获得国家粮食和物资储备局主要领导批示肯定。推动粮食行业人才进一步提质扩量，局直属企事业单位2名干部职工获评“全国粮食和物资储备技能大师”；直属的广西工商职业技术学院被人力资源和社会保障部评为国家技能人才培训工作突出贡献单位，是自治区获得此殊荣的2家单位中唯一的院校单位。

撰稿单位：广西壮族自治区粮食和物资储备局；撰稿人：韦宗唐；审稿人：许瑾

海南省

一 深入开展学习贯彻习近平新时代中国特色社会主义思想主题教育

一是严密组织谋划。成立领导小组，研究制定“1+4”工作方案，制定工作任务一览表，建立主题教育中心组学习、读书班2个计划和专题调研、推动发展、“为群众办实事”、问题整改4张清单。先后召开18次领导小组会、6次办公室会、4次调度会，强化组织领导。

二是狠抓学习调研、检视整改。开辟主题教育专栏发布简报17期，安排两期9天主题教育读书班和5次主题教育中心组学习，班子成员带头开展11次研讨交流。围绕推动清廉粮食和物资储备系统建设等4项重点工作，班子成员先后8次带队深入13个市县和企业进行专题调研，召开座谈会15次、实地察看库站17个，制定成果转化措施10条。起底各类问题，召开7次领导小组会议和4次调度会部署、督导整改，逐项对账销号。

三是推动发展，建章立制。推进“绿色储粮、科技储粮”，2023年新增仓容9.42万吨，异地储备比例已下降至25.5%。陆续制定出台《海南省地方粮食储备管理办法》等法规制度。

二 严格落实耕地保护和粮食安全责任制

一是对考核指标落实情况进行监督指导，制定《粮食部门耕地保护和粮食安全责任制考核任务清单》，建立半月督导制度；局领导班子带头，局机关下沉基层指导58人次，做到市县全覆盖。

二是举办党政同责考核粮食部门考核指标讲解培训班，就粮食流通和储备考核指标、考核办法、评分细则进行详细讲解，指导市县把握好“国考”、“省考”粮食部门考核任务要点。

三是编撰印发考核信息，代拟相关制度文件。及时收集、梳理工作亮点和突出成效，编辑耕地保护和粮食安全党政同责工作信息，全年撰写考核信息上报国家考核办10篇，被采用2期；协同代拟《2023年耕地保护和粮食安全责任书》、《省考核办工作规则》等制度文件。

三　扎实推进粮食储备管理迈上新台阶

一是绿色仓储建设成效明显。全省共投资14.3亿元，新建高标准粮库25.2万吨，改造仓容5.6万吨，大力推广绿色储粮技术。政策性储备粮库综合损耗率为0.6%，低于全国平均损耗率。按照全省“一张网”理念，建成海南省粮食信息化管理平台并投入使用，高质量采集粮食购销流程“一手”数据。全省38个基层粮库和异地5个代储库点实现数据信息化和关键部位视频监控全覆盖。信息化建设经验2次在全国粮食和物资储备系统转发和作典型交流。

二是地方储备粮布局和品种结构进一步优化。依托省内新增仓容，通过合理统筹和精准调度，共将25.18万吨异地储备粮调回省内储存，异地储备粮比例从2022年的57%降低至25.5%，下降31.5个百分点。同时，加快推动市县成品粮食储备的落实，已有海口、三亚、文昌、琼海等15个市县完成3万吨的成品粮储备，成品粮储备市县覆盖率达83%，完成年度既定目标。

三是储备粮收储工作创新性开展。组织召开粮食产储对接会，大力推广临高县和文昌市“粮食种植+储备”的做法，2023年在全省推动储备粮本地化种植收储，试点建设了6个储备粮一体化种植基地，面积达1633公顷，复耕了撂荒地约266.7公顷。全省夏粮和秋粮收购期间，海口、文昌、琼海等10个市县开展储备粮本地化收储共3.53万吨，占地方储备稻谷轮换量的44%，较2022年全年收储的1.44万吨，提升145%。

四是粮食管理制度建设实现新跨跃。以省政府规章形式出台实施《海南省地方粮食储备管理办法》，对储备和经营风险隔离、计划管理、收储管理等作出全面制度安排。与之配套的《海南省地方储备粮仓储管理办法》等5个办法也相继印发并同步实施，构建形成“1+5”的粮食储备制度体系，提升依法管粮水平。

五是坚持党建引领，党建与业务工作相互融合促进。聚焦主责主业，实施“党建+标准仓建设、规范管理、科技创新、安全生产、队伍建设”创建标准，全省共创建9家储备粮标准仓规范库，推动建立粮食储备库基层党组织保障体系，粮食储备库基层党组织的战斗堡垒作用发挥明显。

六是粮油应急保供能力进一步提升。健全粮食应急保障体系，全省共签约粮食应急供应网点341家，应急储运企业26家，应急加工企业87家，应急配送中心35家，形成“城区及主要镇区1小时、周边乡镇2小时、边远乡镇3小时”送达的全省“123”粮食应急保障圈。

四　从严强化粮食流通执法监管

一是着力执法督查体系建设。针对“一支队伍管执法”的实际，指导市县建立与综合行政执法、市场监管部门协同联动监督执法机制，构建“互联网+信用+监督”监管机制，海南省内中央储备粮央地监管协同机制，全方位推进粮食购销监管体系建设。

二是强化日常巡查。贯彻落实国家粮食和物资储备局粮食购销定期巡查制度，印发《关于进一步规范粮食购销定期巡查工作的通知》，督促指导市县粮食和物资储备部门对辖区内粮食收储企业开展一年4次全覆盖巡查，充分发挥巡查“利剑”作用，压实粮食购销属地监管责任。

三是推进“重监管严执法强处罚行动年”活动。将粮油收购及政策性粮食销售监督检查作为持续深化粮食购销领域腐败问题专项整治的重要抓手，会同省发展和改革委员会、省财政厅、省农业发展银行组织开展全省政策性粮油库存检查，扩大省级交叉检查范围达到全覆盖，抓实库存检查发现问题整改工作，强化对地方储备粮食监管；组织粮食流通统计调查制度执行情况、夏秋粮收购、新入库夏粮库存检查等专项检查。从严查办涉粮案件，处理40多人次，行政处罚27例，罚款40200元。

四是严抓安全生产。组织开展宣传教育和应急演练，结合“安全生产月”活动，抓好安全生产事故警示教育，组织开展安全隐患排查，抓好重要节假日期间安全生产督导检查，建立问题和隐患台账，对重大事故隐患挂牌督办，严防各类事故发生。

五 稳步推进物资储备管理

一是物资储备库存充足。收储和调配机制健全，在库的冻猪肉和生猪质量良好、储存安全、价格平稳，能满足全省城镇常住人口和平均过夜旅游人数总和4.5天的消费量。汽油和柴油政府储备从无到有，能源安全基础逐步夯实。

二是物资储备管理有序。抓好省级常规储备冻猪肉日常监管工作，开展储备冻肉的月末数量盘点、组织质量检验、安全生产检查等日常监管，确保在库储备冻猪肉数量真实、储存安全和质量合格。首次建立的汽油和柴油政府储备管理也已出台相应管理制度，并组织采购入库。

六 全面从严治党

一是切实加强党风廉政建设。针对全省粮食系统发生的违纪违法问题教训，先后开展“以案为鉴警示教育月”、系统党风廉政建设调研、系统清廉建设研讨交流、系统“以案三促”专题党课、参观全省党员干部警示教育巡回展五项活动。通过干部职工大会、党务干部培训、琼粮思政大讲堂等形式，4次传达上级违纪违法问题案例通报，发挥震慑作用。加强纪检经常提醒和专项监督，坚持重大节假日节前廉洁提醒，局机关纪委先后29次派员现场监督储备粮承储企业遴选、信息化项目建设、产业经济课题采购等具体工作，及时发现和纠正问题。

二是持续推进粮食购销领域专项整治和审计整改工作。持续推进粮食购销领域专项整治整改，将全系统粮食购销领域专项整治自查自纠、市县巡察反馈、省委巡视组反馈等三类问题1001条，统一纳入调度督导范围，对带有系统共性的仓储设施建设、“亲友圈”等问题进行重点督导，坚持月调度季通报制度，全省全覆盖督导检查2次，抽查2次，通报3次，已整改993条，整改完成率99.2%，省局43条和系统共性问题4个已全部整改。

撰稿单位：海南省粮食和物资储备局；撰稿人：杨进；审稿人：黄泰平

重庆市

一 不断夯实粮食安全保障责任

一是高度重视粮食安全工作。重庆市市委书记、市长坚决扛起粮食安全第一责任人职责，将粮食安全工作作为市委全会、政府工作报告的重要内容，定期召开专题会听取并研究部署耕地保护、粮食生产等重点工作，推动解决粮食安全重大问题。

二是明确市委常委会、市政府领导班子及其成员耕地保护和粮食安全工作职责。细化分解19项年度控制目标和54项工作具体要求，逐项明确责任市领导、相关责任部门、单位，组织签订耕地保护和粮食安全责任书，将量化目标任务分解到各区县，层层传导责任压力。

三是建立完善考核机制。成立重庆市耕地保护和粮食安全考核工作组，建立耕地保护建设、粮食和重要农产品保供专班，统筹协调解决耕地保护和粮食安全重点难点问题。扎实开展市级储备粮储备安全管理和政策执行情况考核，逐级压实储备企业粮食安全主体责任。

二 推进粮食领域立法修规，落实依法治粮管储

一是推进地方粮食领域立法修规。重庆市委、市政府高度重视粮食安全立法工作，为切实做好地方政府储备粮食企业政策性职能与经营性职能分开工作，出台《关于做好地方政府储备粮食企业政策性职能和经营性职能分开的指导意见》，连同已出台的《重庆市地方粮食储备管理办法》及已印发的12项行政规范性文件和8项政策文件，基本形成全市粮食储备管理法规政策体系。

二是推动粮食安全保障立法。《重庆市粮食安全保障条例》作为地方性法规，纳入2024年市政府立法工作计划预备项目，加快推进立法进程，适时启动审议程序。

三 加强地方储备粮食管理，粮食安全保障有力

一是完善多层次储备体系。通过市级储备与区县级储备、原粮储备与成品粮储备、政策性储备与社会责任储备结合的方式，构建政府与企业功能互补、权责清晰、管理科学、运转高效、保障有力的粮食多元储备体系，持续优化地方储备区域布局和储粮结构，夯实粮食安全保障物质基础。

二是健全储备管理机制。引导政府储备粮食承储企业聚焦主责主业结合企业实际，落实地方政府储备粮食企业政策性职能和经营性职能分开工作，有效堵塞漏洞，防范化解重大风险，维护粮食安全。

三是推进仓储设施建设。印发《关于进一步加强仓房（油罐）安全管理的通知》，强化对仓房（油罐）的管理。布局新建一批地方储备库，进一步优化全市粮食储备库点布局。争取粮食等重要农产品仓储设施建设专项中央预算资金4500余万元支持荣昌区和巴南区粮食储备库建设。

四是提升科技储粮水平。全面建成“重庆市粮食流通管理信息平台及粮库信息化系统”，实现全市地方政府储备库点信息化全覆盖。通过粮食储备安全和应急保供专项、仓储设施设备维修改造、优质粮食工程争取市级财政资金约2.2亿元，大力推动绿色储粮、生态储粮、环保储粮、节能储粮。

五是强化收购信贷资金保障。持续开展“政企银”对接，协调金融机构落实政策性粮食收储及轮换信贷资金，积极支持市场化收购融资。

四 优化粮食加工产业布局，粮食产销协作稳步推进

一是积极推进粮食行业供给侧结构性改革。加快粮油产品和产业结构调整，培育壮大粮食企业，优化粮食加工结构布局。金沙河面业年加工100万吨项目一期建设完成，全市日处理小麦能力大幅度提升。支持市储备粮公司新建3条大米加工生产线，有效增强区域应急加工能力。2023年全市涉粮加工企业工业总产值同比增长约13%。

二是加强央地协作。充分利用《川渝粮食安全战略合作协议》，推动中储粮集团公司在万州区、涪陵区布局粮食仓储物流项目，中粮集团在涪陵区布局粮食智能化加工项目，建成后将逐渐形成集粮食收购、仓储、运输、加工、销售于一体的粮食产业集群，提升粮食产业竞争力。

三是深入实施优质粮食工程。支持9个项目，总投资0.73亿元。进一步加强绿色科技储粮技术应用，持续提高科技储粮水平，增强粮食应急保障能力，促进粮食产业高质量发展。

四是强化标准引领。完成《重庆好粮油　压榨菜籽油》、《重庆好粮油　高山优质大

米》团体标准修订，启动新制定2项“重庆好粮油”团体标准。开展“重庆好粮油”产品遴选，进一步提升“重庆好粮油”产品知名度和美誉度。

五是加强产销协作。组织市内粮油企业参加第五届中国粮食交易大会，集中展示120余种重庆好粮油、地方特色、全国脱贫地区优质特色粮油产品和农副产品，宣传推介“重庆小面”，全面展示重庆粮食行业发展成就。

五 完善粮食应急供应体系，应急调控能力有效提升

一是组织开展粮食应急预案培训演练。2023年重庆市粮食应急安全生产培训暨粮食应急演练在重庆市涪陵区举行，进一步提升全市粮食应急处置能力和应对突发事件能力，落实安全生产属地监管责任。

二是建立以原粮和成品粮储备为基础，应急加工企业、应急供应网点、应急配送中心、应急储运企业等为支撑的市区两级粮食应急保供体系。根据粮食应急加工需要，扶持一批靠近粮源或重点销售地区、交通便利、设施完善且常年具备加工能力的大中型粮油加工企业，作为应急加工指定企业，承担应急粮食加工任务。

三是通过国家粮食应急保障信息系统对1915家粮食应急保障企业、网点进行动态管理。利用重庆市粮食流通管理信息平台实现在线调度，有力保障米面油市场供应稳定。

六 坚持粮食市场监测分析，监测预警作用充分发挥

一是加强粮食市场监测。精准研判形势，防范化解粮食领域风险隐患。依照《重庆市新型粮食市场监测预警体系工作方案》，发挥市粮食监测预警会委员和市级分析师团队作用，加强市场监测预警，定期组织分析粮油市场行情、价格趋势，研判粮食供需形势，准确把握粮食市场运行趋势。

二是强化监测预警成果运用。充分运用粮食部门数据信息、粮食市场监测预警和分析会商成果，加强资源整合共享，形成分析材料，增强粮情监测预警体系的系统性前瞻性时效性，提高粮食市场监测预警服务行业、服务社会的能力和水平。

七 开展促进节粮减损工作，科普宣传活动成功举办

一是发挥制度引领作用。印发《重庆市推进粮食产后节粮减损工作措施》，通过加强储备管理，提升绿色储粮能力，优化粮食加工工艺，倡导科学合理饮食等，减少收储、加工、消费等环节粮食损耗浪费，加强粮食损失浪费管控。

二是开展粮食储存环节损失损耗调查。强化农户科学储粮工作指导宣传，调研指导农

户科学储粮工作，完成农户新型经营主体储粮损失调查703户，粮库储粮损失损耗调查31个，对粮食损失损耗情况进行摸底。

三是开展爱粮节粮宣传活动。成功举办粮食科技活动周、世界粮食日和全国粮食安全宣传周，组织开展粮食安全主题作品征集、科普宣传、线上论坛等系列宣教活动。全市累计举办各类科普宣传活动280场次，倡导树立“科学用粮、节约用粮”的意识和“爱惜粮食、节约粮食”的传统美德。

八　深入推进全面从严治党，党建工作不断提高

一是强化政治建设。严格履行全面从严治党主体责任，严格执行民主集中制，坚持“三重一大”集体决策，认真落实党员干部直接联系群众制度，营造风清气正政治生态。坚持全面从严治党和粮食业务工作同部署同安排同推进，全面提升党的领导力组织力。

二是强化理论武装。把开展学习贯彻习近平新时代中国特色社会主义思想主题教育作为重大政治任务，强化理论学习、调查研究和检视整改，推动主题教育取得实效。深入学习宣传贯彻党的二十大精神，举办“深入理解和把握中国式现代化”等专题培训班，开展“榜样面对面”党的二十大精神宣讲活动，持续做好党的二十大精神的学习宣传。

三是强化廉政教育。组织党员干部集中观看市纪委监委警示教育片。部署“党风廉政建设月”活动，通过召开党风廉政建设专题会议、开展党支部主题党日，教育引导党员干部进一步增强纪律意识，切实筑牢拒腐防变思想防线。

撰稿单位：重庆市粮食和物资储备局；撰稿人：张雷、卿云方；审稿人：刘淑云

四川省

一 粮食生产及流通

2023年，四川省粮食总产量3594万吨，比上年增加83.5万吨，增长2.4%，继2021年后再创历史新高，粮食总产量继续稳居全国第9位，增幅在13个粮食主产省中居第3位。

一是做好粮食收购与销售。及时下发粮食收购工作通知，压实责任、细化举措，确保有人收粮、有仓装粮、有钱收粮、有车运粮。深入成都、德阳、绵阳、乐山、眉山等市调研，了解掌握收购形势，督促指导收购工作，切实保护种粮农民利益。全年收购粮油228万吨，销售粮油1986万吨。

二是抓好粮油保供稳市。定期开展粮食收购、价格、进度等市场动态监测，持续跟踪研判粮食收购形势，准确把握市场行情。重点做好成都市、“三州”，以及“两会”、“两节”等重点地区、重要时点粮食市场供应工作，特别是有效保障了成都大运会期间粮油市场供应。与陕西、甘肃、宁夏、新疆、青海等省份签订《关于进一步共同建立陕甘宁新川青六省区粮食安全保障互联互保机制框架协议》，与宁夏回族自治区签订《粮食产销合作协议》，加强粮食供应保障合作，搞活市场流通，通过地区协同运作、同向发力、形成合力，共同保障国家粮食安全。加强粮食应急保障网点建设，建成粮油应急保供骨干网点5186家，开展粮食应急演练培训，强化应急保障能力。

三是做好粮油竞价交易。2023年，国家粮食四川交易中心成交各类粮油共计319万吨，成交金额122亿元。

二 粮食流通体制改革

一是开展规章制度“立改废释”。对2018年机构改革以来出台的行业管理各项法规制度进行全面清理，健全完善粮食和物资储备管理制度体系，推动粮食和物资储备管理制度化、规范化，全面提升依法治理能力，印发《“以案为鉴、以案促改、以案促治”专题活动规章制度汇编》。

二是深化储备企业改革。认真落实“四川省地方政府粮食储备企业政策性职能和经营性职能分开”改革部署，推动省政府出台《关于推进四川省地方政府粮食储备企业政策性职能和经营性职能分开的指导意见》，配合组建省级储备粮管理集团公司，253家地方政府粮食储备企业全面完成改革任务。

三是深化储备方式改革。在全国率先探索建立省级粮食储备管理费用动态调整机制，首次实施后，稻谷由300元/吨提高到430元/吨，小麦由170元/吨提高到200元/吨，玉米由100元/吨提高到120元/吨；甘孜、阿坝、凉山及攀枝花等民族地区的稻谷、小麦轮换费用，在全省平均费用标准的基础上，分别提高100元/吨、40元/吨。

四是深化储备监管改革。出台《四川省省级储备粮验收管理办法（试行）》、《四川省省级储备粮轮换管理办法》，对40家重点承储企业开展省级储备粮年度“首考”，不断提升储备粮购销存全流程监管水平。完善跨部门粮食执法监管协作机制，围绕夏秋粮油收购、地方政策性粮食定向销售等重点任务开展联合执法检查。

五是持续提升“一网通办”能力。完善《四川省粮食收购企业备案管理办法（试行）》网上办理常见问题的处理办法。扎实推进“川渝通办”落地落实，推动川渝两地粮油市场价格监测行情“互联互通”，“四川政务服务网实现数据同源问题数”考核指标由66.7%提升到100%。2022年度，四川省粮食和物资储备局获得省直机关“一网通办”B组第3名。

三 粮食流通监管

一是加强粮食流通监督检查。完善粮食购销定期巡查工作机制，组织各市（州）每季度全覆盖开展巡查。抽调345名专业人员组建35个检查组和4个省级抽查组，交叉检查政策性粮油，检查粮油数量较2022年增加41.3%。截至2023年年底，库存检查发现246个问题均完成整改，作出行政处罚22例。积极配合加强中央事权粮食监管，选派12名专业骨干支持国家粮食和物资储备局四川局交叉检查工作，协助湖南省、云南省垂管局检查在川租仓储存中央事权粮食。认真开展“严监管强执法重处罚行动年”活动，全省查处涉粮行政违法案件382例，罚款24万元、没收违法所得66.5万元，超前两年查处案件数量总和，有效震慑违法违规行为。用好12325监管热线，广泛接受监督，2023年，受理12325举报线索6件。

二是落实耕地保护和粮食安全党政同责考核。量化设置2022年度粮食安全党政同责47项考核指标、86项评分细则，严格打表评价市（州）落实粮食安全党政同责情况。分管省领导召开考核集中约谈会，对考核排名后五位的市（州）进行约谈，督促各地切实整改考核发现问题，健全本地保障粮食安全长效机制。充分发挥考核“指挥棒”作用，将考核结果纳入对市（州）和省直有关部门（单位）党务、政务目标管理，作为各级党委和政府、各单位综合绩效目标考核重要参考。积极配合做好落实耕地保护和粮食安全责任制考核工作，履行粮食安全小组牵头单位职责，配合制定《四川省落实耕地保护和粮食安全责任制考核办法》和考评细则，与市（州）党委、政府签订责任书，赴乐山市、泸州市开展耕地保护和粮食安全责任制考核省级联合抽查。

三是强化粮食监测预警。建立国家和省级粮油市场价格监测直报点116个，做到粮油品种、价格监测全覆盖，按10元/条的标准，对省级粮油价格监测点给予补助。加强日常指导检查，完善市场信息采集、登记、上报制度，确保监测数据及时、真实、准确、全面，向国家粮食和物资储备局上报52期价格监测周报，准确反映出四川省粮油市场行情变化。全年形成月度价格监测分析24期。

四是加强粮食仓储管理。严格落实“一规定两守则”，认真执行安全储粮相关制度标准规范，扎实做好夏季安全储粮工作，开展安全检查1034次，参加人员3566人次，检查企业534个次，检查储粮数量423.7万吨，发现并整治安全储粮隐患139个。督促指导全省247家国有粮油仓储企业开展规范化管理评价，207家评价为A类，占比83.8%。持续实施《低温储粮技术操作规程》地方标准，推动实现绿色低温储粮高质量、高营养、高效益和低损耗、低污染、低成本的“三高三低”目标。利用现有低温库仓顶资源，累计投入省级补助资金1.9亿元，支持建设“仓顶阳光”项目76个，应用覆盖仓容350万吨，降低低温储粮用电成本40%~50%。

四 粮食流通体系建设

一是深入推进优质粮食工程。深入实施绿色仓储提升行动，投入省级财政补助资金3.2亿元，建设高标准粮仓73.4万吨、灾后重建项目3个、“三州”地区改建项目8个，四川省低温储粮仓容占完好仓容51%。深入实施粮食品种品质品牌提升行动，投入省级财政补助资金8000万元支持8个县（市、区）开展项目建设。深入实施粮食质量追溯提升行动，建成粮食质检机构108个，制定省级储备粮验收管理办法，规范入库验收流程，检测效率大幅提升60%；新增19个粮食产后服务提升项目，拓展服务中心功能，优化烘干能力布局。持续深化“天府菜油”行动，“天府菜油”连续4年上榜“中国粮油影响力公共品牌”，品牌价值超100亿元，带动全省入统粮油企业产值超2700亿元。建设“天府菜油”产业融合发展县66个，举办第十一届中国油菜籽产业发展大会“天府菜油”展、“鲁川新”粮食产业发展合作洽谈会，深化省际产销合作。20家企业47个产品获得“天府菜油”品牌使用授权，5个授牌产品荣获“中国好粮油”称号。

二是建设粮食仓储物流体系。实施四川省（青白江）现代粮食物流加工产业园提升等中央预算内粮食基础设施项目，构建运行高效的粮食物流通道体系。应用新型专用散粮、集装运输装备及配套装卸设备，依托成都市、泸州市、宜宾市等9个陆港（港口）型城市，建设粮食物流核心枢纽和关键节点，减少物流运输环节粮食损耗。修订印发《四川省国有粮油仓储物流设施保护实施办法》，严格实行粮油仓储物流设施处置工作分级管理。下发《关于做好国有粮油仓储物流设施处置管理的通知》，细化落实粮油仓储物流设施淘汰、更新及保护措施，确保国有粮油仓储物流设施保护及动态管理机制完善、运行良好。

五 物资储备与应急保障

一是认真做好救灾物资采购入库工作。会同应急、财政部门提出采购计划及资金的请示，并报省政府。主动对接应急部门明确采购物资技术参数，严格规范采购流程，加强合同执行管理，全年完成85.9万件救灾物资采购入库，累计拨付货款15349万元。

二是提升救灾物资就近保障能力。加强分析研判，加大省级救灾物资前置规模，首次实现省级救灾物资布局21个市（州）全覆盖，切实提升救灾物资就近保障能力，强化大震巨灾应对准备。

三是加强救灾物资储备管理。认真学习《中央应急抢险救灾物资储备管理暂行办法》，会同应急管理厅、财政厅制定出台《四川省省级救灾物资储备管理暂行办法》、《关于推进"十四五"期间应急救灾物资储备库建设的指导意见》。赴云南省、重庆市，调研学习省级物资储备管理经验。组织召开全省物资储备管理视频培训会，对救灾物资采购入库、储存、调运、安全生产等进行培训，重点提升基层一线储备管理水平和物资应急保障能力。

四是强化应急准备。制定印发《关于进一步做好"七下八上"防汛关键期省级生活类救灾物资保障工作的通知》、《关于做好2023年全国防灾减灾日有关工作的通知》、《关于做好今冬明春低温雨雪冰冻灾害防范应对工作的通知》，积极开展灾害风险基本知识和防范应对技能宣传教育，扎实做好应急保障准备。组织四川省救灾物资储备中心开展应急调运演练，提升应对重大突发事件省级救灾物资保障能力。确保关键时刻拿得出、调得快、用得上。

五是做好地震灾区救灾物资保障工作。甘肃省临夏州积石山县6.2级地震发生后，组织省救灾物资储备中心提前落实人力运力，迅速启动应急物资调拨预案，及时完成5万床棉被、5万件棉大衣共30车省级救灾物资装车发运，全部安全运抵灾区，支援甘肃省、青海省抗震救灾。全年，向全省20个市（州）发放15万件御寒物资，保障受灾困难群众温暖过冬。

六 信息化建设

一是强化制度建设。联合四川省发展和改革委员会、四川省财政厅、四川省政府国有资产监督管理委员会、四川省市场监督管理局建立四川省地方储备粮监管信息化提档升级建设协同工作制度，统筹一体推进项目建设。统一全省粮食购销领域监管信息化建设标准和方式，制定《四川省粮食购销领域监管信息化规范》、《四川省地方政府储备粮监管信息化提档升级建设方案》，推动省级平台和粮库端同步建设。印发《四川省政策性粮食购销领域监管信息化建设项目管理办法（试行）》，全过程规范专项建设管理。

二是落实资金保障。四川省发展和改革委员会安排省预算内资金1730万元，全额保障省级平台提档升级项目建设。协调省级财政，拟投入9000余万元，对全省政策储备粮承储粮库监管信息化终端硬件建设资金，按比例予以奖补。

三是狠抓建设推进。将各地的资金落实情况纳入耕地保护和粮食安全责任制考核内容，压紧压实建设责任。采取“片区负责+技术指导+每日通报”形式，明确23项重点任务，开展全系统调度5次，印发通知10份，动态通报全省信息化建设推进情况，运用远程连线、视频辅导等方式指导信息化建设，推动项目建设由“施工图”变成“实景图”。建立培训制度，片区轮训、定点联系，对市、县粮食和物资储备行政管理部门和承储企业全覆盖实地轮训1遍，举办各类培训34场次、3万余人次。

四是实现地方政策性粮食信息化全覆盖目标任务。全省政策性粮食承储库点全部按规范完成基础数据录入，实现地磅、粮温等数据直采，库存覆盖率达100%。15000余路视频监控上传至四川省级粮食管理平台和国家粮食和物资储备局平台，实现仓内、关键点位全覆盖，整体在线率98%以上。

七　节粮减损

一是稳步提高绿色储粮技术水平。大规模实施绿色低温储粮工程，已累计投入资金约17亿元，补助297个库点建设低温库仓容720万吨，实现地方储备低温储粮全覆盖。自2022年起，已连续3批次补助省级促进粮油产业高质量发展资金5.56亿元，支持23个库点新建高标准粮仓130.25万吨，其中56.85万吨即将投入使用。制定并实施地方标准——《低温储粮技术操作规程》，为低温储粮技术规范运用提供科学指导。

二是坚持粮油仓储规范化管理。修订完善《四川省粮油仓储企业规范化管理评价办法》，连续2年组织开展评价，全省国有粮油仓储企业评价为A类（优秀）等次占比87%以上。将企业规范化管理评价类别结果作为省级储备承储库点选定条件和依据，强化结果应用，提升粮油仓储管理综合实力，减少粮食储存环节损失损耗。

三是充分发挥产后服务中心作用。建成专业化粮食产后服务中心347个，年均清理、烘干粮食150万吨以上，节粮减损约3.8万吨，助农增收约1.1亿元。应用新型专用散粮、集装运输装备及配套装卸设备，依托成都市、泸州市、宜宾市等9个陆港（港口）型城市，建设粮食物流核心枢纽和关键节点，减少物流运输环节粮食损耗。支持四川粮油批发中心直属储备库等企业运用散储、散运、散装、散卸技术，建设自动化接卸系统，降低粮食运输装卸中的损耗。

八　机关党建与文化建设

一是推动机关党建工作高质量发展。坚持以政治建设为统领，强化政治机关意识，不断提高政治判断力、政治领悟力、政治执行力，自觉在思想上、政治上、行动上与以习近平同志为核心的党中央保持高度一致。持续强化理论武装，严格落实“第一议题”制度，及时跟进学习习近平总书记最新重要讲话和指示批示精神。推动落实《四川省机关党建“三级五岗”责任清单》，全面落实党建工作责任。坚持大抓基层鲜明导向，严肃规范党内政治生活，不断增强基层党组织政治功能和组织功能，积极开展“四好一强”领导班子、“五好党支部”、离退休“六好党支部”创建活动。

二是高标准开展学习贯彻习近平新时代中国特色社会主义思想主题教育。把开展学习贯彻习近平新时代中国特色社会主义思想主题教育作为重大政治任务，通读精读研读指定学习资料，增加《习近平关于国家粮食安全论述摘编》为必读书目，开展集中学习研讨15次；坚持问诊式调研，局领导班子成员牵头负责4个重点调研课题，全局形成23篇高质量调研报告，同步开展成果转化；聚力破解行业深层次矛盾问题，各项整改整治工作稳步推进。四川省粮食和物资储备局主题教育开展情况获省委巡回指导组高度评价，并作经验交流。

三是坚定不移正风肃纪。落实中央八项规定精神，不断夯实党风政风。修订完善基层党组织书记、纪检干部落实党内监督“三个清单”，推动压力层层传导延伸。创新推进廉洁文化建设，两批次组织机关党员干部、直属各单位班子成员及其家属子女80余人，开展参观廉洁文化教育基地等系列活动。制发《四川省粮食和物资储备局党员干部操办婚丧喜庆事宜实施细则》，严格执行领导干部违规插手干预重大事项记录报告等制度。

撰稿单位：四川省粮食和物资储备局；撰稿人：李向东；审稿人：柳易

贵州省

一 改革创新工作

推进《贵州省粮食安全保障条例》部分条款修订，研究制定《贵州省储备成品粮油管理办法（试行）》，推动建立粮食企业社会责任储备，社会责任储备规模达2.82万吨，社会责任储备企业达87家，推动完成省市县三级国有粮食企业政策性和经营性职能分离改革，省粮食储备集团完成组织架构搭建、职能部门设置，实现正式挂牌、整体运营，推进省级和贵阳市“储备轮换加工结合”试点，累计成交3.1万吨储备粮，省人民政府办公厅出台《贵州省粮食收购管理办法》，组织企业入市收购，全省粮食收购备案企业820余家，收购粮食50.33万吨，省级粮食储备实行统一贷款、统一轮换、统一采购、统一销售，全年节省利费开支和降低轮换成本1.07亿元。

二 保障粮油市场稳定

省市县三级储备粮已纳入贵阳国家粮食交易中心平台进行竞价交易。贵阳国家粮食交易中心共成交139.57万吨，成交金额53.77亿元。与黑龙江、安徽、云南等10个省份签订粮食产销和供应保障战略合作协议，产销合作省份已达18个。开展粮油市场监测预警，完成国家级价格监测周报50期，夏秋粮油收购进度五日报39期，粮油购销统计月报12期，粮油市场价格分析24期。建设完成贵阳粮食应急保障基地和8个市（州）粮食应急保障中心。全省有粮食应急加工企业329家、粮食应急配送中心220家、应急储运企业121家、应急供应网点2280家，粮食应急预案98个，实现省市县三级粮食应急预案全覆盖。

三 落实物资储备任务

制定完善省级食糖、成品石油、医药储备管理制度。建立了价值近亿元的省级医疗物资，完成省级成品油储备任务。推进仓储项目建设。争取到近10亿元资金，推进11个省级粮油仓储设施项目建设。直属库油罐、遵义、六盘水、黔南、黔西南等5个项目进入实质性建设阶段，完成贵阳、毕节、威宁、铜仁、安顺、黔东南等6个项目已完成项目选址工作和可研报告编制。推动37个市县级在建粮油仓储设施项目建设，建成仓容87.5万吨、罐容9.08万吨，完成投资42.58亿元。省应急物资（医药）储备保障中心（一期）项目竣工验收。

四　推动粮食产业发展

推进10个第二期优质粮食工程示范县建设，对六盘水市盘州市、贵阳市开阳县等授予“贵州省第二期优质粮食工程示范县”称号。印发《省粮食和储备局　省工业和信息化厅　农发行贵州省分行关于印发支持粮油加工企业发展的工作方案的通知》，累计下达“粮信贷”1.98亿元支持粮油加工企业。拨付省级财政资金2566.50万元，支持18个粮油加工能力提升重点项目建设。

五　严格粮食安全责任制考核

完成耕地保护和粮食安全责任制“国考”预监测和自评估，对落实情况实行全闭环管理。开展“省考”分片“包干督导”，将粮油储备、加工能力提升纳入省对市县高质量发展绩效评价指标体系。对9个市（州）落实粮食安全责任制实施督查激励，对六盘水市、黔东南州、贵阳市三个获得优秀等次的市州分别给予300万元资金及项目支持。

六　加强粮食安全监管

开展“严监管强执法重处罚行动年”和“以案为鉴警示教育月”活动，处理入库粮食质量争议19起。开展库存粮食数量、质量年度检查，以检查的结果来看，全省储备粮食数量真实、质量良好、储存安全。年内采集检验新收获夏秋粮油样品756份，完成省级储备轮换平仓粮食入库检验收工作，入库粮油质量符合地方储备粮油质量要求。推进粮食购销领域信息化建设，构建省级管理平台储备监管、仓储监管、购销监管、穿透式监管、物资监管、督查考核、规划建设、机关事务、公共服务9大功能模块；完成157个市县级储备库购销监管信息化建设，数据合格率超过99%，视频在线率超过98%。

七　强化干部队伍建设

开展干部教育培训，选派领导干部参加新时代学习大讲堂时代专题讲座6期，举办县处级以上领导干部学习贯彻党的二十大精神集中轮训班1期。会同国家粮食和物资储备局贵州局、国家粮食和物资储备局四川局委托厦门大学举办2期干部综合素能提升培训班，选派15名干部参训。实施“人才兴粮”工程，依托贵州食品工程职业学院，举办2期粮油质量检验员（初级）职业技能培训；举办2期仓储管理员（初级）职业技能培训，开展2023年全省行业职业技能竞赛——第二届全省粮食行业职业技能竞赛（初赛），择优选拔14名选手参加第六届全国粮食行业职业技能竞赛（决赛）。

撰稿单位：贵州省粮食和物资储备局；撰稿人：严峻；审稿人：彭显华

云南省

一　政治领航持续促进

一是扎实推进主题教育走深走实。举办专题读书班，开展18个重点课题调研，严肃召开专题民主生活会，深入查摆整改问题，干部职工“有知”“有劲”“有用”“有为”的精神得到培树，落实工作实现了从推到担、从慢到快、从劣到优的明显转变。

二是坚持严的基调推进党风廉政建设。召开全省系统全面从严治党工作部署会，开展“清廉粮储”建设十大行动，实施政治生态治理40条措施，扎实开展作风建设专项整治和政治素质考察等工作，实现了从软到硬、从松到紧、从宽到严的转变。

三是全面加强基层党的建设。指导国有粮食企业开展“支部建在粮库，党旗插在粮仓”行动，基层国有粮食购销企业领导班子成员和关键部门负责人实现100%轮岗交流，基层党的建设明显加强。基层党组织政治功能和组织功能不断强化，实现了从弱到强、从小到大、从虚到实等方面的转变。

二　储备保障乘势而进

一是优化调整储备布局和品种结构。制定出台优化云南省地方储备粮规模布局和品种结构政策，及时下达增储任务规模保底计划，加强日常管理和工作调度，完成年度下限保底计划任务。

二是认真做好收储轮换工作。制定并督促落实粮食最低收购价政策，全省在夏粮、秋粮收购期间没有出现农民卖粮难问题，2023年全省入统企业收购粮食50万吨，有效止住了连续几年大幅下滑的趋势。落实地方储备粮轮换调度和月通报制度，轮换工作平稳有序，确保粮食量足价稳。

三是积极筹集粮源。搭建“引粮入滇”平台和渠道，与河南、黑龙江、吉林等6个粮食主产省份、企业签订产销合作协议。2023年，从省外调入粮食636.87万吨、食用植物油

26.93万吨，不断丰富省内粮油供给。

四是健全完善应急保障体系。制定印发省级政府储备粮动用方案，加强粮油市场监测和预警，全年发布周报55期、月报10期。应急机制不断完善，与邮政、菜鸟、京东物流、南方航空护林总站等企业（单位）签订战略合作协议，与47家省内大型粮油配送企业签订省级粮食应急保障协议，建有粮食应急保障企业3090家，组织省市县三级联合应急演练。积极参加国家“应急使命·2023”联合救援演习。进一步优化调整全省救灾物资布局，不断健全完善应急保障体制，全省储备中央、省、市、县救灾物资涵盖40个品类，确保了关键时刻拿得出、调得快、用得上。

三 重点工作齐头并进

一是认真落实粮食安全党政同责要求。推动成立由省委书记、省长任“双组长”的云南省耕地保护和粮食安全责任制工作领导小组。制定实施落实耕地保护和粮食安全责任制“一方案一办法两清单两责任书”，形成了上下同向发力抓落实的良好局面。

二是全面深化粮食购销领域腐败问题专项整治。持续巩固以案警示和以案促改以案促治以案促建成果，成立联合专班，坚持周督办、月调度，召开全省深化专项整治动员、工作推进等会议20余次。坚决贯彻落实省领导调研玉溪、宁蒗等地的指示精神，局领导带队划片深入一线驻点督办，攻坚啃下硬骨头，推动全省上下联动、协调发力、一体贯通抓整改，整改成效显著。发现的4375个问题已完成整改4373个，整改完成率达99.95%，剩余2个问题正全力整改。

三是积极推进体制机制改革。梳理复盘重点改革任务完成情况，研究起草深化粮食储备和购销领域监管体制机制改革实施方案。持续推进粮食承储企业政策性职能与经营性职能分开，全省146户国有粮食企业总体实现改革目标。配合省国资委理顺省级储备粮管理体制机制，支持省储备粮管理公司完成重新挂牌、股权划转、产权和工商变更登记等改革工作，体制机制日趋健全。

四是稳步推进战略和应急物资储备工作。履行省战略和应急物资储备委员会办公室职责，盘清全省物资储备底数，成立省战略和应急物资储备中心，推进“一中心一平台一基地”建设。积极争取将国家天然橡胶、有色金属云南储备基地项目列入国家储备规划，探索化肥和橡胶实施商业储备。落实省级政府成品油储备，出台方案和管理办法，完成1/4入库任务，战略和应急物资储备保障能力不断增强。

四 项目建设扎实推进

一是积极争取政策资金支持。结合储备布局优化和品种结构调整，注重从战略上谋篇布局，聚焦中央预算内投资、政府专项债券等资金投向，强化与省发展和改革委员会等部门沟通衔接，积极争取国家政策和资金支持。玉溪市、昭通市、临沧市3个项目获2023年度中央预算内资金支持1.15亿元，呈贡区、临翔区2个项目获第二批次专项债务额度3.3亿元，持续做好制造业中长期贷款备选项目申报工作，项目建设保障更加有力。

二是抓实重点项目建设。强化项目组织实施，印发云南省“十四五”粮食仓储物流设施布局和建设实施方案，加快推进昆明高原特色农副产品物流园等重点项目建设，逐步推进省储备粮直属库建设，储粮安全基础更加牢固。

三是全力推进粮食购销领域监管信息化建设。突出扩容提质增效的目标要求，申请协调资金，扎实推进项目可研、立项、招投标等工作。按照2023年三个时间节点工作部署，组织召开全省动员会、推进会和玉溪现场会，对1000余人开展业务培训，对州（市）实行“一对一”辅导、督办、反馈。全省16个州（市）政策性粮食承储企业实现硬件和视频全覆盖，信息化数据质量显著提升，穿透式监管支撑更加坚实。

五　产业发展稳中求进

一是加快构建粮食全产业链供应链。对标省委“3815”战略发展目标，发展壮大资源经济、园区经济、口岸经济，大力推进粮油企业入园沿线达边聚集发展。组织召开曲靖“三加”、“四化”现场观摩交流会，总结生产、加工、流通、储备一体发展路子，研究破解粮食产业链供应链瓶颈问题，有力推动粮油产业高质量发展。2023年全省粮食工业总产值预计达370亿元以上，有望实现历史新高。

二是深入推进优质粮食工程“六大提升行动”。争取2023年度优质粮食工程入库项目7个。实施粮食质量追溯提升行动建设项目4个。对全省国有粮食承储企业开展绿色仓储提升改造规划，着力构建仓房定期维修改造升级的长效机制。印发加快粮食产地烘干能力建设方案，持续做强粮食“五代”产后服务，2023年清理烘干粮食预计11万吨以上，粮食减损4000吨以上，节粮减损效果明显。

三是持续打造高原特色粮油产品。组织省内各州（市）及企业参加第五届中国粮食交易大会、黑龙江金秋粮食交易暨产业合作洽谈会、荆楚粮油精品展示交易会等，签订省际产销合作协议4个，企业间合作协议15个。做好2023年度“云南好粮油”产品申报、检验和审核等工作，积极遴选推荐好粮油产品。主动与省林草局、中储粮集团公司、云天化集团有限责任公司等单位和企业沟通对接，与武汉轻工大学签署核桃产业战略合作协议，开展核桃精深加工关键技术攻关及产业化应用研究项目申报等，全省粮油产品影响力不断增强。

六 依法监管全面跟进

一是加快立法修规进程。制定印发涉粮涉储法规政策制度“立改废”工作计划，49项工作任务中已完成38项。推动地方储备粮管理办法进入立法审查程序，印发实施省级政府储备食用植物油管理暂行办法、省级政府储备粮委托代储管理实施方案，修订超标粮食处置管理办法等政策文件，为依法管粮管储打下坚实基础。

二是持续释放严监管强执法信号。与省发展和改革委员会等8部门召开2023年政策性粮油储备协同监管联席会议，推进联合执法常态化。组织开展全省粮库远程巡查4次。扎实开展2023年全省政策性粮油库存检查，质量达标率、宜存率均超过98%，为近年来最好。按照“严监管强执法重处罚行动年”和“警示教育月”要求，全省查办粮食流通违法案186件，形成高压态势。

三是压实安全生产和消防安全责任。召开全省系统安全生产和消防工作专题会议4次，组织开展安全生产专项整治百日攻坚行动、重大安全事故隐患专项排查整治行动、冬春防控集中攻坚行动等，细化责任清单，全面建立健全防火安全应急预案和火情火灾联防联动处置机制，定期调度隐患排查和安全工作进展情况，全省排查整改安全隐患387个。举办安全风险防范会议和安全生产管理业务培训，不断提升防范化解重大安全风险能力，安全形势保持稳定。

撰稿单位：云南省粮食和物资储备局；撰稿人：赵梓懿；审稿人：徐鹏声

西藏自治区

一 粮食安全

一是狠抓粮食收购。严格落实最低收购价政策，调整青稞最低收购价至4.00元/公斤，较上年上涨0.06元/公斤，有效发挥政策托底作用，牢牢守住农民“种粮卖得出”的底线。优化市场购销环境，更好满足农民售粮需求。拨付2022年度青稞收购价补分离补贴资金178万元，兑现售粮大户奖励资金12.5万元，全年收购粮食达3.65万吨，同比增加22.9%，助农实现现金收入1.7亿元。日喀则市创新收购举措，为掌握调控粮源作出了主力贡献。

二是持续做好粮油保供稳价。加强粮食监测预警和预期引导，密切关注市场，充分发挥价格监测直报点作用，44个价格监测直报点上报信息1.78万条，编报《粮油市动态监测情况》12期，为宏观调控、研判形势提供了信息支撑。持续加强与内地粮食主产省区粮食产销合作，满足群众多元化粮食需求，依托第五届中国粮食交易大会，组织粮油企业积极参加，拓展企业营销渠道，促进“引进来”与“走出去”双向联动。全年自治区外调入粮食28.51万吨左右，销售粮食28.59万吨左右，全区粮食购销总体平衡，粮食市场保障有力，运行平稳。拉萨国家粮食储备库充分发挥了粮食购销主渠道作用。

三是健全粮食应急保障体系。挂牌建设应急加工企业29家、应急供应网点211个，实现自治区、市、县三级粮食应急预案全覆盖，强化预案演练，粮食应急体系不断健全。首次建立粮食加工企业社会责任储备，填补了自治区空白。

二 粮食储备管理

一是落实储备粮年度轮换任务。进一步优化地方粮食储备品种、规模和布局，与各地（市）签订《自治区储备粮管理责任书》，严格监督落实管理责任。采购自治区成品粮串换青稞1.55万吨，落实1.77万吨，超额完成自治区动态储备粮核定任务，拉萨市粮食增储措施和效果尤为突出。

二是建立区外粮食储备保供基地。与北大荒集团相关子公司签订《西藏自治区稻谷种植储备保供基地合同书》，在黑龙江北大荒建立1.2万吨动态储备稻谷和1333公顷西藏稻谷种植保供基地，基地首批1000余吨新米进藏上市，受到广大群众和自治区领导好评，区外小麦保供基地和储备事宜稳步推进，粮食安全保障增添新渠道和新举措，走出了符合西藏特点的省际粮食利益补偿机制新路子。

三是推进节粮减损工作。开展农户科学储粮仓推广应用工作，促进农户减损增收，制定印发《西藏自治区农户科学储粮仓试点推进工作实施方案》，试点发放农户储粮装具300套；结合西藏地理气候特点和青稞储存特性，印发实施《关于延长自治区储备青稞储存年限的通知》，把西藏自治区地方储备青稞储存年限从4年延长到5~6年，

三　粮食考核监管

一是粮食安全考核持续强化。自治区人民政府与各地（市）签订责任书，全面压实粮食安全责任。精准把握考核导向，制定粮食安全党政同责考核工作要点、责任清单和考核办法，全力推进耕地保护、产能提高、粮食流通、强化考核等重点工作。组织开展2022年度地市党委和政府落实粮食安全责任制考核工作，7地（市）考核结果均为“优秀”，切实发挥考核“指挥棒”作用，充分调动各地抓粮的主动性和积极性。

二是粮食监管扎实有力。建立政策性粮油监督检查专家库，按照执法监督工作要点深入7地（市），17家自治区、市、县三级粮食储备库开展库存全面检查，发现问题61项，整改到位率98%；先后5次视频抽查，全面推进穿透式监管；不断深化粮食购销领域腐败问题专项整治，纵深推进“严监管强执法重处罚行动年”活动，扎实开展“以案为鉴警示教育月”活动，粮储领域腐败案件存量不断去除、增量有效遏制，购销管理更加规范；粮库智能化升级改造项目完成终验，44个自治区储备粮库点信息化监管实现全覆盖。

三是粮食安全宣传形式多样。组织开展“粮食科技活动周”和世界粮食日宣传活动，发放宣传资料宣传品约3000份，同步通过信息平台、1144辆出租车灯投放宣传标语，倡导市民树立节粮减损助力粮食安全的理念。

四　粮食质检能力

一是严格落实粮食质量安全监管责任。首次开展全国青稞质量会检专项监测，自治区粮油检化验中心顺利通过机构资质复评审，林芝、昌都、日喀则、山南等市粮食监测站取得常规质量指标资质认定证书，阿里粮食监测站通过资质认定现场考核，以自治区检测中心为龙头、地市检测机构为骨干的粮食质检体系已基本形成。

二是积极推进青稞系列标准体系建设。《青稞储存品质判定规则》国家标准、《青稞米

和青稞粉》行业标准已形成标准文本和编制说明，并召开标准研讨会；《中国好粮油 青稞及其制品》行业标准文本完成意见征求；《糌粑》国家标准立项顺利通过国家专家评审，青稞产业高质量发展逐步具备标准化依据。

五 应急物资保障

一是物资回收圆满完成。自治区救灾物资储备中心和各地（市）粮储部门通力协作，全面完成疫情防控物资回收工作，确保物资安全投入再次使用，提高了物资使用效率。

二是物资布局更加优化。完成中央救灾物资和自治区级救灾物资验收入库，物资保障能力进一步提高；配合区应急厅向边境地（市）、县（区）完成自治区级救灾物资代储工作，完成中央救灾物资前置代储和冬春救助物资调运工作，基层救灾物资保障需求有效满足。

三是储备管理日益规范。协同应急厅开展储备管理专项整治，督促落实整改清单，各地（市）、县（区）普遍建立物资调运、台账管理、出入库管理、消防安全等制度，强化制度执行、问题整改和日常管理。

四是防灾减灾救灾能力提升。调运棉被2300床支援青海省抗震救灾，紧急调运物资保障米林派墨公路多雄拉隧道雪崩救援需求。组织应急救灾物资管理暨监督检查培训，着力提升基层物资储备管理能力。精心组织开展第15个全国防灾减灾日和防灾减灾宣传周各项活动。开展综合性应急演练，建立物资调运装卸预案，应急保障能力显著增强。围绕薄弱环节和重点部位，从严从实抓好库区汛前隐患排查整治工作，及时堵塞储备仓库安全漏洞。

六 行业体制机制改革

一是推进粮食收储制度改革。印发实施《西藏自治区粮食收购管理办法（试行）》，为规范粮食收购市场管理、切实保护种粮农民利益提供了制度遵循。

二是拓展应急物资储备安全管理体制机制改革成效。印发实施《西藏自治区关于改革完善体制机制加强战略和应急物资储备安全管理的实施方案》，明确了任务分工和责任分解，建立了联席协调机制，逐步推进重点任务落实。对全区涉粮问题专项巡视巡察反馈问题整改落实情况进行回头看，不断健全涉粮领域长效机制，持续巩固整改成果。

三是推进落实粮食储备安全管理体制机制改革各项任务。按照政策性职能与经营性职能分开要求，开展局属事业单位事企分离工作。

七 储备设施建设

一是狠抓规划项目建设。聚焦重点项目建设任务，切实抓好项目前期、建设进度、工程管理的调度督导，累计落实投资9.6亿元，累计完成投资6.1亿元。

二是有序推进援藏项目落实。对照《关于贯彻落实新时代党的治藏方略进一步做好粮食和物资储备对口援藏工作的实施意见》，加强与对口援藏省市的沟通衔接，落实援藏资金350万元，对口援藏项目达到10个，累计落实援藏资金1.1亿元。邀请广东、陕西、湖北、湖南省粮储局进藏调研，实地检验援藏成效，现场研讨援藏措施，为发挥对口援藏优势，推动全区粮储行业有序发展提供了坚强支撑。

三是狠抓设施维修改造。自治区财政安排资金445万元维修改造4个粮食储备库，安排资金39.6万元维修拉萨中央级救灾物资储备库，有关市县充分利用管理经费维修物资储备库，筑牢了粮食和物资安全储存基础。

八 全面从严治党不断深化

一是主题教育成果丰硕。把学习贯彻习近平新时代中国特色社会主义思想主题教育作为重大政治任务，认真落实“第一议题”制度，按照“学思想、强党性、重实践、建新功”总体要求，一体推进理论学习、调查研究、推动发展、检视整改、建章立制，召开党组学习会议13次、党组理论学习中心组学习13次，形成调研报告16篇。精准发力，梳理和解决了一批制度性、规范性问题。

二是政治机关建设持续推进。以改进作风、狠抓落实为抓手，加强督查督办，认真贯彻落实习近平总书记关于粮食和物资储备工作的重要讲话和重要指示批示精神，配合区党委第六巡视组开展巡视“回头看”，全系统党员干部政治站位、政治担当、政治能力不断提高。

三是党建工作扎实推进。认真落实全面从严治党主体责任和“一岗双责”要求，落实新形势下党内政治生活若干准则和党建联系点制度，严格执行民主集中制，强化意识形态建设和法治政府建设，推进驻村和结对帮扶，开展干部述评考和述学述廉，切实加强基层党支部思想、组织、文化、队伍建设，着力涵养风清气正的政治生态。

四是正风肃纪驰而不息。组织“以案为鉴警示教育月”活动，梳理廉政风险，完善防控制度，以制度为基础，以教育为抓手，以监督为载体，一体推进不敢腐、不能腐、不想腐，全面配合驻委纪检监察组履行职责，严肃查办违纪违法案件，以“零容忍”态度正风肃纪反腐。

撰稿单位：西藏自治区粮食和物资储备局；撰稿人：余潇涵；审稿人：次仁顿珠

陕西省

一 粮食产量创历史新高

2023年，严格落实粮食安全党政同责，深入实施“藏粮于地、藏粮于技”战略，积极采取有效措施，夯基础、稳面积、提单产，有效应对“三夏”不利天气，打赢抢收抢种大会战，全年粮食生产持续向好，为确保全省粮食安全奠定了良好基础。全年粮食播种面积3203千公顷，较上年增加5500公顷；全年粮食产量1323.7万吨，总产量继1998年后再次跨越1300万吨大关；单产291.91公斤，接近300公斤。粮食总产量、单产均创历史新高。总面积中，夏粮播种面积1268.8千公顷、秋粮播种面积1933.2千公顷；总产量中，夏粮产量463.70万吨、秋粮产量860.0万吨。油料播种面积26.86万公顷，总产量60.6万吨，分别较上年增加1.7万公顷和4.3万吨。

二 粮食安全党政同责有效落实

陕西省委、省政府高度重视粮食安全工作。省委常委会会议、省政府常务会议多次研究粮食安全工作，印发省委和省政府领导班子及其成员粮食安全责任清单，成立耕地保护和粮食安全工作领导小组，省委、省政府主要领导任组长。省委、省政府主要领导和分管领导多次深入基层调研指导粮食工作。省委、省政府领导带队两次赴国家粮食和物资储备局会商工作，争取政策支持。认真履行粮食安全考核职能，深入开展省对市（区）粮食安全责任制考核，向市级党委（党工委）政府（管委会）印发考核结果通报、反馈问题清单、督促整改落实。建立考核项目奖金奖补机制，将考核结果纳入全省目标责任考核体系，考核“指挥棒”、“风向标”作用凸显，有效激发了各级党委政府重农抓粮积极性。

三 粮食储备调控能力显著提升

全省地方粮食储备规模创历史新高，储备布局和品种结构不断优化、管理制度机制更加完善、储备吞吐调节作用充分发挥。2023年，共调整省级储备粮587万吨、省级商业周转储备粮油14.55万吨。针对持续阴雨天气，及时制定出台《托底收购工作方案》，在全省范围内启动不达标小麦托底收购工作，有力稳定市场预期，保障种粮农民利益，取得了良好的社会效应和政策效应。2023年，全省入统企业累计从生产者购进粮食712.9万吨，销售粮食1184.7万吨。其中，收购新产小麦180.48万吨（收购不达标小麦1.28万吨），新产玉米78.81吨。加强应急体系建设，全省建立应急保障企业2392家，粮食市场监测网点584个，组织开展了第六轮省市粮食应急预案联合演练，平急结合、分级负责的应急保障体系初步形成，粮食应急供应实现镇（街）全覆盖，应急保障能力位居全国前列。与甘肃、宁夏、青海、新疆及四川5省份签订区域粮食安全保障互联互保机制框架协议，指导协调省内各市（区）与兄弟省（区市）70余个市（区）间实现产销精准对接，为确保区域粮食安全发挥了重要作用。

四 粮食产业经济实现稳步增长

深入实施第二轮优质粮食工程，省政府批准4亿元财政资金支持“六大提升行动”，全省粮油加工业总产值突破600亿元，增长率连续3年保持在10%以上。制定印发《陕西省优质粮食工程项目管理办法》，建立“线上+线下”调度核查机制，强化项目推进和全过程全周期监管。积极对接发展改革、财政、税务等部门，推动全省政府储备企业减税降费、粮油加工企业初加工落实农业生产用电等政策落地，减轻企业压力，激发市场活力。西安爱菊粮油工业集团等省内骨干粮油龙头企业依托“一带一路”中欧班列，实施“走出去”发展战略，积极拓展优质粮源来源渠道，并取得良好效益。举办世界粮食日和全国粮食安全宣传周陕西主会场系列活动，粮食全链条节约减损取得积极进展，节约粮食、反对浪费的社会共识进一步增强。组织省内82家粮油和食品加工企业参加第五届中国粮食交易大会，成交各类产品1.95万吨，成交金额0.64亿元，组织原粮交易37.24万吨，交易金额12.31亿元。举办“陕西好粮油”系列专场推介会，在央视投放品牌宣传片，累计触达1.74亿人次，“陕西好粮油”品牌入选人民日报社2023“一带一路”建设案例，粮油产品品牌影响力和价值力显著提升，有效推动全省粮食产业高质量发展。

五 物资储备“压舱石”作用有效发挥

在全国率先建立省级成品石油储备，制定印发《陕西省省级储备成品油管理办法》，建立省级成品油储备协调机制，定期召开会议、推进工作落实。积极协调对接，落实中央在陕应急物资储备规模增储任务，提出扩大省级应急物资储备品种规模的建议。开展应急物资储备落实情况实地核查，举办全省物资储备规范化管理培训班，实施省级应急物资紧急调运、省级重要商品动用投放演练，不断提升应急处突能力。加强对口支援，组织人员赴西藏阿里地区培训指导物资储备规范化管理业务。2023年，按照有关指令，及时圆满完成8批次26000余件应急救灾和防汛抗旱物资调拨任务，甘肃省积石山县地震灾害发生后，紧急调运5000余件救灾物资全力保障受灾群众转移安置，受到省委、省政府充分肯定和干部群众的广泛好评。

六　专项整治和执法监管持续深化

持续深化粮食购销领域专项整治，召开全省系统持续深化专项整治工作推进会，督导各级粮食和物资储备部门整改整治问题758项，建章立制260余项。部署开展“以案为鉴警示教育月”、“严监管强执法重处罚行动年”活动，召开警示教育现场会，开展2022年度省级储备粮轮换管理工作专项检查、2023年全省政策性粮油库存检查暨2022年度省级储备粮管理工作考核等，联合国家粮食和物资储备局陕西局举办行政执法监管培训，有效促进基层执法监管水平。推进监管信息化建设，印发《关于进一步明确信息化建设有关事项的通知》，开展“线上”随机巡查，着力增强穿透式监管能力。2023年，全系统查处涉粮案件87件，行政处罚51次，受理12325热线举报投诉21起，帮助售粮农民追讨售粮款300余万元。

七　机关政治建设深入推进

加强党对粮食和物资储备工作的全面领导，扎实开展主题教育和省委、省政府“三个年”活动，积极创建省级文明单位，主题教育有关做法受到省委主要领导肯定。组织党员干部到省监狱开展警示教育，赴延安、红旗渠等地接受红色教育，在华为大学举办能力提升培训，开展“唱起来、跳起来、乐起来”系列活动，干部职工面貌焕然一新，在省直机关广播操大赛中荣获“二等奖”。深入推进“人才兴粮兴储”战略，创建“博士后创新基地”，设立“拔尖人才工作室”，开展专业技术人才实训班，举办全省行业职业技能大赛，打造一支“政治强、业务精、作风硬”的干部人才队伍。2023年，系统2个单位获评“省直机关文明单位”、5个党支部评定为省直机关“五星级党支部”、4户家庭评为“三秦最美家庭”，2个单位被全国妇联分别授予“全国巾帼文明岗”“全国巾帼建功先进集体”荣誉称号。

撰稿单位：陕西省粮食和物资储备局；撰稿人：姚进房；审稿人：杨林、张翔

甘肃省

一　粮食安全责任制落实得到新加强

甘肃省委、省政府主要领导和分管领导多次听取工作汇报、作出批示、深入一线调研，以省政府令出台《甘肃省粮食储备安全管理办法》，成立省耕地保护和粮食安全责任制考核工作组，印发省委常委会及其成员耕地保护和粮食安全职责清单、省政府领导班子及其成员年度粮食安全重点工作职责清单，制定出台省耕地保护和粮食安全责任制考核工作规则、市级党委和政府考核评分细则及2023年度考核工作方案，全省考核工作机制进一步健全完善，有力促进粮食安全责任制落实。

二　粮油收储调控实现新提升

精心组织市场化收购，全省粮食总收购364.7万吨、同比增长7.2%，总销售392.3万吨、同比增长1.3%；食用油收购总量同比下降43.1%，销售总量同比下降0.6%。粮油市场流通活跃、库存充裕，收储供应安全有保障。安排省级储备轮换，有效保障省内面粉、饲料等粮油经营企业需求。

三　物资储备管理迈出新步伐

积极推动战略和应急物资储备安全管理体制机制改革，率先完成地方政府成品油储备任务，新承接省级防汛抗旱物资和省级食盐管理职能，管理的省级储备物资占全省物资的一半以上。积石山县6.2级地震发生后，全系统快速响应，及时调运救灾物资，累计投入500余人，调运面粉大米113吨，救灾物资179批次、24万余件（套），满足了受灾群众临时安置和生活救助需要，真正做到了闻灾而动、闻令而行。

四 粮食产业发展取得新成绩

持续巩固和加强与黑龙江、吉林、河南、山东、新疆等11个粮食主产省份和周边省份的粮食产销协作关系，邀请陕西、宁夏等地企业开展招商引资和“引粮入甘”工作，签署《陕甘宁新川青六省区粮食安全保障互联互保机制框架协议》，为保障区域内粮源充足和粮食供需平衡奠定坚实基础。建立省市粮食安全保障合作机制，与兰州市政府签订《实施强省会行动加快推动粮食和物资储备高质量发展的框架协议》，省会城市粮油应急保供能力进一步增强。

五 应急保障体系实现新变化

建立粮油应急供应网点1897个，实现社区、乡镇全覆盖。建成省市县三级粮食应急保障中心103个，遴选36家企业为省级粮食应急保障企业。兰州、白银、天水、张掖、陇南等粮食物流产业园区逐步投入运营，形成一批集储备、加工、配送、供应于一体的粮食应急保障中心，全省粮食应急保障能力不断提升。

六 安全生产工作再上新台阶

严格落实安全生产责任制，认真开展2023年“安全生产月”活动，举办“人人讲安全、个个会应急”主题活动64场，“我是安全吹哨人”、“查找身边隐患”等活动109场，开展自查自纠，排查问题隐患137项。扎实推进重大事故隐患排查整治2023行动，开展2023年度全省安全储存和安全生产检查，发现安全隐患78项，建立台账、销号管理，确保问题闭环整改到位，全省粮储系统安全形势持续稳定向好。

七 节粮减损宣传展现新作为

紧扣中国农民丰收节、世界粮食日、全国粮食安全宣传周等重要节点，组织各级媒体加强耕地保护、粮食安全、爱粮节粮、反对浪费等新闻宣传和舆论引导，凝聚全省上下真抓实干提高粮食生产的强大力量，助力“陇原饭碗”装得更满、端得更牢。《守护陇原粮仓端牢甘肃饭碗》形象宣传片在甘肃经济频道黄金时段播出，《探访“甘肃粮仓”创新发展新实践》等报道被农业农村部官网、《粮油市场报》转载，新闻宣传效果进一步释放，广泛营造了爱惜粮食、杜绝浪费、共同维护粮食安全的良好社会氛围。

八 全面从严治党呈现新气象

深入开展主题教育和“三抓三促”行动，以创建“提质融合保粮安”党建品牌活动为牵引，树立大抓基层鲜明导向。大兴调查研究，局机关研究确定调研课题19项，直属单位确定调研课题12项，系统梳理调研情况，扎实做好调研成果转化运用，针对短板弱项提出整改措施23条，提出工作举措26条。继续深化粮食购销领域腐败问题专项整治，深入开展“严监管强执法重处罚行动年”、“以案为鉴警示教育月”活动并不断巩固拓展成果，持续推进正风肃纪常态化。搭建“甘肃省粮食和物资储备系统干部职工网络培训平台”，全省系统1700余名干部职工参加学习并完成培训。

撰稿单位：甘肃省粮食和物资储备局；撰稿人：莫俊杰；审稿人：马天华

青海省

一　耕地保护和粮食安全党政同责全面落实

一是建立工作机制。成立由省委书记、省长担任组长，省委副书记，分管粮食、农业农村、自然资源工作的副省长担任副组长的青海省粮食安全责任制工作领导小组，组建工作专班和考核工作组，完善考核调度、提醒通报、信息报送等工作制度，建立协同配合、分工负责、齐抓共管的工作机制。

二是压实主体责任。印发《领导小组工作规则》、《领导小组办公室工作细则》和《落实耕地保护和粮食安全责任制考核办法》，规范考核程序，明确考核时限。8个市州党委、政府向省委、省政府递交《耕地保护和粮食安全责任书》，市州党委、政府保障本地区耕地保护和粮食安全的主体责任进一步压实。完成2022年度市州级考核并予以通报，考核“指挥棒”作用持续发挥。组织开展2023年度市州级考核。

二　粮食安全保障基础持续夯实

一是持续深化地方粮食储备安全管理体制机制改革。组建青海省粮食集团有限责任公司，成立省储备粮管理有限公司、省粮食经营管理有限公司，全面实现储备粮政策性与经营性职能分开。同时，将省粮食集团有限责任公司100%股权划转省国资委，实现了省级粮食储备“管库”和“管粮”监管职能分开。

二是加强粮食储备管理。加快推进《青海省粮食安全保障条例》、《青海省地方粮食储备安全管理办法》立法进程，制修订各类管理制度78项。全力做好政府储备粮油落实和管理，建立省市（州）县三级企业社会责任储备。跨省异地储备全部调整至省内，全省县（区）行政区域成品储备粮基本落实到位。积极应对“烂场雨”影响，全面完成2023年储备粮轮换任务。完成2022年度、2023年度绿色储粮升级项目，改造仓容41万吨。

三是毫不松懈抓好安全生产。严格履行安全生产责任，加大安全生产工作督导和普查、抽查力度，开展隐患排查整治专项行动，全省粮食行业未发生安全生产责任事故，安全生产形势良好。

四是提升粮食保供能力。积极引导市场化收购，保障粮食收购贷款资金，发放粮食收购贷款1000万元；统筹落实调控措施，加强粮油市场研判，正面引导社会预期，确保粮油市场平稳运行。完善粮食供应保障机制，推动“2+8+N”的粮食应急保障中心建设，挂牌成立青海粮食应急保障中心。牵头与陕西、甘肃、宁夏、新疆、四川等省份粮食部门签订粮食安全保障互联互保机制框架协议，推进应急能力建设，支持应急企业发展。积极开展“12·18”地震灾区抗震救灾相关工作，维护辖区粮油市场正常经营秩序。

三 流通治理能力持续提升

一是扎实开展专项整治。持续深化粮食购销领域腐败问题专项整治，各项工作扎实推动，问题整改成效明显，长效机制日趋完善，省发展和改革委员会（省粮食局）专项整治工作被青海省粮食购销领域腐败问题专项整治协调小组评估为优秀等次。同时，全面启动全省粮食购销领域监管信息化建设工作，稳步推动省级项目建设，督导市州加快项目推进。

二是深入开展政策性粮油库存检查。圆满完成2023年政策性粮油库存检查任务，库存政策性粮油账实相符、数量真实、质量良好、储存安全。认真开展政策性库存检查“回头看”工作，紧盯问题、逐项分析、全面复核，问题整改扎实有效。

三是加强粮食安全监管。开展“严监管强执法重处罚行动年”活动，全省粮食系统严监管的格局基本形成，强执法的合力持续加强，重处罚的威慑初步显现。综合运用“四不两直”、“突击检查”、“12325热线举报”等手段，持续提升监管效能，认真办理涉粮问题举报案件。完善监督检查制度，推进粮食购销定期巡查机制落实。持续做好政策性粮食质量安全检验监测及库存粮食质量安全风险监测。持续加强执法队伍建设，全省粮食系统持证人员达186人。

四 政治机关建设全面加强

一是全面落实从严治党。始终把党的建设摆在首位，牢固树立政治机关意识，不折不扣贯彻习近平总书记关于粮食安全的重要论述和指示批示精神，切实扛起为国储粮、为民管粮的政治责任。

二是深入开展主题教育。坚持高位部署，抓实理论学习、调查研究、推动发展、成果转化、检视整改，认真开展学习贯彻习近平新时代中国特色社会主义思想主题教育，在推动主题教育走深走心走实、落地落实落细等方面取得阶段性成效。

三是不断加强党风廉政建设。认真落实党风廉政建设主体责任，强化政治纪律和组织纪律，深入推进青海省6名领导干部严重违反中央八项规定精神问题以案促改专项教育整治，严格执行“十严禁”规定，扎实开展国家粮食和物资储备局“以案为鉴警示教育月”和省委“以案促改专项教育整治”活动，观看《守护高原粮仓》警示教育片，以身边事教育身边人，持续深化警示教育，切实筑牢拒腐防变防线。坚持用好“四种形态”，严肃开展执纪问责，推进纪检监察干部教育整顿，释放刀刃向内、一严到底的强烈信号，纵深推进从严管党治粮，政治生态和整体风气持续向上向好。

四是大力推进调查研究。坚持把学习践行“浦江经验”和弘扬“寻乌调查”精神融合起来，省粮食局党组成员深入基层开展调查研究，完成调研课题8项并扎实推动调研成果转化，切实发挥调查研究的实际成效。

五是推进基层党支部建设。认真落实省委关于基层党建工作“六个一”要求和2023年省直机关党的建设工作会议精神，开展支部规范化标准化建设，加强党员教育管理，严格落实各项制度和工作机制，不断增强基层党组织的政治功能和组织功能。

撰稿单位：青海省粮食局；撰稿人：魏国泉；审稿人：王丽娜

宁夏回族自治区

一　坚定有力推动党的建设质量提升，恪守对党忠诚的底色更加鲜明

一是主题教育入脑入心。一体推进理论学习、调查研究、推动发展、检视整改、建章立制，抓好读书班“讲学”2期、带头讲党课“促学”14次、交流研讨“互学”4次、党性教育“践学”7场，形成调研成果15篇，解决调研发现问题51个，整改查摆问题9条，推动落实高质量发展任务6项，办好为民实事10件，以学铸魂、以学增智、以学正风、以学促干取得明显成效，主题教育得到自治区党委第三巡回指导组肯定。

二是政治机关走深走实。建立完善任务清单和季度督查机制，开展督查4次、下发通报3期，巡视和审计反馈问题全部完成整改。扎实落实“第一议题”制度，召开党组会39次对“三重一大”事项进行前置把关。

三是党建引领有力有效。深入开展铸牢中华民族共同体意识专题教育，牢牢把握意识形态工作主动权，扎实开展作风提升行动深化“五型”模范机关创建工作，认真落实“四下基层”要求，周密部署实施“基层工作周”活动，推进党建业务深度融合见效，局直属机关党委获评五星级机关党委，2个支部晋升为五星级党支部、3个支部晋升为四星级党支部，党组织政治功能和组织功能持续强化提升。

二　坚定有力推动粮食保障能力提高，守好宁夏粮仓的底气更加充足

一是扛牢粮食安全考核责任。提请自治区党委和政府研究出台职责清单和市、县（区）考核办法，配套制定评分细则，采取督导调研和“回头看”形式，指导市、县（区）抓整改、补短板、促提升，党政同责、上下齐抓的合力更强。

二是守牢粮食储备充足底线。指导宁夏粮食集团有限公司推进政策性储备与经营性业务分开，有序推进储备粮轮换，小麦、稻谷、玉米三大品种轮换任务顺利完成。全区原粮储备和食用油储备任务圆满完成。持续推进原粮储备生产基地建设任务，收购订单小麦

3.59万吨、稻谷3.61万吨，储备小麦本地化率由2022年的24%提高到42%。

三是抓牢粮油市场保供稳价。完善自治区、市、县三级粮食应急预案体系，确定粮食应急保障企业（单位）590家，建成粮食应急保障中心46家，开展粮食应急演练，夯实粮食应急基础。加强监测预警和分析研判，及时发布粮油市场动态信息52期，引导稳定市场预期。

四是筑牢节粮减损“无形良田”。大力推进全区粮食节约行动，强化节粮减损宣传教育，开展“储备安全　科学减损”科技活动周、世界粮食日和粮食安全宣传周等主题宣传活动，营造全社会爱粮节粮氛围。做好粮食储存环节减损降耗，全区64个粮食产后服务中心积极发挥作用，累计助力减损约7万吨。加快实施“粮食绿色仓储提升行动”，筹措资金1.2亿元，新建（改造）仓容11.6万吨。

三　坚定有力推动粮食流通多点提效，服务产业发展的底板更加稳固

一是守好底线抓收购。及时召开全区夏秋粮收购工作会议，落实收购资金40亿元、收储仓容120万吨、机械设备1500余台（套），引导多元主体积极入市收购，全力保障粮食收购，坚决守住农民“种粮卖得出”底线。全年累计收购本地粮食166.7万吨。

二是拓宽条线促产销。组织全区60家企业参加第十九届粮食产销协作福建洽谈会和第五届中国粮食交易大会，累计签订粮油购销订单12.4万吨，销售金额达4.1亿元，创历史新高。签署了陕甘宁新川青六省份粮食安全保障互联互保机制框架协议，与四川省局签订粮食产销合作协议，进一步扩大产销协作平台。

三是突出主线优产业。深入推进优质粮食工程，大力实施“六大提升行动”，实施重点建设项目77个，投资总额4.75亿元，推动粮食产业高质量发展取得积极成效。推荐“宁夏大米”、“吴忠亚麻籽油”、“青铜峡大米”三个品牌参加优质粮食区域公用品牌传播案例展示，“中桦雪”家庭粉、“君星坊”“金水源”亚麻籽油、“法福莱”雪花粉等粮油品牌获得中国国际粮油博览会金奖。

四　坚定有力推动综合治理能力提级，依法管粮护粮的底线更加坚实

一是依法治粮强保障。提请自治区人大常委会通过《宁夏回族自治区地方储备粮管理条例》，组织开展地方粮食安全保障条例立法调研前期工作，修订地方储备粮轮换管理、应急食用植物油储备管理等相关文件，粮食储备治理能力和治理水平实现提升。

二是执法督粮促规范。深入开展“强监管严执法重处罚行动年”活动，开展粮食流通执法督查781次，检查企业2257个次，办理12325和群众举报5起、办理粮食流通案件48起，有效维护粮食市场秩序。开展政策性粮油库存交叉检查企业171家，整改问题142个，

确保各级政策性粮油数量真实、质量良好、储存安全。

三是安全管粮筑根基。不折不扣贯彻执行“三管三必须”要求，对标自治区安全生产“1+37+8”系列文件，梳理形成“一台账三清单”，研究制定“一意见两指南”等行业指导规范，组织开展全行业安全生产培训和综合演练。组建三个督查组和两个专家组，深入开展重大生产安全事故隐患排查治理，整治问题隐患395个，坚决防范化解行业领域重大安全风险。加快建设粮食购销领域监管信息化平台，推动实现全区政策性储备粮监管信息化全覆盖。

四是质检护粮把关口。完成自治区储备粮轮换验收、库存和新收获粮食等质量安全监测，检验样品2800余份，无不符合食品安全标准的粮食流入口粮市场和食品生产企业。2023年全区新收获小麦整体质量好于上年，稻谷质量为近3年来最好水平。

五　坚定有力推动物资储备体系提质，保障应急救灾的底数更加牢靠

一是物资储备实力不断壮大。严格落实自治区、市、县“5+3+2”分级储备责任体系，自治区级储备任务全面完成，地级市综合完成率93.33%，县区综合完成率159.08%，应急救灾保障能力明显增强。遴选区内外生产企业21家，建立年产能储备1290万件套、社会责任储备197万件套，多元化储备格局初步形成。

二是代储商品保障稳步提升。及时完善应急救灾代储商品保障供应，全区代储9类441万件商品，确定生活必需品产能储备企业6家、社会责任储备企业20家，实现政府储备和社会储备有效结合、相互补充。

三是成品油储备管理更加规范。制定出台储备企业代储管理办法，完善月度库存报告、季度质量报告和定期检查工作机制，及时落实补贴资金，成品油储备管理能力明显提升。

四是制度机制建设持续完善。推动建立宁甘、宁蒙省级应急物资协调联动保障机制，加强与毗邻省区合作联动。制定应急救灾物资代储点管理制度，高效利用自治区、市、县三级储备库资源，完善物资储备网络。加强物资储备规范化建设，开展应急救灾物资调运演练，提升物资保障队伍实战水平，圆满完成向甘肃积石山县地震灾区紧急调运物资任务。

六　坚定有力推动行业队伍作风提振，担当初心使命的底蕴更加厚重

一是上下联动实现新聚合。组织开展全系统综合业务、执法督查、安全生产、物资储备、质量检测等各领域专项培训，强化全系统的业务联系和工作指导。盘活调剂15台（套）大型仪器检测设备，提升市级粮油质检能力。

二是行业作风呈现新面貌。深化粮食购销领域腐败问题专项整治、乡村振兴腐败和作风问题专项治理，深入开展“廉政警示教育月”、“12个一”活动，排查廉政风险点70个，查摆整改形式主义、官僚主义和“八弊”问题21条，释放驰而不息纠治“四风”的强烈信号。扎实开展粮食储备政策落实等专项审计。

三是干部队伍展现新活力。局机关被国家四部门表彰为节约型机关，先后荣获“全区安全生产工作先进单位”、“区直机关文明单位”等称号，多名同志分别被评为优秀驻村第一书记、全区代表议案建议办理先进个人、审计工作先进个人、区直机关优秀党务工作者等称号，展现了良好行业形象和队伍活力。

撰稿单位：宁夏回族自治区粮食和物资储备局；撰稿人：郑宁；审稿人：蒋文斌

新疆维吾尔自治区

一 粮食安全党政同责层层压实

一是考核机制日趋健全。调整自治区耕地保护和粮食安全责任制领导小组，制定印发领导小组议事规则、工作职责、职责清单以及考核方案、考核细则，建立兵地协同一体考核机制和调度、会商、督办等五项制度。在全区党政班子绩效考核和乡村振兴实绩考核中增加了粮食工作权重并实行了一票否决制。

二是统筹协调作用发挥明显。召开领导小组会议2次、考核工作例会4次，与14个地州市签订责任书并开展“首考”工作，积极争取国家发展和改革委员会、财政部等部门支持，推动责任制落实落地。

三是督查整改到位。将自治区党委组织部、宣传部等5个党口部门列为主考单位，并对20个成员单位实行绩效考核和综合排名。向14个地州市党委、8个涉考厅局党组下发提醒函共38件次，定期开展整改“回头看”，对11个地州市2次进行了实地督查，推动各类反馈问题全面整改落实。

二 储备安全保障能力有效提升

一是粮食收购平稳有序。引导多元主体积极入市收购，持续优化为农为企服务，累计收购小麦391.6万吨、玉米743.6万吨，牢牢守住农民“种粮卖得出”底线。推动将玉米、稻谷、大豆纳入自治区粮食收购贷款信用保证基金支持范围，协调中国农业发展银行新疆分行支持粮食企业取得增信贷款111.02亿元，切实保障“有钱收粮”。

二是储备品种布局不断优化。新增10万吨玉米储备，自治区级玉米储备实现“零的突破”。调整优化自治区级储备小麦布局，压减自治区级储备粮承储库点13个，储备效能进一步提高。出台物资储备体制机制改革方案，确定4个重点领域17个关键品类储备任务目标。增加中央级救灾物资储备点2个，前置储备自治区级救灾物资，实现全区41个地震易发重点县市全覆盖。

三是质量安全水平良好。全区新收获小麦食品指标合格率100%，位列全国第一，小麦总体质量和食品安全状况处于近5年最好水平。推进仓储管理规范标准制定，新评定“星级粮库”139个，发挥了示范带动作用。推广使用绿色储粮新技术，仓温平均降低5℃，库存粮食宜存率多年保持100%，连续3年保持储备粮磷化铝“零使用”，有效确保“舌尖上的安全”。

四是仓储设施建设持续加强。筹集资金12.59亿元，新建粮食仓容66.5万吨，项目投资总额较上年增加4倍、仓容增加3倍。各级救灾物资储备库项目建设取得新进展，争取自治区预算内投资3874万元，自治区救灾物资储备服务中心（乌鲁木齐中央级救灾物资储备库）异地还建项目基本竣工。乌鲁木齐中央级救灾物资储备库喀什分库项目已竣工验收并投入使用。全区12个县市级救灾物资储备库项目完工并陆续投入使用。

三 宏观调控和应急保障能力显著增强

一是粮食应急保障体系基本形成。建成9个自治区级、21个地（州、市）级、72个县级应急保障中心，3002个应急保障企业和网点，争取财政资金590万元支持企业提升粮食应急供应能力。联合新疆生产建设兵团开展自治区级粮食应急演练。

二是粮油市场保持稳定。全区落实成品粮和食用植物油储备规模，投放政策性原粮142万吨，保障粮源供应充足。

三是应急物资调拨更加高效。建立健全救灾物资保障自治区、地、县三级协同联动机制，开展物资跨区域调运演练，应对突发事件能力有效提升。有效发挥救灾物资服务保障区域应急需要的作用，辐射周边国家开展人道主义援助。

四 储备监管力度不断强化

一是智慧管粮持续推进。投入2500万元完成自治区、地、县三级地方储备粮信息化监管系统升级改造，实现信息化监管全覆盖。

二是监督检查有序开展。组织8个地（州、市）开展政策性粮食库存交叉检查，通报问题47个，立案查处30件。

三是依法行政能力加快提升。夏秋粮收购期间，受理12325全国粮食流通监管热线案件15起，受理自治区投诉举报3起，切实维护了种粮农民的利益。严肃查处143起涉粮违法违规案件，案件查办数量是上年的3倍，有效维护了粮食流通市场秩序。

五 产业发展步伐加快

一是国企改革不断深化。推进企业建立健全现代企业制度，10个地（州、市）成立了国有粮油集团。国有粮食购销企业划拨土地转为出让土地工作全面完成，协调财政安排4.09亿元化解国有粮食企业政策性亏损挂账，企业融资能力和发展后劲进一步增强。

二是交流合作开创新局。承办全国粮食和物资储备系统对口援疆工作暨粮食产业对接现场会，中粮集团、滨州中裕食品有限公司等企业集中签约10个粮食深加工项目合作协议，总投资达26.02亿元。组织130余家粮油企业参加第五届中国粮食交易大会，线上粮食交易量达125.29万吨，成交金额40.69亿元，创历史新高。同山东省、四川省在乌鲁木齐市共同举办2023鲁川新粮食产业发展合作洽谈会，与12家粮食企业达成合作意向。

六 全面从严治党持续深化

一是主题教育持续走深走实。认真组织开展学习贯彻习近平新时代中国特色社会主义思想主题教育，大兴调查研究，聚焦群众急难愁盼问题，深入开展“办实事、解民忧”活动，深化运用“浦江经验”，化解历史信访问题，引导党员干部立足本职、服务群众，持续发挥作用。

二是政治机关建设持续加强。组织开展以“八破八立”为主要内容的“担当作为年”活动，提振了干部担当作为的能力水平和干事创业的精气神。

三是党建和党风廉政建设扎实推进。严格落实党内组织生活制度，严格党员日常教育管理，落实“党建带动工青妇”工作机制，实施青年理论学习提升工程，扎实推进文明单位创建。深入推进党风廉政建设和反腐败工作，扎实开展“以案为鉴警示教育月”活动，深化运用监督执纪“四种形态”，党风廉政建设得到进一步加强。

四是干部选培育稳步推进。选派68名干部外出培训、到国家粮食和物资储备局跟班学习。面向基层干部职工分类分级开展责任制考核、粮食流通统计、财务、执法检查、安全仓储等业务培训900余人次，择优选派19名行业专家赴地州市授课。精心组织参加第六届全国粮食行业职业技能竞赛，新疆2名选手获得了仓储管理组三等奖。

撰稿单位：新疆维吾尔自治区粮食和物资储备局；撰稿人：张诗怡；审稿人：邱杰

新疆生产建设兵团

一 强化政治担当，保障粮食安全

一是落实粮食安全党政同责。全面承担耕地保护和粮食安全责任制考核各项工作。建立新疆生产建设兵团耕地保护和粮食安全责任制领导小组，制定师市党委、师市落实耕地保护和粮食安全责任制考核办法和考核指标评分细则，实地抽考相关师市，收集整理“国考”迎检资料，争取在“国考”中取得好成绩。

二是健全兵团粮食储备体系。积极落实国家下达给兵团的地方政府粮食储备任务，制定实施方案，兵团粮食储备领域实现从无到有的新突破。

三是扩大粮食生产。2023年兵团粮食播种面积45.92万公顷，比上年增长34.5%。粮食产量405.94万吨，比上年增长28.7%，产量增量占自治区30.2%，占全国10.2%。粮食播种面积和总产量提前超额完成兵团“十四五”粮食和物资储备发展规划目标任务，粮食生产能力得到有效保障。

四是扎实开展节粮减损。推动落实《兵团粮食节约行动实施方案》，向兵团党委报告2022年兵团在粮食全产业链各环节节约减损取得的实效，总结推广好经验、好做法，以更大力度更实举措拧紧节粮减损“节流阀”，充分挖掘“无形良田”增产潜力保障兵团粮食安全。

二 深入调查研究，夯实履职根基

一是邀请国家粮食和物资储备局科学研究院专家赴相关师市开展调研，抢抓“十四五”中期评估契机，深入研究和谋划兵团在粮食和物资领域的发展思路、加强粮食物流枢纽建设和粮食加工产业发展的主要举措。

二是联合自治区粮食和物资储备局赴相关地州和师市开展兵地调研，进一步优化兵团粮食储备结构和布局。

三 积极开展活动，提升综合能力

一是参加全国粮食购销领域专项整治“警示教育月”现场会。兵团发展和改革委员会主要领导和处室负责同志赴河南南阳参会，教育引导全兵团粮食系统党员干部严守党纪国法，勇于担当作为，清廉干事创业，以实际行动保障粮食安全。

二是参加全国粮食交易大会。组织21家兵团粮食企业赴河南省郑州市参会，学习借鉴各省市参展布展经验，展示兵团优质粮油产品，提高优质展品知名度。兵团线上线下成交及意向签约各类粮油约18万吨，总金额约4.93亿元，活动效果显著。

三是积极参加全国粮食和物资储备系统对口援疆工作会。兵团副司令员带队，兵团发展和改革委员会党组成员、副主任，粮食和物资储备处和各师市发展和改革委员会负责同志共同赴博尔塔拉蒙古自治州参加对口援疆工作暨粮食产业对接现场会。

四是开展世界粮食日和全国粮食安全宣传周活动。充分发挥全国和兵团粮食安全宣传教育基地载体作用，通过多渠道、多层次、多形式向社会各界和广大市民群众全面普及节粮爱粮知识，营造爱粮节粮的良好氛围，提高广大职工群众的节粮意识。兵团共举办活动170余次，科普人员参与数量1000余人，投入活动经费9.55万元，群众参与数量5万余人，宣传报道82场次，开放科普场馆3个。

四 加大谋划力度，推动项目落实

一是谋划新一轮“优质粮食工程”。大力推进“三链协同”，深入实施“五优联动”。推动七师、十四师粮食仓储项目建设，增强粮食安全综合保障能力。

二是谋划第八师石河子市粮食物流核心枢纽项目。拟新建铁路专用线和粮食储备库，配套建设冷链、油料加工、面粉加工设施，及相关物流配套设施，打造粮食物流核心枢纽。以粮食绿色仓储、品种品质品牌、质量追溯、机械装备、应急保障能力、节约减损健康消费等“六大提升行动”为重点，谋划第一、二、四、九师粮食仓储设施项目，提升兵团粮食产业效益和竞争力。

五 完善制度建设，健全应急体系

一是制定管理制度和方案。先后印发粮食应急保障企业管理细则、粮食供应保障运行机制实施方案等5个制度、方案，加快构建多元化粮食保障格局，强化粮食安全风险防控能力。

二是每季度维护兵团粮食应急保障信息系统。兵团粮食应急保障企业共计251家，现有粮食企业日加工能力可保障2天半以上需要。

三是开展粮食应急演练。落实《新疆生产建设兵团粮食应急预案》，联合自治区粮食和物资储备局开展兵地粮食应急演练，实现兵地协同保障新疆粮食安全，取得良好效果。

六　加强监管力度，稳定流通秩序

一是开展“严监管强执法重处罚行动年”活动。制定印发实施方案和细化方案，将“严监管强执法重处罚行动年”活动和“以案为鉴警示教育月”活动作为推动专项整治的重要抓手和载体。在第六师五家渠市举办兵团粮储系统“严监管强执法重处罚行动年”专题培训班，各师市发展和改革委员会负责同志及业务骨干，兵团粮食和物资储备服务中心，八师石河子市粮油收储经营有限公司近30人参训。

二是做好夏秋粮收购工作。印发小麦收购应急预案，公布2023年小麦应急收购价格，贯彻执行自治区夏秋粮收购政策，牢牢守住农户“种粮卖得出”的底线。全兵团收购小麦62.49万吨，三等以上平均价格2.60元/公斤。赴第一、二、三师开展夏粮收购督导检查，切实保障种粮职工群众的合法权益。

三是加强粮食流通监督检查。联合自治区举办兵地粮食流通统计和应急管理培训班，印发兵团粮食流通统计制度执行情况检查通知，对兵团7家企业进行流通统计制度执行情况检查。

四是开展2023年全国政策性粮油库存检查工作。联合财政局等3部门印发实施方案，督促企业落实整改任务，明确整改期限，为保障兵团政策性粮油储备底数清、情况明打下坚实的基础。

五是做好粮食质量安全监测。有效发挥兵团粮食质量监测站质量把关作用，认真做好新收获粮食品质调查和粮油购销出入库检验及储粮安全品质分析工作。印发工作通知，安排监测任务，检验监测常规质量、内在品质、安全监测等3方面31项指标，检测参数均未超出标准限量值，所检样品合格率100%。

六是提升兵团政策性粮食智能信息化监管水平。制定升级改造实施方案，按要求积极开展粮库智能信息化升级改造工作。

七是做好12325全国粮食和物资储备监管热线办理工作。向各师市下发受理核查通报，要求各师市积极吸取经验教训，明确专人负责12325监管热线举报受理工作，进一步学习、规范线索办理的各项流程。对1起拖欠售粮款举报线索高度重视，提级派专人赴第四师可克达拉市指导开展线索核查，责令被举报人限期改正，并给予警告和2万元的行政处罚，切实增强警示、警醒作用，保障群众合法权益。

七　优化管理机制，强化物资保障

一是定期开展应急救灾物资清查工作。依法依规采购、管理、使用储备物资，做到预案、队伍、运力、物资和责任“五到位”，确保关键时刻物资拿得出、调得快、用得上。

二是规范储备物资管理。严格落实救灾物资储存标签规范、分类存放、码放安全整齐、留有消防通道、严禁接触危禁物品等规定。

三是落实《国家储备中长期发展规划》。制定《兵团贯彻落实〈国家储备中长期发展规划〉的实施方案》，购置兵团本级应急救灾物资。围绕向南发展战略，推动项目建设。

八　紧绷安全之弦，守牢安全底线

一是开展“安全生产月”活动。组织兵团粮食系统干部认真学习关于安全生产的法律、法规和相关制度文件，大力宣传《中华人民共和国安全生产法》和《粮食流通管理条例》等法律条款，树牢安全生产发展理念，强化企业主体责任落实，组织各师市粮储部门和粮食企业参加安全生产线上考试。

二是加强兵团本级物资库安全监管。多次开展安全生产检查，做到库区消防设备每月一大检、每周一小检，做好消防、安保、防虫防鼠等工作，不断提升库区防范灾害风险能力。

撰稿单位：新疆生产建设兵团发展和改革委员会（粮食和物资储备局）；

撰稿人：陈晖；审稿人：李澎涛

大连市

一　全面加强粮食安全保障能力建设

一是“十四五”规划稳步推进。组织全市粮食和物资储备系统认真梳理“十四五”规划工作落实情况，形成中期评估报告，稳步推进“十四五”规划各项工作走深走实。

二是粮食流通平稳有序。认真组织秋粮收购，积极优化收购服务，提前部署仓容准备、运力协调、资金筹措等工作，精心组织市场化收购。推进粮食收购资格备案信息化管理，实现粮食收购资格备案“秒批秒办”和“掌上亮证”。及时、完整、准确地完成各项粮食流通统计任务，在全省评比中位列第二，取得了优异成绩。

三是粮食储备管理规范。推动市级储备粮轮换网上交易，召开大连市市级储备粮轮换第三方交易联席会议，指导企业根据市场行情开展2023年度网上轮换交易；完成市级储备粮年度轮换计划；粮食市场供应充足。全年粮食购销总量4826万吨，其中粮食购进2449万吨，粮食销售2377万吨。粮食市场供给稳定、购销顺畅、价格合理。巩固发展购销合作关系，先后与哈尔滨市、长春市、沈阳市签订粮食产销战略协议，实现产销互补，进一步提升粮食安全保障水平。

四是粮食产业提质增效。深入推进优质粮食工程“六大提升行动”，加强项目谋划，向省局备案项目7个，总投资846.20万元，提高政策性粮食应急加工能力、质量追溯能力及节粮减损能力；继续实施粮食仓储设施等粮食安全项目三年建设计划（2021—2023年），对全市12个粮食仓储设施进行提标改造；加快推进“辽宁好粮油”行动计划项目建设，推动补助资金加紧落实。组织企业参展第五届中国粮食交易大会和第十九届中国国际粮油博览会，推广宣传优质特色大米，提升企业品牌知名度。

五是节粮减损有力有效。组织开展绿色储粮技术推广和标准化工作，在旅顺口区、普兰店区举行全市2023年粮食安全宣传周、世界粮食日、粮食和物资储备科技活动周主会场活动，积极开展粮食安全科普宣传。

二 粮食监管不断强化

一是信息化监管取得重要突破。为达到通过信息化手段实现“技防技控”要求，印发《关于加快推进辽宁省粮食购销领域监管信息化建设的指导意见》，牵头成立全市粮食购销领域监管信息化工作领导小组和工作专班，建立粮食购销领域监管信息化工作体系。开展智慧粮库建设督导，传导粮食安全监管主体责任压力。召开大连市粮食和储备系统“深化粮食购销领域腐败问题专项整治暨监管信息化推进工作会议”，全力推动政策性储备粮信息化全覆盖工作。经过市县两级的共同努力，全市政策性储备粮承储企业，于2023年9月底前全部完成监管信息化全覆盖工作。

二是监督执法力度逐渐加大。深入开展“严监管强执法重处罚行动年”活动，召开全市警示教育现场会，深化粮食购销领域腐败问题专项整治。开展全市政策性粮油库存检查、地方储备粮管理和政策执行情况考核和粮食流通统计制度执行情况专项检查秋粮收购监督检查工作，做到“防早防小”，将苗头性问题消灭在萌芽状态中。在执法检查期间，邀请市纪委监委对口纪检监察室和驻委纪检监察组人员到现场开展督导调研，与纪检部门同题共答、同向发力，形成通力合作的良好局面。对于触犯法律法规的问题，及时移交同级纪检监察部门。加强对执法人员的培训力度，坚决克服“不想监管、不敢监管、不会监管”的思维情绪，树牢敢于斗争、善于斗争的监管意识。要求市县两级粮食行政管理人员“执法资格”应考尽考，共有23名同志通过执法考试，形成了一支相对稳定的执法队伍。广泛宣传“12325”监管热线，畅通涉粮案件举报渠道，共办理“12325”全国粮食和物资储备监管热线举报线索3件，其中提级办理1件，核查率和满意率均为100%。

三是安全生产得到加强。全面落实省粮食和物资储备局和市安全生产委员会办公室安全工作部署，全年转发省、市通知123次，安全调度52次，工作部署64次，印发文件31份，加强对粮食行政管理部门和粮食企业的工作指导；有效指导企业建立“四项机制”、“安全三日”、“吹哨人”、“有奖举报公告”、“安全承诺公告”等7项长效机制；健全粮食和物资储备系统生产安全事故应急处置工作机制，印发《大连市粮食和物资储备行业生产安全事故应急预案（试行）》；扎实开展重大事故隐患专项排查整治2023行动和重要时间节点及常态化安全督导检查，全年开展检查58次，共检查企业71家次，发现问题153项，已全部督导企业完成整改；组织安全生产培训和应急实战演练，适时组织开展“安全生产月”、“消防宣传月”等安全宣传活动，从业人员安全管理水平和应急处置能力得到有效提升。

三 管粮管储制度机制不断完善

一是落实粮食安全责任制考核取得实效。建立市粮食安全责任制领导小组，明确各专项工作小组职责，加强对落实粮食安全党政同责各项目标任务的组织领导；制定印发《大连市市委常委会及其委员粮食安全工作职责清单》，明确市委常委会及其委员工作职责，坚决扛稳保障地区粮食安全的政治责任；研究制定《市政府领导班子及其成员2023年度耕地保护和粮食安全重点工作职责清单》，切实承担起保障地区粮食安全的具体责任；组织各区市县（先导区）党委（党工委）、政府（管委会）签订《2023年度耕地保护和粮食安全责任书》，压紧压实地区责任；高质量完成2022年度落实耕地保护和粮食安全责任制考核工作，组织开展对各区市县落实情况考核工作。

二是粮食安全机制体制建设取得进展。建立由市发展和改革委员会牵头，市财政局、市市场监督管理局、市检验检测认证技术服务中心、中国农业发展银行大连分行5部门组成的监督检查工作协调机制，加强执法联动，提高联合执法效能。研究出台《大连市市级储备粮管理办法》、《大连市政策性粮油监督检查工作规范》，从制度上保证执法工作顺利开展。

三是粮食质量安全监测不断强化。全年开展粮食库存检查、秋粮收购监测等政策性粮食质量检验检测1410批次，完成了《大连市2023年地产粮食收获质量调查及品质测报报告书》、《大连市2023年地产粮食收获环节粮食质量安全监测报告》，达到了“检测全覆盖，监管无盲区”。

四 应急保障和物资管理不断增强

一是粮食应急保障工作落实落细。对粮食应急保障企业实行动态管理，全市落实应急供应网点278个，配送中心7个，储运企业18个，应急保障中心8个，应急加工企业13个，在大连金州金粮粮食储备有限公司组织2023年度辽宁省暨大连市粮食供应应急演练，粮食应急能力得到提升；拨付2022年度主城区粮食应急供应网点补贴8.6万元。

二是市级救灾物资和食糖储备管理规范有序。开展市级救灾物资安全储存业务检查，抽查重点品类库存情况，确保市级救灾物资储得好、拿得出、调得快、用得上；强化部门间协同配合，形成工作合力，2023年按照市应急管理局的调出指令安全高效完成了6批次81716件市级救灾物资的调运任务；组织汛期救灾储备库调研，引导各区市县逐步完善救灾物资储备管理。采购确定市级储备糖承储企业，组织开展储备业务学习和2023年市级储备糖数量检查、质量抽检、年度业务专项审计，确保数量真实、质量合格、储存安全、管理规范。

五 全面从严治党不断向纵深发展

一是“两个责任”得到进一步落实。大连市发展和改革委员会党组高度重视党风廉政建设，始终把党风廉政建设工作放在心上、抓在手上、落实到行动上。召开全市粮食和储备系统“深化粮食购销领域腐败问题专项整治暨监管信息化推进工作会议”，集中观看警示教育片。

二是严的总基调进一步增强。开展粮食系统“以案为鉴警示教育月”活动，印发《“以案为鉴警示教育月”活动实施方案》，围绕党的二十大精神和二十届中央纪委二次全会精神开展集中学习，围绕典型案例开展研讨，层层开展廉政约谈提醒，抓早抓小、防微杜渐，进行典型案例警示教育，以身边事教育身边人，切实让各级干部重视、警醒、知止。

撰稿单位：大连市发展和改革委员会（粮食和物资储备局）；
撰稿人：于露；审稿人：王鹏

青岛市

一　粮食安全责任全面压实

印发《青岛市粮食安全保障实施方案》，规划引领未来三年青岛粮食安全保障工作。印发《青岛市政府领导班子及其成员2023年粮食安全重点工作职责清单》、《青岛市2023年度粮食安全重点工作职责清单》，明确市政府领导班子分管领域年度粮食安全重点工作职责和市政府部门年度粮食安全工作职责。全力做好耕地保护和粮食安全责任制考核及16地市高质量发展综合绩效粮食安全考核工作，强化部门协作，全面压实耕地保护和粮食安全政治责任。

二　粮食收购轮换扎实推进

引导多元市场主体入市收购，全面落实各项收购政策，守住农民“种粮卖得出”底线。指导平度市、莱西市建立粮食收购贷款信用保证基金4675万元，落实农业发展银行信用贷款5.34亿元。2023年粮食收购量达158.61万吨，夏粮、秋粮收购均创历年新高。加强轮换计划管理，指导国有粮食承储企业、有关区（市）把握市场形势，适时推进储备粮轮换。全市完成储备粮轮换任务18.2万吨、食用油9300吨，其中市本级完成轮换小麦7.14万吨、稻谷5000吨，食用油5000吨，发挥了储备粮油轮换吞吐、调节市场作用。

三　粮食产业发展提质增效

深入推进优质粮食工程，加快粮食产业高质量发展。安排市财政资金690万元支持绿色仓储提升项目建设。在第四届山东省粮油产业博览会上，成功发布“青岛面粉”区域性粮油公共品牌，并在“齐鲁粮油”中国行沈阳推介会上首次进行专场推介。指导粮食龙头企业组建青岛粮食产业联盟，促进企业抱团发展。组织全市粮油企业参加粮食产销洽谈会、“齐鲁粮油”中国行和“六进”系列活动，青岛粮油产品首次亮相2023港澳山东周、中国品牌日。粮油食品博览会首次在青岛举办，14家青岛企业现场成交6000余吨、2200余万元。全市入选“中国好粮油”产品12个、“齐鲁粮油”暨省级“好粮油”产品23个，数量位居全省前列。2023年全市粮油企业工业总产值预计突破680亿元，同比增长1.5%。

四 应急物资保障持续完善

全市共选定粮食应急保障企业424家，其中加工企业20家、配送中心22家、储运企业20家、网点362家，数量居全省首位。推动省级区域性粮食安全应急保障基地项目年内开工；争取财政投入1560万元对全市360家应急供应网点和7家应急保障中心进行了提档升级；对121家市级粮食应急保障企业进行了复核评估，粮食应急保供能力不断提升。按照企业自愿申报、委托第三方实地核查、专家评审、信用审查、社会公示等程序，在全省率先选定11家市级救灾物资保障企业，锁定物资生产品种、产能和运能，满足应急状态下物资紧急筹措和快速调运配送需要。完成2023年18.3万件市级救灾物资采购和增储工作，实物储备达到保障4万人紧急转移安置标准。

五 粮食流通监管持续强化

扎实开展2023年粮食流通“严监管强执法重处罚行动年”活动，开展春季粮油安全普查、政策性粮油库存交叉检查、地方储备粮检查、夏粮收购及政策性粮食销售出库监督检查、粮食流通统计制度执行情况检查、新入库夏粮库存检查等，作出行政处罚2起。办理12325全国粮食和物资储备监管热线交办案件1起，办结率100%。全年共开展入市粮油质量安全检测2835批次，对不合格产品全部作退场处理，确保入市口粮质量安全。组织开展粮食质量调查345批次，品质测报45批次，安全监测108批次。对不符合食品安全标准的粮食及时开展风险排查，杜绝流入口粮市场和食品生产企业。开展地方储备粮质量检测112批次，新入库粮食质量鉴定64批次，入仓合格率达到100%。

六 智慧监管水平显著提升

印发青岛市推进粮食购销领域监管信息化建设有关实施方案。建立全市政策性储备粮监管信息化建设周、月通报制度。全市投入资金近300万元，升级优化政策性储备粮监管信息化系统。全市46个政策性储备粮承储库点全部与省级平台对接，监管信息化覆盖率和储备库存动态监管覆盖率均达100%，数字化监管系统数据和视频对接质量明显改善，穿透性监管能力大幅提升，政策性成品粮储备首次纳入信息化监管，原粮储备库全部完成等级保护二级测评及备案。

七　行业安全生产保持稳定

开展岁末年初安全生产重大隐患专项整治、全国“两会”期间安全生产督导检查、季度“安全周”活动、重大事故隐患专项排查整治2023行动、“安全生产月”活动等，及时排查问题隐患，确保全市粮食和物资储备行业安全生产形势保持稳定。印发《青岛市粮食和物资储备行业安全储粮和安全生产专家库管理制度》，成立青岛市粮食和物资储备行业安全储粮和安全生产专家库，为粮食和储备行业安全生产工作提供技术支持，进一步提升安全生产监管效能。

八　节粮减损工作有力有效

印发《青岛市粮食节约行动计划》，提出7方面19条措施，推动生产、机收、收储、运输、加工、消费等粮食全产业链各环节节粮减损。举办2023年青岛市“世界粮食日”和“粮食安全宣传周”主题宣传活动，推动粮食安全宣传进社区、进校园、进企业。活动期间，全市共组织爱粮节粮专题宣传活动20多场次，参与活动4000多人次，制作发放宣传手册5000册、倡议书5000份、公益专题宣传片200张，张贴海报1000余张。爱粮节粮工作成效被《粮油市场报》等媒体宣传报道，在全社会营造了重视粮食安全、崇尚爱粮节粮的良好氛围。

撰稿单位：青岛市发展和改革委员会；撰稿人：赵舒、王国庆；审稿人：王好东

宁波市

一 牵头推进耕地保护和粮食安全责任制考核

全面完成2022年度粮食安全责任制考核工作，积极落实省对市考核问题整改，认真制定整改方案，加大整改督办力度，高标准按期完成整改任务。认真学习领会耕地保护和粮食安全责任制“两考合一”精神，牵头组建市考核工作组，分解落实省对市考核任务，研究制定市对县考核系列文件。对照国考、省考任务要求，牵头推进考核各项工作，组织召开全市耕地保护和粮食安全工作部署会。认真开展责任制考核月度工作进展情况调度并抓好督促落实，会同相关部门顺利完成年度各项考核任务。

二 扎实完成地方储备粮油增储和粮食收购工作

严格落实地方储备粮食和成品粮油增储任务，地方粮油储备规模创历史新高。执行省定小麦和稻谷最低收购价政策，小麦收购价格比省定最低收购价每百公斤高6元。认真开展稻麦收购工作，全市国有粮食企业全年收购粮食41.1万吨，其中小麦3.9万吨、早稻11.9万吨、晚稻25.3万吨，收购总量创近10年新高。推进粮食产业“五优联动”提质扩面，完成粮食产业“五优联动”实施面积8067公顷，指导镇海区、慈溪市成功创建省“五优联动示范县”。优化粮食产后服务，积极参加省现代化粮食收购服务体系建设试点，指导余姚市开展试点任务，鼓励其他各区（县、市）会同当地农业、乡镇、行业协会等部门探索建立粮食收购服务平台。

三 全面加强粮食和物资应急保供能力

扎实推进粮食应急保障体系建设，根据市粮食应急预案要求及省粮食应急工作部署，动态更新应急供应网点、应急加工企业、储运企业、配送中心等应急供应网络。深入实施

“255”工程，支持粮食流通主力军、主平台、主渠道企业做大做强做优，加大粮食骨干龙头企业培育支持力度。巩固和发展与粮食主产区的粮食产销合作关系，成功举办延边大米宁波市场品牌推介会，积极引入省外优质粮源，稳固扩充省外粮源基地。逐步提升物资应急保障能力，编制完成《宁波市应急物资保障体系发展规划研究》课题，颁布实施《宁波市市级应急救灾物资资金使用管理办法》。扎实完成应急物资储备保障工作，确保应急救灾物资储得进、管得好、调得出、用得上，“战略和应急物资保障”平安建设专项考核在全省一类地区保持领先。

四　全力实施现代化政策性粮油库存监管

严字当头扎实开展库存监督检查，全面完成2023年政策性粮油库存检查工作和2023年新入库政策性夏粮库存检查工作，对发现的问题及时落实整改，切实提升库存粮油日常管理规范，有力加强粮食质量安全保障。着力提升科技储粮及粮油储备数字化改革实战实效，组织实施辐射制冷应用，市粮食收储公司甬江中心粮库1P7、1P8号仓开展辐射制冷隔热保温技术试点，成功实现准低温绿色储粮。全市政策性储粮库点按要求完成信息化改造工作，关键点位视频监控数量达到1528个。象山县粮食收储有限公司“优质粮食收储保质减损提升关键技术研究与示范”项目成功入围全省“未来粮仓”示范试点项目名单。加快推进粮食物资仓储项目建设，“十四五”期间，粮食和物资系统涉及“千项万亿”工程项目共13个，总投资额38.9亿元，

五　认真履行国有资产监管

持续推进委属粮食企业改革，指导委属粮食企业做好扁平化管理改革工作，制定相关企业吸收方案，协调解决重大问题，有序推进改革进程。加强对企业重大投资、土地征迁和房屋处置出租等监督，确保国有资产规范管理。强化市本级粮食企业预算管理，加强预算监督管理和评估分析。

撰稿单位：宁波市发展和改革委员会（粮食和物资储备局）；
撰稿人：王紫萌；审稿人：鲍正操

厦门市

一 落实粮食安全责任制

认真贯彻中共中央办公厅、国务院办公厅发布的《地方党委和政府领导班子及其成员粮食安全责任制规定》，筹备召开全市耕地保护与粮食安全工作会议，与各区党政主要负责人签订责任书。牵头制定责任制考核工作方案，建立分工负责、督促检查、考核、奖惩和工作报告等五项工作机制，对标对表省里考核指标，逐项分解工作任务，逐个找差距、补短板、抓落实。同时，完善市对区考核工作，进一步压紧压实各级各部门耕地保护和粮食安全责任。

二 贯彻落实粮食安全保障地方法规

落实《厦门经济特区粮食安全保障规定》(以下简称《规定》)，按照《规定》中明确的责任和要求，聚焦储备、流通、应急等重点环节，牵头制定贯彻落实任务清单，下发《关于进一步贯彻落实〈厦门经济特区粮食安全保障规定〉的通知》，确保粮食储备、流通、应急等工作落地落实，推动粮食安全保障工作步入法制化、规范化轨道，进一步提升依法做好粮食安全保障工作的水平和能力。

三 提升储备保障能力

提高仓储管理规范化、精细化水平。开展科学保粮工作，确定20个攻关项目，以储粮新技术赋能粮食储备保障能力。及时做好市级储备粮增储工作，完成了省里下达的指标；认真落实2023年市级储备粮轮换计划，确保厦门市粮食储备数量真实、质量可靠、储存安全。开工建设翔安粮库三期工程。推动建设粮库信息化监管平台，实现与省粮食和物资储备局可视化对接。创新储备机制，积极引导和支持粮食企业建立社会责任储备。做好夏粮和秋粮收购工作，与市财政局和市农业农村局联合印发《2023年厦门市地产籼稻谷定向托底收购实施方案》。

四　抓好保供稳价工作

坚决贯彻省粮食和物资储备局和市委市政府工作部署，加强粮油市场宏观调控，按时启动重要节假日和重大活动粮食加工、库存、供应和价格报告制度。组织开展市场巡查64次，协调解决粮油加工、配送等环节出现的苗头性问题，确保粮食供应链顺畅，做到不脱销、不断供，保证市场粮食数量充足、品种丰富、价格稳定。加强产销协作，深化巩固与粮食产区的长期稳定合作关系，与9个主产区签订2.2万吨粮食订单协议。组织参加第十九届粮食产销协作福建洽谈会，召开省间产销协作交流会，拓宽入厦粮源渠道。

五　深化粮油市场监管

组织春、秋两季市级储备粮库存情况大检查，做到数量检查全覆盖。按照省粮食和物资储备局安排，开展交叉检查。组织开展季度抽检和治理“餐桌污染”专项检查。按照“双随机、一公开”原则，对重点粮油加工企业、储备粮油承储企业、粮食应急供应网点进行质量抽检，全年抽检粮油样品454批次。开展代储应急储备成品粮专项检查，对辖区内市级储备粮油承储企业进行督查，确保市级储备粮库存实物数量与保管账、统计账、会计账均实现账账、账实、账卡相符，政策性粮食数量、质量达到双安全。

六　深入推动粮食安全宣传和节粮减损工作

制定出台《厦门市2023年粮食节约工作计划》，每季度召开节粮减损工作会议。按照省粮食和物资储备局要求开展粮食储存环节损失损耗调查，按时完成调查任务。组织开展推进粮食加工环节节粮减损“五个一”系列活动。下发《关于进一步做好厦门市粮食安全宣传教育工作的通知》，推动各区、各单位依托粮食安全宣传教育基地举办形式多样的粮食安全宣传教育活动。开展2023年粮食科技周、世界粮食日和粮食宣传周活动，广泛宣传国家相关法律法规、科技创新成果、粮食节约减损、应急物资储备等知识。

七　提高粮食应急保障能力

健全应急工作机制，制定《厦门市粮食安全保障实施方案》，修订出台《厦门市粮食应急体系重点企业管理办法》、《厦门市粮食应急体系建设专项资金管理办法》，修订更新《厦门市粮食应急预案》。优化应急网点布局，按要求核定粮食应急加工企业和粮食应急供应网点。强化应急能力建设，落实应急小包装成品粮油储备任务。

撰稿单位：厦门市发展和改革委员会；撰稿人：陈培坤；审稿人：张伟生

深圳市

一 加强制度建设，规范储备管理

稳步推进各项管理规章制度建设，健全粮食和物资储备长效管理机制，筑牢粮食安全基础。2023年4月，印发《深圳市市级储备粮管理办法》，为规范储备粮管理提供了良好支撑。配套出台《深圳市市级储备粮轮换管理实施细则》、《深圳市市级储备粮管理考核实施细则》和《深圳市发展和改革委员会粮食储备领域专项资金操作规程》3个制度文件，规范资金管理、企业日常管理、监督考核各项工作，建立了具有深圳特色的储备粮管理制度体系。

二 落实储备任务，优化储备结构

组织落实2023年粮油肉储备任务，进一步优化市级储备粮品种结构。市级政府粮食储备可满足全市8个月消费需求（成品粮储备规模可满足全市3个月消费需求，小包装成品粮可满足全市10天消费需求）；食用油储备可满足全市20余天消费需求；冻猪肉储备可满足全市10天消费需求。口粮储备比重由84.6%提升至86.8%。本地主要消费粮食品种大米、稻谷占储备粮比重由43.0%上升到45.2%，储备结构进一步向消费结构靠近。

三 推动粮库建设，有序扩大仓容

扎实推动新增粮食储备库建设。建设工程多已进入主体施工阶段，获得中央预算内投资资金共计1.49亿元。随着新增粮库陆续建成，预计到2025年可新增高标准粮库仓容112万吨。引导承储企业提高现有粮库硬件设施和储备管理水平，申评等级粮库，截至2023年年底，深圳市共有1个粮库被授予广东省“AAAA级粮库”称号，17个粮库被授予广东省“AAA级粮库”称号。

四　强化监督管理，确保储备安全

强化政府储备粮油日常监管，实现每季度承储企业检查全覆盖，每半年承储库点全覆盖。强化线上检查，对于企业出入库、质检、合同等全流程信息进行线上核查，发现问题及时反馈核实。组织检查工作座谈会，开展粮油储存规范、安全生产等培训，开展问题总结，督促企业发现问题真改实改彻底整改，确保检查实效。扎实开展执法检查，通过“双随机、一公开”、“四不两直”等方式开展监督执法工作。积极开展安全生产检查，通过专项检查和日常检查方式累计开展粮食领域安全检查超80家次。完成2023年度政府储备粮油、粮食应急保障企业商品粮油质量抽检工作，抽检结果显示所有储备粮油样品食品安全指标合格率、质量指标合格率均为100%。

五　建设信息化平台，提高监管效能

成立工作专班协调推进深圳市粮食和物资储备信息管理平台建设。2023年1月起平台正式运行，已接入全部政府储备粮油、冻猪肉承储库点的库存、出入库、粮情、视频等数据，实现了出入库和在库情况的监管。已上线储备计划管理、监督检查、熏蒸备案、自主轮换事前备案等功能，实现了粮食主要日常业务的线上办理。通过“库点—市平台—省平台”三级结构，于2023年6月底完成了与省平台的互联互通，互联互通综合评分全省排名第一。

六　完善应急网络，提升保障能力

开展粮食应急保障体系专题研究，广泛调研粮食储备企业和重点粮食应急保障企业，全面梳理粮食应急保障体系建设存在的问题，启动粮食应急保障企业更新工作，新增实力较强的应急保障企业，鼓励华润万家、天虹、钱大妈等大型连锁企业充实应急保障网点，积极融入全市粮食应急保障体系建设。构建全市粮食“加工—批发—运输—供应”四个环节齐备的应急保障网络，共有应急保障企业58家、应急供应网点881家，实现应急供应网点街道全覆盖；全市小麦、大米日加工能力分别不低于1000吨、5000吨，可以满足全市3天的消费需求。启动深圳市国家粮食物流核心枢纽建设方案编制工作，研究提升粮食物流保障水平。开展异地储备粮应急调运演练，紧急完成黑龙江省双鸭山市160吨稻谷加工，将成品粮大米调运回深，畅通异地储备调运流程，实战检验异地储备保障能力。

七　健全管理体系，管好救灾物资

修订《深圳市市级救灾物资管理操作规程》，制定防汛防台风应急预案和市级救灾物资调拨应急预案，确保高效完成市级救灾物资调拨任务。参加“应急使命2023”全市防汛演练，强化应急演练，确保关键时候拿得出、调得快、用得上。完成市级救灾物资储备库扩充工作，库内使用面积从2300平方米增加至5800平方米。做好救灾物资采购及管理，全市救灾物资充足良好，全面落实“十四五”救灾物资储备目标。

八 落实党政同责，坚守安全底线

深入学习贯彻习近平总书记关于耕地保护和粮食安全的重要论述精神，认真贯彻落实省委“1310”具体部署，全面落实耕地保护和粮食安全党政同责，坚决守住耕地保护红线和粮食安全底线。经省委、省政府审定，在2022年度省对市耕地保护和粮食安全责任制考核中获得“优秀”等级和通报表扬。针对2022年度考核工作存在的薄弱点，积极采取有效措施推进整改，提前谋划部署2023年耕地保护和粮食安全责任制考核工作，压实主体责任，对照考核要求提前开展自查自纠，抓重点、补短板、强弱项，全力做好2023年耕地保护和粮食安全责任制考核迎检工作。

撰稿单位：深圳市发展和改革委员会；
撰稿人：郑铁军、马少强、戴飞跃、赖向群、范钕；审稿人：郭子平

第四篇

各垂直
管理局工作

国家粮食和物资储备局北京局

一　坚持注重实效、提高质量，完成主题教育各项任务

自觉把主题教育作为首要政治任务，深刻认识主题教育重大意义，全面准确把握主题教育总要求，推动全局上下学思想、强党性、重实践、建新功。总结运用“三学一省四对照”学习法，坚持每月一次分党组理论中心组集中学习，分党组成员带头讲授专题党课4次，充分发挥“领头雁”作用。利用京津红色资源开展各类主题党日活动4次，组织开展为期7天的处级以上干部读书班，引导党员干部学深悟透《习近平著作选读》等学习资料。圆满完成15项重点调研课题，开展各类调研20余次，形成16篇调研报告。狠抓突出问题整改，检视发现的6项问题已全部完成整改。成立6个工作组对19件问题线索进行初核，推进问题线索清零。同步开展干部队伍教育整顿和纪检干部教育整顿工作。按要求组织召开分党组专题民主生活会，进一步提升坚定拥护“两个确立”、坚决做到“两个维护”的政治自觉、思想自觉和行动自觉。

二　坚持全面从严管党、从严治党，持续深化政治机关建设

认真学习贯彻习近平总书记关于党的建设的重要思想，认真落实第一议题制度，第一时间传达学习习近平总书记最新重要讲话精神、重要指示批示精神。坚决整改驻委纪检监察组与国家粮食和物资储备局党组就全面从严治党会商指出的问题，从开展理论学习、谈心谈话、解决实际问题、严肃追责问责等方面入手，集中1个月时间开展“严肃纪律规矩净化政治生态”专项行动。围绕“净化政治生态　提升监管能力”主题，组织全局40余名年轻党员干部赴河北省委党校开展为期5天的封闭培训。研究制定《北京局机关干部队伍监管能力素质提升专项整治实施方案》，明确细化16项具体任务，一体推进理论学习、业务培训、实践锻炼、队伍建设、建章立制。坚决整改国家粮食和物资储备局党组巡视评估反馈指出问题与主题教育检视问题，严格实行清单化管理和挂账销号，整改“后半篇文

章”取得实效、形成常态。认真组织廉政警示教育月活动，与中储粮北京顺义直属库联合开展“以案为鉴强警示　警钟长鸣树清风”主题党日活动。深入推进党风廉政建设，与北京市纪委监委建立协作配合机制，牵头举办北京市直单位纪检工作联席会议，制定加强和规范纪检工作的实施细则。

三　坚持严密体系、压实责任，推动机关党建高质量发展

发挥青年理论学习小组深钻细研、知行合一的良好学风，开展“讲政治、学业务、肯钻研”系列活动。组织党员干部赴北大红楼和北京廉政教育基地开展坚定理想信念教育。加强党的组织体系建设，结合实际健全八三三处纪委、八三八处纪委、配备专职纪委书记，增补六五四工程筹建处党支部委员会委员。在疫情防控、粮棉考核、库存检查等重大专项活动任务中，成立临时党支部，确保党的组织、党的工作实现全覆盖。加强党员教育管理和发展工作，转接党员组织关系40余人，圆满完成3名党员发展计划。积极营造有利于干事创业的良好环境，提拔晋升12名干部，突出专业化导向招录补充年轻干部19人，挂职培养锻炼7人，轮岗交流12人。向市委组织部推荐1名政治素质好、工作能力强的年轻干部作为驻村第一书记人选，助力首都乡村振兴。制定实施干部交流工作办法和素质能力提升专项规划，引导干部在实践中积累经验、增长才干、提升本领。组织开展回乡见闻会、退役军人茶话会、机关工间操比赛等多种活动，丰富机关文化生活。积极响应市委倡议，广泛动员党员干部主动服务保障北京市防汛救灾，选派2名年轻党员干部报名参加灾后重建工作，组织募捐“共产党员献爱心”1万余元。

四　坚持聚焦主业、扛牢主责，持续提升首都储备实力

严格落实重点领域关键品类物资收储任务，按照“一库一批一方案”的原则，制定专项物资接收工作方案，综合采用现场督导、“四不两直”检查等方式督导开展收储工作。全年累计收储中央应急抢险救灾物资8个品种和重要战略物资13个品种，代收代储北京市应急物资17个品种。京津冀发生严重洪涝灾害后，全局上下坚决贯彻落实习近平总书记关于防汛救灾工作的重要指示精神，闻“汛”而动、以迅战“汛”，最短时间内完成24道调用指令，将6个仓库百万余件中央应急抢险救灾物资精准运送灾区指定地点。10月13日，迅速响应驻地应急指挥，调拨全面罩防毒面具、化学品吸附棉条等应急救灾物资，驰援北京市东六环主路古城西桥附近事故。12月6日，紧急向山西省清徐县调运10998床棉被，确保受灾群众温暖过冬。12月20日，向甘肃临夏积石山地震灾区紧急调拨2000件取暖炉，全力支持灾区做好抗震救灾工作。有序推进中央储备棉糖和应急抢险救灾物资库存检查、以及2023年度中央应急抢险救灾物资储备监管评估交叉检查工作，先后赴京津两地10家

承储库点，对棉糖、中央应急抢险救灾物资开展全覆盖检查。围绕推进北京市成品油储备建设，加强与北京市相关部门的对接联络。按季度巡查辖区国储原油承储企业，确保存储数量真实、质量良好、储存安全。

五　坚持围绕中心、服务大局，全力保障首都粮食安全

组织开展2022年度中储粮考核和2023年度政策性粮食库存检查，对辖区中储粮直属企业实现全覆盖。严肃推动考核发现问题整改督导工作，年度考核发现42项问题已完成整改40项，库存检查发现29项问题已完成整改28项，整改完成率总体达95.8%。严格开展夏粮收购检查和季度巡查工作，共发现问题7项，已完成整改5项。扎实组织开展“严监管强执法重处罚行动年”活动，对辖区内中储粮直属企业存在中央储备粮和商品粮不同性质粮食混存问题作出行政处罚。组织完成3项12325监管热线转办线索的现场核查，对中储粮北京密云直属库有限公司涉嫌违规行为作出警告并处罚款1万元的行政处罚。全年累计作出7项行政处罚，做到该行政处罚的必须行政处罚，切实将“严监管、强执法”的要求落到实处。牵头完成上海地区政策性粮油库存交叉检查任务，配合山西局完成河北辖区中央储备承储企业15个直属库点的交叉检查任务，派员参加国家粮食和物资储备局工作组对内蒙古自治区、贵州省、吉林省政策性粮油库存开展抽查检查工作。对京津辖区部分中储粮直属库政策性夏粮收购及入库储存情况开展巡查，全面掌握承储库点储存情况。系统梳理总结管粮兴储经验做法，在全系统科技活动周作典型发言，树立科技和人才兴粮兴储“北京局样板”。

六　坚持开拓创新、融合发展，扎实推进改革稳步向前

深入贯彻落实国家粮食和物资储备局“十四五”储备基础设施建设、粮食和物资储备信息化等专项规划，科学谋划各基层单位“十四五”项目。研究推动北京局事企分离改革，确保事业单位聚焦储备主责主业。对基层单位库房、货场等资源进行摸底统计。抓紧推动重点工程项目开工建设，项目进入全面施工阶段。

七　坚持攻坚克难、警钟长鸣，牢牢坚守安全稳定底线

扎实开展重大事故隐患专项排查整治和第三方拉网式排查，累计赴基层督导检查17次、组织基层处自查54次。压茬推进安全治理提升三年行动，坚决防范各类安全风险隐患。强化制度建设，印发北京局“四不两直”安全监督检查办法等3项安全制度，为进一步规范安全生产监管提供制度依据。统筹安全生产月、科技活动周安排，作为先进典型在

全系统会议上交流经验，组织开展安全知识竞赛，多形式多渠道对各类安全和科普知识进行教育培训。有力破解历史遗留问题，最大限度避免国有资产损失。竭力解决干部职工关切问题，提高干部职工的幸福感和获得感。

撰稿单位：国家粮食和物资储备局北京局；撰稿人：王崇远；审稿人：隋萍

国家粮食和物资储备局河北局

一 粮食监管能力和行政执法水平不断提升

认真组织开展“严监管强执法重处罚行动年”活动，配合省纪委监委深化粮食购销领域腐败问题专项整治，高质量完成中储粮年度考核、政策性粮油库存检查、中央储备棉糖和应急抢险救灾物资库存检查等重点任务。紧盯问题线索一查到底，对5个中储粮直属库违法违规行为作出行政处罚7项，严肃查处中储糖出库问题线索，形成有力震慑。修订完善中央储备粮监管制度，充实监管力量，强化执法人员政策业务学习与实战实训，粮食执法监管能力得到新提升。

二 重点工作任务圆满完成

严密组织、安全顺利完成重要物资收储轮换和中央应急物资出入库任务。高标准推进项目建设，全年完成2022年结转项目、2023年中央预算投资项目和自筹资金项目建设任务。强力推进一三五处资产置换，成功办理新址土地不动产权证书，完成新址铁路专用线可研报批。认真落实国家煤炭储备基地项目建设监管职责，制定监管方案，曹妃甸项目获国家发展和改革委员会批复立项，完成开工前准备工作；黄骅港项目完成立项报审。

三 改革和管理创新迈出新步伐

加强战略和应急物资储备体制机制改革研究，形成河北局改革方案。下大力推进事企分离改革，完善河北国储物流有限责任公司法人治理结构，撤销5个分公司，真正实现事企分开。深化管理提升年活动，认真组织开展星级保管员评定考核，推进战略物资和能源监管规范化、标准化。盘活用好国有资产，调整优化业务结构，延伸服务链条。

四 安全生产得到新加强

认真落实国家和省安全生产工作部署，压实全员安全生产责任，扎实推进重大事故隐患专项排查整治2023行动，集中开展“深学习、大排查、真整改”活动。积极推动储备仓库安全生产标准化工作有序开展，健全完善“双控”运行机制，3个储备仓库完成三级达标。严格落实责任，持续抓好消防安全管理，强化安全教育和作业现场安全管理，加大投入整改隐患，全局全年整治安全隐患501个，安全生产继续保持良好态势。

五 全面从严治党取得新成效

一是主题教育成效明显。把学习贯彻习近平新时代中国特色社会主义思想主题教育作为重大政治任务，一体推进理论学习、调查研究、推动发展、检视整改，以学铸魂、以学增智、以学正风、以学促干取得明显成效。理论学习荣获河北省委省直机关工委网上答题活动“优秀组织奖”，调查研究形成调研成果30个，完成巡视、会商等问题整改171个，实施暖心工程41个，干部队伍教育整顿和纪检干部队伍教育整顿高质量完成目标任务。

二是党建工作有力有效。贯彻落实国家粮食和物资储备局党建高质量发展现场会精神，指导九七四处党委和21个党支部完成换届工作，举办党务干部培训班，督导各级党组织严肃党内政治生活，规范落实各项制度，提升党支部标准化规范化建设水平。开展“两优一先”评选表彰，1名同志和一三四处党委荣获省直机关“两优一先”荣誉称号。把精神文明建设工作作为抓党建的重要载体，着力提升党员干部道德修养，河北局被省直机关工委评为“2021—2023年度省直机关文明单位”。

三是以严的基调正风肃纪。层层签订全面从严治党责任书，定期分析研究管党治党形势，同步分析研判职工思想动态和意识形态工作。突出对“一把手”和领导班子落实全面从严治党责任、执行民主集中制、依法依规履职用权等情况的监督。以政治监督为重点，组织对4个单位开展党的二十届中央任期内首轮巡察，组织对3个事业单位原主要负责人离任审计。充分发挥纪检监督执纪功能，依法依规严查快办信访举报等问题线索，持续释放违纪必究、执纪从严的强烈信号。

四是持续深化党风廉政建设，扎实开展“以案为鉴警示教育月”活动，加强廉洁文化建设，建成启用河北局廉洁文化教育基地，河北局特色廉政品牌加速形成。

六 干部队伍建设得到新提升

把选优配强各级领导班子作为推进高质量发展的重要引擎，全年选任处级干部8人，调整职务4人，为事业单位招聘人才64名，安排17名干部上下交流。将监管能力素质提升作为重中之重，在浙江大学举办领导干部培训班，开展“粮储河北局大讲堂”活动5期，全局上下形成学业务、提素质的浓厚氛围。持续深化作风建设年活动和服务基层专项行动，全局上下干事创业、拼搏进取的精气神进一步凝聚。

撰稿单位：国家粮食和物资储备局河北局；撰稿人：王媛媛；审稿人：阎会力

国家粮食和物资储备局山西局

一 党建引领和全面从严治党进一步深入

一是政治机关建设持续加强。把学习贯彻党的二十大精神作为首要政治任务，举办专题集中培训班，切实筑牢思想根基。实施“中心组学习规范年”建设工程，积极开展学习示范点创建和“党建品牌”创建，召开现场观摩会，征集评选优秀案例，以党建促业务成效突出。选优配强驻村干部，持续履行好驻村帮扶责任，服务乡村振兴。

二是主题教育开展扎实有力。按照“学思想、强党性、重实践、建新功”总要求，一体推进理论学习、调查研究、推动发展和检视整改各个环节，认真开展干部队伍教育整顿、召开专题民主生活会，切实转化为推动山西局发展的强大动力，有效推动了重点工作落实，转变了全局工作作风，重调查、入基层、办实事、务实效蔚然成风。

三是全面从严治党走深走实。落实责任机制，签订年度全面从严治党责任书，制定印发年度工作要点，层层传导压力，营造严的氛围。严肃监督执纪，建立政治监督台账，紧盯重点领域、关键环节开展专项检查监督。组织学习系统内有关违纪违法教训警示通报，扎实开展纪检干部队伍教育整顿。有效发挥巡视巡察利剑作用，制定2023—2027年巡察工作规划，布置开展首轮巡察。用好监督执纪“四种形态”，切实做到“三不腐”一体推进。

二 粮食和战略应急物资监管能力进一步增强

一是中央储备粮棉监管成效显著。深入开展“严监管强执法重处罚行动年”活动，相关做法被国家粮食和物资储备局工作简报登载。扎实开展2022、2023年中储粮棉考核，结合日常监管及季度巡查紧盯发现问题整改。与北京局联合完成对河北辖区中央储备承储企业政策性粮油库存检查。加大案件查办力度，对部分直属企业违法违规行为作出警告行政处罚20件次。将在晋中央储备粮承储企业监督检查纳入省市场监管领域部门“双随机、一公开”检查目录和计划，持续强化协同监管。

二是战略物资管理扎实有力。认真履行专项任务监督管理责任，作业全程一线跟踪指导，相关单位认真落实“五个一”工作要求，坚持“1+2+3”工作法，不断提高作业标准化、规范化水平。针对综合物资出入库，提前拟定作业方案和应急预案，落实各岗位工作任务和安全责任，周密组织出入库工作。针对成品油出入库，强化对作业现场、设施设备运行检查，加强作业全过程和收发重点环节安全管控，确保油品数量准确、质量合格。一五二处创下连续作业170余天历史记录。

三是应急救灾物资监管日趋成熟。以日常监管为重心、专项检查为抓手，督促各仓库按照监管评估标准，规范中央应急抢险救灾物资储备管理。以汛前检查为重点，顺利完成普查、年度监管评估等各种检查。全力保障紧急调运，汛期、冰冻雨雪灾害期间6次连夜紧急调运物资支持津冀晋等地抢险救灾，新华社等权威媒体关注报道。投放保障模式加快构建，与省应急厅、气象局分别签订合作协议，组织开展投放演练。年内，中央防汛抗旱物资布局更加完善，辐射范围扩大。

三 深化改革转型发展步伐进一步加快

一是运行机制不断完善。聚焦政策性职责和经营性职责分开要求，强化垂管局监管职能、储备仓库公益属性和山西国储物流有限公司服务储备主业功能，进一步明晰事企职责边界和合作途径，形成“机关强化监督管理、公司承担市场主体责任、仓库完成出入库装卸保管任务”运行格局，实现事企有效分开、有机融合，保障储备仓库更好履行主责主业。

二是储地融合更加多元。保障地方能源安全实力更加雄厚。一七一处、四七五处、四七六处、六三九处充分发挥省红十字会备灾救灾仓库功能作用，紧急调运800张折叠床有力支援甘肃地震灾区抗灾救灾。

三是项目建设有序推进。积极跟进“十四五”规划项目清单，提出综合仓库增储建库规划建议。持续提升“数字粮储”建设成效，安改仓库全部接入专网，基本实现“视频通、数据通”。加快推进已批复项目，督促受托企业按照有关制度和规定开展项目招标。年内财政拨款及自筹资金开展项目建设35个，投资共计1819.96万元，有力提升了仓库安全运行保障水平。

四 安全和谐稳定局面进一步巩固

一是实现全年安全运行。压紧压实安全责任，持续开展安全治理提升三年行动和重大事故隐患专项排查整治2023行动，有机结合日常自查、专项检查、上级抽查，立行立改、持续整改，提升本质安全度。全年整改完成率90%，投入隐患整改资金1503.28万元。

二是保持系统和谐稳定。关注干部职工思想动态和利益诉求，加强政策解释、教育引导和问题分析研判。开展重要时点信访稳定风险摸排，努力将矛盾问题化解在萌芽状态。

三是廉政建设不断加强。持续开展清廉机关建设，开展“以案为鉴警示教育月”活动，通过主题党日、现场参观、领导干部讲党课等方式，以身边事教育身边人，切实做到重视、警醒、知止。重视对青年干部管理监督，教育引导系好廉洁从政“第一粒扣子”，防止急功近利、“走捷径”摔跟头。持续整治形式主义、官僚主义。

四是坚决守牢保密底线。落实保密工作主体责任，通过开展保密“四不两直”检查、交叉检查，传导工作压力，紧盯发现问题，跟进落实整改。进一步强化定密管理、网络保密管理和涉密人员管理措施，加强涉密工程管理，确保国家秘密安全万无一失。

五 高质量发展动能进一步提升

一是干部能力素质加快提升。贯彻落实新时代党的组织路线和好干部标准，选优配强局属单位领导班子，交流调整18名处级干部、选拔8名正副处级干部。完成9名公务员提拔、7名职级晋升，机关招录5名公务员、事业单位招聘62名新进人员。畅通干部交流渠道，搭建干部培养锻炼平台，一批年轻干部通过跨单位交流、担任党委委员、派出跟班挂职、驻村锻炼、抽调参加库存检查等增长才干、增强担当。举办处科级干部和新进人员培训班，定期组织“业务大家讲”。开展第二届“五小”竞赛活动，产生创新成果39项和小建议1项，有效激发基层创新创造活力。

二是治理能力不断加强。开展制度“立改废”，制修订制度24项，及时体现最新政策导向、管理要求。进一步规范法律顾问、公职律师和公司律师管理，依法管粮管储取得新成效。印发通知规范国有资产出租出借及仓储服务业务管理，促进财务国资管理规范化。开展财经纪律重点问题专项整治检查，及时发现问题及潜在风险，牢牢守住第一道防线。出台投资项目管理实施办法和工程建设项目招标投标管理暂行规定，强化项目建设程序意识和底线意识。

三是用心办好民生实事。住房补贴和退休人员独生子女补贴历史欠账全部清零。建立54项民生项目清单，已整改53项。各基层单位把改善职工工作和生活环境列入重要民生事项，用心用力用情办好民生实事，干部职工的获得感幸福感不断增强。

四是创优争先氛围浓厚。积极参加国家粮食和物资储备局和山西省组织的主题征文、演讲比赛和知识竞赛，多次获得组织和个人奖项。发挥青年生力军作用，组织开展青年志愿行动、青年文明号创建、青年安全生产示范岗工作，带动效应凸显。举办篮球、拔河等体育比赛，增强全局凝聚力和向心力。通过持续引导、扎实工作，不断营造正气充盈、风清气正的发展环境。

撰稿单位：国家粮食和物资储备局山西局；撰稿人：毛广良；审稿人：杨永宁

国家粮食和物资储备局内蒙古局

一 党建引领，全面从严治党不断向纵深发展

一是扎实开展习近平新时代中国特色社会主义思想主题教育。内蒙古局紧扣“学思想、强党性、重实践、建新功”总要求，严格贯彻落实国家粮食和物资储备局党组《关于在全局全系统深入开展学习贯彻习近平新时代中国特色社会主义思想主题教育的实施方案》，全面推进理论学习、调查研究、推动发展、检视整改。召开内蒙古局主题教育动员部署会，制定印发工作方案。举办处级以上干部专题读书班2期、专题辅导报告6次、分党组班子成员讲党课4次。形成调研报告13篇，举办调研成果经验交流会。坚持问题导向，确定具体问题9个，制定整改措施23项，全部完成整改，部署专项整治2项。制修订落实全面从严治党、加强保密管理等制度规定11个。一体推进干部队伍教育整顿及纪检干部队伍教育整顿。相关工作得到内蒙古自治区党委直属机关工委高度评价。

二是推进“两个责任”落实。制定印发《内蒙古局分党组2023年党建和党风廉政建设工作要点》，修订完善《内蒙古局分党组及基层党委履行全面从严治党主体责任清单》。召开内蒙古局全面从严治党年度工作会议，推动全面从严治党“两个责任”落实。

三是强化政治机关建设。认真学习贯彻习近平总书记关于粮食和物资储备的重要指示批示精神，组织举办党的二十大精神轮训班。认真组织开展巡视巡察整改“回头看”，持续推动发现问题整改。抓好与驻委纪检监察组沟通会商反馈问题整改。

四是扎实推进党的组织建设。落实换届提醒督促机制，机关各党支部、一七〇处党委届满完成换届。认真落实国家粮食和物资储备局党组成员联系垂管单位及基层党建工作联系点制度。开展星级化亮晒比、创建坚强堡垒“模范”党支部，全局成立党员“先锋队”、“创新工作组”8个。机关第一党支部被评为“内蒙古自治区直属机关先进基层党组织”。

五是坚定不移深化正风肃纪。加强对所属单位“一把手”和领导班子监督。开展“以案为鉴警示教育月”活动，通过党内纪法宣讲、参观廉政教育基地、发送廉政信息等方式，强化正面典型宣传引领和反面案例警示教育，加强干部日常管理教育监督。

二　加强监管，辖区中央事权粮油储备更加安全

一是有力组织中储粮年度考核。组建领导机构，制定工作计划，配齐配强考核队伍，开展专题培训5次。顺利完成辖区中储粮直属企业的考核任务。

二是全面推进全国政策性粮油库存检查。落实国家粮食和物资储备局要求，完成对山西辖区、吉林辖区中储粮直属企业检查。配合陕西局和宁夏局完成对内蒙古辖区中储粮直属企业检查。针对交叉检查反馈的问题，作出8例警告行政处罚。

三是严肃核查12325举报问题线索。接收国家局转办12325问题线索19件，已核查并办结15件。依据有关政策规定对相关直属企业依规作出4例警告行政处罚。

四是协同监管取得积极成效。顺利组织召开东北三省一区粮食储备协同监管工作机制第二次联席会议，制定东北三省一区中央事权粮油协同监管联动工作办法，建立信息共享交流机制、联合调研机制和区域性协同监管专家库，为中央储备粮高质量监管提供保障。

三　从严管理，战略应急物资储备实力不断增强

一是顺利接收中央储备成品油。制定接收方案，全面检查调试设施设备及自控系统，开展系列业务学习培训。局领导和职能处室干部全程督导接收工作，邀请兄弟单位业务骨干现场指导，强化物资接收作业规范性。同时，有效保障代储成品油在库储存安全。

二是顺利完成国储物资收储任务。严格按照接收方案和流程，合理安排保管员、现场安全员等力量，加强作业现场安全生产管理，国储物资按计划顺利接收入库。

三是提升应急救灾物资储备实力。推进2023年中央储备糖、应急抢险救灾物资库存检查，新增应急救灾物资完成验收入库。

四是加强工程项目管理。印发内蒙古局《工程项目管理实施细则》，中央预算内投资项目和自筹资金项目全部竣工。

五是规范财务管理。组织开展2020—2022年全面财务收支审计及财经纪律重点问题专项整治，开展离任经济责任审计，深入查找存在问题，完善财务管理制度。

四　守住底线，扎实做好安全保密工作

一是积极推进重大事故隐患专项排查整治2023行动。开展安全生产检查80次，投入安全整改资金443万元，完成近90%安全隐患整改，未完成整改项根据隐患轻重和危害程度建立隐患档案和管控、整改方案。制修订涉及油料入库、综合应急、防火防汛防盗等各类应急预案、现场处置方案32项，组织各类应急演练11次。

二是推进安全治理提升三年行动。落实安全风险辨识评估和管控要求，建立风险防控

清单。全面开展安全生产标准化达标工作，建立并运行隐患排查治理和风险分级管控双重机制。全年未发生等级以上生产安全事故、安全治安事故等，安全稳定形势良好。引进注册安全工程师1人，组织12名干部报考化工类院校，7人取得相应学历。

三是开展保密检查工作。配合开展保密检查，检查反馈问题已全部完成整改。深入开展“举一反三”保密自查自纠和问题整改“回头看”检查，尤其是针对微信工作群、微信小程序上传信息以及互联网电脑存储信息进行大检查。建立安全、保密零报告制度。

五 夯实基础，激发干部职工队伍活力

一是加大人才选育力度。接收安置军队转业干部1名，事业单位公开招聘工作人员19名，选拔组建内蒙古局人才库，有效改善职工队伍结构和人员专业化水平。

二是加大干部培育力度。扎实开展干部队伍监管能力素质提升专项整治，编发《粮食和物资储备监管执法工作手册》和《主要粮食品种质量国家标准汇编》，开展中央事权粮监督检查培训和“处长讲业务”，举办监管能力提升专题培训班。组织12名干部赴甘肃局二五七处学习实操技术。

三是加大绩效考核力度。完善储备仓库领导班子三年任期考核办法，对机关工作人员和直属单位领导干部每季度开展考核。机关2名年轻干部年度考核优秀提前晋级，事业单位2名“90后”干部进入科级领导岗位。

四是提升干部荣誉感。印发内蒙古局《关于规范干部职工任职、退休事项的通知》，为拟任用干部举办任职仪式，为退休干部职工举办荣誉退休仪式。

五是树立评优评先鲜明导向。开展红旗品牌创建工作，评选红旗单位1个、红旗班组8个、红旗库房9个。6名同志被评为“岗位之星”、8名同志被评为“抗疫先锋”。

撰稿单位：国家粮食和物资储备局内蒙古局；撰稿人：张春蕾；审稿人：黄永恒

国家粮食和物资储备局辽宁局

一 扛稳守牢管党治党责任担当，政治机关建设持续强化

一是主题教育成效显著，政治机关意识不断强化。坚持把学习贯彻习近平新时代中国特色社会主义思想主题教育作为重大政治任务，一体推进理论学习、调查研究、促进发展、检视整改。坚持以分党组中心组理论学习为引领，以主题教育读书班为载体，开展集中学习和专题辅导，有效强化理论武装。大兴调查研究，局领导带队，职能部门实地走访，运用调研成果解决事业发展中难点堵点问题。在干部队伍教育整顿中，创新开展党员干部自画像活动，对标对表党员政治责任，以具体深入的自我刻画，查不足、找措施。注重意识形态建设，全面倡导“讲政治、守纪律、负责任、有效率”的政治机关文化，以主题党日活动等多种方式，教育广大党员赓续红色血脉、牢记初心使命；积极利用新媒体平台，在“国储党建”登载信息49条，打造宣传阵地，开通“国粮储辽宁局”微信公众号，共发布信息140余条，引领干部职工积极投身事业发展。

二是基层党组织建设坚实有力，先锋模范作用进一步发挥。积极推进党支部标准化规范化建设，二三九处综合办公室党支部获评第四批省直机关党支部标准化规范化建设示范点。全面梳理基层党组织，摸清底数、建立台账。规范发展党员工作。举办基层党组织书记及党务工作者专题培训班，有效提升党务干部能力素质。充分发挥群团组织作用，成立辽宁局青年工作委员会和直属机关团委，开展团员和青年学习贯彻习近平新时代中国特色社会主义思想主题教育，组织青年召开“我和局长面对面”座谈会，举办新老职工话储备专题教育，以储备优良传统教育引领广大青年积极投身粮储事业发展新征程。

三是全面从严治党持续强化，纪律规矩进一步严明。层层压实各级党组织主体责任和纪检机构监督责任，推动全面从严治党横到边、纵到底，不留死角。接受国家粮食和物资储备局巡视以及专项审计，以讲政治的高度、讲规矩的尺度，对全局各项工作进行了全面检视。全年修订完善巡察工作配套制度6个，对两个基层单位开展巡察，有力促进巡察工作制度化、规范化。深入开展纪检干部教育整顿，坚持每月两次工作调度，开展知识测试

和问卷调研，详细掌握基层纪检干部履职情况。依法依规办理问题线索，强化执纪问责，科学运用“四种形态”处理违规违纪党员及有关党组织，以零容忍态度正风肃纪反腐。经过持续努力，辽宁局问题线索数量已呈大幅下降趋势，减存量、遏增量效果初步实现，为事业发展营造良好环境。

二　履行守住“天下粮仓”使命担当，国家粮食安全保障能力持续提升

一是年度考核和日常监管顺利开展。圆满完成中储粮年度考核工作，同步实施定期巡查，实现对辽宁辖区中央政府储备粮和其他中央事权粮食承储企业年度考核、巡查“两个全覆盖”，严格督促中储粮相关企业对考核、巡查发现问题进行整改，坚决确保中央储备粮安全。认真组织开展秋粮收购检查，与省粮食和物资储备局、省农业发展银行和中储粮辽宁分公司共同研判秋粮质量、价格形势，制定粳稻最低收购价收购工作方案，保证辽宁省粮食市场平稳运行。

二是执法监管和专项检查高压推进。认真开展“严监管强执法重处罚行动年”活动，深入推进粮食购销领域腐败问题专项整治，持续开展“以陈顶新”问题线索核查，密切跟踪承储企业问题整改进展情况，依托12325等平台严格开展执法监管，始终保持粮食执法监管高压态势。牵头完成对吉林辖区中储粮政策性粮油库存检查，实现首次跨辖区粮食业务检查。

三是融合联动和信息化监管不断强化。大力推进央地联动，作为辽宁省耕地保护和粮食安全责任制领导小组成员单位，与地方政府共同履行粮食安全党政同责的政治担当。有效利用信息化手段，中央储备粮库存动态监管系统线索处置成效明显。首次利用中储粮集团公司内部信息化监管平台开展“四不两直”检查，通过随机选取承储库点，视频监控货位实时状况，对相关企业在以往检查中发现问题的整改情况进行实地核实，实现人防、技防的有效融合，增强穿透式监管实效。

三　强化管好“大国储备”主责主业意识，辖区内资源能源安全基础进一步夯实

一是资源能源监管扎实开展。推进仓库标准化建设，顺利完成物资轮换、移库、倒垛等任务，加强质量检验、作业监管和安全防范，物资管理水平不断提升。开展辖区内国家储备原油季度巡检，确保储备原油账实相符，各承储库区运行良好。圆满完成相关专项任务，与地方政府构建协同工作体系，确保作业全程安全可控。协助地方有关部门推进建立辽宁省成品油储备相关工作，及时跟进中央煤炭储备基地项目建设工作。

二是储备能力建设成果明显。坚持重大项目引领，进一步提升综合储存能力和物资储

备层次。积极争取省政府对项目建设的支持及协调帮助，以项目建设为契机，强化了向省委省政府的请示报告工作，为融入地方履行职能打下良好基础。基础设施建设项目按期推进，有关项目计划顺利申报，有力增强了物资收储能力。

四 坚持人民至上、生命至上理念，防风险保稳定工作效能进一步强化

一是应急响应及时有效。严格落实中央防汛救灾物资储备管理各项制度，建立中央防汛抗旱物资调用组织协调工作响应机制，督促开展应急调运演练，加强应急库日常管理和督导检查。跨地区协调应急抢险救灾物资工作得到省委充分肯定。按照国家粮食和物资储备局指令，在两天内完成向吉林和辽宁有关地区调运1.9万余件棉衣，确保受灾群众温暖过冬。

二是安全生产不断加强。牢固树立“隐患就是事故”的理念，严格落实安全生产责任，实现安全管理“重心下沉，关口前移”，健全完善全局“横到边，纵到底”的全覆盖安全管理格局。深入开展重大事故隐患专项排查整治2023行动，通过跨区域交叉互检、季度检查与分析，紧盯节假日、重大会议等关键时点，采取“四不两直”等多种方式，局领导带队深入一线、直奔现场进行清单式检查，督促各基层单位加强隐患排查整治。针对个别单位的安全问题，全局通报、挂牌督办，同步组织开展安全整治工作，切实强化安全意识，为事业发展保驾护航。

三是风险管控防患未然。有效防范化解影响事业发展的重大风险，“辽本案”再审申请被法院裁定驳回，“华塑案”止损工作取得有效进展，进一步强化涉法涉诉案件管理，2件案件已向国家粮食和物资储备局申请销号。聚焦信访稳定，定期召开信访联席会议，分析研判信访稳定形势，强化基层领导班子信访责任，统筹思想教育引导、群团组织协同、政策宣讲解读，积极应对信访有关涉诉案件，全局安全稳定形势向好。

五 聚焦强素质、提水平的工作目标，基础管理和队伍作风建设迈出新步伐

一是着力调整优化干部队伍。突出政治标准，全年共提拔处级领导职务10人、晋升调研员12人、晋升一级主任科员以下职级4人。持续推进事业单位处级干部选拔任用工作。选派1名机关处级干部、2名事业单位干部开展驻村帮扶，1名事业单位干部援助新疆局工作。加强执法监管队伍建设，3人取得行政执法资格，20名干部参加2023年中央政府储备粮库存检查。多渠道打通交流锻炼平台，4名干部参加国家粮食和物资储备局对吉林局审计工作，干部素质能力有效提升。完成机关1名公务员、事业单位24名工作人员的招录招

聘工作。完成年度培训计划，干部选育管用效能全面提升。注重做好领导班子和领导干部考核工作，加大履行主责主业情况考核力度，切实发挥考核“指挥棒”作用。

二是不断夯实基础管理。强化预算管理，科学编制、定期评估，提升预算执行效率；规范国有资产出租出借，确保资产安全；做好基层单位经济责任审计和工程建设项目竣工财务决算审计，推进问题整改，避免前改后犯。按照国家粮食和物资储备局部署牵头对吉林局开展专项审计，高标准完成工作任务，同时提升了能力、锻炼了队伍。积极推进法治建设，加大宣传教育力度，落实法律顾问制度，开展粮食行业行政规范性文件汇编和行政执法文书卷宗梳理，不断规范执法行为。强化保密工作，完善制度体系，开展保密自查，筑牢保密防线。

三是大力弘扬新风正气。积极开展评先奖优，局机关被授予2020—2022年度省直机关文明单位，获评“凝心铸魂跟党走　服务振兴新突破”省直机关职工青年文艺作品征集活动优秀组织奖及优秀作品奖，1名同志获评国家粮食和物资储备局“三八红旗手”，1名同志获得省直机关职工技能比赛三等奖。着力为职工办好事解难事，做好慰问帮扶，提高职工幸福感和获得感。用心用情做好老干部工作，落实“两项待遇”，开展“七一”走访慰问老干部活动，切实体现组织关怀。

撰稿单位：国家粮食和物资储备局辽宁局；撰稿人：周明；审稿人：祝铁

国家粮食和物资储备局吉林局

一 坚持和加强党的领导，积极创建模范机关

深入学习贯彻党的二十大和二十届二中全会精神，将学习贯彻习近平总书记关于粮食和物资储备工作的重要论述和重要指示批示精神作为首要政治任务抓紧抓实，做到思想上政治上行动上与党中央高度一致。在系统内开展学习贯彻习近平新时代中国特色社会主义思想主题教育；完整准确传达学习国家粮食和物资储备局党组主题教育工作部署，成立主题教育领导小组，制定主题教育实施方案，一体推进理论学习、问题整改整治、调查研究、干部队伍教育整顿和督促指导等工作，推动主题教育工作走深走实见行见效，并形成一批理论成果。从战略高度抓好干部人才培养使用，用政治家的眼光和胸怀为年轻干部搭建更大的发展舞台和历练平台，用好各年龄段优秀干部，把政治过硬、作风扎实、敢挑重担的干部用在关键岗位上，突出加强各级领导班子配备，提任6名处级干部，调整4个基层单位“一把手”。突出重点实施处、科级和新入职“三类人员”能力提升行动，举办处级干部冬训班，邀请国家粮食和物资储备局、省直机关工委、长春市委党校同志授课，为干部队伍能力提升拓展新视野。

二 打造党建高质量发展先进典型

成功承办国家粮食和物资储备系统党建高质量发展二三八处现场会，全国垂管系统130余位代表莅临二三八处进行党建高质量发展实地观摩、经验交流。二三八处党委从历史文化中发掘丰富素材，总结提炼出“国家、使命、担当、奉献”核心发展理念，形成了以历史文化展室、廉政教育室、支部活动室、图书阅览室、粮棉糖监管室、安全教育室和应急物资备品库等“六室一库”特色文化建设基地，得到国家粮食和物资储备局党组充分肯定。二三八处党建工作为吉林局系统党建高质量发展提供了新的经验和模式。

三 扎实开展粮食监管工作

一是完成中储粮2022年度考核。吉林局粮棉糖监管处、执法督查处严格按照国家粮食和物资储备局要求和制度规定，对吉林局辖区128个承储库点的中央储备粮棉管理和中央事权粮食政策执行情况进行了全覆盖式考核。经过3年的实地监管和考核，吉林局整体监管水平迈上新台阶，中储粮吉林分公司也在严格的监管中经受住了考验，2023年中储粮吉林分公司在全国考核当中名列前茅。

二是完成2023年政策性粮油库存交叉检查。由吉林局牵头，四川局、青海局配合，共派出87人，组成7个检查小组，对黑龙江省政策性粮食进行了跨省交叉检查。共检查中储粮直属企业及租赁库点共83家。

三是从严开展执法督查。面对复杂棘手的问题执法处克服人员少、战线长、不确定性大的困难，高效完成了21个12325热线转办问题线索的核查工作。深入开展“严执法强监管重处罚行动年”活动，作出行政处罚18起，作出执法文书101份。给予个别违法企业警告并处罚款30万元，相应处罚均在粮食企业信用监管平台进行公示，不断释放了强化监督、严格执法信号。

四是打造第一监管力量。下发《关于打造粮食监管辅助队伍的意见》，积极推开“监管辅助队伍”建设。按照要求，6个基层事业单位分别从新招录大学生中选拔优秀同志，由1名副处长负责，组成6个监管工作小组，采取“分片包干”形式，分别对本辖区内中央储备粮履行日常监管任务。粮棉糖处、执法处专门编制了粮食监管相关政策规定汇编，建立了微信工作群随时随地开展常态化业务交流。一年来按照“培训+实操”模式，积极打造了每半月1次的“精品课堂”，每月1次的专业知识测试；坚持“以干带训”，安排特聘顾问、业务骨干，带领监管辅助队伍到中储粮直属库开展实地观摩和定期巡查。“监管辅助队伍”已成为吉林局在地监管工作不可或缺的一支重要力量。

四 全力以赴完成国储物资接收任务

一是不遗余力完成二五三处油料入库任务。吉林局分党组向二五三处下派工作组，由分党组成员带队，组成物管、保卫、规建等相关处室参加的蹲点队伍，全天候工作在二五三处一线，三十余天，同二五三处一起现场巡查工艺流程节点、排查设施设备隐患、审定接收作业方案、组织开展岗前培训与作业演练，为二五三处安全接收油料奠定坚实基础，保障国家储备成品油、吉林省地方政府储备成品油均平安顺利入库。

二是不折不扣完成“专项任务”。吉林局分党组对“专项任务”工作高度重视，相关职能处室全程参与了二七八处“专项任务”方案制定等基础工作。二七八处不等不靠主动而为，与物资生产厂家和物资专用车运输企业就收储工作进行对接；与地方公安、应急、救援及武警部队就安全与保障进行对接商讨，高标准完成了“专项任务”的一切准备工作，实现第一批次物资安全准时入库。

三是快速精准完成应急物资调运。根据国家防汛抗旱总指挥部办公室通知和国家粮食和物资储备局紧急调运通知要求，吉林局及时联络中央防汛抗旱物资长春仓库，做好人员部署和调运准备工作，紧急调运编织袋、长丝土工布、防洪铅丝网、救生衣、手提照明灯等八个品类的中央应急抢险救灾物资，全力支援吉林省抗洪工作，确保人民群众生命和财产安全。

五　开展安全审计，守牢安全底线

牢固树立“隐患就是事故”的安全意识，局分党组统筹谋划、高位推动、加大投入，创新安全审计和专家把关安全双模式，并以“交叉检查”、“四不两直”、安全大检查及专项检查等多种形式，扎实推进重大事故隐患专项排查整治，全年全面确保了安全无事故，守住了安全底线。

六　加大中长期发展规划研究

研究审定《吉林局中长期发展规划（2024—2028年）》，提出了“13211战略规划”，为加快建设吉林局粮食安全保障体系和高效物资储备体系指明了方向。“13211战略规划”是按照高质量发展要求，结合吉林储备实际、未来五年事业发展科学定位：“1”为打造全国第一粮食监管队伍；“3”为做强三大综合仓库，在“十四五”期间争取完成二三七处、二三八处、六三五处综合仓库能力提升；“2”为用好系统火、油库两大稀缺资源；“1”为用好盘活珲春市等一批土地资源；“1”为破解一七九处发展困境。

撰稿单位：国家粮食和物资储备局吉林局；撰稿人：姜传鑫；审稿人：阎红兵

国家粮食和物资储备局黑龙江局

一　提高政治站位，全面加强党的建设

一是牢记政治机关、“第一方阵”政治属性。完善“第一议题”制度，组织局分党组理论学习中心组学习12次，集体自学22次，党建专家授课3次。规范和完善党员过“政治生日”等政治仪式，开展“讲好储备故事，传承红色基因”“讲好乡村振兴故事，将责任与担当写在脱贫攻坚乡村振兴的战场上”专题讲座，召开基层党建工作座谈会，推进党建结对。推进储备仓库与国家粮食和物资储备局科学研究院，以及在地农业发展银行支行、中储粮直属企业、街道社区开展党建共建活动，打造高质量党建平台，开展“四强”党支部评比，加强基层党组织建设，将党务工作经历纳入干部履历，吸引青年党员参与党组织工作。组织青年理论学习小组赴京学习、增长才干。

二是扎实开展主题教育。创新学习方式举办“3+4”（3天集中，4天下基层）主题教育读书班，聚焦政治建设等七个方面，分党组成员通过“1+N”（分党组成员完成1篇，指导分管处室完成N篇）形式分级领题调研，撰写调研报告20篇。召开调研成果交流研讨会，着力把主题教育成果转化为推动事业高质量发展的具体措施。查摆梳理6个方面23项问题，制定专项整治方案，持续推动问题整改。联合省法院、市中院开展普法主题党日活动，着力提升依法行政水平。

三是持续推进全面从严治党向纵深发展。聚焦管党治党责任落实，召开局系统全面从严治党工作会议和分党组专题研究会议，签订党风廉政建设责任书126份，制修订基层纪委重要情况请示报告等制度11个。优化分党组会议流程，实行基层单位“三重一大”事项决策例会清单报备制度，列席会议，开展不定期监督评查，提升科学民主决策水平。扎实开展纪检干部队伍教育整顿、“以案为鉴警示教育月”、借培训之名组织公款旅游问题自查自纠、严查酒驾醉驾背后的“四风”问题等专项工作，用好用活违纪违法典型案例，多措并举筑牢廉洁防线。发挥巡视巡察利剑作用，以高度的政治自觉接受国家粮食和物资储备

局党组巡视监督，做到同向发力，同题共答。

二 抓稳扛牢主责主业，持续提升粮储监管能力

一是持续深入推进中央政府储备粮在地监管。采取“量化评分”、“同步实施、压茬推进”、“四不两直”抽查等方式，坚持中储粮年度考核、政策性粮油库存检查、粮食购销定期巡查、专项检查“四结合”，实现辖区中储粮黑龙江分支机构直属企业本库、分库及租仓库点全年两次全覆盖检查，年均核查粮食2000余万吨，发现问题600余条，督导整改完成率达到97%。完成核查12325热线平台转办案件14件，做到了转办案件线索“快接收、真落实、真核查、必反馈”。严格落实“严监管强执法重处罚行动年”工作部署，开出32张行政处罚罚单。特别是绥棱直属库未执行国家粮食质量标准案，作为查处的首例涉粮重大行政处罚案件，配强专案小组，严格立案调查，严锁证据链条，充分听证论证，依法集体决策，坚持有法必依、执法必严、违法必究，强化执法震慑力，有效整顿收购行为，规范市场秩序，捍卫粮食安全。

二是不遗余力增强国家战略和应急物资储备实力。注重“储地警”三方协同联动，强化作业现场“五个一”管理，安全顺利完成物资收储轮换任务。从确保能源安全的角度认识和推动地方政府成品油储备，切实发挥国家储备“主力军”作用，在全国粮食和物资储备系统第一个将省储油任务落地实储，引领央地协同保障机制基本形成。扎实推进应急物资库存检查、增储验收、紧急调运及应急物资储备仓库应急演练等工作，确保平时备得足、管得住、储得好，关键时刻拿得出、调得快、用得上。坚持以“标杆库（洞、罐）”创建为带动，加强岗位练兵、技能训练，提升物资管理水平。充分利用货物转运站站台、库房及自有铁路专用线优势，探索多元化合作模式。

三 坚决扛稳防汛抢险救灾政治责任

一是快速支援全省防汛救灾。接到国家粮食和物资储备局紧急调运中央应急抢险救灾物资通知后，局分党组迅速组织辖区储备仓库启动应急预案，人员立即到岗，物资紧急出库，连夜驰援灾区。经过昼夜奋战，共5个批次，价值920多万元中央应急抢险救灾物资全部按时运至指定地点。机构改革以来，共调运中央应急抢险救灾物资9个批次，价值2640余万元，有力支援了省内外抗洪防汛、冬春救助、疫情防控等工作。

二是全力保障物资储存安全。台风“杜苏芮”来袭，第一时间成立由局领导带队的专项督导组，全覆盖式驻守基层单位一线，与基层单位党委、驻库武警共同研判，密切关注雨情、水情、汛情发展变化，全力筑牢安全防线。坚持上下齐心、不等不靠、主动自救。各储备仓库对国储物资库房等重点要害部位进行再排查，受灾单位紧急抢修水毁基础设

施，所有险情及时有效排除，各项工作有序进行。

四 坚持总体国家安全观，统筹发展和安全

一是毫不懈怠巩固安全稳定格局。完善安全生产责任体系，落实“党政同责、一岗双责、齐抓共管、失职追责”和“三管三必须”原则，层层分解安全责任目标，做到安全责任全覆盖。认真部署开展重大事故隐患专项排查整治2023行动和安全生产主体责任落实年行动，开展“四不两直”等形式的安全检查37次，反恐演练、消防演练、疏散演练等28次，进一步提升应急处置能力。建立“来访人员入库安全问卷”填写机制，强化入库人员安全意识。针对极寒、大风等极端天气发布安全提醒和预警预报信息20余次，提前落实防范措施。

二是统筹谋划战略应急物资储备设施建设。围绕突出优化布局、着力完善功能、实现整体提升三个重点，补充完善增储建库项目规划方案。高质量完成各类投资项目27项。全面排查受台风影响设施设备受灾受损情况，开展灾害修复评估，制定维修方案，及时申报灾害修复项目。

五 以高质量党建提高领导班子建设质量

一是分党组、基层党委负责人严格履行第一责任人职责。把选干部、配班子作为重要政治责任，班子其他成员各司其职、各负其责，做到分工不分家、补台不拆台。领导班子以身作则，当好“关键少数”，切实履行“一岗双责”，发挥“头雁”效应。

二是深化干部选育管用工作。完成垂管局局级领导干部、二级巡视员推荐，公务员职级晋升；择优选派年轻干部援疆，挂职黑龙江省嫩江市委常委、副市长，驻守乡村振兴一线；选派6名优秀年轻干部借调国家粮食和物资储备局相关司局；选派业务骨干参加12325线索核查、库存检查复核抽查、信息化调研、垂管局年度考核及其负责人离任审计等国家粮食和物资储备局专项工作任务，参加国务院安全生产和消防工作考核巡查、全省岁末年初安全生产综合督查。创新青年干部培训模式。组织107名青年干部分三批次赴宁夏局五三六处开展驻库实训，用好用足全国粮食和物资储备培训基地资源优势，全面提升青年干部综合素质能力，激发青年干部工作热情。

六 强化央地协同合作，推动高质量发展

一是主动服务地方经济社会发展。作为中央直属单位，一直主动向省委、省政府报告工作并与地方有关部门积极沟通，主动服务地方经济社会发展，强化联系协作，形成工作

合力。积极完成省领导交办调研任务，会同有关部门，认真开展调查研究，按期向省政府提报《强化产购储加销协同机制，推动龙江稻谷产业高质量发展》和《充分发挥中央储备职能，更好服务龙江高质量发展》两篇调研报告。

二是推动建立“两个机制”。推动建立与黑龙江省粮食和物资储备局、中国农业发展银行黑龙江分行、中储粮黑龙江分公司“四方”联席机制，在搭稳用好协作交流平台、加强人才队伍共建共用、扎实推进党建结对共建等方面进一步强化交流协作，形成“党建引领、同题共答、使命共担、守住管好龙江粮仓”的良好局面；推动建立与辽宁局、吉林局、内蒙古局“三省一区”协同监管机制，重点在粮食监管执法领域开展交流协作，就存疑问题研讨、区域间协同配合、人才培养规划、联合监管执法等多方面深入合作。

撰稿单位：国家粮食和物资储备局黑龙江局；撰稿人：佟钰；审稿人：卜铁彪

国家粮食和物资储备局安徽局

一 提高站位，切实走稳走好第一方阵

一是认真学习贯彻好党的二十大精神，思想引领聚共识。坚持“第一议题”制度，强化理论中心组领学，多平台、分层次、有计划地开展学习研讨，做到入脑入心。全面有序开展集中培训。通过自主组织读书班、协调参加省直机关轮训班、组织参加网络培训等形式，246名党员干部接受了党的二十大精神专题培训。以实的举措把党的二十大精神落实到扛稳保障粮食和物资安全的重任中去，体现到粮食监管执法、物资收储轮换、安全生产管理等具体业务上。

二是对标对表高质量开展主题教育，推动思想大解放、作风大转变、能力有提升。按照“1+3+5+N”工作思路，深入开展学习贯彻习近平新时代中国特色社会主义思想主题教育。坚持一周一检查，两周一调度，确保理论学习、调查研究等方面任务齐头并进，取得实效。以“学思想·共奋斗”为主题举办系列活动，营造氛围，调动积极性。坚持问题导向，确定重点课题5个、一般课题29个，深入细致调研，形成34份有质量的调研报告并抓好调研成果转化。出实招推进检视问题整改，认真办好14项民生事项，一体推进专项整治行动，主题教育取得实实在在成效。

三是压紧压实全面从严治党责任，营造风清气正劲足的政治生态。定期召开全面从严治党工作会议和形势分析会议，制定年度工作要点和责任清单，印发《关于进一步加强基层党组织建设的实施意见》，推动落实9个方面30条具体措施。完成3个基层单位党委换届，深入推进支部品牌建设，健全完善党建目标考核考评机制、基层党组织书记述职评议考核办法。成立机关团委，健全各级团组织，三五二处专职消防队先后被评为省级、全国青年文明号称号。扎实开展纪检干部队伍教育整顿，定期组织协同监督工作分析研判，制定《政治监督重点事项清单》和《政治生态分析研判暂行办法》，加强对基层单位领导班子和一把手监督。开展“三重一大”事项决策专项检查，首次运用“纪律建议书”推进整改提升。持续推进廉洁文化建设“五进”模式，大力加强纪法宣传教育，全局600余人次

党员干部参与各类警示教育活动，大力倡导“忠专实”“勤正廉”，推动全面从严治党向纵深发展。

二　从严监管强举措，保障粮食安全

突出年度考核“量化评分”关键点，研究制定《中储粮年度考核依据、日常监管工作内容及佐证材料目录》，相关经验在系统内介绍。顺利完成政策性粮油库存检查任务，共检查30个库点、656个货位，扦样109份。高频开展日常监管巡查，实地检查库点145个，发现问题170个，针对各问题明确整改责任和时限，监督按期整改到位。扎实推进“严监管强执法重处罚行动年”活动。依法实施行政处罚，对5条线索进行立案调查，对中储粮4家企业做出行政处罚。

三　时刻待命闻令而动，强化物资储备安全保障

从讲政治高度坚决落实好国储轮换任务，指导所属储备仓库认真编制作业方案预案，有效组织实施，安全有序完成上级下达的各项任务。特别是基层储备仓库克服作业难度大、强度高等不利因素，勠力同心，确保作业任务完成。主动融入市场，总结成品油市场化轮换运行经验，安全规范做好代储油料收发。加强与省级应急管理部门沟通协调，指导蚌埠仓库、合肥仓库和六三四处顺利完成多品种中央抢险应急救灾物资增储工作。强化应急保障，做到闻令而动、闻灾而动，24小时内完成紧急调运2000延米防洪子堤支援天津防汛；第一时间完成调运棉被4497床、棉大衣5498件的“冬春救助”任务，保障山西灾民安全过冬。

四　坚持防风险守底线，筑牢发展基石

压实责任，通过分党组会、安全生产形势分析会等形式研究部署安全工作，协调解决重难点问题全方位构筑安全格局。落实全员安全生产责任制，签订安全稳定责任书311份。修订完善《机关安全生产包保责任书》，有效压实安全生产第一责任人责任和各级监管责任。扎实开展重大事故隐患专项排查整治2023行动、安全生产专项整治三年行动等专项活动，深入推进危险化学品、消防、燃气领域专项排查整治，发现问题得到切实整改和有效管控。加强风险源头排查治理和作业现场巡查管控，确保作业任务安全实施。开展安全督导检查100余次，下达督办通知书5份，整改隐患194项。以问题为导向抓实各项整改工作，全面完成国家粮食和物资储备局安全督导检查问题的整改。与地方政府部门建立不同层级危险化学品仓库风险隐患应急处置联动机制，增强应急处置合力。

五 精准对接，融入式持续深化融合发展

持续抓好项目谋划推进，跟踪对接地方发展和改革委员会等部门推动建库项目规划工作。积极参与融合发展，在深入调研基础上，大力推动相关机制建设、应急保障等方面的融入融合。成功举办第二届四省市长三角垂管局融入长三角一体化发展战略研讨会，聚焦关键行业产业，牵头组织皖苏浙沪垂管局先后两次开展专项调研，形成有参考价值的调研报告并上报。

撰稿单位：国家粮食和物资储备局安徽局；撰稿人：刘尚；审稿人：荀旭

国家粮食和物资储备局江西局

一 紧抓主题教育主线，纵深推进全面从严治党

一是推动主题教育深化转化有成效。坚持抓好理论学习，主题教育期间组织分党组专题学习5次，基层党委理论学习25次，支部集中学习90次，青年理论学习小组专题学习30次；举办主题教育红色研学读书班3期，寻根读书班2期，邀请省国家安全厅有关领导开展专题讲座，局领导班子成员上党课8人次。坚持大兴调查研究，形成5个局级重点调研课题，27个处级重点调研课题，汇总梳理调研成果转化清单32项。坚持抓好检视整改，梳理排查问题11个，制定整改举措26项；梳理民生项目20个，细化推进举措28条，年底前20个民生项目全部完成。坚持开展干部队伍教育整顿，组织全局党员、干部300余人开展自查自纠，汇总梳理9个问题并持续推进问题整改。

二是推进政治机关建设有成果。局机关党委获评全国粮食和物资储备系统“三八红旗集体”，九三三处财务科获评“江西省巾帼文明岗”，二五六处计量化验班获评“第21届全国青年文明号”，九三三处第二支部被评为“省直机关先进基层党组织”，六七三处党建工作经验在国家粮食和物资储备局高质量党建发展现场会作交流发言并得到肯定。充分利用“两微一端”大力宣传江西局党建工作的经验、好做法，全年累计向“国储党建”投稿120余篇，形成强化正能量，坚决守住了意识形态主阵地。

三是深化落实全面从严治党政治责任有成绩。夯实全面从严治党“两个责任”，召开2023年度全面从严治党工作会议，组织层层签订《全面从严治党责任书》89份。落实每半年一次的专题会商制度，积极推动驻委纪监组全面从严治党专题会商指出问题的对照整改，制定细化措施50条。加强制度建设，制定《巡察工作五年规划（2023—2027年）》等六项巡察工作制度，分阶段、分步骤部署巡察和巡察“回头看”工作；印发《江西局分党组纪检组党风廉政意见回复暂行办法》，进一步规范干部选拔任用、推荐表彰涉及的党风廉政意见回复工作；修订廉政谈话制度实施细则，规范开展谈心谈话和廉政谈话工作。扎实开展“以案为鉴警示教育月”活动，每月编印一期《江西局纪律教育参考》。扎实开展

纪检干部队伍教育整顿，组织全局16名专兼职纪检干部学习研讨近40次，开展主题党日、主题教育等13次。

四是加强干部队伍建设有成色。有序引进人才，公开招聘事业单位工作人员26人，已全部到岗。持续加强干部专业能力和综合素质提升，协调江西省委组织部和基层单位驻地市委组织部调训干部9人。赴浙江大学、于都长征学院等机构开展8期培训班，培训干部314人次。注重在重点工作和一线工作培养锻炼干部，选派年轻干部参加中储粮考核工作和跨省交叉检查工作。从严从实抓好干部监督，严格执行领导干部个人事项报告制度，持续开展领导干部兼职清理和系统内近亲属从业情况治理，做好领导干部出入境备案管理。做实做细人事基础工作，落实2022年、2023年养老保险缴费工资基数申报补缴，进一步规范工勤技能岗位考核，持续激发工勤人员队伍的活力和干事创业的积极性。全力做好离退休干部服务管理，聚焦“四项举措”，落实“两项待遇”，用心用情推动离退休干部工作提质增效，全年走访慰问离退休干部50余人次。

二 紧抓粮食安全主题，持续提升执法监管能力

一是规范开展日常监管。持续开展信息化监管，做好中央储备粮库动态监管系统日常维护，定期分类处置问题线索。做好粮食企业信用评价监管，对信用评价信息录入情况进行复核。创新开展秋粮收购视频督导，利用中储粮信息化系统，全覆盖督导调研江西分公司2022年秋粮收购工作。认真开展粮食收购监督检查，对中央储备粮轮换收购情况进行现场检查，保障售粮农民利益。完成新增调节储备承储库点情况核查工作。

二是充分发挥考核指挥棒作用。压茬推进中储粮年度考核，按照量化评分机制，完成2022年度实地检查，持续推进2023年度考核，对中储粮江西分公司所属直属库开展了4次全覆盖季度巡查。积极推动地方出台落实耕地保护和粮食安全责任制考核办法，切实履行“强化粮食购销监管”、“严肃涉粮案件查办”职责，配合相关部门开展考核工作。参与江西省食品安全考核，配合省食品安全委员会办公室做好2022年国务院评议考核省级政府食品安全工作迎检及江西省各设区市考核工作。

三是高效完成粮油跨区域检查。联合上海局成立交叉检查工作组，顺利完成对中储粮湖南、湖北分公司所属直属库的全国政策性粮油库存跨区域交叉检查任务，配合完成广东局、贵州局对中储粮江西分公司的各项检查工作。

四是从严从速案件查处。持续深化专项整治，扎实开展“严监管强执法重处罚行动年”活动，实现行政处罚“零的突破”，核查问题线索73条，作出行政处罚11起，累计罚款55万元。

五是持续提升执法监管效能。强化粮食监管力量，组织参加国家粮食和物资储备局开展的中储粮年度考核培训和库存检查培训，赴武汉轻工大学开展为期5天的粮食监管业务

培训。组织3名同志参加考试并取得行政执法证。强化协同联动机制，加强与省粮食和物资储备部门交流沟通，联合向省委、省政府领导报送粮食督导工作专报；邀请地方粮食专家配合库存检查、季度巡查；强化与省食品安全委员会、省农业农村厅、省粮食和物资储备局沟通协商，探索建立“大监管”、“大执法”机制。

三 紧抓物资储备主业，不断壮大国家储备实力

一是落实物资储备根本任务。安全顺利完成物资轮换任务。通过实地测量、在线监管等方式，持续做好企业代储监管。抽调骨干力量，完成辖区内4个承储单位、3大类储备物资全覆盖检查，建立问题整改台账，推动发现问题整改，高效完成物资库存检查。加大日常管理和监督检查力度，开展江西辖区中央应急抢险救灾物资储备仓库物资管理现状调研和监管评估。汛期前后，督促指导辖内物资承储仓库进行全面检查，确保满足防汛抢险救灾需要。组织开展中央应急抢险救灾物资联合调运演练。

二是顺利推进基础设施建设。着力抓好项目谋划申报和实施，2023年项目全部竣工投产。全力规范项目管理，狠抓招投标环节，所有项目全部公开招投标，严格工程保密管理，项目脱密应脱尽脱，实现阳光操作。

四 紧抓依法治理主旨，完善管粮管储制度机制

一是深化科技人才兴粮兴储。强化物资储备关键技术科研攻关，六七三处成功研发不带电作业气动码垛机，并应用于专项任务。学习借鉴江西洪都集团劳模工作室建设运行先进经验，完善二五六处谭忠平技能工作室建设。

二是持续做好乡村振兴和对口支援工作。选派新一轮驻村帮扶工作队，对莲花县神泉乡珊田村开展定点帮扶，先后投入22.5万元维修路灯、改造党建活动室和开展中药种植；争取产业资金130万元，建成秸秆回收项目和育秧大棚，年增加村集体收入8万元；争取村级幼儿园项目落地；配合协调地方有关单位加大对于都农产品采购力度，组织消费扶贫5.4万元。选派2名干部到于都县挂职，协助国家粮食和物资储备局做好对口支援工作。

三是扎实推进法治机关建设。组织开展“4·15”全民国家安全教育日、民法典宣传月、《粮食质量安全监管办法》宣传教育。做好2022年度国家粮食和物资储备局法治机关建设考核反馈问题整改。经江西省司法厅同意，设立公职律师办公室，向省律师协会申领公职律师证。

四是持续加强财务资产管理。强化全面预算管理，合理、节约、有效地安排使用资金。完善政府采购、国有资产管理相关制度，完成所有类型审计整改，配合国家粮食和物资储备局做好系统内经济责任审计工作。规范经营活动，完善监督管理考核，做到事企分

开，制定责任清单，规范代储合同管理，撤销无实质业务分公司。

五 紧抓安全生产主责，坚持营造安全稳定环境

一是健全安全生产体系。压实各级安全稳定责任，逐级签订安全稳定、平安建设责任书714份；推进安全生产重点工作，稳步推进安全隐患排查整治和特殊作业专项检查。

二是强化安全生产动态管控。严格落实24小时值班制度和领导带班制度，做好法定节假日、“两会”等重要敏感时期以及汛期等灾害易发期安全管理；做好应急物资配备和日常维护保养，制定年度应急预案演练计划，组织开展实战演练26次。

三是厚植安全发展理念。将习近平总书记关于安全生产重要论述及安全生产十五条硬措施纳入各级党委（党组）中心组重点学习内容，采取多种形式推动学习贯彻走深走实。组织“安全生产在线培训”，邀请安全专家授课，开展“防灾减灾日”、“科技活动周”、“安全生产月”等活动，使安全发展理念深入人心。

四是深化平安江西建设。加强国家安全人民防线建设，细化国家安全人民防线领导小组工作职责。开展“平安建设主题宣传月”、“平安志愿者活动”等，持续推进系统平安建设工作高质量发展。

撰稿单位：国家粮食和物资储备局江西局；撰稿人：李艳婷；审稿人：罗擎杰

国家粮食和物资储备局山东局

一 聚焦主题教育实践，主责主业呈现新气象

一是党建引领强效能。紧密围绕国家粮食和物资储备安全职能运行，发挥山东特色优势，坚持党建引领与核心业务深度融合发展，提出并反复锤炼“清楚、可靠、顺畅、团结”工作理念，锚定“数字化、可视化、网格化、规范化”业务目标，在全局范围内部署“务实深化主题教育实践 强化担当树新风”系列工作。明确提出通过“六个抓”提质增效，即抓底图底数，确保全流程责任明晰；抓规章规范，确保全节点运行安全；抓思想理念，锤炼精益管理作风品质；抓急难愁盼，切实推进改革攻坚；抓学习调研，紧密跟踪业务前沿律动；抓会风文风，根除形式主义官僚主义。聚焦国家粮食和物资储备局13个重点工作方向，认真检视自身工作，列出工作计划，绘制工作导图，细化分工责任表，坚决实现国家粮食和物资储备局工作部署。

二是从严从实树新风。正面提出山东局应具备“国家队”业务水准和形象品质，要求全局干部职工做到“四个拿出”，即拿出本质安全水准；拿出干净整洁环境；业务叫得响拿得出手、可开放场景供交流观摩；人人对照学习贯彻习近平新时代中国特色社会主义思想主题教育活动的具体要求拿出一点一滴的改变和进步。

二 聚焦实践前沿，在地监管打开新局面

一是创新辖区监管机制。强力推进“两品两全”。推出两个产品：汇集政策制度和监管规章，细化操作性规范和标准化流程，形成全品类《监管评价规范手册》；编制《山东粮食和物资储备工作要情》，每月报国家粮食和物资储备局和山东省委、省政府主要领导。推动两个全面：实施管辖范围内粮食及物资动态全节点“周报告”、“零报告”机制，时刻保持中央储备数量品质明晰；着力推动全员通过培训考试具备持证资格，形成全覆盖随机抽检的能力和条件。通过实施“零四三一”计划，重塑全域粮食和物资储备监管秩序，确

立国家监管权威和治理决心：即实行全域全口径粮食和物资储备“周报告”、“零报告”，开展“四不两直”全品类全要素抽检，建立第三方可视化信息监测平台和交易数据征信系统，形成统一规范的监管实操手册和能力体系，全面提升监管实效。

二是完善标准规章规范。推动监管物资标准体系系列丛书编制，制定分品类监管执法计划，完善监管实操标准，规范统一监管文书、工作底稿等，检查全程视频记录，每天定期直报检查动态，任务完成48小时内召开内部报告会，即时复盘深思业务，修改完善操作细节。

三是密集开展监管核查。加强中央储备粮棉糖日常监管，多次赴中储粮直属库开展“四不两直”检查，与中储粮山东分公司负责同志定期会商工作。全力做好中储粮年度考核，扎实开展政策性粮油库存交叉检查。对域内中储粮直属企业定期巡查两次，实现对山东辖区17个直属库检查全覆盖。对辖区10个中储棉和9个中储糖承储企业组织开展库存检查，认真开展2023年度夏秋粮收购督查。

四是严格开展行政执法。深入开展“严监管强执法重处罚行动”，对9个涉嫌违法违规线索立案调查，作出3个行政处罚，6个处罚建议提交法制审核。受理办结12325问题线索8件，处置库存动态监管系统问题线索500余条。

三 聚焦精益管理，储备效能实现新提升

一是强化国储物资管理。严格执行国储物资管理制度，优化提升国储物资储存条件，将国储物资移库至新改建丙类库房。创新监管工作模式，邀请行业专家对原油库点开展交叉检查。稳妥推进收储轮换，三三四处、二五二处、八三二处完成国储物资轮换出库和接收入库任务。召开接收物资推进协调会，推动工作有序进行。

二是着力提升应急能力。通过日常锤炼物流体系平急转换和应急物资保障水平。成功承办国家粮食和物资储备局2023年综合应急演练，展示科学指挥、快速响应、规范高效的综合应急处置水平。紧急调运抢险、照明设备、家庭应急包等13批次中央应急救灾物资支援京津冀防汛救灾。推进应急物资一体化投放保障试点，被列为“山东省自然灾害救助应急联动单位”。

三是持续推进科技兴储。实施“仓储+”物储升级计划，试点建设智慧安全可视化中心。深化温湿度检测预警系统、智慧用电、橡胶仓储笼、电磁吊等技术应用。

四 聚焦急难险重，改革发展取得新突破

一是坚决落实国家改革任务。稳妥推进青岛疗养院机构改革，积极争取国家发展和改革委员会、国家粮食和物资储备局支持理解，领导班子带队轮值进驻督导，全面摸清底图

底数，有力提升环境品质，多次与接收方谈判磋商，达成资产移交协议，得到上级部门肯定。快速解决三三四处物流通道历史遗留问题，推动杨家东路新建工程顺利开工建设。有效化解财务风险，指导二十五处完成“僵尸企业”破产清算。

二是加快推进融合发展。与中国建设银行山东省分行、中国海洋大学等签订战略合作协议，在咨询研究、监管执法、教育培训等重点领域开展深度合作。三三四处中欧班列全年接发524班次、货值2.19亿美元。三三四处获评“山东省国民经济动员中心”。

三是加强重点项目保障。赴中国建设第三工程局有限公司总部“蹲点式”会商，推动国家成品油储备能力建设二五二处工程质量问题整改。完成三三四处、八三二处安全综合整治提升工程。建立中长期项目储备库，拟定四个储备仓库增储建库规划方案。建设中小型项目10个。积极谋划二五二处输油管网接驳工作。

四是扎实推进基础管理。开展财经纪律重点问题专项整治，完成国家机关事务管理局第二批公务用车管理专项领域建设任务并通过验收。加强对国家粮食和物资储备局行政保障服务，派出7人次到国家粮食和物资储备局帮助工作。开展合同自查，系统梳理合同4712份。

五　聚焦干净清楚，本质安全实现新进展

一是树牢安全发展理念。将安全作为全局唯一核心公共产品，扎实推进安全治理提升三年行动和重大事故隐患专项排查整治2023行动，召开“聚焦本质安全”观摩交流会。

二是强化安全压力传导。出台安全生产考核、约谈、“吹哨”、责任清单，编制35张安全监管底图，试行“红黄牌”制度，全覆盖网格化管理。

三是加强隐患排查整治。班子成员带队开展“四不两直”检查14次，发现隐患问题280项。针对三三四处自备储油点问题挂牌督办，迅速整改到位。连续5年获评山东省“安全生产月”活动优秀组织单位。

四是深入开展“干净”行动。部署开展“干净”行动，确定每月10日10时为“干净时刻”，将“军营级环境品质”作为体现储备仓库管理水平的目标。

五是推动联防联检联控联治。邀请公安、应急、消防等上门检查，聘请老干部和专家担任“特约观察员”，与驻库武警开展联防联检联控联治，修订各类应急预案58项。

六　聚焦生产生活，为民办事取得新成果

一是助农晒粮践初心。创新开展“惜粮爱农行动”，向16个地级市政府和粮食产量前50位的区县级政府发送倡议公函，汇总5875个晾晒场地，形成网络地图及晒粮导航，被新华网刊载。

二是广纳民意筑同心。设立局长信箱，研究确定17项民生事项并保持开放修订，全力推动解决。

三是纾难解困暖人心。下大力气解决基层供暖、单身宿舍空调安装、职工午休等困难，改善就餐住宿条件。做好职工子女暑期托管，荣获“山东省工会爱心托管班”。建成“电影小屋”。

四是精准帮扶献爱心。统筹12.2万元帮扶困难职工，开展“夏送清凉”活动。安排12万元消费帮扶。

七 聚焦争先创优，党的建设谱写新篇章

一是扎实开展主题教育。成立领导小组和指导组，制定《实施方案》、《工作手册》，编发专刊27期。局机关确定17个调研课题，工作进展被《粮食和物资储备工作简报》、《中国粮食经济》等刊物选载。国家粮食和物资储备局主题教育第六指导组测评总体评价“好”、“较好”为100%。

二是注重培塑先进典型。2名党员和1个党组织获省直机关工委“两优一先”表彰，4个青年集体荣获“省直机关青年文明号”，局机关和三三四处获评2022年省直机关绩效考核“优秀”，22名干部职务职级晋升。

三是从严监督执纪问责。统筹推进干部队伍、纪检干部队伍教育整顿，开展日常监督廉政约谈，邀请省纪委监委同志作廉政讲座。全年运用第三种形态1人、第二种形态1人、第一种形态6人，处置信访5件。

四是狠抓巡视问题整改。配合国家粮食和物资储备局党组第三巡视组完成现场巡视。针对巡视反馈问题，第一时间研究制定整改方案、整改清单和整改导图，全力抓好整改。

八 聚焦业务前沿，学习调研取得新收获

一是多措并举抓学习。坚持“第一议题”制度，认真开展理论中心组学习。举办主题教育读书班，青年理论学习“五学”模式得到国家粮食和物资储备局肯定并以《简报》刊发。跟踪掌握业务前沿动态，形成《物资观察》和业务知识汇编，2名机关公务员考取公职律师证书。

二是紧盯前沿抓研究。承担国家发展和改革委员会委托课题3项，分别围绕东北亚RCEP发展框架、农业分配投入要素保障机制、金融局部领域改革等组织专题研究，与国家发展和改革委员会政策研究室联合召开“农业强国建设专题研讨会”。

三是搭建平台抓提升。与中国海洋大学联合建设“全国粮食和物资储备培训教育基地”。实施“人才+”成长计划，大力开展“我的岗位我清楚”活动，举办能力素质提升

培训班、业务汇报会、专业讲座、新入职人员培训等，建立“全员培训持证上岗+志愿者库+咨询专家库”的监管人员总表。

四是创新举措抓落实。深入开展岗位“一口清”练兵活动，建立健全“AB”角工作制度，加强工作协同，提升履职效能和工作效率。认真开展督查督办，每月制作《山东局重点工作督办表》，确保国家粮食和物资储备局各项决策部署落实落地。

撰稿单位：国家粮食和物资储备局山东局；撰稿人：高晓磊；审稿人：王卓明

国家粮食和物资储备局河南局

一 拧紧思想政治“总开关”，全面加强政治建设

一是高举旗帜讲政治。坚持政治引领，学习贯彻党的二十大和二十届二中全会精神，深入领会习近平总书记对粮食和物资储备工作的重要指示批示精神，坚持以党的政治建设为统领，严明党的纪律，教育引导党员干部把握精神实质和实践要求，坚定拥护“两个确立”，坚决做到“两个维护”，坚持从“两个大局”中思考和谋划全局工作。

二是坚定信念学思想。高质量开展主题教育，一体推进干部队伍监管能力素质提升专项整治，严格落实“第一议题”制度，开展集中学习218次、交流研讨81次，举办2期读书班，参训436人次；确定73项课题，深入基层一线调研44次，共收集成果转化报告29份，其中转化成果42项；开展基层治理突出问题专项整治，梳理查摆16个重点问题，制定29项整改措施，有效推进问题整改；聚焦为群众解难题办实事，推动完成工勤房改造、基础设施优化等33项民生项目。

三是持之以恒重法治。牢固树立法治思维，把法治建设纳入全局发展总体规划和年度工作要点，与中心工作同部署、同推进、同落实，加强法治宣传，扎实推进法治机关建设。落实意识形态工作主体责任，推动政治机关建设提质增效。

四是广泛宣贯强引领。利用“党建+互联网”平台，积极推送机关、基层工作动态信息45期、文章269篇，其中被国家粮食和物资储备局官方网站、“国储党建”公众号采用36篇，被河南机关党建网、人民日报客户端采用18篇。

二 扛稳主责主业“千斤鼎”，积极履职担当作为

一是强化中央储备在地监管。完成中储粮年度考核、交叉检查、库存检查等工作，实现直属库现场考核全覆盖；扎实开展2023年政策性粮油跨省交叉检查和2023年度物资库存检查，并督促相关企业认真落实问题整改，将“严监管强执法重处罚行动年”要求贯穿

监管考核全过程。驰而不息推动粮食购销领域腐败问题专项整治，深入核查“12325”涉粮案件线索，依法依规惩治涉粮违规行为，形成强有力震慑。推进干部队伍监管能力素质提升，印发《粮食相关规章制度文件汇编》、《粮棉糖和应急抢险救灾物资监管人才库管理办法（试行）》等制度，举办监管能力素质提升培训。信息化监管效能凸显，全年处理各类问题线索3000余条，推进全国粮食企业信用监管平台试运行，河南辖区27家中央储备粮直属企业信息已全部录入。

二是落实战略物资收储轮换。创新方式方法，安全高效完成专项出库任务、战略物资收储任务和成品油收储轮换任务。督促所属储备仓库严格落实物资管理各项制度，做到“物、证、账、卡”四相符，确保国储物资数量准确、质量完好、储存安全。加强与河南省发展和改革委员会、粮食和物资储备局等部门沟通协调，做好地方成品油收储准备。听令而行、闻汛而动，向京津冀、山西灾区紧急运送近3万件救灾物资。

三是推进重点工程项目建设。加大工程领域管理力度，在全局开展了自筹项目全面自查自纠，印发《河南局投资项目实施管理办法》，项目管理进一步规范化、标准化。与相关部门建立三方联系机制，统筹推进河南辖区内中央政府煤炭储备基地项目建设工作。帮销结合助力乡村振兴，出资在三门峡市陕州区卫家庄村水库投放鲤鱼、花鲢等鱼苗7000尾，年收益3~5万元左右，村集体收入来源实现多样化；协助兑现发放产业奖补和就业帮扶补贴51660元，完善利益联结机制，阻断返贫致贫风险；积极宣介农副产品，大力实施消费帮扶，为乡村振兴工作发挥积极作用。

四是守牢安全生产责任底线。全面落实安全生产责任制和消防责任制，签订安全责任书1060份。组织安全生产在线培训721人次，逐步健全“横到边、纵到底”的全覆盖管理格局。每季度分析安全生产形势，召开3次安全生产现场会，开展2次全局性的防火、防恐怖袭击演练和现场观摩会。狠抓关键节点重要时期安全防控，加强与武警、公安、消防、应急等部门的协商联动，采取“交警开道、武警押运、公安沿途警戒”的模式，确保专项物资轮换作业和运输安全。统筹推进安全治理提升三年行动和重大安全事故隐患专项排查整治行动，整改隐患680项，顺利通过河南省安委会和消安委2023年度生产消防工作年度考核。

五是提升干部队伍建设水平。坚持党管干部原则，坚持德才兼备、任人唯贤，把新时代好干部标准落到实处。选优配强基层单位领导班子，开展机关处级干部轮岗交流，青年干部双向交流，有效提升干部队伍活力，以正确的用人导向引领干事创业导向。落实人才兴粮兴储战略，紧盯短板弱项按需引进人才，2023年共招录（聘）68人，专业人才力量进一步加强，事业单位人员年龄、学历和专业结构进一步优化。认真贯彻《事业单位工作人员处分规定》，落实领导干部个人事项报告新政策新要求，健全从严监督管理体系，进一步增强党员干部遵规守纪意识。坚持多措并举提升素能，开展5期“处长讲业务”活动，带动各单位科长及业务骨干讲业务33次；在六七一处成立“河南局红色教育暨能力素质提升培训基地”，完成2022、2023年度新入职人员培训、干部队伍监管能力素质提升培训；依托济源愚公移山精神教育基地，分3批举办河南局领导干部素质能力提升暨主题教育第二期读书班，全局162人参加培训。

六是做好离退休干部精准服务。贯彻落实国家粮食和物资储备局垂管系统离退休干部工作会议精神，牢牢把握新时代离退休干部工作正确方向。举办河南局首次“荣誉退休”仪式，落实党内关怀；对局机关老干部活动中心进行升级改造，建成集荣誉室、阅览室等多功能一体的活动阵地。组织老同志参加国家粮食和物资储备局及河南省委老干部局书法、主题征文活动，3人次获得奖项，荣获“征文活动组织工作先进单位”和“优秀组织奖”。组织退休干部赴新建储备仓库参观调研并现场召开情况通报会，老干部积极建言献策，助力河南局高质量发展；积极举办“喜迎九九重阳节、党建引领夕阳红”知识测试+趣味文体党建活动，鼓励引导老同志点赞新时代、展现新气象、增添新动力。

七是夯实经营业务风险防范。坚持每季度召开经营风险防控专题会，严格规范事业单位出资企业对外投资管理。深刻汲取案件教训，大力开展经营风险专项整治行动，组织律师和专家举一反三，对企事业单位经营行为进行全面排查，对涉及转圈贸易的过户交易进行全面清理和整改，避免潜在经营风险。健全制度体系，印发《河南局事业单位经营业务“三重一大”事项管理办法》等，进一步强化制度约束。坚决杜绝类似问题再次发生。

三 牵牢管党治党“牛鼻子”，深化全面从严治党

一是压紧压实“两个责任”。分党组带头落实全面从严治党主体责任，纪检组认真落实监督责任，签订《2023年全面从严治党责任书》28份，印发党建、纪检工作要点，督促各级各单位落实“一岗双责”，持续做好基层单位“一把手”和领导班子“关键少数”的监督工作。严格执行民主集中机制和“三重一大”决策制度，坚持集体研究、集体决策、不避重就轻、不走形式。定期召开季度党风廉政建设形势分析会和全面从严治党会商会，推动82项问题整改。

二是认真开展教育整顿。落实“第一议题”制度，纪检组长和纪委书记讲廉政党课14次，组织党员干部参观廉政红色教育基地，强化自查自纠，开展廉政约谈，法定节假日前下发廉洁过节提醒，以案释纪，坚决查处“两面人”，防治“灯下黑”。召开专题民主生活会，完善规章制度堵塞漏洞，引导党员干部在以案示警中受警醒明法纪，在以案为鉴中严对照深检视，在以案促改中强整改促提升。

三是大力推进问题整改。压实中央巡视反馈问题整改各方责任，按照问题清单盯住具体人、具体事，定期汇总上报整改进度。完善巡察工作机制，研究制定河南局《关于加强巡察干部队伍建设的意见》、《巡察工作领导小组工作规则》、《巡察工作规划（2023—2027年）》，不断推动巡察工作高质量发展。

撰稿单位：国家粮食和物资储备局河南局；撰稿人：鲁宁；审稿人：李强

国家粮食和物资储备局湖北局

一 大力推进穿透式监管，监管主责有效履行

一是扎实开展年度考核。联合湖北省粮食局对121个库点完成实地考核，定期调度问题整改进度，建立台账实行销号管理。高标准、严要求考核中央储备棉管理，相关经验转发至各垂管局学习借鉴。

二是加强日常监管。制定年度监管工作计划，有序开展季度巡查，检查库点覆盖率100%。赴江苏省、福建省开展粮油库存检查交叉检查，高质效完成中储粮南京直属库视频核查。

三是强化信息化监管。依托中储粮智能化粮库在线监测平台和中储棉新港代储库视频监控，对承储企业开展常态化远程视频抽查。加大中央储备粮库存动态监管系统使用力度，每日分析研判预警事件，处置涉粮问题线索1079条，基本实现增量问题动态清零。

四是开展“严监管强执法重处罚行动年”活动。制修订湖北辖区中央政府储备粮油行政执法裁量权基准、涉粮涉储案件核查工作规程、中央政府储备库存检查办法。召开中央政府储备粮油执法监管协调会，对8家承储单位提出工作要求。协调省农业发展银行对中央政府储备库贷款政策执行情况进行检查。核查办理12325热线分办举报案件2件，核查远程视频抽查发现问题线索68个。约谈中储粮湖北分公司、中储棉武汉公司5次，下发加强储备管理通知4个。对日常监管和库存检查发现问题立案12件，给予行政处罚9例，罚款合计3万元，持续释放从严监管信号。推动粮棉监管执法队伍建设。深入实施干部队伍监管能力素质提升专项整治，举办业务能力提升专题培训班，进一步充实全局监管执法人才库。

二 构建完善储备体系，实力效能持续提升

一是安全高效完成国储任务，出色完成年度收储轮换任务。完成中央应急救灾物资接

收验收，组织专业力量对中央应急救灾物资生产企业进行生产检查和质量检验。按照国家粮食和物资储备局指令，督导中央防汛抗旱物资武汉仓库第一时间紧急出库防汛物资，支援河北保定地区防汛救援工作。

二是加强在库物资管理。严格落实储备物资管理办法，库内环境“四无六净”，温湿度符合规定，“四本两图”标准规范，垛型垛位稳固整齐。油库季度盘点率100%，通用库季度盘点率25%，物资数质量良好，储存环境安全。

三是加快推进中央煤炭储备和地方成品油储备建设。协同省发展和改革委员会、省能源局审核上报荆门煤炭储备中心项目，现场核实华电襄阳电厂储煤基地项目并获国家发展和改革委员会批复。起草《湖北省成品油储备实施方案》并经省政府审批通过，联合省财政厅、省能源局、省交通投资集团有限公司对成品油库现场实地调研和定罐定容。

三 全面推进规划实施，基础功能更加完备

一是做好规划衔接和项目谋划。进一步完善“增储建库”项目清单和“一库一图一方案”建设规划。主动与相关部门对接成品油库接入国家油气管网、湖北打造国土安全服务保障基地、省域规划基础设施布局、战略物资供应链建设重大项目清单等规划和项目。指导所属基层仓库围绕隐患治理、功能提升、民生福祉等，谋划2023年度自筹资金项目。

二是加强重点项目调度指导。扎实推进综合储备基地、“智慧油库”二期建设等重点项目，五七六处铁路专用线整改项目得到国家粮食和物资储备局实施批复，三三八处铁路专用线改扩建工程顺利完工。

三是推进储备仓库信息化建设。全面建成三级专网架构，指导所属基层仓库完善智慧管理平台功能和应用，探索全局信息中心和应急调度指挥平台建设模式，推动实施应急指挥中心建设，继续推动“智慧油库”升级改造项目。

四 着力推进深化改革，发展动能不断增强

一是深化政事企改革。有序推进事业单位机构编制改革，研究制定《健全完善公司监督管理工作的主要措施》和《健全完善设计院行政管理工作的主要措施》，九三五处、机关服务中心“三定”方案获国家粮食和物资储备局批准，指导物检所制定“三定”初步方案。深化事企分开，开展国储代储业务风险隔离机制专项督查，健全保障储备安全的防火墙。

二是积极推进科技和人才兴粮兴储。积极开展全国粮食和物资储备科技活动周和全国粮食安全宣传周期活动。一五六处成功实现油料管输接收入库，开启湖北局国储油收储管输新阶段。与中南财经政法大学、武汉轻工大学建立战略合作关系，向省委党校和省直机

关工委党校送培6人，开展干部素质能力提升调度会，举办2022—2023年度新入职人员培训班。印发《年轻干部下基层接地气实施方案》，大力推动年轻干部在实践历练中长才干、提能力。联合九三五处、长江大学开展“提升战略储备油库应急响应和保障能力”软科学课题研究，被评为具有较高学术水平和实用价值。

五 防范化解风险隐患，发展底线更加牢固

一是抓好安全生产。深入开展重大事故隐患专项排查整治2023行动，围绕风险分级防控和隐患排查治理情况进行检查督查，整改完成率92.47%。组织安全生产事故救援、救灾物资紧急出库、防汛、消防和反恐等各项预案演练52次，切实提升安全应急防范能力。着眼应对新型安全威胁，与武警湖北总队召开“三共”联席会议和国储仓库守卫执勤规范化建设任务部署会，推动健全完善“三共”、“六联”机制。

二是守牢保密底线。制定年度保密暨普通密码工作要点，开展安全保密知识测试和保密宣传教育月活动。配合完成进驻式保密检查，彻底整改“举一反三”发现问题，并以此为契机组织全覆盖保密实地检查，下达保密检查通知单28份。

三是主动下访接访。全局定期分析研判信访“三性”问题，局分党组成员利用半年和全年工作检查、主题教育督导等机会主动深入联系单位开展下访，14个基层单位全部纳入湖北省智慧信访系统，全局信访形势总体平稳。

四是强化法治机关（单位）建设。压实普法责任，专题普法与每月一主题相结合，全局近1万人次参加法治培训；积极应对涉法涉诉案件，有效维护单位合法权益；常态化开展制度制修订工作，强化执行考核，全局依法行政意识和能力不断增强。

六 全面加强党的领导，党建引领坚实有力

一是深入学习宣传贯彻党的二十大精神。制定《贯彻落实党的二十大精神扎实做好湖北粮食和物资储备工作的措施清单》，组织党的二十大精神宣讲及知识测试，举办“鄂储先锋”先进事迹报告会、“喜庆二十大　永远跟党走　奋进新征程”主题运动会及全民健身活动，增强职工干事创业向心力。

二是扎实开展学习贯彻习近平新时代中国特色社会主义思想主题教育。通过“六学联动”模式深学细悟，举办一期主题教育读书班，组织5次中心组集体学习、3次集中研讨、10次专题辅导、2次支部交流研讨。分党组开展主题教育调研课题8个，成果转化运用29项。分党组查摆的14个问题，已整改销号12个，持续推进2个。

三是压实管党治党政治责任。召开全面从严治党专题研究会、全面从严治党工作会，加强意识形态阵地建设，开展政治执行力和权力运行季度督查，统筹推进中央巡视、驻组

专题会商、财务专项审计、季度专项督查反馈问题整改。

四是加强基层党组织和党员干部队伍建设。扎实开展干部队伍教育整顿和纪检干部队伍教育整顿，有序开展“正学风转作风严纪律”专项整治。加强党支部标准化规范化建设，健全党支部日常动态考核制度体系。开设“基层党建创新榜”，推广党建创新案例，打造支部建设品牌。开展“两优一先”、“鄂储青年文明号”评选表彰。3个党支部荣获第五届省直机关“红旗党支部”荣誉称号。2个基层单位被评为“2019—2021年度省直机关文明单位”，三三七处物管科被国家粮食和物资储备局授予2023年“三八红旗集体”称号。

撰稿单位：国家粮食和物资储备局湖北局；撰稿人：王帅；审稿人：杨刚、孙国峰

国家粮食和物资储备局湖南局

一 持续强化监管态势，切实守住管好“天下粮仓”

一是持续加大监管力度。赴省内各市州开展夏秋粮收购督导，牢牢守住农民“种粮卖得出”底线；完成2022年度中储粮考核，统筹推进2023年度中储粮考核，督促强化问题整改，完善内控管理；开展跨区域政策性粮油库存检查，交流互鉴提升监管水平。全面核实调节储备拟承储库点情况，完成220个粮油货位扦样质检，确保调节储备质清量准。

二是不断增强执法震慑。保持高压态势，纵深推进粮食购销领域腐败问题专项整治，动真碰硬开展“严监管强执法重处罚行动年”活动，从严从实推进长效治理，严查速办违法违规案件，坚决筑牢粮食安全防线。全年核查问题线索53个，作出行政处罚决定13起，罚款23万余元，移送地方公安机关、粮食和物资储备部门2件。

三是创新完善监管执法方式。深化信息化监管，积极运用库存动态监管系统、12325监管热线等线上平台，对辖区内政策性粮食购销监管省级平台、承储粮库信息系统开展检查，发现纠治粮情监测系统失管失察等问题41个；利用年度考核、库存检查等时机持续深化调查研究，完成《强化垂直监管，提高国家粮食储备安全保障能力》调研报告；2次派员参加国家粮食和物资储备局有关中储粮年度考核座谈研讨，就优化考核机制、进一步发挥考核指挥棒作用建言献策；开展干部队伍监管能力素质提升专项整治，创新建立组长责任制下的专案组分工合作机制，探索实施分组包片式巡回办案机制。

二 增强国家储备实力，充分发挥战略保障、宏观调控和应对急需功能

一是安全稳妥落实战略物资收储轮换任务。组织完成战略物资收储和轮换出库任务；督导湖南中糖物流公司完成原糖和临储白砂糖处理，中储棉岳阳公司完成中央储备棉轮换出库。积极争取中央煤储基地建设项目在湘落地，实地核查项目进展情况。

二是全力做好应急救灾物资保障。严把物资入库关，组织收储近4万件应急救灾物资，

督导三七四处完成不合格编织袋退货、重新招标入库和岳阳仓库物资返还；周密部署开展中央应急抢险救灾物资储备监管评估和垂管局互评，现场指导省减灾备灾中心做好冬春救助物资调运；积极做好“七下八上”防汛关键期物资保障准备。为应对台风“杜苏芮”影响，三三六处连夜火速调运2万件中央应急救灾物资驰援河北、天津。

三是不断拓展央地协同成效。积极争取支持，所属储备库承储湖南省级成品油储备任务，扎实做好日常管理，协同开展专项检查，确保省级成品油储备安全可靠。依托三七四处打造“北粮南运”通道重要节点，中转玉米等4.5万余吨。深化落实与省商务厅合作备忘录，依托三三六处建设“湘粤非（非洲）”铁海联运货场基地，吞吐集装箱近8000个，积极服务共建“一带一路”。与省红十字会签署战略合作协议，建设救灾救济物资储备基地，存放物资近4万件，联合举办应急救护培训，70余人取得中国红十字救护员证。

四是持续深化融合发展。对接供需、优化服务，深入推进双向调研，“走出去”调研有关单位，参加联储联供会议，与相关单位签订战略合作协议，进一步融入联合保障体系；“请进来”迎接有关单位对储备仓库开展调研；举办需求对接会，研究建立联储联供、联演联训、联建共用等机制。调整充实专业保障队伍、应急支援队伍，提升应急能力；积极服务有关需求，实现融合区域、融合领域、融合单位、融合数量全方位突破。

三 抓实全面从严治党，全力营造风清气正浓厚氛围

一是主题教育走深走实。把理论学习、调查研究、推动发展、检视整改、建章立制贯通起来一体推进，局、处两级理论学习中心组开展专题学习研讨45次，21个调研课题成果有机转化运用，《主题教育整改整治问题清单》38项措施全部落实，13项具体问题全部销号。认真召开专题民主生活会和组织生活会，积极面向全局团员和青年开展主题教育，切实“学思想、强党性、重实践、建新功”。

二是政治机关和基层党组织建设常抓不懈。坚决贯彻习近平总书记重要指示批示，认真落实国家粮食和物资储备局决策部署，坚持中心组学习“第一时间”、“第一议题”要求，形成研究部署、狠抓落实、督促检查、及时报告、跟踪问效的工作闭环；扎实开展“基层党建质量提升三年行动”，持续创建“四强”、“五化”支部，打造“一支部一品牌”；召开全局党建高质量发展现场经验交流会，以国家粮食和物资储备局基层党建联系点三七四处为重点，以联学联建为契机，通过组织联建、党员互动、活动互联，推进各单位党建基础、业务工作双提升，全年在国家粮食和物资储备局各类会议上作经验交流发言7次；落实意识形态工作责任制，培育党建示范单位，一五四处、三七四处第二党支部等6个集体和个人荣获“先进基层党组织”等省直或全系统表彰。帮扶隆回县红锦村建设加工车间、开展爱心助学、推荐就业岗位，积极打造和美村庄。

三是全面从严治党纵深推进。局分党组每半年研究一次全面从严治党工作，加强动态

分析、常态督办。接受驻委纪检组违规办案行为和案件质量问题专项整治重点抽查，推动提升案件查办水平。制定巡察工作规划（2023—2027年），建立巡察机构与相关职能单位协作配合机制，深化政治巡察定位，对五七九处和七七二处党委启动党的二十大以来分党组第一轮巡察，持续推进巡察问题整改。扎实开展“以案为鉴警示教育月”活动和干部队伍、纪检干部队伍教育整顿，对全局干部职工进行违法犯罪情况审查，对全局处级领导干部和高、中风险岗位人员廉政约谈提醒75人次，依规从严处理问题线索5件，开展澄清正名2次。

四 守牢安全稳定底线，扎实维护改革发展良好环境

一是安全管理从严从实。始终把安全生产作为“底线工程”来抓，每季度进行安全生产形势分析，及时组织开展危险源辨识，严格落实安全生产“四步法”（即一会二查三确认四落实）和领导带班制度，明确危险作业主体责任和监管责任，完善基层仓库全员安全责任清单和权力清单，做到层层负责、人人有责、各负其责；强化源头治理，落实安全风险分级管控和隐患排查治理双重预防工作机制，压茬推进储备仓库安全治理提升三年行动，实现连续8年无安全事故。坚持“三管三必须”原则，督导中储粮湖南分公司开展消防安全检查。

二是稳定局面有效巩固。坚持源头治理，紧盯重要时间节点、重大任务环节做好信访“三性”问题排查，把隐患化解在萌芽状态；落实信访工作“三到位一处理”要求，局领导接访下访10人次，依法依规妥善化解历史遗留问题和群众反映突出问题。积极做好保密检查及“回头看”问题整改，盯紧要害部位，重要任务、个别品种等重要项目抓紧抓实保密管理，着力堵住泄密漏洞。

三是联防联动持续深化。紧紧围绕服务国家安全的使命担当，联合武警总队、省公安厅召开第十三届“三共”活动和联防联动工作联席会议，不断完善安全管理长效机制，提高应对安全风险的能力，获湖南省国家安全短视频大赛优秀组织奖和作品优胜奖。

撰稿单位：国家粮食和物资储备局湖南局；撰稿人：张馨月；审稿人：王臻颖

国家粮食和物资储备局广东局

一　学思想、强担当，善始善终开展主题教育

紧紧围绕“学思想、强党性、重实践、建新功”的总要求，加强组织领导和巡回指导，一体推进主题教育理论学习、调查研究、推动发展、检视整改等各项工作。周密组织理论学习，通过原原本本深学、以上率下领学、专题读书班创新学以及领导干部带头讲党课等方式，引领党员干部职工真学真懂、真信真用。聚焦事业长远发展的大事要事、围绕实际工作的问题难题，谋划部署20项调研课题，并先后举办2次调研课题成果汇报会，加快推动调研课题成果转化。将问题整改贯穿主题教育始终，全局33项民生项目清单已全部完成。认真开好主题教育专题民主生活会和组织生活会，进一步交流思想、检视问题、明确方向。扎实开展干部队伍教育整顿，对标对表进行自查自纠并抓好整改，组织开展“我是党员我带头”“我的岗位我负责”作风展示评选活动，在全局上下营造了真抓实干、争先创优的浓厚氛围。

二　强监督、严执法，求质求新履行监管职责

按照“严监管强执法重处罚行动年”活动部署，从严从快查处辖区中储粮直属库涉嫌超损耗、以陈顶新等违法违规问题，开展立案调查，作出行政处罚。组建监管辅助力量人才库，在实战实践中加快监管能力提升，2023年开始甩掉依赖外部力量的“拐杖”独立开展对中储粮的考核检查。创新监管方式，建设数字化监管室，加快推进中央储备粮库存动态监管系统等线上监管方式运用，全面构建“线上+现场、定点不定仓”的信息化穿透式监管格局。认真落实收储轮换任务，全力协同做好地方储备相关工作。

三　固基础、优布局，有力有序推进项目建设

把握时机、攻坚克难，积极克服汛期天气等不利因素，扎实推进国家储备设施建设等

重点任务。651项目实现2023年年底主体工程完工的目标。657项目已于2023年12月上旬举行开工仪式，开启了项目建设新篇章。八三〇处综合性国家储备基地项目顺利通过竣工验收，完成工程竣工结算，发挥城市中心库优势，进一步提高应急救灾服务保障能力。海南储备物资管理处中央救灾物资储备库项目、九三八处仓库资产置换项目等正推进前期工作。

四 治隐患、防风险，从严从实守牢安全底线

及时跟进学习贯彻习近平总书记关于安全生产的重要指示精神，召开安全生产专题会、仓储安全管理现场会，研究落实安全生产工作要求的系列措施，部署做好风险隐患排查整治工作。制定安全生产事中问责管理办法，探索开展风险分级管控和隐患排查治理双重预防体系建设，落实安全生产考核与个人绩效“双挂钩”制度，推动安全生产关口前移。统筹开展安全生产专项整治和储备仓库安全治理提升三年行动，结合实际深入开展“问题大起底，隐患大排查大治理”等专项活动，切实以零容忍实现零隐患，确保零事故。持续加大安全教育培训力度，16位干部职工获得注册安全工程师从业资质，所属危险化学品仓库实现全配备。设立年度“实现安全年目标”倒计时牌，安全意识进一步强化。落实科技兴储，开展“小发明、小创造、小设计”活动，各储备仓库完成6项科技兴储项目攻关，深入推进库（罐）长制，不断提升现代化规范化标准化管理水平。承办国家粮食和物资储备局在韶关举办的现场会暨大型综合应急演练，获得参会代表广泛好评。

五 解难事、办实事，知责担责解决遗留问题

高度重视工程纠纷引发的信访问题，加强与地方政府相关部门沟通协调，落实属地稳控责任，切实维护大局稳定。将干部职工关心关切的纳入属地事业单位养老保险作为全局最大的民生工程，及时请示汇报，积极协调推进，在不懈努力下省政府部门开辟“绿色通道”，在粤7家事业单位加入属地事业单位养老保险，实现了广大干部职工期盼多年的夙愿。坚持高位高效高标准推动30家“僵尸企业”清理工作，逐一打通时间久远、股东失联、程序繁琐等难点堵点，历时2年圆满完成法律上的彻底清理注销。梳理规范全局不动产管理，推进二十八处174平方米土地确权工作。三五三处争取政府投入1155万余元完成库外道路维修改造工程。

六 提能力、强素质，聚焦聚力强化自身建设

进一步发挥党建引领作用，落实分党组成员联系基层党建工作制度，深化党支部标准

化规范化建设，推动基层党组织建设质量提升，八三〇处荣获“2020—2022年度广东省直机关文明单位”，海南处荣获海南省直机关2023年“创建文明单位示范点”；定期开展“党支部书记家访”，及时研判和正面引导处理干部职工思想问题；激发群团活力，七三三处消防队获得二星级“全国青年文明号”。进一步加强队伍建设，注重优秀年轻干部选拔培养，选优配齐七三三处、海南处、广东国储供应链股份有限公司领导班子，选派新进公务员赴基层锻炼，编制印发《所属事业单位干部职工职业发展规划指导手册》；部署开展干部能力素质提升第二个三年行动，在武汉轻工大学举办为期一周的处科级干部能力提升培训班，开展粮油库存检查、原油监管、财务国资、公文写作等培训，增强履职尽责、服务发展的能力本领。进一步严明纪律整饬作风，锲而不舍落实中央八项规定及其实施细则精神，制定具体实施办法，提出精简文件会议的7项具体措施；精准运用“四种形态”，按干部管理权限对相关责任人严肃追责问责；对三五三处、八三〇处党委开展政治巡察，充分发挥巡察利剑作用，以高质量巡察监督护航广东局高质量发展。

撰稿单位：国家粮食和物资储备局广东局；撰稿人：解笑愚；审稿人：薛浩

国家粮食和物资储备局广西局

一 坚持政治建设统领，持续加强政治机关建设

一是推动主题教育走深走实。组织分党组理论学习中心组学习扩大会、分党组专题学习、读书班集中学习共18次，全局开展集体学习182次，交流研讨128次。深入开展调查研究，确定29项重点调研课题，制定成果转化运用清单。以“党建+行动学习”为抓手，推动党员干部边学习边调研、边检视边整改，检视问题15项已全部整改完成并持续巩固成效。持续推进乡村振兴工作，广西局定点帮扶工作考核结果连续2年获评“好”等次。

二是积极推进法治机关建设。深入学习贯彻习近平法治思想，把贯彻落实《粮食流通管理条例》、《粮食流通行政执法办法》融入日常工作，组织对新修订的《中华人民共和国行政复议法》进行专题培训。完善公职律师联系点制度，组织公职律师和法律顾问开展2期“送法下基层”活动。加强对基层事业单位合同签订、房屋租赁、历史遗留问题等重点事项的合法性审核指导，系统梳理全局涉法涉诉案件情况。

三是抓好干部人才队伍建设。坚持自主培训、外单位调训相结合，持续抓好职工教育培训，制定年度教育培训计划，全局开展自主培训64班次，选派8名干部参加调训。开展“局长讲坛”3期、“处长讲业务”13期、岗位大练兵16期。搭建“共青团+青工委”工作平台，开展“青年职工业务大讲堂”、青年回乡调研等活动，不断提升干部综合素质和专业技能。完成3名公务员招录及18名事业单位人员公开招聘工作。选拔任用1名事业单位处级领导干部，完成2名事业单位副处级领导干部试用期考核和机关7名主任科员的职级晋升。修订《广西局干部交流工作办法》，选派4名干部进行机关基层双向挂职锻炼，2名事业单位干部继续参与乡村振兴工作。

二 紧抓主责主业落实，推动重点工作落地见效

一是严格中央事权粮食执法监管。完成中储粮广西分公司中央事权粮油承储库点年度

考核及季度巡查工作。全年对直属库及分库、委托和租仓库点检查50余次。组织成立3个检查组，联合江苏局1个检查组，完成对中储粮安徽分公司中央事权政策性粮油的实地检查。对中储粮广西分公司部分直属库依法依规作出行政处罚4次。

二是强化中央事权储备物资监管。完成辖区中央应急抢险救灾物资和中央储备糖库存检查，全年检查中央储备糖承储库点5次、中央应急救灾物资承储库点10次。印发《广西局干部队伍监管能力素质提升专项整治实施方案》，举办执法监管业务培训班、邀请专家授课等，着力提升监管能力水平。

三是提升战略储备物资管理效能。安全高效完成年度国储物资收储轮换任务。深入推进战略物资储存风险分级分类管理，以精准监管筑牢储备安全基石。严密开展标杆仓库专项创标工作，规范使用国家储备标志。制定印发《广西局"学业务、提素质、补短板、促发展"专业能力提升行动工作方案》，加强物资管理队伍建设。积极优化储备仓库功能布局，开展"十四五"基础设施建设项目清单编制。

四是抓好安全管理工作。将学习贯彻习近平总书记关于安全生产重要论述和安全生产法规制度列入分党组（党委）理论中心组学习计划。全面落实安全生产"一岗双责"，层层签订安全稳定责任书，不断健全安全生产责任体系。落实每季度召开安全形势分析会议，统筹推进"安全生产月"各项活动。全面开展重大事故隐患专项排查整治2023行动，认真开展燃气安全专项排查整治、节前安全检查、国储物资作业安全管理等工作，发现隐患及时整改，堵塞安全漏洞。

五是加强应急值班值守与处置工作。制定《广西局安防系统监控中心值班管理规定》，充分发挥储备仓库监控中心安全预警功能，保障储备仓库和物资安全。

三　落实全面从严治党，深入推进清廉机关建设

一是推进党建业务融合发展。选派基层党组织书记参加区直工委组织的党务培训，组织全局党务干部进行业务培训。深入推进"机关党建+行动学习"与党支部、党小组结合，实现党建与业务工作深度融合。局机关和各基层单位党员突击队在参与救灾物资紧急调运、国储物资收储轮换等急难险重任务中冲锋在前。到安徽省开展粮油库存交叉检查的3个检查组均成立临时党支部，利用工作闲暇时间开展理论学习，落实"三会一课"制度。

二是推动政治监督具体化精准化常态化。紧盯主题教育和年度重点工作，重点监督防城港口办事处产权证办理等专项整治进展情况，定期调度干部管理、项目建设、中央事权政策性粮油库存检查等年度重点任务。纪检组听取基层单位和职能处室主要负责人工作汇报16人次。

三是抓好巡视巡察专项监督。制修订广西局巡察工作领导小组工作规则等7项巡察工作制度，制定巡察工作规划（2023—2027年）和年度巡察工作计划，对钦州港口办事处、

防城港口办事处开展巡察。接受国家粮食和物资储备局党组第五巡视组的巡视。

四是持续深化清廉机关建设。收集汇总各级贯彻落实中央八项规定精神相关制度共计225项，修订相关配套制度。开展“以案为鉴警示教育月”活动，利用近年通报的粮储系统违纪违法案例和违反中央八项规定精神案例开展警示教育131次，受教育1762人次。组织清廉组织、清廉个人、勤廉榜样选树宣传。

五是抓好纪检干部队伍教育整顿。把纪检干部队伍教育整顿与主题教育统筹衔接，开展各类学习研讨、警示教育、廉政党课等活动29次，逐级开展纪检干部全覆盖谈心谈话18人次；开展廉政家访13次、签订廉政承诺书15份。举办纪检干部培训班、纪委书记讲业务，采取“纪检干部实战演练+分组讨论+纪检组长点评”模式，提升办案能力。

撰稿单位：国家粮食和物资储备局广西局；撰稿人：莫少雄；审稿人：魏国栋

国家粮食和物资储备局四川局

一 加强党的领导

持续用习近平新时代中国特色社会主义思想凝心铸魂，把党的领导落实到粮食和物资储备工作各方面各环节。突出“三第一”加强政治建设。胸怀“国之大者”，落实“第一议题”，履行“第一职责”，走好“第一方阵”，以实际行动做到“两个维护”。念好“深、实、严、治、融”五字诀推进主题教育。举办4批集中党内培训，形成32项调研成果，通过调查研究、干部队伍教育整顿、纪检干部队伍教育整顿，查摆解决问题364个，形成制度成果13项，在“四个以学”方面取得明显成效。发挥“四作用”夯实党建基础。着力发挥分党组“统”、直属机关党委“引”、基层处党委“领”、基层党支部“带”的作用，压实各级党组织全面从严治党主体责任，扎实开展“四好一强”领导班子建设和“五好党支部”建设，增强党组织政治功能和组织功能，着力破解“两张皮”问题，党建质量稳步提升。

二 监管执法工作

胸怀“国之大者”，守住管好“天下粮仓”、“大国储备”，认真履职尽责，彰显粮食和物资储备“压舱石”作用。打好“组合拳”加强粮棉糖和应急救灾物资监管。出“实招”建机制，出“硬招”强监管，出“狠招”重处罚，推动监管工作全覆盖、提质效。在扎实监管检查的同时，及时处理问题线索数百条，开展案件调查数十次，对查实问题依法依规行政处罚，取得强力震慑效果。铸好“压舱石”管好储备物资。把管好国储物资作为主责主业的重中之重来抓，确保了各类物资质清量准、储存安全、进出高效。联合省公安厅、应急管理厅、交通运输厅、消防救援总队、中国铁路成都局集团等6部门（单位）建立省、市、县、镇四级专项工作长效协作机制，促进了专项任务安全保障工作制度化、规范化、常态化。当好“主力军”防灾减灾救灾。着力提升中央防汛抗旱、应急救灾物资应急保障效能，联合属地应急部门、街道、物流公司加强应急演练，确保关键时刻拿得出、调得快、用得上。12月18日，督导四川局四三七处紧急调运3.5万件救灾物资驰援甘肃省临夏州积石山县6.2级地震，得到国家粮食和物资储备局和地方高度肯定。

三　安全稳定工作

坚持“人民至上、生命至上”理念，切实统筹发展和安全，牢固树立“底线思维”，全员、全时、全域落实安全责任体系，扎实推进重大事故隐患专项排查整治2023行动、“迎大运、保安全”集中整治专项行动、消防安全专项整治等重点工作，安全生产局面稳中向好、更加可控。6次召开全局性安全工作会议集中研判形势，指导各基层处召开142次安全专题会议；逐级签订安全稳定责任书962份；对工作不到位的基层处党委班子进行约谈，诫勉和谈话提醒处级领导各1名。建立双重预防机制41项重点任务清单，修订完善安全制度171项，划分风险评价单元194个。深入开展安全检查56次，组织基层迎检和自查242次，发现隐患993条，投入整改费用600余万元，年底前已整改超过90%。组织各类教育培训221次，参培8962人次，开展各类应急演练93次。争取省安委会支持，协调资中县委县政府履行属地责任，推动解决二七一处转运站安全距离不足问题取得新进展。

四　干部队伍建设

坚持严管和厚爱相结合，激励和约束并重，着眼夯基础、利长远，用好人才队伍“一池活水”，激励广大干部担当作为、干事创业。加大力度优化干部队伍结构。科学设置招录岗位及条件，加大对粮食监管、财务审计、物资管理、安全管理等关键领域人才的招录（聘）力度，招录公务员2名，招聘事业单位工作人员48名。多措并举推动干部快速成长。按计划推进局2023年度培训工作、干部素质能力提升工作，组织2022年度新录（聘）用公务员和事业单位人员参加培训班。轮岗交流3名处级干部、20名科级干部，选派2名优秀干部担任驻村第一书记、2名干部援疆。打通系统瓶颈推动储地交流。认真落实国家粮食和物资储备局党组工作部署，主动对接省委组织部，就干部选调、人才引进、选拔任用等达成共识，迈出了与省直机关交流使用干部第一步。从严管理涵养清风正气。突出“关键少数”挺纪在前，让咬耳扯袖、红脸出汗、杀菌排毒成为常态，通过干部队伍教育整顿，对基层领导班子提醒谈话1个，对处级干部提醒谈话3名、诫勉2名、组织处理3名，引导干部队伍精神士气和作风更加向好。

五　化解风险、解决历史遗留问题

坚持依法依规，分党组成员包案履责，强谋划、聚力量、攻难关，统筹四川国储天府物流有限公司法拍“一盘棋”，做足重庆国储石油集团有限公司破产案件“大文章”，织密出资企业管理机制“防护网”，借助地方政府“外援”力量，参与国储天府资产法拍，促成拍出6.01亿元，清偿了三家银行贷款等3.6亿元，免除了有关的连带担保责任，四川国储物流集团有限公司持有的长寿公司100%、四川蜀交国储能源有限公司49%的股权被解封，实现了国有资产损失“最小化”。攻克四三五处油库置换“老大难”，打出股权变更、清偿借款、专户保护建设资金“组合拳”，有效排除四三五处油库资产的法律风险和资金风险，通过无偿划转资产的方式，让油库土地资产回归事业单位，取得了历史遗留问题的重大突破。

六 全面从严治党

认真落实党的二十大部署和中央纪委二次全会精神，以牵牢责任为“牛鼻子”，用好“强责任、严制度、传压力、抓整改、作警示”五抓手，突出“做实政治监督、加强业务监督、深化盲区监督”等手段，严格落实每半年会商纪检组全面从严治党工作、定期召开全面从严治党工作会议等制度，清零办结上级转交线索，持续纠“四风”树新风取得扎实成效，推动全面从严治党向纵深发展。全年召开分党组“以案为鉴”专题民主生活会1次，指导3个基层处党委召开“警示教育”专题民主生活会，对2个基层处党委进行政治巡察，处置问题线索9件，结案查处4人，给予1人党纪重处分、3人党纪轻处分。

撰稿单位：国家粮食和物资储备局四川局；撰稿人：佘华东、黄晨；审稿人：王荣鑫

国家粮食和物资储备局贵州局

一 党的领导和党的建设进一步加强

一是扎实开展主题教育。印发局分党组主题教育工作方案，成立工作专班，每周召开专班工作例会，加强工作协调指导；举办主题教育读书班活动4场，覆盖人数1200余人次。弘扬“支部建在连上”的光荣传统，在开展全国政策性粮油库存检查过程中，成立临时党支部，将主题教育贯穿考核全过程。大兴调查研究，完成调研课题39个。持续深化党的创新理论武装，召开中心组学习13次，22名同志围绕研讨主题作发言，班子成员深入直属单位、支部讲党课14次。

二是深化党建引领。深化抓党建促高质量发展，深入推进模范机关建设。落实分党组班子成员“基层联系点”制度，全面推进“双带五引”工程，着力打造“粮储先锋”党建品牌。分党组专题研究驻村工作2次，赴帮扶村开展调研4次，听取工作汇报2次。选派3名干部轮换，投入产业扶持资金25.19万元、党建工作经费8万元，慰问困难家庭21户，职工消费帮扶7万余元。严格落实意识形态工作责任制，专题研究意识形态工作。

三是持之以恒正风肃纪。全力配合做好国家粮食和物资局党组巡视和审计，认真抓好反馈问题整改。督促各级党组织严明政治纪律和政治规矩，持续保持反腐败高压态势，局领导与分管部门和联系单位班子成员开展日常提醒谈话79人次，开展警示教育108次，覆盖近2000人次。开展纪检干部教育整顿，实现纪检干部学习教育、谈心谈话全覆盖。

二 “天下粮仓”监管进一步强化

一是持续推进粮食购销领域专项整治。加强与贵州省纪委监委沟通，建立专项整治工作协调机制，配合现场调取辖区中储粮企业相关资料，对贵州省纪委监委已查实的以陈顶新问题线索，分类研判行政处罚时效。认真组织开展“以案为鉴警示教育月”活动，巩固专项整治成果。

二是高标准完成中储粮年度考核和全国政策性粮油库存检查工作。全面落实新修订的中储粮年度考核办法，按照量化评分要求完成2022年度考核。定期开展季度巡查，检查库点覆盖率达100%。扎实开展全国政策性粮油库存交叉检查，完成对江西、云南库点检查，持续做好问题整改跟踪督办。

三是依法依规开展行政处罚。认真开展“严监管强执法重处罚行动年”活动，综合运用政策性粮油库存检查、库存动态监管系统等手段，对发现的问题实行追踪问责销号管理。严格开展行政执法督查，对2021年全国政策性粮油库存检查发现超损耗问题，作出行政警告并处罚款。2023年全国政策性粮油库存检查发现的粮食混存问题已完成行政处罚。

三　“大国储备”能力进一步增强

一是稳妥高效完成国储任务。按照“一库一批一方案”要求，圆满完成国储物资出入库任务。全力支持、调度完成省级政府成品油储备收储任务。

二是扎实推进新型国家储备仓库建设。以建设新型国家储备仓库为抓手夯实基层基础，印发局分党组《建设新型国家储备仓库的指导意见》并狠抓落实。

三是健全应急物资储备体系，着力提升应急保障能力。圆满完成2022年增储中央应急救灾物资入库验收工作，认真开展2023年度本辖区和湖北辖区仓库监管评估。督促辖区内仓库做好日常保管维护，确保管理规范、准备充分、保障有力，做好应对重特大自然灾害的各项准备。

四是压茬推进项目建设，切实筑牢储备根基。全力推进二五八处油库能力建设，已接近全面竣工。推进一五八处与国家管网互联互通工程，所有施工内容已基本完成。扎实推进中央政府煤炭储备基地项目。

四　安全底线进一步夯实

一是牢固树立红线意识。全面落实主体责任、着力强化监管责任，以新安全格局保障贵州局新发展格局。局主要负责同志7次主持召开专题会议，研究贯彻落实的具体举措。每季度开展形势分析，聚焦重点难点和主要风险，研究解决办法。重要时间节点局领导16次赴基层检查，督促各单位严格落实安全措施，全力保障安全发展。

二是逐步完善制度体系。制定安全管理相关制度7项，各基层单位共制修订制度、规程、预案118项，不断推动安全生产工作有章可循、有规可依。

三是扎实开展隐患整治。深刻认识做好重大事故隐患专项排查整治工作的极端重要性，充分发挥技术支撑作用，聘请专业机构、安全生产专家参与储备仓库“双控”体系建设、标准化建设、重大事故隐患排查，共排查隐患651项，完成整改570项，正在整改项已落实针对性管控措施，投入安全资金700余万元。2023年全局未发生安全事故。

五 自身建设水平进一步提升

一是推进人才兴粮兴储。局机关坚持周五学习日制度，落实局分党组《关于加强青年理论学习小组建设的意见》，班子成员常态化出席青年理论学习小组活动。选派近20名年轻干部参与中储粮年度考核、库存检查等工作，打造粮食监管“人才库”。牵头组织在厦门大学举办2期领导干部综合能力提升培训班。落实好新时代党的组织路线，选任3名正处级和7名副处级干部，招录2名公务员，招聘14名事业单位人员，为全局事业发展提供更好人才支持。

二是推进法治机关建设。2023年制定制度9项、修订制度10项。用好法律顾问制度，年内开展咨询53次，切实防范法律风险。

三是推进财务资产管理。进一步完善预算管理，提高预算透明度，通过月调度、季通报、半年检查机制强化预算执行进度。完善全局资产管理制度，规范资产全流程管理。优化企业监管，统筹企业分红，防范经营风险，加快财会监督、审计监督，完成财经纪律执行情况专项整治。

撰稿单位：国家粮食和物资储备局贵州局；撰稿人：肖天佑；审稿人：陈命

国家粮食和物资储备局云南局

一 扛稳主责主业，管粮管储取得新成效

一是牢固树立主责主业意识。认真学习贯彻习近平总书记关于粮食和物资储备工作的重要论述，提高政治站位，胸怀“国之大者”，将保障国家粮食和战略应急储备安全作为坚决捍卫“两个确立”、忠诚践行“两个维护”的具体体现。

二是不断强化粮食监管执法震慑。严格按要求开展中储粮年度考核，扎实开展库存检查、季度巡查，实现辖区内中储粮直属库点及中央储备、中央事权粮食货位全覆盖，对发现的问题，督促完成整改。完成对甘肃辖区政策性粮油跨省交叉检查，配合湖南局完成对四川、重庆辖区的检查。

三是持续提升物资储备综合实力。安全顺利完成国储物资收储轮换任务。压茬推进重大工程建设。积极推动中央储备和地方储备融合发展。强化代储航煤监管。储备仓库规范化管理能力明显提升，国储物资符合“四保”要求。

四是持续增强应急物资调运保障能力。深化应急物资投送保障一体化工作，开展应急调运演练，确保关键时刻拿得出、调得快、用得上。紧急响应云南省红十字会通知要求，第一时间出库救灾物资驰援甘肃地震灾区。会同省应急厅将10.6万件（套）冬春救助物资发往16个地州。

二 坚持安全发展，全年零事故零信访

一是强化全员安全生产责任意识。深入学习贯彻习近平总书记关于安全生产重要论述，邀请国家粮食和物资储备局储备安全和应急物资保障中心专家对三七一处开展油库安全专题培训。印发《云南局领导班子成员安全生产职责和安全生产委员会成员单位任务分工》，层层签订《安全稳定责任书》246份，与施工、作业相关方签订《安全协议》18份。

二是提升本质安全水平。统筹重大事故隐患专项排查整治2023行动和储备仓库安全

治理提升三年行动，深化安全距离专项整治，推进储备仓库安全生产标准化达标，三七一处、六七六处已通过专家评审。加大安全检查和隐患整改力度，全局共开展安全自查100多次，接受国家粮食和物资储备局检查15次，接受地方应急部门检查17次，累计发现一般隐患384项，完成整改351项，整改率91.4%。全年累计投入安全生产自筹资金315万元。

三是对失职失责有关问题严肃追责问责。针对重大安全生产事故隐患，第一时间责令停止所有作业，督导隐患整改，对相关责任人严肃问责。

四是持续做好涉诉案件应对和遗留问题处理。扛稳涉诉案件应对主体责任，发挥好法律顾问作用，有关案件挽回损失合计380万元。认真做好已审结案件的损失认定、责任追究、案件销号等“后半篇文章”。压实各单位主体责任，持续推进历史遗留问题处理。加强信访工作，强化源头管控，解决好职工合理诉求，全局实现“零信访”。

三　强化政治引领，推动全面从严治党纵深发展

一是加强政治机关建设。扎实开展主题教育，被国家粮食和物资储备局第十指导组评定为“好”。签订《全面从严治党责任书》，定期研究全面从严治党工作，按季度分析党风廉政形势。持续抓好巡视巡察、专项审计、全面从严治党等各类问题整改并建立长效机制。

二是推动党建业务深度融合。以在云南召开片区党建座谈会为契机，深化“让党旗在一线高高飘扬”活动，打造“身在边疆、心向北京，情系人民、为民护粮，胸怀大局、为国守储”基层党建品牌。

三是加强干部队伍建设。坚持重基层、重实干导向，选拔2名正处级、5名副处级干部，交流轮岗3名副处级干部，从地方公开引进1名副处级干部，进一步选优配强基层领导班子，用好各年龄段干部。招聘17名事业单位工作人员，做好“选育管用”，持续优化队伍结构。多渠道提升干部素质能力，扎实开展干部队伍监管能力素质提升专项整治，联合江苏局在南京财经大学举办监管能力素质提升专题班。

四是深化党风廉政建设。扎实开展“以案为鉴警示教育月”活动，结合身边人身边事，局处两级分别召开“以案为鉴”警示教育专题民主生活会，检视问题、以案促改。印发清廉机关建设实施方案，认真开展干部队伍教育整顿和纪检干部队伍教育整顿。加强对基层“一把手”及重点领域、重要岗位、关键环节的监督，开展经常性廉政谈话，做到关口前移。

五是为群众办实事。全年投入330万元用于解决民生实际问题，围绕涉法涉诉、经营风险、安全生产等群众关心问题，制定调研课题15个，专项整治方案5个，取得积极成效。认真履行乡村振兴省级帮扶牵头单位职责，定期召开联席会议，对接帮扶需求，整合资源，助力产业发展和农民增收。

撰稿单位：国家粮食和物资储备局云南局；撰稿人：李莹；审稿人：张灿柏

国家粮食和物资储备局陕西局

一　严字当头，持续提升在地监管效能

按照监管库点、品类“两个全覆盖”要求，全年累计开展各类监管执法活动121次，出动监管力量585人次，查出各类问题253个，督促整改249个，整改率为98.4%。深入推进粮食购销领域腐败问题专项整治，配合陕西省纪检监察机关查处典型案件。扎实开展“严监管强执法重处罚行动年”活动，对中储粮咸阳直属库、蒲城直属库作出两例行政处罚，罚没29.52万元。认真落实新的考核办法，高标准完成2022年度中储粮棉考核工作。抽调骨干力量，联合宁夏局成立3个检查组，赴内蒙古自治区开展全国政策性粮油库存交叉检查，历时34天完成对17个直属企业、62个承储库点的检查任务。持续深化与宁夏局、省粮储局的监管协作机制，在联合培训、工作会商、互观互评等方面开展广泛合作。

二　深耕主业，充分发挥国家储备功能

立足国家储备功能定位，主动融入并服务构建更高层次、更高质量、更有效率、更可持续的战略应急物资储备安全保障体系，指导所属基层储备仓库将资源和力量向落实储备任务集中，切实做好库容保障、入库出库和储存保管工作。召开全局设备管理规范化建设现场会，着力推广设备全生命周期管理，提升精细化管理水平。基层储备仓库全年开展39次业务培训和岗位练兵，物资管理队伍年龄结构逐步优化、业务水平持续提升。立足于“防大汛、抗大洪、抢大险、救大灾”，扎实开展中央应急抢险救灾物资储备监管评估、防汛抗旱物资返还验收等工作，指导承储单位向甘肃、天津、陕西、贵州、四川等地紧急调运8.4万件应急救灾物资和防汛抗旱物资，确保了平时备得足、储得好，关键时刻调得快、用得上。

三 筑牢底板，巩固夯实安全发展基础

严格落实全员安全生产责任制，逐级签订安全稳定责任书801份，与外单位签订安全协议289份，安全主体责任实现全员覆盖、不留死角。扎实开展重大事故隐患专项排查整治2023行动，两次召开全局性会议进行工作部署，每月调度落实情况，以“时时放心不下”的责任感统筹抓好专项行动与日常检查工作。全年开展各类安全检查45次，基层储备仓库开展安全自查181次、接受地方政府部门检查41次，累计发现问题隐患730项，整改完成705项，整改率为96.6%，全年未发生生产安全事故。认真落实储备仓库安全治理提升三年行动，建立健全基础管理制度，组织开展100余次安全宣传教育，加快推进重点人员专业、学历、职称等达标工作。不断完善应急管理体系建设，基层储备仓库累计开展应急演练32次，应急处突能力持续提升。

四 难中求成，加快推进基础设施建设

全力以赴推动西安综合性国家储备基地建设，在国家粮食和物资储备局指导下，争取陕西省、西安市两级党委政府负责同志作出专题批示，由省发展和改革委员会牵头建立督导落实机制，共同推动基地建设。全年取得3.3亿元建设资金，二期项目完成总工程量的40%，铁路专用线开通运行。落实国家粮食和物资储备局总体部署，扎实推进辖区中央政府煤炭储备基地建设。各基层储备仓库严格按照规定实施维修改造和小型基建项目，3个国家粮食和物资储备局批复的财政资金项目、24个陕西局批复自筹资金项目有序推进，其中14个已完成全部投资计划，设施设备运行良好。

五 对标对表，纵深推进全面从严治党

扎实开展学习贯彻习近平新时代中国特色社会主义思想主题教育，举办读书班，局领导带头讲4次党课，各级党组织利用陕西红色资源开展20余次主题党日活动，全局围绕48个课题务实开展调查研究。扎实开展“政治机关文明机关”创建活动，陕西局被省直机关工委评为“基层党建工作先进单位”，4个党支部被命名为“五星级党支部”。分党组全年开展12次中心组学习，青工委举办10期青年读书班，机关1名同志荣获省直机关“青年理论学习标兵”称号。配合国家粮食和物资储备局党组第八巡视组完成对陕西局分党组的巡视工作，对3个基层党委开展巡察。持续加强党风廉政建设，深入开展“以案为鉴警示教育月”活动，认真开展纪检干部队伍教育整顿，组织编印《纪检干部谈纪检及典型案例汇编》，严肃查办违纪案件。

六 突出重点，切实加强干部队伍建设

进一步加大人才引进力度，顺利完成2名公务员考录、1名军转干部安置和27名事业单位人员招聘工作。进一步加大选人用人力度，全年开展2名处级干部选拔任用、4名公务员职级晋升、12名处级干部轮岗交流、12名年轻同志挂职锻炼和跟班学习等工作，组织4期“薪火相传讲业务”和第二批“优秀匠人”、“优秀新人”评选表彰。进一步加大干部监督力度，严格做好国家新规出台后的首次个人有关事项报告工作。进一步加大教育培训力度，在华为大学、古田干部学院、富平干部学院举办3次集中培训，投入经费70余万元，参培处科级干部和新招录人员达143名。

七 强基固本，稳步提高综合管理水平

扎实推进法治机关建设，建立健全行政处罚法制审核、基层储备仓库合同管理等相关制度，广泛开展法治宣传培训，顺利完成“八五”普法中期自评。坚决筑牢保密防线，以进驻式保密检查和保密宣传月活动为重点，层层压实保密责任，确保国家秘密安全。切实加强财务预算管理，每月组织开展“大家讲业务”财务培训，利用2个月时间对基层储备仓库开展“大调研”、“大检查”，进一步强化财经纪律的刚性约束。认真做好离退休人员管理服务，精心组织老干部元宵节游艺、重阳节慰问、荣誉退休仪式等活动，5名老同志的书画作品受到国家粮食和物资储备局表彰。

撰稿单位：国家粮食和物资储备局陕西局；撰稿人：程翔；审稿人：邹皓

国家粮食和物资储备局甘肃局

一 扎实开展主题教育，深化全面从严治党

一是扎实开展主题教育。甘肃局分党组结合实际创新载体，将主题教育、干部队伍教育整顿、纪检干部队伍教育整顿、甘肃省委“三抓三促”行动等融合推进，建立多种学习模式并用机制，建立调研成果转化机制，建立台账式项目化管理机制，建立指导考核同步机制，着力提升政治能力，着力提升察实情的能力，着力提升永葆清正廉洁的政治本色能力，着力提升促进发展能力，着力提升检视整改能力。着力解决职工群众急难愁盼问题52项。扎实开展调查研究，形成多篇高质量调研报告，并召开调研成果转化交流会。

二是持续深化理论学习。持续拓展“四讲”工作机制，组织集中学习20次，各类交流研学3次。在“国储党建”公众号刊发工作信息97篇，名列垂管局前茅。2023年第3期《党的建设》刊发甘肃局党建创新案例《“九宫格”破解“两张皮”画好党建业务融合同心圆》。国家粮食和物资储备局信息化推进办党支部与五三四处党委召开联学联建会议4次。10个基层党支部先后获“省直机关标准化建设示范党支部”称号。

三是深入进行检视整改。坚持问题导向、目标导向、结果导向相统一，本着发现真问题、真解决问题的态度开好主题教育专题民主生活会。

二 聚焦主责主业，强化监督管理

一是加强中央事权粮棉监管。持续深入开展粮食购销领域腐败问题专项整治。在2022年度中央政府储备粮棉管理和中央事权粮食政策执行情况考核和2023年季度巡查工作中，坚持专业监管人员培育与工作实践结合，做到辖区内11个中储粮直属库19个库点实地考核全覆盖，确保考核全面、真实、客观。配合安徽局对中储粮河南分公司开展2023年全国政策性粮油库存交叉检查，积极跟进云南局甘肃辖区交叉检查发现问题，全力督导整改，涉及行政处罚的依法立案查处，严肃追责问责。

二是切实做好抗震救灾工作，关键时刻发挥中央应急救灾物资作用。完成新增中央救灾物资在张掖收储入库工作。完成中央救灾物资兰州储备库入库计划。按照防汛抗旱物资调动指令，完成物资调运出库任务，有力支持地方抗旱工作。圆满完成3.3万床棉被、5200件棉大衣“冬春救助”紧急调运工作。12月18日甘肃省临夏州积石山县发生地震后，甘肃局收到紧急调运任务，连夜派员赶赴现场督导发运，经昼夜奋战，辖区内2个中央救灾物资储备单位共计5批7万件中央救灾物资均安全及时运抵甘肃、青海两地灾区。向国家粮食和物资储备局上报《甘肃局抗震救灾工作紧急报告》，获国家粮食和物资储备局主要负责同志肯定性批示。

三是强化安全意识，筑牢安全底线。持续推进“储备仓库安全治理提升三年行动”，6个基层仓库全部通过安全生产标准化三级达标考核。狠抓隐患排查治理，切实提升安全保障能力。国务院2023年度省级政府安全生产和消防工作考核巡查第十八组于11月15日进驻甘肃省进行现场考核巡查。甘肃局作为国家粮食和物资储备局在甘单位接受延伸考核巡查，向考核巡查组进行专题汇报并接受访谈，考核巡查组认为甘肃局汇报内容全面、重点突出、问题具体、思路清晰。国家粮食和物资储备局组织开展的交叉检查和安全督导检查，发现和指出甘肃局的隐患问题已全部整改到位。深入开展“四不两直”督查，修订完善《安全生产工作考核办法》、《机关办公区突发事件应急预案》等制度，强化危险化学品仓库安全距离风险隐患整治工作，深入组织开展“安全生产月”、“消防宣传月”等活动，在2022年度“平安甘肃”考核中获得“良好”等次。

三 坚持守正创新，推动改革发展

一是信息化建设取得突破性进展。国家粮食和物资储备局实现实时查询甘肃局基层处油罐内部成品油液面高度、温度等自控数据。甘肃局实现基层单位全覆盖互联互通，圆满完成国家粮食和物资储备局试点工作任务，增设移动式摄像头，国家粮食和物资储备局可以对作业现场全方位、无死角进行实时远程督导。

二是调整优化预算稳基层保运转。通过多种方式向基层单位调剂资金500余万元，甘肃局所属事业单位抵支收入连续增长，按照国家粮食和物资储备局要求及时足额上缴8个预算单位养老保险清算资金。

三是法治机关建设稳中有进。利用学习强国、中国普法公众号等新媒体矩阵，组织开展习近平法治思想暨普法知识竞赛活动。

四 注重队伍建设，夯实发展基础

一是统筹抓班子带队伍育人才。2023年新提任3名正处级干部，转任交流2名处级干部，

1名副处级干部挂职锻炼，完成基层单位10名处级干部交流轮岗。选派7名年轻干部到驻委纪检监察组、国家粮食和物资储备局和财政部甘肃监管局学习锻炼。在垂管系统领导班子和领导干部2022年度综合考核中甘肃局领导班子获优秀等次，1人获优秀领导干部。

二是注重选树党建先进典型。基层单位1个班组获国家粮食和物资储备局“三八红旗集体”称号、1名同志获“三八红旗手”称号。评选表彰优秀青年党员12名。深化党支部标准化规范化建设，10个基层党支部先后获“省直机关标准化建设示范党支部”，甘肃局在省直机关工委党建年度考核中获评“好”等次，并获评“全省民族团结进步示范单位”。

三是开展干部素质能力提升和年轻干部培养工作。落实落细《甘肃局关于进一步加强年轻干部培养管理监督的实施意见》中的29项任务措施。1名年轻干部获“全省机关党建创新优秀案例”荣誉，2名年轻干部获省直机关“青年学习标兵”称号。年轻干部学研成果分获省直机关读书分享成果展示二、三等奖和“最佳人气奖”并参加汇报展演。重视培养和发展青年党员，新确定入党积极分子24人。甘肃省委主要负责同志在甘肃局机关调研时对年轻干部培养工作给予充分肯定。

五 推进作风建设，持续正风肃纪

一是强化政治监督和警示教育。制定印发《甘肃局分党组深入贯彻执行中央八项规定实施细则精神的意见》。多形式常态化开展警示纪律教育，扎实开展“以案为鉴警示教育月”、纪检干部队伍教育整顿，召开专题组织生活会、年轻干部专题研讨会，开展廉政书刊学习心得讲稿征集和“一案一宣讲”廉政教育讲座等活动。组织党员干部参观兰州监狱预防职务犯罪警示教育基地和兰州廉政文化主题公园，旁听粮食购销领域专项整治职务犯罪庭审进行现场警示教育。

二是抓实巡视审计问题整改。2020年元月以来，甘肃局接受国家粮食和物资储备局党组巡视1次、国家审计署延伸审计1次、国家粮食和物资储备局专项审计2次。甘肃局分党组坚持立行立改、改必彻底，除1件正在协商和解合作事宜的涉诉案件外，其他问题均已整改完毕。

三是持续正风肃纪反腐。组织纪检部门对全体党员干部进行全覆盖廉政谈心谈话，分别对系统处级及以下中高风险岗位人员24人开展集体廉政谈话，对承担重要工作职责的党员干部（包括挂职锻炼人员）15人进行全覆盖廉政约谈提醒，函询1人，诫勉谈话3人，通报批评基层事业单位1个，加大力度整治形式主义官僚主义，营造风清气正政治生态。

撰稿单位：国家粮食和物资储备局甘肃局；撰稿人：夏志成；审稿人：王世辉

国家粮食和物资储备局青海局

一 深入开展主题教育

一是加强组织领导，精心谋划部署。成立青海局主题教育领导小组，下设办公室和督导组，召开青海局深入开展主题教育动员会议，明确主题教育规定动作和自选动作，提出具体工作要求，制定印发实施方案、督导工作方案等配套方案。各基层单位结合实际分别召开了动员会议，进一步统一党员干部职工思想和行动。开展资料备案督导和现场督导，有效推动全局主题教育扎实开展。

二是强化理论武装，做到以学增智。以“九学方式”，扎实开展多层次全覆盖无死角的学习活动。局分党组中心组集体学习9次，专题研讨5次，组织副处级以上党员领导干部开展专题读书班4期，各级领导班子讲专题党课20次。利用党支部“三会一课”、主题党日、青年理论小组等平台做到理论武装全员覆盖，达到了学有所思、学有所获、以学增智的目标。全国粮油库存交叉检查期间，检查人员建立了2个临时党小组，开展集中学习3次、观看影视纪录片1次，开展现场主题活动2次，做到工作和学习两不误、两促进。

三是切实摸准实情，做到以学促干。结合实际对机关基层单位调研课题进行任务分解。局班子成员结合分管工作，针对工作中的难点、堵点、热点问题，围绕增强青藏辖区储备基础设施布局，提升储备实力等开展调研10次，形成调研报告29篇，召开调研成果转化交流会，有效破解在推进事业发展中遇到的难题。

四是强化边学边改，解决实际问题。制定主题教育整改整治工作方案，梳理存在问题14个，制定整改措施44条，已完成整改24条。建立专项整治方案3个，制定整改措施15条，已完成14条。同时，针对第八指导组第一小组反馈意见指出的4个方面问题，制定了12条整改措施，并纳入问题整改清单，一并抓好整改落实，现已全部整改到位，有效推动和解决机关办公楼、老干部活动室外墙加装保温层、办公楼上下水疏通改造、家属院房产证办理等问题，工作成效得到了干部职工的一致认可。局领导班子获评国家粮食和物资储备局“优秀领导班子”称号。

二 持续强化粮食安全监管

克服人员严重紧缺困难，完成2022年度、2023年前三季度中储粮考核及季度巡查、2023年全国政策性粮食库存检查，对青海、西藏库点全覆盖，形成检查问题清单58个及工作报告，并督促开展问题整改。组建黑龙江、陕西交叉检查组，对13个中储粮直属库25个库点进行了检查，检查粮油数量242万吨，检查发现问题177个，守住管好“大国粮仓”政治责任进一步扛稳扛实。提升粮食质量安全监管水平，督促粮食企业强化质量安全“第一责任人”意识，建立健全粮食质量管理体系，确保粮食质量安全情况来源可溯、去向可查、责任可追。扎实做好政策性粮食质量安全检验监测工作，全年共扦样39份，质量达标率100%，粮食宜存率100%，食品安全达标率100%。加大调查研究力度，与中储粮兰州分公司联合调研，形成了《国家粮食和物资储备局青海局关于在青增加玉米储备的建议》，报省政协及国家粮食和物资储备局。

三 加快“三地”项目前置条件办理

加强与国家粮食和物资储备局、地方政府、各主管部门、全过程咨询公司等的对接沟通，督导推进项目进展。落实国家粮食和物资储备局调研组一行对“三地”项目建设提出整改意见，11条意见已全部整改。青海、西藏两地高度重视该项目建设，建立联席推进制度，格尔木项目由常务副省长和政协副主席包联工作，畅通对接协商渠道，在各项前置工作中给予了大力支持。地质初步勘察、地形测绘、用地预审、选址论证、社会稳定性评价等前置工作已完成，经多次论证、持续优化后可行性研究报告按程序报审。

四 高质量完成储备物资出入库工作

面对重点专项物资出库首战首考任务，按照“一库一批一方案”要求，从组织机构、方案预案、制度规范、人员培训、协同保障、实战演练等方面做好充足准备。作业人员严格执行作业流程、安全操作规程，协调联合公安、交警、驻库武警等部门，以扎实的工作作风，高质量完成第一批和第二批专项物资出库任务。顺利完成“非标油”出库任务。全力做好国储油料接收任务，主动对接承担地方成品油储备任务，加强同青海、西藏两地人民政府相关部门联络沟通，经过积极协调，完成青海省级成品油储备代储任务。严格执行三类仓库管理办法，落实保管保养要求，国储物资数量准确、质量合格、储存安全，达到“四保”要求。

五 加强应急救灾物资监管

认真开展中央应急物资储备库存检查普查工作。完成2022年国家粮食和物资储备局采购的中央应急物资验收入库工作。做好年度监管评估工作，完成自评和交叉互评。全力做好防汛备汛和应急保障工作，各储备仓库加强储备保障、预案管理和应急演练，筑牢防汛安全“堤坝”。落实国家粮食和物资储备局委托开展拉萨中央救灾物资储备库检测鉴定工作，组织协调专业检测机构到现场开展工作，出具鉴定报告。

六 积极推进应急物资一体化投放保障试点工作

制定试点工作方案，召开应急物资一体化投放保障试点工作推进座谈会，明确工作目标、工作思路和重点任务。升级改造丙类库房，将3个品种中央救灾物资、8个品种中央防汛物资倒入丙类库房，并自筹资金制作部分木质托盘，加装库房大门挡鼠板，维修库房屋顶，提升仓库硬件设施。试点仓库与物流公司签订了物资运输协议，与中国移动青海分公司签订了信息化战略合作协议，以现代信息技术带动储备仓库智能化建设。

七 推进项目建设完善基础设施

五三五处安全综合整治提升工程、六七九处工勤楼改造项目、二五一处灾害修复项目已竣工验收，五三五处基础设施仓储能力得到大幅提升，六七九处单位办公环境明显改善，二五一处修复了水毁设施并优化了库区排洪系统，消除了安全隐患。武警营房排哨改造项目正在开展项目勘察、设计等前期工作。组织武汉设计院对二五一处老罐区维修或新建方案开展评估，争取列入增储建库项目规划。一七四处自筹资金实施库区道路维修、库房修补等项目，为专项任务顺利开展和经营创收工作奠定了设施基础。积极同地方相关部门沟通，将局机关办公楼综合整治纳入西宁市城区改造工程，对机关办公楼、老干部活动室加装外墙保温层和屋面维修，完成了对综合楼上下水管网更换，提升了工作生活质量。

八 认真开展“严监管强执法重处罚行动年”活动

制定行动年活动方案，成立组织机构，明确目标任务、时间安排和工作任务，确保活动有序有效开展。召开青藏辖区深化粮食购销领域腐败问题专项整治暨“严监管强执法重处罚行动年”活动动员部署会，持续压实中储粮直属企业主体责任和垂管局行政监管责任。成立行动年活动宣传报道小组，及时总结亮点特色，大力营造活动氛围。开展《粮食流通行政执法办法》、《中华人民共和国行政处罚法》专题培训、粮食交叉检查实地培训等，提升执法队伍能力素质。针对重点调查问题严肃查办，立案调查问题线索10项，已结案9项。下发《不予处罚决定书》、《责成函》各1份，《整改通知书》2份，《行政处罚决定书》4份，其中对中储粮平安直属库有限公司作出警告并处53万元的行政处罚，持续释放守底线、零容忍、强监管信号。

九 营造安全稳定发展环境

完善全员安全生产责任体系，制定《局领导班子成员安全生产职责和安全生产领导小组成员处室任务分工》，层层签订安全稳定、消防责任书200余份，签订率100%。深入推进隐患排查治理工作，先后开展了危险化学品仓库重大安全隐患和安全距离专项整治、成品油库安全风险评估和治理、安全生产大检查等工作，通过各类检查、专项整治，及时发现问题隐患，堵塞安全管理漏洞。制定青海局《生产安全事故隐患排查治理实施细则》、《储备仓库安全生产监督管理实施细则》等6项规章制度，加强日常安全动态管控。深化与驻库武警部队、公安机关、周边单位的联防联控，不断筑牢储备仓库“三道防线”。

十 提升干部队伍能力素质

持续推进干部职工综合素质和专业能力提升，制定年度教育培训安排，举办处级干部培训、粮食监管、行政执法、保密等业务培训班18期，490余人次参加培训。选树正确用人导向，严把选人用人关口，选拔处级领导干部8名、晋升调研员3名，完成机关3名公务员招录、3名公务员调入工作，扎实做好23名事业单位人员笔试、面试等相关工作。采取挂职锻炼、跟班学习等多种方式，加快处级以下年轻干部培养，强化干部管理，激励担当作为，干事创业氛围更浓。二五一处专职消防队获评“第21届青海青年文明号”，1名同志获评国家粮食和物资储备局“三八红旗手”。

十一 纵深推进全面从严治党

坚持党建引领，始终坚持把加强党对各项工作的全面领导作为第一政治责任、政治要求，深刻领悟“两个确立”的决定性意义，主动对标党中央决策部署和国家粮食和物资储备局党组工作要求，始终在思想上政治上行动上和党中央保持高度一致。坚持全面从严治党和业务工作统筹融合，召开全局全面从严治党工作会议2次，党风廉政形势分析会2次，专题研究部署党建及党风廉政建设工作，通过签订党建、党风廉政建设目标责任书层层压紧压实责任。坚持把主题教育和“以案为鉴警示教育月”活动、干部队伍、纪检干部队伍教育整顿工作紧密结合起来，做到统筹兼顾、合理安排、一体推进，教育引导全局党员、干部、职工提高政治站位，保持清醒坚定，廉洁干事创业，认真落实党要管党、全面从严治党政治责任，推进作风纪律不断改进，营造良好政治生态。

撰稿单位：国家粮食和物资储备局青海局；撰稿人：格桑卓玛；审稿人：孙彪

国家粮食和物资储备局宁夏局

一 扎实开展主题教育

把学习贯彻习近平新时代中国特色社会主义思想主题教育作为全年党的建设重要任务，努力在以学铸魂、以学增智、以学正风、以学促干方面取得实实在在的成效。发挥分党组理论学习中心组领学作用，引导督促全局党员干部读原著学原文悟原理。大兴调查研究，全局完成11个课题调研任务，积极推动成果转化，切实解决问题、改进工作、完善制度。坚持和发展新时代“枫桥经验”，落实分党组成员定期深入基层接待群众信访制度，将矛盾化解在基层。认真开展干部队伍教育整顿，深化纪检干部教育整顿，强化日常监督和重点监督，制定《对机关各处室、各基层单位“一把手”和领导班子监督实施意见》，推动全面从严治党向基层延伸，向纵深发展，筑牢忠诚干净担当的思想根基。

二 持续强化中央储备粮监管

胸怀粮食安全“国之大者”，深入推进粮食购销领域腐败问题专项整治，开展“严监管强执法重处罚行动年”活动。高质量完成2022年度和2023年度中储粮考核、对内蒙古和新疆辖区国家政策性粮食库存交叉检查等任务。开展中央储备粮季度巡查，落实穿透式监管要求，规范执法人员行为，加大行政处罚力度。深化与陕西局、宁夏回族自治区粮食和物资储备局监管交流合作，认真落实干部队伍监管能力素质提升专项整治要求，发挥局执法督查协作小组作用，有效提升监管能力和水平。

三 周密组织物资收储轮换

举全局之力圆满完成相关储备物资入库任务；加强协调联动，安全顺利完成专项物资出库核销任务。闻灾而动、闻令而动、快速响应，紧急组织五三六处、九三〇处调运应急救灾物资驰援甘肃地震灾区。完成2022年度中央应急抢险救灾物资储备监管评估以及跨省交叉检查，组织五三六处开展中央应急抢险救灾物资自查，切实做好应急保障工作。

四 毫不放松抓好安全生产

健全完善全员安全生产责任制，提升本质安全水平，储备仓库顺利通过安全生产标准化三级评审。着力推进双控体系建设，夯实安全生产根基。常态化开展“四不两直”安全监督检查，坚持每月检查并通报检查结果。深入开展重大事故隐患专项排查整治2023行动，建立重大事故隐患台账清单，实行闭环管理，切实做到隐患整改“五落实”。组织开展特种作业、外包外租生产经营等活动排查整治。加强汛期安全检查，开展应急物资紧急调运演练。

五 稳步推进项目规划建设

主动对接国家“十四五”规划，抢抓“增储建库”发展机遇，围绕宁夏局基层储备仓库功能定位，完善基层储备仓库“十四五”项目规划，应急抢险救灾物资库项目和综合物资储备基地项目可研报告已报送国家粮食和物资储备局待审。完成一七七处库区泄洪沟综合整治项目建设。

六 统筹推进干部人才队伍建设

做好公务员招录、事业单位人员招聘等工作，持续优化干部队伍结构。加强机关和基层干部双向交流，继续办好处长讲业务、青年读书班，加强公文写作、执法督查、纪检业务等培训学习，努力打造学习型机关。结合实际，以玉米、金属铝和锰、煤炭为重点，开展市场形势分析和软科学课题研究，提升干部研究分析能力。五三六处被确定为首批全国粮食和物资储备教育培训基地，为黑龙江局举办3期青年干部驻库实训，共培训人员100余人。选派新一轮驻村工作队，让干部在乡村振兴一线加强思想淬炼、实践锻炼。

撰稿单位：国家粮食和物资储备局宁夏局；撰稿人：刘晓清；审稿人：海林

国家粮食和物资储备局新疆局

一 全面从严治党，深入学习贯彻习近平新时代中国特色社会主义思想

一是深入推进学习贯彻习近平新时代中国特色社会主义思想主题教育。组织副处级以上党员干部主题教育专题读书班和春季读书班。依托联建共建、“三会一课”、主题党日、参观红色教育基地、观看教育宣传片等形式开展集体学习。分党组成员讲专题党课，组织中心组学习和研讨交流。深入基层调研并形成调研报告，落实完成专项整治和问题整改。梳理民生难题和细化措施，开好专题民主生活会、组织生活会。经测评，主题教育开展情况较好以上为100%。

二是增强党组织政治功能和组织功能。分党组成员落实基层和支部工作联系点制度，深入基层开展调研指导。以国家粮食和物资储备局安全仓储与科技司党支部和八三五处党委结对共建为契机，深化调研交流，推动增强党组织能力建设。推进党支部标准化规范化建设，评选“五个好”支部6个。

三是推进全面从严治党向纵深发展。落实五级责任体系，依托“半年全面从严治党工作会议、形势分析会议、每月局务会议、适时调度会议”常态化推进全面从严治党。持续深入推进中央巡视、国家粮食和物资储备局专项审计反馈问题、国家粮食和物资储备局党组与驻委纪检监察组会商指出问题的整改落实，确保取得实效。加强对基层“一把手”和领导班子的监督，聚焦工程建设、人事录用、监管等关键环节强化日常监督，开展廉政教育并签订承诺书，开展廉政约谈，逐步完善廉政风险防控机制。开展“以案为鉴警示教育月”活动和自治区党风廉政教育月活动，强化党员干部牢固树立党章意识和纪法观念。

四是锤炼忠诚干净担当高素质干部队伍。扎实推进干部队伍教育整顿、纪检干部教育整顿，以及干部队伍监管能力素质提升专项整治。开展缅怀革命先烈、退休干部（系统先进工作者）作报告、集体廉政教育、专题党课、参观廉政教育基地主题党日活动等红色教育，教育引导党员干部以案为鉴，知敬畏、存戒惧、守底线，锤炼忠诚干净担当的高素质干部队伍。

五是做好群团工作和精神文明建设。坚持和完善党建带群建工作机制，加强团组织建设，各级团组织深入开展主题教育，与自治区其他厅局联合开展青年活动。健全年轻干部教育培养制度机制，实施青年理论提升工程，建强青年突击队。建设职工书屋、文化墙，开展学雷锋志愿服务月、青年文明号开放周、“中国梦·劳动美”、“巾帼心向党”等主题实践活动。开展各类捐赠活动，捐款捐物2万余元，收到各类荣誉证书、感谢信多份，为公益事业贡献力量，继续保留自治区文明单位称号。

二 落实主责主业，坚决扛稳粮食和物资储备安全政治责任

一是严格落实中央储备粮监管责任。深入推进粮食购销领域腐败问题专项整治，扎实开展中央储备粮棉管理和中央事权政策执行情况年度考核。认真做好政策性粮油库存检查、春秋季普查、夏秋粮收购、轮换库点核实、12325监管热线核查等工作。紧盯巡查发现问题线索，严肃查处违法违规行为，2023年作出行政处罚数量10例。完成对中储粮贵州分公司7个直属库、协助宁夏局完成对中储粮新疆分公司7个直属库的政策性粮油库存检查。坚持日常监管与执法督查相结合，着力提升政策性粮食在地在库监管模式和监管形式。强化监管队伍能力建设，配强配齐执法监管力量，完善在地监管工作细则，持续提升执法监管水平。

二是严格落实战略物资和应急物资监管责任。认真做好中央储备棉糖半年巡查全覆盖、中央储备棉糖库存检查工作，督导辖区内各中央储备粮棉糖和救灾物资承储单位进一步强化内控管理水平。落实中央救灾物资前置储备试点工作任务，扎实推进标杆库创建工作。认真做好中央应急救灾物资监管，完成对甘肃局、江苏局中央应急抢险救灾物资储备监管评估。

三是严格落实能源储备监管责任。加强对独山子国家石油储备基地的监管，及时报告发现问题，确保辖区内国家储备原油数量真实、质量合格和储存安全。

四是严格落实安全生产责任。年初确定年度安全稳定工作目标，逐级签订安全稳定责任书，定期召开安全稳定形势分析会，研究安全工作举措和措施，确保安全稳定工作责任“层层负责、人人有责、各负其责”。制定《重大事故隐患专项排查整治2023年行动方案》。制定实施方案完善风险分级管控和隐患排查治理体系。凝聚安全工作合力，消除九七六处35kV高压线纵穿库区重大安全隐患。连续16年保持乌鲁木齐市平安单位称号。

三 注重攻坚克难，高质量推进重大工程项目建设

一是大力推进六五三工程。分党组高度重视，在六五三处现场办公，召开多方联席会议，对标对表推进工程建设。完成大丰分输站动火连头作业、铁路专用线道岔连锁施工、

带水试运行工作，完善了油库管理、安全保卫等制度编制。组织开展并完成武警营房设计变更项目施工，协调武警进驻。针对个别进罐管道上翘问题，组织专家会商确定整改方案并完成整改。2023年12月底，第一批次代储自治区成品油顺利安全入库，为六五三工程竣工验收奠定了基础。

二是积极谋划喀什项目。成立喀什项目工作专班，优化可行性研究报告。加大对喀什项目前置性条件办理工作的支持力度，完成环境影响、用地预审、安全预评价等支撑可行性研究报告的专项审批文件。组织专家对项目可行性研究报告进行审核，按程序报审。

四 履行地方责任，全力推进乡村振兴和民族团结工作

一是落实“访惠聚”驻村任务。深入学习贯彻习近平总书记重要讲话精神，聚焦新时代党的治疆方略，始终把维护稳定作为最大的政治责任，派驻干部参加“访惠聚”驻村工作。

二是推进乡村振兴。积极联系喀什地区和伊犁州有关部门，以有效的举措全力推进定点帮扶工作和助力示范工作，协调引入的“以工代赈”1020万元、380万元两个项目均已在南疆帮扶村投入使用。开展乡村振兴助力示范工作，支持巩留县粮食产业纳入国家优质粮食工程，帮助帮扶村发展特色产业。

三是促进民族团结。筑牢中华民族共同体意识，巩固和加强民族团结，通过驻村、调研、结亲、联谊、慰问、老队长回村等多形式，开展“民族团结一家亲”和民族团结联谊活动。驻村工作队收集解决群众困难诉求，化解矛盾纠纷，排查整改风险隐患，受益群众200余人次。慰问困难群众，捐赠物资18000余元，募集医疗费6000余元，真心实意解决群众急难愁盼问题。

撰稿单位：国家粮食和物资储备局新疆局；撰稿人：许昱博；审稿人：傅文德

国家粮食和物资储备局上海局

一 旗帜引领，毫不动摇坚持和加强党的全面领导

一是坚持政治统领。上海局分党组始终坚持以习近平新时代中国特色社会主义思想为指导，制定关于坚决维护以习近平同志为核心的党中央权威和集中统一领导的具体措施，在加强党的政治建设上带好头、做示范。认真落实“第一议题”制度，及时跟进学习习近平总书记关于保障粮食和物资储备安全的重要讲话和指示批示精神，以聚焦核心职能扛稳保障粮食、能源资源、重点产业链供应链安全责任，建成上海综合保障基地的实际行动，坚定走好践行“两个维护”第一方阵。

二是抓实主题教育。深入开展学习贯彻习近平新时代中国特色社会主义思想主题教育，力求在学习上见成效、调查研究上见成效、检视整改上见成效、推动发展上有实效。明确具体任务13项，建立日报告、周调度机制，加强巡回指导，发出督促提示19份。开展集中学习及交流研讨14次，有针对性确定18个专项调研课题，分层次召开2次调研成果交流会，推动成果转化。将问题整改贯穿始终，对27项问题清单实行动态管理、对账销号，23项完成整改。事企业单位研究制定22项民生项目清单，全部按期完成。通过主题教育，全局党员干部政治能力、思维能力、实践能力进一步提升，扛稳“为国管粮、为国管储”的政治责任意识进一步增强，建设上海综合保障基地的共识进一步凝聚，担当作为的精气神进一步提振。

三是建强战斗堡垒。九三七处党支部围绕初步建成上海综合保障基地的任务目标，与国家粮食和物资储备局离退休干部办公室党委深化交流共建，全局基层党组织结对15对。各支部深化“一支部一品牌”创建，围绕重点工作和中心任务攻坚克难。粮食库存检查组成员克服高温酷暑不利影响，坚持逢仓必到、有粮必查，扎实完成库存检查交叉检查工作，展现党员责任担当。事企业单位党支部设立党员示范岗，开展各类岗位建功、立功竞赛、技能比武活动，引领激励党员争做表率、勇挑重担。在物资集中大批量入库期间，面对连续暴雨的恶劣天气条件，上海国储物流公司员工坚持24小时通宵在岗收发货，连续奋

战6个昼夜。局人事处获国家粮食和物资储备局2022年“三八红旗集体”荣誉称号。

二 务实担当，严监管强执法重处罚提升粮食监管能力水平

一是多措并举加大监管力度。扎实开展“严监管强执法重处罚行动年”活动，巩固粮食购销领域腐败问题专项整治成效。制定涉粮问题线索核查、行政处罚、执法证管理等制度办法，规范执法行为。紧盯关键时点、重点环节，扎实开展季度巡查、库存检查，全年共检查库点102个（次）、仓房458个（次），委托第三方粮油检验机构抽检货位87个。加强问题线索核查，“清底式”梳理2020年以来检查发现的问题，逐条研判提出处理意见；累计核实核销动态监管系统推送的问题线索和12325热线举报线索76条，均不属实。严肃查处涉粮违规行为，依法依规对中储粮直属企业作出警告行政处罚3例，建议企业追责问责10人，持续保持严监管高压态势。

二是融合贯通增强监管效能。开展干部队伍监管能力素质提升专项整治，加强执法监管法律法规政策制度学习培训，组织参加各类学习培训28次、150余小时，坚持在季度巡查、库存检查、问题线索核查实践中充分锻炼队伍，监管能力素质显著提升。完善融合贯通监管机制，以年度考核为主线，以各类执法监管结果为依据，优化监管台账，实现库点仓房、检查内容、扦样货位等“一表清”，提升监管效能。

三是实践探索丰富监管手段。专题调研找准制约监管效能的难点堵点，探索信息化监管路径，提出应对措施。立足现有条件，用好用足动态监管系统，开展数据比对分析，提高现场检查质效。港口办事处细化监管服务保障清单，发挥专业技术支撑和服务保障作用，为粮食监管助力。

三 规范履职，聚焦主责主业守住管好“大国储备”

一是高效落实储备任务。储备仓库迅速响应国家战略和应急物资收储和出库工作部署，严格落实“一库一批一方案”要求，顺利推进战略和应急物资收储和出库任务。

二是有效提升物资管理水平。坚持理论与实践相结合，开展物资管理“应知、应会、应做”培训91次、484人次，组织岗位练兵9次，在技能比武和出入库实战中检验学习成效，物资管理队伍专业能力素质有较大提升。组织储备仓库按战略和应急物资品种分别编写管理手册，为推进差异化、精细化管理打下基础。制定中央应急救灾物资储备标杆库创建标准并开展创建，应急物资管理水平有新提升。

三是强化监督检查力度。制定视频监控系统远程检查办法，将现场检查与视频检查相结合，加大检查频次，提高检查效率。扎实开展战略和应急物资日常保管检查、物资出入库和汛期专项检查、年度库存检查、监管评估检查等共61次。

四是严格落实代储成品油监管职责。超前谋划、主动而为，建立监管队伍，加强横向交流，提升监管能力，顺利承接辖区内企业代储成品油监管任务。建立完善代储成品油监管制度、清单和方案，细化监管任务，规范监管行为。扎实开展现场检查14次，对实现在线监管的库点开展每周3次高频监管，有效确保了代储成品油数量质量安全。

四 改革赋能，全力推进上海综合保障基地建设

一是抢抓机遇推进基地建设。着眼粮储事业发展全局，抢抓上海新一轮发展机遇，以“十个立足”、“十大保障”为四梁八柱，打造具有中转集散、存储管理、储备创新探索、一体化多式投送、应急应战响应、收储轮换交易平台等功能的国家粮食和物资储备上海综合保障基地，细化实施方案，明确56条工作措施。

二是落实改革任务初见成效。印发上海综合保障基地建设实施方案和事企改革任务清单，分层细化改革任务，研究拟定上海国储物流公司经营管理政事企权责清单，推动机关、事业单位、国储物流公司各归其位、各履其职、各尽其责。储备仓库围绕回归“保管员”定位，提升物资管理水平，规范仓库功能分区，合理规划仓库动线，组建应急保障队伍，与专业劳务队伍、大型物流企业建立战略合作，物资调运、一体化投送能力得到提升。积极推动国家粮食和物资储备局与上海市建立粮食和战略应急物资储备安全共保机制。主动与应急、水务等部门会商对接，建立应急抢险救灾物资信息共享机制，提出央地防汛物资互补建议。

三是聚焦改革大兴调查研究。结合贯彻落实党中央关于在全党大兴调查研究的部署要求，主要领导牵头组成工作专班，立足上海地区实际，梳理出专精特新企业127家，聚焦保障产业链供应链安全，深入重点企业和科研院所，研究提出“储什么”、“怎么储”的解决方案。邀请8名专家咨询委员会专家，围绕探索构建与国家储备规划相一致的分层对接机制建言献策。全局围绕上海综合保障基地建设，确定14个调研课题，局领导领题4个，邀请专家参与课题评审，推进成果转化。

四是深化国家储备融合工作。专题研究贯彻落实具体措施，在九三七处先行试点。压实储备仓库主体责任，落实常态化训练要求，提高最大峰值作业能力。2023年6月，黄渡仓库单日吞吐量创1万吨的历史新纪录。

五 多点发力，完善机制夯实基础提升综合管理水平

一是项目建设加快推进。全力推进九三七处重点项目建设，召开项目调度会16次，强化现场督导，全力推进问题整改，力争早日投产使用。7处辅助用房项目、安全管理智能化提升项目、公司数智化信息系统项目完成竣工验收。

二是队伍建设取得成效。制定考察工作规范，严把人员入口关。坚持好干部标准，严格按程序开展干部选拔任用。制定领导干部能上能下管理实施细则，积分管理亮明考核标尺。举办处级干部专题培训班，事企业单位与高校建立培训合作机制，安排新进人员到地方粮库跟班实训、8名机关公务员至基层仓库锻炼，青年讲师团授课22讲。九三七处与宁夏局五三六处结对共建、互学互进。

三是安全生产形势稳定可控。落实储备仓库安全治理提升三年行动，开展重大事故隐患专项排查整治2023行动。整合优化安保岗位设置，编写培训教材，组织培训训练。实现无人机巡飞、机器人巡游、夜间安防监控和门卫联动，开展各类检查和隐患排查412次，发现的问题和隐患均建立台账并持续推进整改。

四是基础管理水平逐步提升。健全国有资产管理、采购管理、财会监督等5项制度，财务基础管理进一步夯实。完善涉密风险防控机制，建立《涉密风险管理手册》，定期开展形势分析、保密自查和培训。落实领导下访、“信访接待日”制度和“三性”问题定期分析研判机制，全面梳理、推动解决9项历史遗留问题。打好公文质量提升“制度+手册+补习+通报”组合拳，向国家粮食和物资储备局投稿政务信息34篇，被采用14篇，采用篇数居垂管系统前列。

六 务实举措，落实全面从严治党“两个责任”

一是压紧压实各级党组织主体责任。各级党组织书记认真履行全面从严治党第一责任人职责，做到重要工作亲自部署、重大问题亲自过问、重要环节亲自协调、重要案件亲自督办。层层签订《党风廉政建设责任书》，召开全面从严治党工作会，制定全局党建工作要点和纪检工作要点，以及贯彻落实国家粮食和物资储备局落实全面从严治党主体责任推进会精神具体措施，明确任务清单，压实“两个责任”。每半年召开全面从严治党专题会，每季度召开廉政形势分析会，定期分析研判全面从严治党形势，提高依靠自身力量发现解决问题的能力水平。

二是结合实际深化教育整顿。推进干部队伍教育整顿，在动员部署、集中学习、典型教育的基础上，重点整治“躺平式”干部现象，严肃处理主题教育期间发生的干部违反制度规定的行为。全局上下对照9方面突出问题深入检视查找，结合实际形成干部队伍教育整顿“五项”清单，压实整改措施，推动干部职工在围绕中心、服务大局中强化担当、主动作为。深化纪检干部队伍教育整顿，开展专题廉政党课3次，召开专题学习会5次，印发专题纪检工作提示10期。全体纪检干部深入开展党性分析，逐级开展全覆盖“一对一”谈心谈话，集体签订《廉洁家庭承诺书》，常态化开展家风教育和警示教育。

三是坚定不移正风肃纪。坚持勤提醒、常监督，全年召开廉政教育会10次，开展任前廉政谈话、提醒谈话、批评教育、行政警告等30人次。每季度专项监督检查，每半年召开内部监督工作贯通协同机制会议，推动“以案为鉴”警示教育常态化。大力整顿作风，五轮深挖“四风”典型案例，印发《纪律教育参考》112期、《纪检工作提示》42期。

撰稿单位：国家粮食和物资储备局上海局；撰稿人：施恒；审稿人：潘一闽

国家粮食和物资储备局江苏局

一　聚焦主责主业，扎实做好监管执法

以开展“严监管强执法重处罚行动年”为抓手，统筹做好年度考核、库存检查等专项工作，全年作出行政处罚6起，办结12325热线反馈问题11件，发现并推动各类问题整改142项，中央在地方储备安全基础持续巩固。

一是压实监管责任。建立联系挂钩巡查制度，将辖区中央储备库点、储存点、仓室全部分配到监管责任处室具体人员，实现“仓仓有人管，人人有责任”。

二是深化协同监管。与省粮食和物资储备局共同研究制定《关于建立健全江苏辖区央地粮食储备协同监管执法机制的实施意见》，联合开展在地央企食品安全、安全生产专项检查，放大监管合力。

三是持续推进数字监管。应用完善江苏局中央储备监管辅助决策信息化平台，每月与中央储备粮库存动态监管系统数据进行比对分析，及时研判潜在隐患，拓展穿透式监管路径。

四是圆满完成应急抢险救灾物资调运。按照国家粮食和物资储备局调令，督导中央防汛抗旱物资镇江仓库紧急发运物资驰援天津和河北，助力打赢防汛抢险硬仗，被央视新闻等主流媒体报道。

二　强化项目支撑，全力推进重点项目建设

一是成品油储备项目全速推进。长江专用油码头已完工，库区储罐基本完成机械竣工，预计2024年6月底前投入运行。

二是中央煤炭储备项目建设进展顺利。会同江苏省能源局协调相关地方政府和省属国企，积极申报中央煤炭储备项目并获批3个。其中2个项目已开工建设，1个项目已完成土地摘牌。

三是综合物资储备项目有序推进。与地方政府签订《项目投资协议书》，建设用地基本落实，建成后将填补辖区综合物资储备空白。

三 树牢底线思维，坚决夯实安全根基

一是实施清单化管理。制定《局领导班子成员和成员单位安全生产职责清单》、《年度任务清单》，将127项重点任务全部明确到人。

二是融合推进“三个行动”。严格落实国务院安全生产委员会办公室、国家粮食和物资储备局、江苏省委省政府安排部署，一体推进储备仓库安全治理提升三年行动、重大事故隐患专项排查整治2023行动，年度节点任务全部完成。

三是强化安全督导检查。建立“10天一周期”督导检查工作机制，对基层单位常态化开展检查督导；邀请江苏省安全生产科学研究院专家，开展问诊式检查，累计实施安全督导29次，发现隐患问题58条，全部限期整改到位、复核销号。荣获国家粮食和物资储备局2023年安全生产考核“优秀”等次，连续2年获评“江苏省‘安全生产月’活动先进单位”。

四 突出严管厚爱，不断加强干部队伍建设

一是持续强化班子自身建设。严守党的政治纪律和政治规矩，坚持“第一议题”制度，深入学习贯彻习近平总书记关于粮食和物资储备工作的重要论述和对江苏工作重要讲话指示精神；严格落实双重组织生活制度，认真开好年度民主生活会、主题教育专题民主生活会，严肃开展批评和自我批评，党内政治生活更加规范。

二是稳步推进干部素质能力提升。依托南京财经大学等高校，联合云南局等兄弟单位举办干部综合素质能力提升培训班，全年开展专题培训17次，参训300余人次。健全完善新入职人员学习锻炼机制，将实践锻炼岗位由党建纪检拓展到监管执法、重点工程建设一线，干部职工综合素质能力持续提升。

三是加强年轻干部教育监督管理。扎实推进干部队伍教育整顿，持续开展干部思想政治状况调研，举办“新时代好青年，江苏局在行动”等实践活动，切实引导干部坚定理想信念。

五 坚持政治引领，认真开展主题教育

相关经验做法被《中国粮食经济》等期刊简报登载4次，被国家粮食和物资储备局党组主题教育第九巡回指导组评为“好”等次。

一是深学细悟筑牢思想根基。创新建立分党组领学促学、支部集中学、党课辅导学、干部自学"四学"机制，举办专题读书班3期，局领导讲专题党课5次，各基层党组织开展集中学习研讨100余次，实现党支部书记讲党课、普通党员讲"微党课"全覆盖。

二是求真务实大兴调查研究。研究确定"中央储备粮监管模式创新思考"等9项重点调研课题，领导班子成员分别领题，累计开展实地调研40余次，推动成果转化34项，办好民生实事14项，2篇调研报告获全省机关党建课题研究成果优秀奖。

三是动真碰硬做实检视整改。检视整改问题15项，细化整改措施46项，全部整改销号。梳理制修订制度清单19项，已全部完成，进一步健全全面从严治党制度体系。

四是统筹抓好纪检干部队伍教育整顿。压实层级责任，推动26项重点措施、47项具体任务落地落实。先后组织集中学习19次、专题党课2次、专题研讨3次，开展自查2轮，高质量开好专题组织生活会。江苏局"城乡文明、结对共建"典型做法获中央和国家机关文明办提名奖。

六 深化全面从严，坚决扛稳管党治党主体责任

一是压紧压实"两个责任"。建立"清单管理、压实责任、分析研判、监督落实"工作机制，细化实化局分党组、机关党委、党支部三级责任清单，明晰"任务表"、"路径图"。先后召开全面从严治党专题会议2次，全面从严治党暨作风建设会议1次，安全廉政形势分析会4次，推进全面从严治党向纵深发展。

二是不断巩固整改成果。对照驻委纪检监察组与国家粮食和物资储备局党组全面从严治党专题会商指出问题，主动认领任务58项，细化制定整改措施75项，均已落实到位；对照巡视整改评估反馈问题，细化整改措施22项，已完成21项，剩余1项限期整改到位；认真开展对连办党支部巡察整改评估，确保整改不到位不放手。

三是持续完善权力管理制度体系。制定印发《江苏局分党组巡察工作规划（2023—2027年）》、《江苏局高中风险岗位工作人员日常监督廉政约谈方案》等制度，切实加大重点岗位、重点人员和关键环节监管力度。定期开展过问打探事项记录等制度落实情况专项检查，有力提升制度执行刚性。

四是严格落实意识形态责任制。认真贯彻《党委（党组）意识形态工作责任制问责实施细则》要求，深入开展意识形态领域风险点排查整治。加强"两微一端"等网络舆论阵地管理，牢牢把住意识形态工作主动权。

撰稿单位：国家粮食和物资储备局江苏局；撰稿人：于清晨；审稿人：吴永顺

国家粮食和物资储备局浙江局

一　全力打造特色党建品牌，政治统领作用有力加强

对标走好“第一方阵”，深入学习贯彻习近平总书记关于全面从严治党重要论述和考察浙江重要讲话精神，着力打造勤廉并重的新时代党建高地，以全面从严治党引领全局高质量发展。

一是深入贯彻落实党的二十大精神。用好“六学六进六提升”活动载体，组织处级干部参加浙江省委党校集中轮训，开展“奋进新征程、建功新时代”党务业务知识竞赛和“跟着总书记读好书”讲书大赛，持续推动学习党的二十大精神常态化长效化。

二是扎实开展主题教育活动。周密制定方案计划，按月分解任务、调度进展。持续深化中心组领学、集中研讨深学、共建互动联学、线上线下活学、考核评价促学“五学联动”，引领全局党员干部做到真学、真懂、真信、真用。充分运用浙江独特政治资源优势，深入开展“循迹溯源学思想促践行”活动，组织前往陈望道故居、衢州市金星村、舟山国家石油储备基地等地参观见学，沿着总书记足迹零距离感悟思想伟力。牵头中储粮浙江分公司、福建分公司及国家石油储备基地等单位开展联学联建活动，邀请国家粮食和物资储备局领导授课辅导，围绕习近平总书记关于国家粮食安全论述开展专题研讨，进一步凝聚保障粮食安全的强大合力。以国家粮食和物资储备局党组班子成员联系基层党建工作为契机，健全局领导联系基层工作方案，充分发挥与国家粮油信息中心党支部的结对共建平台作用，切实提升基层党组织建设水平。

三是全面学习贯彻习近平总书记考察浙江重要讲话精神。坚持“学宣贯”结合，采取领导带干部、机关带基层、党员带团员等方式，灵活组织形式，持续掀起学习热潮。组织参观“八八战略”实施20周年大型主题展览，赴枫桥经验陈列馆开展主题党日活动，推动总书记重要讲话精神落地生根、见行见效。

四是纵深推进勤廉机关建设。深化细化全面从严治党“四责协同”机制，扎实开展干部队伍教育整顿和纪检干部队伍教育整顿活动。深入开展“以案为鉴警示教育月”活动，

专题学习违纪违法案件通报，深入检视剖析，深刻汲取教训，切实筑牢廉洁自律防线。深入实施“红色根脉强基工程”，驰而不息纠治“四风”，不断增强基层党组织政治功能和组织功能。

二 持续加大检查考核力度，在地监管能级全面跃升

统筹协调辖区粮食、能源资源领域监管工作，用好检查、考核有力抓手，持续形成严监管、强执法、重处罚高压态势。

一是抓好中储粮年度考核。加强组织领导和专业统筹，实地考核中储粮浙江、福建分公司及所属直属库，严格执行考核标准，坚持“一把尺子量到底”，查出问题139个。

二是开展政策性粮油库存检查。克服时间紧、任务重的困难，科学谋划工作方案，牵头检查中储粮广东、海南辖区，协助河南局检查中储粮山东辖区，协调浙江、福建两省粮储部门对2022年秋粮和2023年新粮收购轮换入库库点进行全覆盖检查，共扦取粮食样品100个，油脂样品5个，发现问题86个。

三是推进“严监管强执法重处罚行动年”活动。研究制定实施方案，实施清单化管理，定期检查调度，确保推进有力。联合中储粮浙江、福建分公司在金华直属库召开动员部署会，以涉粮违法违规案件为鉴，深入剖析原因，研究长效机制，推动活动走深走实。联合福建省粮食和物资储备局、农业发展银行福建分行、中储粮福建分公司建立中央政府储备粮和中央事权粮食管理四方沟通协调联席机制，深化央地合作，协同提升政府储备粮管理水平。全年实施行政处罚7例，查实12325举报热线转办线索1条，核查中央储备粮库存动态监管系统预警线索460条。

四是组织常态化监管巡查。扎实开展中央储备粮承储企业季度巡查，逐仓逐货位检查辖区库点，发现问题290个。认真组织国储原油季度检查，坚持全部覆盖、到底到边，发现问题25个。

三 加强战略和应急物资管理，为国管储愈发精细规范

严格抓好国储物资管理，扭住库存检查、物资出入库等关键环节，持续提升战略和应急物资精细化、专业化、规范化管理水平。

一是抓实物资库存检查。周密制定检查方案，细化量化检查标准，加强问题整改跟踪督导。派员参加国家粮食和物资储备局对湖南局的库存检查，协同云南局开展中央应急抢险救灾物资储备监管评估交叉检查，按期完成检查任务。

二是严格物资出入库管理。督导中央救灾物资福州储备库迅速行动，及时向河北省调运棉被16498床。组织完成6万件中央应急救灾物资入库检查及验收工作，总价值1166万元。

指导储备仓库紧急完成2.5万件中央救灾物资家庭应急包的更换工作。

四 突出抓好干部队伍建设，人才兴粮兴储动能更加充沛

深入贯彻人才兴粮兴储战略，着力拓宽渠道、优化环境、建好平台，为推动全局高质量发展提供坚强的组织保证和人才支撑。

一是优化完善干部队伍梯次。统筹用好选人进人渠道，持续扩充干部队伍存量、优化队伍梯次。全年接收安置转业军官1名，完成17名同志职务职级晋升，组织8人轮岗交流，指导事业单位上报2024年度增人计划需求。

二是大力提升干部队伍素质。研究制定干部能力素质提升计划和培训计划，统筹用好央地教育资源，努力补齐干部能力素质短板。坚持以干代训，积极派员参加国家粮食和物资储备局组织的专项工作任务，让干部在实践中增长经验、提升能力。持续推进干部轮岗挂职锻炼，全年安排挂职交流9人次，干部任职经历进一步丰富，履职能力进一步提升。认真开展干部队伍监管能力素质提升专项整治活动，区分8个专业领域，组建50人规模的执法监管人才库，为落实“全员监管”要求打下坚实基础。

三是突出抓好青年干部培养。始终把培养青年干部作为重要基础性工作，扎实开展“粮储青年说”等特色青年活动，持续用活用好岗位历练、跟班学习、任务锤炼等有效载体，积极为青年干部成长成才搭台赋能。青年干部主笔撰写的1篇调研报告获全系统优秀调研成果三等奖。七五五处突出“思想练兵”、“业务练兵”，开展岗位业务技能大练兵活动，不断培养青年干部勤学苦练、奋勇争先的工作作风。七六三处积极探索“研学+实践”教育模式，创建清风研学团，成立青年应急队，激励青年干部勇于担当、积极作为。八三七处建立导师帮带机制，采取“1+1”、“1+N”、“N+1”等形式开展政策帮带、经验帮带、业务帮带、能力帮带“四帮带”，不断提升青年干部培养成效。

五 不断强化安全管控能力，高质量发展根基更加稳固

坚决落实安全生产主体责任和监管责任，以“时时放心不下”的责任感，积极参与平安浙江建设，不断强化安全生产风险管控，确保全年安全稳定无事故。

一是健全联防联控机制。按照属地化管理要求，机关及各储备仓库全部加入地方安全生产委员会，深度融入属地安全联防联控机制，进一步构建起央地协同的“大安全”、“大应急”格局。七五五处强化与周边联防联控枢纽建设，联合地方相关单位组织开展消防、反恐应急演练，有效提升全员应急处置实战能力。七六三处深化与地方“三共”建设，被金华市评为年度市级“平安单位”暨“智慧安防单位”。

二是平安护航杭州亚运。围绕“平安亚运”主线，聚焦重点领域和关键环节，协同地

方开展安全生产监督检查，确保安全生产无盲区无死角，交出平安护航亚运的高分答卷，局机关被省安全生产委员会评为平安护航亚运会劳动竞赛先进集体。八三七处积极参与地方“平安护航杭州亚运”百日攻坚行动，工作成效得到地方检查组肯定。

三是抓好安全形势分析。认真传达国务院及各级安全生产委员会部署要求，每季度研判安全生产形势，突出专项、防汛防台、出入库作业等重点任务和关键环节的风险防控，切实明确分工、压实责任、督导落实。

四是加强安全督导检查。常态开展安全检查，加强重点区域巡查，扎实开展重大事故隐患专项排查整治2023行动，全年组织安全检查32次，发现问题265项。

撰稿单位：国家粮食和物资储备局浙江局；撰稿人：刘毅、康旭；审稿人：王来保

第五篇

政策与法规文件

中华人民共和国主席令第十七号

《中华人民共和国粮食安全保障法》已由中华人民共和国第十四届全国人民代表大会常务委员会第七次会议于2023年12月29日通过，现予公布，自2024年6月1日起施行。

中华人民共和国主席　习近平

2023年12月29日

中华人民共和国粮食安全保障法

（2023年12月29日第十四届全国人民代表大会常务委员会第七次会议通过）

目　录

第一章　总　则

第一条　为了保障粮食有效供给，确保国家粮食安全，提高防范和抵御粮食安全风险能力，维护经济社会稳定和国家安全，根据宪法，制定本法。

第二条　国家粮食安全工作坚持中国共产党的领导，贯彻总体国家安全观，统筹发展和安全，实施以我为主、立足国内、确保产能、适度进口、科技支撑的国家粮食安全战略，坚持藏粮于地、藏粮于技，提高粮食生产、储备、流通、加工能力，确保谷物基本自给、口粮绝对安全。

保障国家粮食安全应当树立大食物观，构建多元化食物供给体系，全方位、多途径开发食物资源，满足人民群众对食物品种丰富多样、品质营养健康的消费需求。

第三条　国家建立粮食安全责任制，实行粮食安全党政同责。县级以上地方人民政府应当承担保障本行政区域粮食安全的具体责任。

县级以上人民政府发展改革、自然资源、农业农村、粮食和储备等主管部门依照本法和规定的职责，协同配合，做好粮食安全保障工作。

第四条　国家加强粮食宏观调控，优化粮食品种结构和区域布局，统筹利用国内、国际的市场和资源，构建科学合理、安全高效的粮食供给保障体系，提升粮食供给能力和质量安全。

国家加强国际粮食安全合作，发挥粮食国际贸易作用。

第五条　县级以上人民政府应当将粮食安全保障纳入国民经济和社会发展规划。县级以上人民政府有关部门应当根据粮食安全保障目标、任务等，编制粮食安全保障相关专项规划，按照程序批准后实施。

第六条　国家建立健全粮食安全保障投入机制，采取财政、金融等支持政策加强粮食安全保障，完善粮食生产、收购、储存、运输、加工、销售协同保障机制，建设国家粮食安全产业带，调动粮食生产者和地方人民政府保护耕地、种粮、做好粮食安全保障工作的积极性，全面推进乡村振兴，促进粮食产业高质量发展，增强国家粮食安全保障能力。

国家引导社会资本投入粮食生产、储备、流通、加工等领域，并保障其合法权益。

国家引导金融机构合理推出金融产品和服务，为粮食生产、储备、流通、加工等提供支持。国家完善政策性农业保险制度，鼓励开展商业性保险业务。

第七条　国家加强粮食安全科技创新能力和信息化建设，支持粮食领域基础研究、关键技术研发和标准化工作，完善科技人才培养、评价和激励等机制，促进科技创新成果转化和先进技术、设备的推广使用，提高粮食生产、储备、流通、加工的科技支撑能力和应用水平。

第八条 各级人民政府及有关部门应当采取多种形式加强粮食安全宣传教育，提升全社会粮食安全意识，引导形成爱惜粮食、节约粮食的良好风尚。

第九条 对在国家粮食安全保障工作中做出突出贡献的单位和个人，按照国家有关规定给予表彰和奖励。

第二章 耕地保护

第十条 国家实施国土空间规划下的国土空间用途管制，统筹布局农业、生态、城镇等功能空间，划定落实耕地和永久基本农田保护红线、生态保护红线和城镇开发边界，严格保护耕地。

国务院确定省、自治区、直辖市人民政府耕地和永久基本农田保护任务。县级以上地方人民政府应当确保本行政区域内耕地和永久基本农田总量不减少、质量有提高。

国家建立耕地保护补偿制度，调动耕地保护责任主体保护耕地的积极性。

第十一条 国家实行占用耕地补偿制度，严格控制各类占用耕地行为；确需占用耕地的，应当依法落实补充耕地责任，补充与所占用耕地数量相等、质量相当的耕地。

省、自治区、直辖市人民政府应当组织本级人民政府自然资源主管部门、农业农村主管部门对补充耕地的数量进行认定、对补充耕地的质量进行验收，并加强耕地质量跟踪评价。

第十二条 国家严格控制耕地转为林地、草地、园地等其他农用地。禁止违规占用耕地绿化造林、挖湖造景等行为。禁止在国家批准的退耕还林还草计划外擅自扩大退耕范围。

第十三条 耕地应当主要用于粮食和棉、油、糖、蔬菜等农产品及饲草饲料生产。县级以上地方人民政府应当根据粮食和重要农产品保供目标任务，加强耕地种植用途管控，落实耕地利用优先序，调整优化种植结构。具体办法由国务院农业农村主管部门制定。

县级以上地方人民政府农业农村主管部门应当加强耕地种植用途管控日常监督。村民委员会、农村集体经济组织发现违反耕地种植用途管控要求行为的，应当及时向乡镇人民政府或者县级人民政府农业农村主管部门报告。

第十四条 国家建立严格的耕地质量保护制度，加强高标准农田建设，按照量质并重、系统推进、永续利用的要求，坚持政府主导与社会参与、统筹规划与分步实施、用养结合与建管并重的原则，健全完善多元投入保障机制，提高建设标准和质量。

第十五条 县级以上人民政府应当建立耕地质量和种植用途监测网络，开展耕地质量调查和监测评价，采取土壤改良、地力培肥、治理修复等措施，提高中低产田产能，治理退化耕地，加强大中型灌区建设与改造，提升耕地质量。

国家建立黑土地保护制度，保护黑土地的优良生产能力。

国家建立健全耕地轮作休耕制度，鼓励农作物秸秆科学还田，加强农田防护林建设；支持推广绿色、高效粮食生产技术，促进生态环境改善和资源永续利用。

第十六条　县级以上地方人民政府应当因地制宜、分类推进撂荒地治理，采取措施引导复耕。家庭承包的发包方可以依法通过组织代耕代种等形式将撂荒地用于农业生产。

第十七条　国家推动盐碱地综合利用，制定相关规划和支持政策，鼓励和引导社会资本投入，挖掘盐碱地开发利用潜力，分区分类开展盐碱耕地治理改良，加快选育耐盐碱特色品种，推广改良盐碱地有效做法，遏制耕地盐碱化趋势。

第三章　粮食生产

第十八条　国家推进种业振兴，维护种业安全，推动种业高质量发展。

国家加强粮食作物种质资源保护开发利用，建设国家农业种质资源库，健全国家良种繁育体系，推进粮食作物种质资源保护与管理信息化建设，提升供种保障能力。

国家加强植物新品种权保护，支持育种基础性、前沿性研究和应用技术研究，鼓励粮食作物种子科技创新和产业化应用，支持开展育种联合攻关，培育具有自主知识产权的优良品种。

第十九条　省级以上人民政府应当建立种子储备制度，主要用于发生灾害时的粮食生产需要及余缺调剂。

第二十条　县级以上人民政府应当统筹做好肥料、农药、农用薄膜等农业生产资料稳定供应工作，引导粮食生产者科学施用化肥、农药，合理使用农用薄膜，增施有机肥料。

第二十一条　国家加强水资源管理和水利基础设施建设，优化水资源配置，保障粮食生产合理用水需求。各级人民政府应当组织做好农田水利建设和运行维护，保护和完善农田灌溉排水体系，因地制宜发展高效节水农业。

县级以上人民政府应当组织开展水土流失综合治理、土壤污染防治和地下水超采治理。

第二十二条　国家推进农业机械产业发展，加强农业机械化作业基础条件建设，推广普及粮食生产机械化技术，鼓励使用绿色、智能、高效的农业机械，促进粮食生产全程机械化，提高粮食生产效率。

第二十三条　国家加强农业技术推广体系建设，支持推广应用先进适用的粮食生产技术，因地制宜推广间作套种等种植方法，鼓励创新推广方式，提高粮食生产技术推广服务水平，促进提高粮食单产。

国家鼓励农业信息化建设，提高粮食生产信息化、智能化水平，推进智慧农业发展。

第二十四条　国家加强粮食生产防灾减灾救灾能力建设。县级以上人民政府应当建立健全农业自然灾害和生物灾害监测预警体系、防灾减灾救灾工作机制，加强干旱、洪涝、低温、高温、风雹、台风等灾害防御防控技术研究应用和安全生产管理，落实灾害防治属地责任，加强粮食作物病虫害防治和植物检疫工作。

国家鼓励和支持开展粮食作物病虫害绿色防控和统防统治。粮食生产者应当做好粮食作物病虫害防治工作，并对各级人民政府及有关部门组织开展的病虫害防治工作予以配合。

第二十五条　国家加强粮食生产功能区和重要农产品生产保护区建设，鼓励农业生产者种植优质农作物。县级以上人民政府应当按照规定组织划定粮食生产功能区和重要农产品生产保护区并加强建设和管理，引导农业生产者种植目标作物。

第二十六条　国家采取措施稳定粮食播种面积，合理布局粮食生产，粮食主产区、主销区、产销平衡区都应当保面积、保产量。

粮食主产区应当不断提高粮食综合生产能力，粮食主销区应当稳定和提高粮食自给率，粮食产销平衡区应当确保粮食基本自给。

国家健全粮食生产者收益保障机制，以健全市场机制为目标完善农业支持保护制度和粮食价格形成机制，促进农业增效、粮食生产者增收，保护粮食生产者的种粮积极性。

省级以上人民政府应当通过预算安排资金，支持粮食生产。

第二十七条　国家扶持和培育家庭农场、农民专业合作社等新型农业经营主体从事粮食生产，鼓励其与农户建立利益联结机制，提高粮食生产能力和现代化水平。

国家支持面向粮食生产者的产前、产中、产后社会化服务，提高社会化服务水平，鼓励和引导粮食适度规模经营，支持粮食生产集约化。

第二十八条　国家健全粮食主产区利益补偿机制，完善对粮食主产区和产粮大县的财政转移支付制度，调动粮食生产积极性。

省、自治区、直辖市人民政府可以根据本行政区域实际情况，建立健全对产粮大县的利益补偿机制，提高粮食安全保障相关指标在产粮大县经济社会发展综合考核中的比重。

第四章　粮食储备

第二十九条　国家建立政府粮食储备体系。政府粮食储备分为中央政府储备和地方政府储备。政府粮食储备用于调节粮食供求、稳定粮食市场、应对突发事件等。

中央政府粮食储备规模和地方政府粮食储备总量规模由国务院确定并实行动态调整。政府粮食储备的品种结构、区域布局按照国务院有关规定确定。

政府粮食储备的收购、销售、轮换、动用等应当严格按照国家有关规定执行。

第三十条　承储政府粮食储备的企业或者其他组织应当遵守法律、法规和国家有关规定，实行储备与商业性经营业务分开，建立健全内部管理制度，落实安全生产责任和消防安全责任，对承储粮食数量、质量负责，实施粮食安全风险事项报告制度，确保政府粮食储备安全。

承储中央政府粮食储备和省级地方政府粮食储备的企业应当剥离商业性经营业务。

政府粮食储备的收购、销售、轮换、动用等应当进行全过程记录，实现政府粮食储备信息实时采集、处理、传输、共享，确保可查询、可追溯。

第三十一条　承储政府粮食储备的企业或者其他组织应当保证政府粮食储备账实相符、账账相符，实行专仓储存、专人保管、专账记载，不得虚报、瞒报政府粮食储备数量、质量、品种。

承储政府粮食储备的企业或者其他组织应当执行储备粮食质量安全检验监测制度，保证政府粮食储备符合规定的质量安全标准、达到规定的质量等级。

第三十二条　县级以上地方人民政府应当根据本行政区域实际情况，指导规模以上粮食加工企业建立企业社会责任储备，鼓励家庭农场、农民专业合作社、农业产业化龙头企业自主储粮，鼓励有条件的经营主体为农户提供粮食代储服务。

第三十三条　县级以上人民政府应当加强粮食储备基础设施及质量检验能力建设，推进仓储科技创新和推广应用，加强政府粮食储备管理信息化建设。

第三十四条　县级以上人民政府应当将政府粮食储备情况列为年度国有资产报告内容，向本级人民代表大会常务委员会报告。

第五章　粮食流通

第三十五条　国家加强对粮食市场的管理，充分发挥市场作用，健全市场规则，维护市场秩序，依法保障粮食经营者公平参与市场竞争，维护粮食经营者合法权益。

国家采取多种手段加强对粮食市场的调控，保持全国粮食供求总量基本平衡和市场基本稳定。县级以上地方人民政府应当采取措施确保国家粮食宏观调控政策的贯彻执行。

第三十六条　县级以上地方人民政府应当加强对粮食仓储、物流等粮食流通基础设施的建设和保护，组织建设与本行政区域粮食收储规模和保障供应要求相匹配，布局合理、功能齐全的粮食流通基础设施，并引导社会资本投入粮食流通基础设施建设。

任何单位和个人不得侵占、损毁、擅自拆除或者迁移政府投资建设的粮食流通基础设施，不得擅自改变政府投资建设的粮食流通基础设施的用途。

第三十七条　从事粮食收购、储存、加工、销售的经营者以及饲料、工业用粮企业，应当按照规定建立粮食经营台账，并向所在地的县级人民政府粮食和储备主管部门报送粮食购进、储存、销售等基本数据和有关情况。

第三十八条　为了保障市场供应、保护粮食生产者利益，必要时国务院可以根据粮食安全形势和财政状况，决定对重点粮食品种在粮食主产区实行政策性收储。

第三十九条　从事粮食收购、加工、销售的规模以上经营者，应当按照所在地省、自治区、直辖市人民政府的规定，执行特定情况下的粮食库存量。

第四十条　粮食供求关系和价格显著变化或者有可能显著变化时，县级以上人民政府及其有关部门可以按照权限采取下列措施调控粮食市场：

（一）发布粮食市场信息；

（二）实行政策性粮食收储和销售；

（三）要求执行特定情况下的粮食库存量；

（四）组织投放储备粮食；

（五）引导粮食加工转化或者限制粮食深加工用粮数量；

（六）其他必要措施。

必要时，国务院和省、自治区、直辖市人民政府可以依照《中华人民共和国价格法》的规定采取相应措施。

第四十一条　国家建立健全粮食风险基金制度。粮食风险基金主要用于支持粮食储备、稳定粮食市场等。

第六章　粮食加工

第四十二条　国家鼓励和引导粮食加工业发展，重点支持在粮食生产功能区和重要农产品生产保护区发展粮食加工业，协调推进粮食初加工、精深加工、综合利用加工，保障粮食加工产品有效供给和质量安全。

粮食加工经营者应当执行国家有关标准，不得掺杂使假、以次充好，对其加工的粮食质量安全负责，接受监督。

第四十三条　国家鼓励和引导粮食加工结构优化，增加优质、营养粮食加工产品供给，优先保障口粮加工，饲料用粮、工业用粮加工应当服从口粮保障。

第四十四条　县级以上地方人民政府应当根据本行政区域人口和经济社会发展水平，科学布局粮食加工业，确保本行政区域的粮食加工能力特别是应急状态下的粮食加工能力。

县级以上地方人民政府应当在粮食生产功能区和重要农产品生产保护区科学规划布局粮食加工能力，合理安排粮食就地就近转化。

第四十五条　国家鼓励粮食主产区和主销区以多种形式建立稳定的产销关系，鼓励粮食主销区的企业在粮食主产区建立粮源基地、加工基地和仓储物流设施等，促进区域粮食供求平衡。

第四十六条　国家支持建设粮食加工原料基地、基础设施和物流体系，支持粮食加工新技术、新工艺、新设备的推广应用。

第七章　粮食应急

第四十七条　国家建立统一领导、分级负责、属地管理为主的粮食应急管理体制。

县级以上人民政府应当加强粮食应急体系建设，健全布局合理、运转高效协调的粮食应急储存、运输、加工、供应网络，必要时建立粮食紧急疏运机制，确保具备与应急需求相适应的粮食应急能力，定期开展应急演练和培训。

第四十八条　国务院发展改革、粮食和储备主管部门会同有关部门制定全国的粮食应急预案，报请国务院批准。省、自治区、直辖市人民政府应当根据本行政区域的实际情况，制定本行政区域的粮食应急预案。

设区的市级、县级人民政府粮食应急预案的制定，由省、自治区、直辖市人民政府决定。

第四十九条　国家建立粮食市场异常波动报告制度。发生突发事件，引起粮食市场供求关系和价格异常波动时，县级以上地方人民政府发展改革、农业农村、粮食和储备、市场监督管理等主管部门应当及时将粮食市场有关情况向本级人民政府和上一级人民政府主管部门报告。

第五十条　县级以上人民政府按照权限确认出现粮食应急状态的，应当及时启动应急响应，可以依法采取下列应急处置措施：

（一）本法第四十条规定的措施；

（二）增设应急供应网点；

（三）组织进行粮食加工、运输和供应；

（四）征用粮食、仓储设施、场地、交通工具以及保障粮食供应的其他物资；

（五）其他必要措施。

必要时，国务院可以依照《中华人民共和国价格法》的规定采取相应措施。

出现粮食应急状态时，有关单位和个人应当服从县级以上人民政府的统一指挥和调度，配合采取应急处置措施，协助维护粮食市场秩序。

因执行粮食应急处置措施给他人造成损失的，县级以上人民政府应当按照规定予以公平、合理补偿。

第五十一条　粮食应急状态消除后，县级以上人民政府应当及时终止实施应急处置措施，并恢复应对粮食应急状态的能力。

第八章　粮食节约

第五十二条　国家厉行节约，反对浪费。县级以上人民政府应当建立健全引导激励与惩戒教育相结合的机制，加强对粮食节约工作的领导和监督管理，推进粮食节约工作。

县级以上人民政府发展改革、农业农村、粮食和储备、市场监督管理、商务、工业和信息化、交通运输等有关部门，应当依照职责做好粮食生产、储备、流通、加工、消费等环节的粮食节约工作。

第五十三条 粮食生产者应当加强粮食作物生长期保护和生产作业管理，减少播种、田间管理、收获等环节的粮食损失和浪费。

禁止故意毁坏在耕地上种植的粮食作物青苗。

国家鼓励和支持推广适时农业机械收获和产地烘干等实用技术，引导和扶持粮食生产者科学收获、储存粮食，改善粮食收获、储存条件，保障粮食品质良好，减少产后损失。

第五十四条 国家鼓励粮食经营者运用先进、高效的粮食储存、运输、加工设施设备，减少粮食损失损耗。

第五十五条 国家推广应用粮食适度加工技术，防止过度加工，提高成品粮出品率。

国家优化工业用粮生产结构，调控粮食不合理加工转化。

第五十六条 粮食食品生产经营者应当依照有关法律、法规的规定，建立健全生产、储存、运输、加工等管理制度，引导消费者合理消费，防止和减少粮食浪费。

公民个人和家庭应当树立文明、健康、理性、绿色的消费理念，培养形成科学健康、物尽其用、杜绝浪费的良好习惯。

第五十七条 机关、人民团体、社会组织、学校、企业事业单位等应当加强本单位食堂的管理，定期开展节约粮食检查，纠正浪费行为。

有关粮食食品学会、协会等应当依法制定和完善节约粮食、减少损失损耗的相关团体标准，开展节约粮食知识普及和宣传教育工作。

第九章 监督管理

第五十八条 县级以上人民政府发展改革、农业农村、粮食和储备、自然资源、水行政、生态环境、市场监督管理、工业和信息化等有关部门应当依照职责对粮食生产、储备、流通、加工等实施监督检查，并建立粮食安全监管协调机制和信息共享机制，加强协作配合。

第五十九条 国务院发展改革、农业农村、粮食和储备主管部门应当会同有关部门建立粮食安全监测预警体系，加强粮食安全风险评估，健全粮食安全信息发布机制。

任何单位和个人不得编造、散布虚假的粮食安全信息。

第六十条 国家完善粮食生产、储存、运输、加工标准体系。粮食生产经营者应当严格遵守有关法律、法规的规定，执行有关标准和技术规范，确保粮食质量安全。

县级以上人民政府应当依法加强粮食生产、储备、流通、加工等环节的粮食质量安全监督管理工作，建立粮食质量安全追溯体系，完善粮食质量安全风险监测和检验制度。

第六十一条 县级以上人民政府有关部门依照职责开展粮食安全监督检查，可以采取下列措施：

（一）进入粮食生产经营场所实施现场检查；

（二）向有关单位和人员调查了解相关情况；

（三）进入涉嫌违法活动的场所调查取证；

（四）查阅、复制有关文件、资料、账簿、凭证，对可能被转移、隐匿或者损毁的文件、资料、账簿、凭证、电子设备等予以封存；

（五）查封、扣押涉嫌违法活动的场所、设施或者财物；

（六）对有关单位的法定代表人、负责人或者其他工作人员进行约谈、询问。

县级以上人民政府有关部门履行监督检查职责，发现公职人员涉嫌职务违法或者职务犯罪的问题线索，应当及时移送监察机关，监察机关应当依法受理并进行调查处置。

第六十二条　国务院发展改革、自然资源、农业农村、粮食和储备主管部门应当会同有关部门，按照规定具体实施对省、自治区、直辖市落实耕地保护和粮食安全责任制情况的考核。

省、自治区、直辖市对本行政区域耕地保护和粮食安全负总责，其主要负责人是本行政区域耕地保护和粮食安全的第一责任人，对本行政区域内的耕地保护和粮食安全目标负责。

县级以上地方人民政府应当定期对本行政区域耕地保护和粮食安全责任落实情况开展监督检查，将耕地保护和粮食安全责任落实情况纳入对本级人民政府有关部门负责人、下级人民政府及其负责人的考核评价内容。

对耕地保护和粮食安全工作责任落实不力、问题突出的地方人民政府，上级人民政府可以对其主要负责人进行责任约谈。被责任约谈的地方人民政府应当立即采取措施进行整改。

第六十三条　外商投资粮食生产经营，影响或者可能影响国家安全的，应当按照国家有关规定进行外商投资安全审查。

第六十四条　县级以上人民政府发展改革、农业农村、粮食和储备等主管部门应当加强粮食安全信用体系建设，建立粮食生产经营者信用记录。

单位、个人有权对粮食安全保障工作进行监督，对违反本法的行为向县级以上人民政府有关部门进行投诉、举报，接到投诉、举报的部门应当按照规定及时处理。

第十章　法律责任

第六十五条　违反本法规定，地方人民政府和县级以上人民政府有关部门不履行粮食安全保障工作职责或者有其他滥用职权、玩忽职守、徇私舞弊行为的，对负有责任的领导人员和直接责任人员依法给予处分。

第六十六条　违反本法规定，种植不符合耕地种植用途管控要求作物的，由县级人民政府农业农村主管部门或者乡镇人民政府给予批评教育；经批评教育仍不改正的，可以不予发放粮食生产相关补贴；对有关农业生产经营组织，可以依法处以罚款。

第六十七条 违反本法规定，承储政府粮食储备的企业或者其他组织有下列行为之一的，依照有关行政法规的规定处罚：

（一）拒不执行或者违反政府粮食储备的收购、销售、轮换、动用等规定；

（二）未对政府粮食储备的收购、销售、轮换、动用等进行全过程记录；

（三）未按照规定保障政府粮食储备数量、质量安全。

从事粮食收购、储存、加工、销售的经营者以及饲料、工业用粮企业未按照规定建立粮食经营台账，或者报送粮食基本数据和有关情况的，依照前款规定处罚。

第六十八条 违反本法规定，侵占、损毁、擅自拆除或者迁移政府投资建设的粮食流通基础设施，或者擅自改变其用途的，由县级以上地方人民政府有关部门依照职责责令停止违法行为，限期恢复原状或者采取其他补救措施；逾期不恢复原状、不采取其他补救措施的，对单位处五万元以上五十万元以下罚款，对个人处五千元以上五万元以下罚款。

第六十九条 违反本法规定，粮食应急状态发生时，不服从县级以上人民政府的统一指挥和调度，或者不配合采取应急处置措施的，由县级以上人民政府有关部门依照职责责令改正，给予警告；拒不改正的，对单位处二万元以上二十万元以下罚款，对个人处二千元以上二万元以下罚款；情节严重的，对单位处二十万元以上二百万元以下罚款，对个人处二万元以上二十万元以下罚款。

第七十条 违反本法规定，故意毁坏在耕地上种植的粮食作物青苗的，由县级以上地方人民政府农业农村主管部门责令停止违法行为；情节严重的，可以处毁坏粮食作物青苗价值五倍以下罚款。

第七十一条 违反有关土地管理、耕地保护、种子、农产品质量安全、食品安全、反食品浪费、安全生产等法律、行政法规的，依照相关法律、行政法规的规定处理、处罚。

第七十二条 违反本法规定，给他人造成损失的，依法承担赔偿责任；构成违反治安管理行为的，由公安机关依法给予治安管理处罚；构成犯罪的，依法追究刑事责任。

第十一章 附 则

第七十三条 本法所称粮食，是指小麦、稻谷、玉米、大豆、杂粮及其成品粮。杂粮包括谷子、高粱、大麦、荞麦、燕麦、青稞、绿豆、马铃薯、甘薯等。

油料、食用植物油的安全保障工作参照适用本法。

第七十四条 本法自2024年6月1日起施行。

中共中央　国务院文件

关于做好2023年全面推进乡村振兴重点工作的意见

（2023年1月2日）

党的二十大擘画了以中国式现代化全面推进中华民族伟大复兴的宏伟蓝图。全面建设社会主义现代化国家，最艰巨最繁重的任务仍然在农村。世界百年未有之大变局加速演进，我国发展进入战略机遇和风险挑战并存、不确定难预料因素增多的时期，守好“三农”基本盘至关重要、不容有失。党中央认为，必须坚持不懈把解决好“三农”问题作为全党工作重中之重，举全党全社会之力全面推进乡村振兴，加快农业农村现代化。强国必先强农，农强方能国强。要立足国情农情，体现中国特色，建设供给保障强、科技装备强、经营体系强、产业韧性强、竞争能力强的农业强国。

做好2023年和今后一个时期“三农”工作，要坚持以习近平新时代中国特色社会主义思想为指导，全面贯彻落实党的二十大精神，深入贯彻落实习近平总书记关于“三农”工作的重要论述，坚持和加强党对“三农”工作的全面领导，坚持农业农村优先发展，坚持城乡融合发展，强化科技创新和制度创新，坚决守牢确保粮食安全、防止规模性返贫等底线，扎实推进乡村发展、乡村建设、乡村治理等重点工作，加快建设农业强国，建设宜居宜业和美乡村，为全面建设社会主义现代化国家开好局起好步打下坚实基础。

一　抓紧抓好粮食和重要农产品稳产保供

（一）全力抓好粮食生产。确保全国粮食产量保持在1.3万亿斤以上，各省（自治区、直辖市）都要稳住面积、主攻单产、力争多增产。全方位夯实粮食安全根基，强化藏粮于地、藏粮于技的物质基础，健全农民种粮挣钱得利、地方抓粮担责尽义的机制保障。实施新一轮千亿斤粮食产能提升行动。开展吨粮田创建。推动南方省份发展多熟制粮食生产，鼓励有条件的地方发展再生稻。支持开展小麦“一喷三防”。实施玉米单产提升工程。继续提高小麦最低收购价，合理确定稻谷最低收购价，稳定稻谷补贴，完善农资保供稳价应对机制。健全主产区利益补偿机制，增加产粮大县奖励资金规模。逐步扩大稻谷小麦玉米完全成本保险和种植收入保险实施范围。实施好优质粮食工程。鼓励发展粮食订单生产，实现优质优价。严防“割青毁粮”。严格省级党委和政府耕地保护和粮食安全责任制考核。推动出台粮食安全保障法。

（二）加力扩种大豆油料。深入推进大豆和油料产能提升工程。扎实推进大豆玉米带状复合种植，支持东北、黄淮海地区开展粮豆轮作，稳步开发利用盐碱地种植大豆。完善玉米大豆生产者补贴，实施好大豆完全成本保险和种植收入保险试点。统筹油菜综合性扶持措施，推行稻油轮作，大力开发利用冬闲田种植油菜。支持木本油料发展，实施加快油茶产业发展三年行动，落实油茶扩种和低产低效林改造任务。深入实施饲用豆粕减量替代行动。

（三）发展现代设施农业。实施设施农业现代化提升行动。加快发展水稻集中育秧中心和蔬菜集约化育苗中心。加快粮食烘干、农产品产地冷藏、冷链物流设施建设。集中连片推进老旧蔬菜设施改造提升。推进畜禽规模化养殖场和水产养殖池塘改造升级。在保护生态和不增加用水总量前提下，探索科学利用戈壁、沙漠等发展设施农业。鼓励地方对设施农业建设给予信贷贴息。

（四）构建多元化食物供给体系。树立大食物观，加快构建粮经饲统筹、农林牧渔结合、植物动物微生物并举的多元化食物供给体系，分领域制定实施方案。建设优质节水高产稳产饲草料生产基地，加快苜蓿等草产业发展。大力发展青贮饲料，加快推进秸秆养畜。发展林下种养。深入推进草原畜牧业转型升级，合理利用草地资源，推进划区轮牧。科学划定限养区，发展大水面生态渔业。建设现代海洋牧场，发展深水网箱、养殖工船等深远海养殖。培育壮大食用菌和藻类产业。加大食品安全、农产品质量安全监管力度，健全追溯管理制度。

（五）统筹做好粮食和重要农产品调控。加强粮食应急保障能力建设。强化储备和购销领域监管。落实生猪稳产保供省负总责，强化以能繁母猪为主的生猪产能调控。严格“菜篮子”市长负责制考核。完善棉花目标价格政策。继续实施糖料蔗良种良法技术推广补助政策。完善天然橡胶扶持政策。加强化肥等农资生产、储运调控。发挥农产品国际贸易作用，深入实施农产品进口多元化战略。深入开展粮食节约行动，推进全链条节约减损，健全常态化、长效化工作机制。提倡健康饮食。

二 加强农业基础设施建设

（六）加强耕地保护和用途管控。严格耕地占补平衡管理，实行部门联合开展补充耕地验收评定和“市县审核、省级复核、社会监督”机制，确保补充的耕地数量相等、质量相当、产能不降。严格控制耕地转为其他农用地。探索建立耕地种植用途管控机制，明确利用优先序，加强动态监测，有序开展试点。加大撂荒耕地利用力度。做好第三次全国土壤普查工作。

（七）加强高标准农田建设。完成高标准农田新建和改造提升年度任务，重点补上土壤改良、农田灌排设施等短板，统筹推进高效节水灌溉，健全长效管护机制。制定逐步把永久基本农田全部建成高标准农田的实施方案。加强黑土地保护和坡耕地综合治理。严厉打击盗挖黑土、电捕蚯蚓等破坏土壤行为。强化干旱半干旱耕地、红黄壤耕地产能提升技术攻关，持续推动由主要治理盐碱地适应作物向更多选育耐盐碱植物适应盐碱地转变，做好盐碱地等耕地后备资源综合开发利用试点。

（八）加强水利基础设施建设。扎实推进重大水利工程建设，加快构建国家水网骨干网络。加快大中型灌区建设和现代化改造。实施一批中小型水库及引调水、抗旱备用水源等工程建设。加强田间地头渠系与灌区骨干工程连接等农田水利设施建设。支持重点区域开展地下水超采综合治理，推进黄河流域农业深度节水控水。在干旱半干旱地区发展高效节水旱作农业。强化蓄滞洪区建设管理、中小河流治理、山洪灾害防治，加快实施中小水库除险加固和小型水库安全监测。深入推进农业水价综合改革。

（九）强化农业防灾减灾能力建设。研究开展新一轮农业气候资源普查和农业气候区划工作。优化完善农业气象观测设施站网布局，分区域、分灾种发布农业气象灾害信息。加强旱涝灾害防御体系建设和农业生产防灾救灾保障。健全基层动植物疫病虫害监测预警网络。抓好非洲猪瘟等重大动物疫病常态化防控和重点人兽共患病源头防控。提升重点区域森林草原火灾综合防控水平。

三 强化农业科技和装备支撑

（十）推动农业关键核心技术攻关。坚持产业需求导向，构建梯次分明、分工协作、适度竞争的农业科技创新体系，加快前沿技术突破。支持农业领域国家实验室、全国重点实验室、制造业创新中心等平台建设，加强农业基础性长期性观测实验站（点）建设。完善农业科技领域基础研究稳定支持机制。

（十一）深入实施种业振兴行动。完成全国农业种质资源普查。构建开放协作、共享应用的种质资源精准鉴定评价机制。全面实施生物育种重大项目，扎实推进国家育种联合攻关和畜禽遗传改良计划，加快培育高产高油大豆、短生育期油菜、耐盐碱作物等新品种。加快玉米大豆生物育种产业化步伐，有序扩大试点范围，规范种植管理。

（十二）加快先进农机研发推广。加紧研发大型智能农机装备、丘陵山区适用小型机械和园艺机械。支持北斗智能监测终端及辅助驾驶系统集成应用。完善农机购置与应用补贴政策，探索与作业量挂钩的补贴办法，地方要履行法定支出责任。

（十三）推进农业绿色发展。加快农业投入品减量增效技术推广应用，推进水肥一体化，建立健全秸秆、农膜、农药包装废弃物、畜禽粪污等农业废弃物收集利用处理体系。推进农业绿色发展先行区和观测试验基地建设。健全耕地休耕轮作制度。加强农用地土壤镉等重金属污染源头防治。强化受污染耕地安全利用和风险管控。建立农业生态环境保护监测制度。出台生态保护补偿条例。严格执行休禁渔期制度，实施好长江十年禁渔，巩固退捕渔民安置保障成果。持续开展母亲河复苏行动，科学实施农村河湖综合整治。加强黄土高原淤地坝建设改造。加大草原保护修复力度。巩固退耕还林还草成果，落实相关补助政策。严厉打击非法引入外来物种行为，实施重大危害入侵物种防控攻坚行动，加强“异宠”交易与放生规范管理。

四 巩固拓展脱贫攻坚成果

（十四）坚决守住不发生规模性返贫底线。压紧压实各级巩固拓展脱贫攻坚成果责任，确保不松劲、不跑偏。强化防止返贫动态监测。对有劳动能力、有意愿的监测户，落实开发式帮扶措施。健全分层分类的社会救助体系，做好兜底保障。巩固提升“三保障”和饮水安全保障成果。

（十五）增强脱贫地区和脱贫群众内生发展动力。把增加脱贫群众收入作为根本要求，把促进脱贫县加快发展作为主攻方向，更加注重扶志扶智，聚焦产业就业，不断缩小收入差距、发展差距。中央财政衔接推进乡村振兴补助资金用于产业发展的比重力争提高到60%以上，重点支持补上技术、设施、营销等短板。鼓励脱贫地区有条件的农户发展庭院经济。深入开展多种形式的消费帮扶，持续推进消费帮扶示范城市和产地示范区创建，支持脱贫地区打造区域公用品牌。财政资金和帮扶资金支持的经营性帮扶项目要健全利益联结机制，带动农民增收。管好用好扶贫项目资产。深化东西部劳务协作，实施防止返贫就业攻坚行动，确保脱贫劳动力就业规模稳定在3000万人以上。持续运营好就业帮扶车间和其他产业帮扶项目。充分发挥乡村公益性岗位就业保障作用。深入开展“雨露计划+”就业促进行动。在国家乡村振兴重点帮扶县实施一批补短板促振兴重点项目，深入实施医疗、教育干部人才“组团式”帮扶，更好发挥驻村干部、科技特派员产业帮扶作用。深入开展巩固易地搬迁脱贫成果专项行动和搬迁群众就业帮扶专项行动。

（十六）稳定完善帮扶政策。落实巩固拓展脱贫攻坚成果同乡村振兴有效衔接政策。开展国家乡村振兴重点帮扶县发展成效监测评价。保持脱贫地区信贷投放力度不减，扎实做好脱贫人口小额信贷工作。按照市场化原则加大对帮扶项目的金融支持。深化东西部协作，组织东部地区经济较发达县（市、区）与脱贫县开展携手促振兴行动，带动脱贫县更多承接和发展劳动密集型产业。持续做好中央单位定点帮扶，调整完善结对关系。深入推进“万企兴万村”行动。研究过渡期后农村低收入人口和欠发达地区常态化帮扶机制。

五　推动乡村产业高质量发展

（十七）做大做强农产品加工流通业。实施农产品加工业提升行动，支持家庭农场、农民合作社和中小微企业等发展农产品产地初加工，引导大型农业企业发展农产品精深加工。引导农产品加工企业向产地下沉、向园区集中，在粮食和重要农产品主产区统筹布局建设农产品加工产业园。完善农产品流通骨干网络，改造提升产地、集散地、销地批发市场，布局建设一批城郊大仓基地。支持建设产地冷链集配中心。统筹疫情防控和农产品市场供应，确保农产品物流畅通。

（十八）加快发展现代乡村服务业。全面推进县域商业体系建设。加快完善县乡村电子商务和快递物流配送体系，建设县域集采集配中心，推动农村客货邮融合发展，大力发展共同配送、即时零售等新模式，推动冷链物流服务网络向乡村下沉。发展乡村餐饮购物、文化体育、旅游休闲、养老托幼、信息中介等生活服务。鼓励有条件的地区开展新能源汽车和绿色智能家电下乡。

（十九）培育乡村新产业新业态。继续支持创建农业产业强镇、现代农业产业园、优势特色产业集群。支持国家农村产业融合发展示范园建设。深入推进农业现代化示范区建设。实施文化产业赋能乡村振兴计划。实施乡村休闲旅游精品工程，推动乡村民宿提质升级。深入实施“数商兴农”和“互联网+”农产品出村进城工程，鼓励发展农产品电商直采、定制生产等模式，建设农副产品直播电商基地。提升净菜、中央厨房等产业标准化和规范化水平。培育发展预制菜产业。

（二十）培育壮大县域富民产业。完善县乡村产业空间布局，提升县城产业承载和配套服务功能，增强重点镇集聚功能。实施“一县一业”强县富民工程。引导劳动密集型产业向中西部地区、向县域梯度转移，支持大中城市在周边县域布局关联产业和配套企业。支持国家级高新区、经开区、农高区托管联办县域产业园区。

六　拓宽农民增收致富渠道

（二十一）促进农民就业增收。强化各项稳岗纾困政策落实，加大对中小微企业稳岗倾斜力度，稳定农民工就业。促进农民工职业技能提升。完善农民工工资支付监测预警机制。维护好超龄农民工就业权益。加快完善灵活就业人员权益保障制度。加强返乡入乡创业园、农村创业孵化实训基地等建设。在政府投资重点工程和农业农村基础设施建设项目中推广以工代赈，适当提高劳务报酬发放比例。

（二十二）促进农业经营增效。深入开展新型农业经营主体提升行动，支持家庭农场组建农民合作社、合作社根据发展需要办企业，带动小农户合作经营、共同增收。实施农业社会化服务促进行动，大力发展代耕代种、代管代收、全程托管等社会化服务，鼓励区域性综合服务平台建设，促进农业节本增效、提质增效、营销增效。引导土地经营权有序流转，发展农业适度规模经营。总结地方“小田并大田”等经验，探索在农民自愿前提下，结合农田建设、土地整治逐步解决细碎化问题。完善社会资本投资农业农村指引，加强资本下乡引入、使用、退出的全过程监管。健全社会资本通过流转取得土地经营权的资格审查、项目审核和风险防范制度，切实保障农民利益。坚持为农服务和政事分开、社企分开，持续深化供销合作社综合改革。

（二十三）赋予农民更加充分的财产权益。深化农村土地制度改革，扎实搞好确权，稳步推进赋权，有序实现活权，让农民更多分享改革红利。研究制定第二轮土地承包到期后再延长30年试点工作指导意见。稳慎推进农村宅基地制度改革试点，切实摸清底数，加快房地一体宅基地确权登记颁证，加强规范管理，妥善化解历史遗留问题，探索宅基地“三权分置”有效实现形式。深化农村集体经营性建设用地入市试点，探索建立兼顾国家、农村集体经济组织和农民利益的土地增值收益有效调节机制。保障进城落户农民合法土地权益，鼓励依法自愿有偿转让。巩固提升农村集体产权制度改革成果，构建产权关系明晰、治理架构科学、经营方式稳健、收益分配合理的运行机制，探索资源发包、物业出租、居间服务、资产参股等多样化途径发展新型农村集体经济。健全农村集体资产监管体系。保障妇女在农村集体经济组织中的合法权益。继续深化集体林权制度改革。深入推进农村综合改革试点示范。

七 扎实推进宜居宜业和美乡村建设

（二十四）加强村庄规划建设。坚持县域统筹，支持有条件有需求的村庄分区分类编制村庄规划，合理确定村庄布局和建设边界。将村庄规划纳入村级议事协商目录。规范优化乡村地区行政区划设置，严禁违背农民意愿撤并村庄、搞大社区。推进以乡镇为单元的全域土地综合整治。积极盘活存量集体建设用地，优先保障农民居住、乡村基础设施、公共服务空间和产业用地需求，出台乡村振兴用地政策指南。编制村容村貌提升导则，立足乡土特征、地域特点和民族特色提升村庄风貌，防止大拆大建、盲目建牌楼亭廊“堆盆景”。实施传统村落集中连片保护利用示范，建立完善传统村落调查认定、撤并前置审查、灾毁防范等制度。制定农村基本具备现代生活条件建设指引。

（二十五）扎实推进农村人居环境整治提升。加大村庄公共空间整治力度，持续开展村庄清洁行动。巩固农村户厕问题摸排整改成果，引导农民开展户内改厕。加强农村公厕建设维护。以人口集中村镇和水源保护区周边村庄为重点，分类梯次推进农村生活污水治理。推动农村生活垃圾源头分类减量，及时清运处置。推进厕所粪污、易腐烂垃圾、有机废弃物就近就地资源化利用。持续开展爱国卫生运动。

（二十六）持续加强乡村基础设施建设。加强农村公路养护和安全管理，推动与沿线配套设施、产业园区、旅游景区、乡村旅游重点村一体化建设。推进农村规模化供水工程建设和小型供水工程标准化改造，开展水质提升专项行动。推进农村电网巩固提升，发展农村可再生能源。支持农村危房改造和抗震改造，基本完成农房安全隐患排查整治，建立全过程监管制度。开展现代宜居农房建设示范。深入实施数字乡村发展行动，推动数字化应用场景研发推广。加快农业农村大数据应用，推进智慧农业发展。落实村庄公共基础设施管护责任。加强农村应急管理基础能力建设，深入开展乡村交通、消防、经营性自建房等重点领域风险隐患治理攻坚。

（二十七）提升基本公共服务能力。推动基本公共服务资源下沉，着力加强薄弱环节。推进县域内义务教育优质均衡发展，提升农村学校办学水平。落实乡村教师生活补助政策。推进医疗卫生资源县域统筹，加强乡村两级医疗卫生、医疗保障服务能力建设。统筹解决乡村医生薪酬分配和待遇保障问题，推进乡村医生队伍专业化规范化。提高农村传染病防控和应急处置能力。做好农村新冠疫情防控工作，层层压实责任，加强农村老幼病残孕等重点人群医疗保障，最大程度维护好农村居民身体健康和正常生产生活秩序。优化低保审核确认流程，确保符合条件的困难群众“应保尽保”。深化农村社会工作服务。加快乡镇区域养老服务中心建设，推广日间照料、互助养老、探访关爱、老年食堂等养老服务。实施农村妇女素质提升计划，加强农村未成年人保护工作，健全农村残疾人社会保障制度和关爱服务体系，关心关爱精神障碍人员。

八 健全党组织领导的乡村治理体系

（二十八）强化农村基层党组织政治功能和组织功能。突出大抓基层的鲜明导向，强化县级党委抓乡促村责任，深入推进抓党建促乡村振兴。全面培训提高乡镇、村班子领导乡村振兴能力。派强用好驻村第一书记和工作队，强化派出单位联村帮扶。开展乡村振兴领域腐败和作风问题整治。持续开展市县巡察，推动基层纪检监察组织和村务监督委员会有效衔接，强化对村干部全方位管理和经常性监督。对农村党员分期分批开展集中培训。通过设岗定责等方式，发挥农村党员先锋模范作用。

（二十九）提升乡村治理效能。坚持以党建引领乡村治理，强化县乡村三级治理体系功能，压实县级责任，推动乡镇扩权赋能，夯实村级基础。全面落实县级领导班子成员包乡走村、乡镇领导班子成员包村联户、村干部经常入户走访制度。健全党组织领导的村民自治机制，全面落实“四议两公开”制度。加强乡村法治教育和法律服务，深入开展“民主法治示范村（社区）”创建。坚持和发展新时代“枫桥经验”，完善社会矛盾纠纷多元预防调处化解机制。完善网格化管理、精细化服务、信息化支撑的基层治理平台。推进农村扫黑除恶常态化。开展打击整治农村赌博违法犯罪专项行动。依法严厉打击侵害农村妇女儿童权利的违法犯罪行为。完善推广积分制、清单制、数字化、接诉即办等务实管用的治理方式。深化乡村治理体系建设试点，组织开展全国乡村治理示范村镇创建。

（三十）加强农村精神文明建设。深入开展社会主义核心价值观宣传教育，继续在乡村开展听党话、感党恩、跟党走宣传教育活动。深化农村群众性精神文明创建，拓展新时代文明实践中心、县级融媒体中心等建设，支持乡村自办群众性文化活动。注重家庭家教家风建设。深入实施农耕文化传承保护工程，加强重要农业文化遗产保护利用。办好中国农民丰收节。推动各地因地制宜制定移风易俗规范，强化村规民约约束作用，党员、干部带头示范，扎实开展高价彩礼、大操大办等重点领域突出问题专项治理。推进农村丧葬习俗改革。

九 强化政策保障和体制机制创新

（三十一）健全乡村振兴多元投入机制。坚持把农业农村作为一般公共预算优先保障领域，压实地方政府投入责任。稳步提高土地出让收益用于农业农村比例。将符合条件的乡村振兴项目纳入地方政府债券支持范围。支持以市场化方式设立乡村振兴基金。健全政府投资与金融、社会投入联动机制，鼓励将符合条件的项目打捆打包按规定由市场主体实施，撬动金融和社会资本按市场化原则更多投向农业农村。用好再贷款再贴现、差别化存款准备金、差异化金融监管和考核评估等政策，推动金融机构增加乡村振兴相关领域贷款投放，重点保障粮食安全信贷资金需求。引导信贷担保业务向农业农村领域倾斜，发挥全国农业信贷担保体系作用。加强农业信用信息共享。发挥多层次资本市场支农作用，优化“保险+期货”。加快农村信用社改革化险，推动村镇银行结构性重组。鼓励发展渔业保险。

（三十二）加强乡村人才队伍建设。实施乡村振兴人才支持计划，组织引导教育、卫生、科技、文化、社会工作、精神文明建设等领域人才到基层一线服务，支持培养本土急需紧缺人才。实施高素质农民培育计划，开展农村创业带头人培育行动，提高培训实效。大力发展面向乡村振兴的职业教育，深化产教融合和校企合作。完善城市专业技术人才定期服务乡村激励机制，对长期服务乡村的在职务晋升、职称评定方面予以适当倾斜。引导城市专业技术人员入乡兼职兼薪和离岗创业。允许符合一定条件的返乡回乡下乡就业创业人员在原籍地或就业创业地落户。继续实施农村订单定向医学生免费培养项目、教师“优师计划”、“特岗计划”、“国培计划”，实施“大学生乡村医生”专项计划。实施乡村振兴巾帼行动、青年人才开发行动。

（三十三）推进县域城乡融合发展。健全城乡融合发展体制机制和政策体系，畅通城乡要素流动。统筹县域城乡规划建设，推动县城城镇化补短板强弱项，加强中心镇市政、服务设施建设。深入推进县域农民工市民化，建立健全基本公共服务同常住人口挂钩、由常住地供给机制。做好农民工金融服务工作。梯度配置县乡村公共资源，发展城乡学校共同体、紧密型医疗卫生共同体、养老服务联合体，推动县域供电、供气、电信、邮政等普遍服务类设施城乡统筹建设和管护，有条件的地区推动市政管网、乡村微管网等往户延伸。扎实开展乡村振兴示范创建。

办好农村的事，实现乡村振兴，关键在党。各级党委和政府要认真学习宣传贯彻党的二十大精神，学深悟透习近平总书记关于“三农”工作的重要论述，把“三农”工作摆在突出位置抓紧抓好，不断提高“三农”工作水平。加强工作作风建设，党员干部特别是领导干部要树牢群众观点，贯彻群众路线，多到基层、多接地气，大兴调查研究之风。发挥农民主体作用，调动农民参与乡村振兴的积极性、主动性、创造性。强化系统观念，统筹解决好“三农”工作中两难、多难问题，把握好工作时度效。深化纠治乡村振兴中的各类形式主义、官僚主义等问题，切实减轻基层迎评送检、填表报数、过度留痕等负担，推动基层把主要精力放在谋发展、抓治理和为农民群众办实事上。全面落实乡村振兴责任制，坚持五级书记抓，统筹开展乡村振兴战略实绩考核、巩固拓展脱贫攻坚成果同乡村振兴有效衔接考核评估，将抓党建促乡村振兴情况作为市县乡党委书记抓基层党建述职评议考核的重要内容。加强乡村振兴统计监测。制定加快建设农业强国规划，做好整体谋划和系统安排，同现有规划相衔接，分阶段扎实稳步推进。

让我们紧密团结在以习近平同志为核心的党中央周围，坚定信心、踔厉奋发、埋头苦干，全面推进乡村振兴，加快建设农业强国，为全面建设社会主义现代化国家、全面推进中华民族伟大复兴作出新的贡献。

国家发展和改革委员会令
第3号

《关于废止、修改部分规章、行政规范性文件和一般政策性文件的决定》已经2023年6月14日第2次委务会议审议通过，现予公布，自2023年9月1日起施行。

主任 郑栅洁

2023年7月11日

（以下略）

《中央储备糖管理办法》

（2020年12月31日经国家发展和改革委员会第14次委务会通过，2021年3月5日国家发展和改革委员会、财政部令第41号公布，自2021年4月10日起施行，根据2023年7月11日国家发展和改革委员会令第3号第1次修订。）

第一章 总 则

第一条 为加强中央储备糖规范管理，确保数量真实、质量合格、储存安全、节约高效，确保管得好、拿得出、调得快、用得上，制定本办法。

第二条 本办法所称中央储备糖，是指中央政府为实施市场调控、稳定市场预期、应对突发事件引发的市场异常波动而储备的食糖，包括原糖和白砂糖。

中央储备糖实行严格的计划管理，任何单位和个人不得侵占、破坏、挪用。

第三条　从事中央储备糖管理、监督检查等活动，适用本办法。

第二章　职责分工

第四条　国家发展改革委负责中央储备糖市场调控管理，会同国家粮食和物资储备局、财政部研究提出中央储备糖规划、总量计划和年度调控意见，报国务院批准后协调落实。

第五条　国家粮食和物资储备局负责中央储备糖行政管理，负责中央储备糖利息费用补贴的预算编制、申请及使用管理，对中央储备糖数量、质量、储存安全及计划执行情况实施监督检查。

第六条　财政部负责中央储备糖财政财务管理，安排和管理中央储备糖财政补贴资金，组织指导财政部各地监管局开展财务秩序和财政资金监管，定期清算并根据需要开展绩效评估评价。

第七条　中国农业发展银行等负责按照国家有关信贷政策和中央储备糖计划，及时发放和收回中央储备糖贷款，对发放的中央储备糖贷款实施信贷监管，确保资金安全。

第八条　国家发展改革委、国家粮食和物资储备局会同财政部指定储备运营机构。储备运营机构负责中央储备糖的日常管理，储备运营业务与商业经营实行人员、实物、财务、账务管理严格分开，严格执行国家有关部门行政指令，具体实施中央储备糖收储、销售、轮换、动用计划，按月报告计划落实情况、储备管理情况和有关统计报表，对中央储备糖数量、质量和储存安全负责。

第三章　计划管理

第九条　中央储备糖的总量规模、品种结构、区域布局，由国家发展改革委会同国家粮食和物资储备局、财政部，根据国家宏观调控需要和财政承受能力等，结合绩效评估评价结果提出建议，报国务院批准。国家发展改革委会同国家粮食和物资储备局、财政部确定收储、销售的原则、方式、数量和时机等，国家粮食和物资储备局会同国家发展改革委、财政部下达收储、销售计划。

第十条　中央储备糖原则上实行均衡轮换。原糖年度轮换数量按15—20%比例掌握，根据市场调控需要可适当增减，原则上不超过库存总量的30%；白砂糖原则上每年轮换一次。

第十一条　中央储备糖的轮换，由储备运营机构统筹中央储备糖储存品质、年限、承储企业的管理情况等因素，于每年11月底前研究提出下一年度轮换计划建议，报送国家粮食和物资储备局、财政部和国家发展改革委。国家发展改革委会同国家粮食和物资储备局、财政部确定轮换原则、方式、数量和时机等，国家粮食和物资储备局、财政部会同国家发展改革委下达轮换计划。

第十二条　中央储备糖收储、销售、轮换相关费用构成、标准以及盈亏处理等，由财政部会同国家粮食和物资储备局等有关部门按规定确定。

第十三条　中央储备糖的动用，由国家发展改革委会同国家有关部门提出建议，经国务院批准后，由国家粮食和物资储备局会同有关部门下达动用计划。

第十四条　发生下列情形之一的，可以动用中央储备糖：

（一）全国或部分地区食糖明显供不应求或市场价格异常波动的；

（二）发生重大自然灾害或其他突发事件需要动用中央储备糖的；

（三）国务院认为需要动用中央储备糖的其他情形。

第十五条　储备运营机构具体实施中央储备糖的收储、销售、轮换、动用计划，并接受国家有关部门监督指导。因不可抗力等因素不能按时完成的，要及时报国家粮食和物资储备局、财政部和国家发展改革委批复。

第十六条　中央储备糖的收储、销售、轮换主要通过规范的交易平台以公开竞价交易方式进行。根据国家有关规定和要求，也可采取邀标竞价、委托包干、单一来源采购等方式进行。

第四章　仓储管理

第十七条　储备运营机构按照中央储备糖区域布局等要求，根据国家有关部门制定的中央储备糖储存库资质条件等相关标准，选择其直属企业储存，也可采取公开、公平、公正的方式选择具备条件的其他企业代储。储备运营机构要将直属企业和代储企业（统称承储企业）名单、具体储存库点和储存数量、质量及时报告国家粮食和物资储备局。

第十八条　储备运营机构和承储企业不得擅自变更中央储备糖储存库点，不得擅自串换中央储备糖品种，不得虚报中央储备糖数量，不得故意拖延中央储备糖出入库。

第十九条　储备运营机构和承储企业要严格执行国家关于中央储备糖管理的规章制度、标准，健全完善内部管理制度和工作机制，严格仓储管理，加强质量安全管理。要加强中央储备糖经常性检查，及时排查风险隐患，妥善处理数量、质量和储存安全等方面问题，并由储备运营机构及时报告国家粮食和物资储备局。

中央储备糖出现数量、质量和储存安全问题造成的损失，由储备运营机构先行赔偿，再向相关责任单位追偿。

第二十条　承储企业要对中央储备糖实行专仓储存、专人保管、专账记载和挂牌明示，不同年份、不同品种应分垛码放，保证账账相符、账实相符、质量合格和储存安全。

第二十一条　承储企业应当对中央储备糖进行糖权公示，在储存中央储备糖的仓房仓门、外墙涂刷明显标识，悬挂统一标牌。

第二十二条　因不可抗力等因素需安排中央储备糖移库的，由储备运营机构提出移库计划建议，经国家粮食和物资储备局、财政部和国家发展改革委同意后具体实施。

第二十三条　在库中央储备糖应当统一办理财产保险，由储备运营机构在财政部北京监管局监督下通过招标方式进行。

第五章　质量管理

第二十四条　中央储备糖应当符合国家有关质量要求，其中储备白砂糖应当符合国标一级及以上。中央储备原糖出库加工的白砂糖投放食品市场应当符合食品安全标准要求。

第二十五条　中央储备糖出入库质量检验，由储备运营机构委托经国家粮食和物资储备局认可的第三方检验机构进行。储备运营机构将检验结果及时汇总报国家粮食和物资储备局，并向承储企业提供出入库质量检验结果。承储企业如对质量检验结果有异议，应在收到检验报告7个工作日内向国家粮食和物资储备局提出书面复检申请，国家粮食和物资储备局按有关规定进行处理。

第二十六条　中央储备糖在库质量安全管理执行定期质量监测制度，由国家粮食和物资储备局组织实施，每年对储备原糖开展一次监测，监测批次比例不低于10%；每年对储备白砂糖开展一次逐批次全覆盖监测。

第六章　监督检查

第二十七条　国家粮食和物资储备局、财政部按照各自职责，依法对储备运营机构和承储企业中央储备糖管理情况进行监督检查和核查。在监督检查和核查过程中，可以行使下列职权：

（一）进入承储企业检查中央储备糖数量、质量和储存安全；

（二）向有关单位和人员了解中央储备糖收储、销售、轮换、动用等计划执行情况；

（三）调阅中央储备糖管理有关资料、凭证；

（四）对违法违规行为，依法依规予以处理。

第二十八条　中国农业发展银行按照信贷政策和规定，加强对中央储备糖贷款的信贷监管。储备运营机构应及时提供有关资料和情况。

第二十九条　国家粮食和物资储备局垂直管理局负责辖区内中央储备糖日常监管和计划执行情况的监督检查，督促承储企业严格落实中央储备糖计划，按规定对有关库存案件进行查处，提出处理和追责建议。

国家粮食和物资储备局垂直管理局检查发现承储企业未执行中央储备糖有关管理规

定，存在管理不规范、质量把关不严格、制度执行不力等问题，应及时向承储企业指出，责令其予以改正；发现承储企业存在严重违纪违规、不适于储存中央储备糖等情况，应及时向国家粮食和物资储备局报告。

第三十条　储备运营机构及承储企业对国家有关部门单位的监督检查和核查，应当予以配合。任何单位和个人不得拒绝、阻挠、干涉国家有关部门单位的监督检查和核查。

第三十一条　储备运营机构应加强对承储企业中央储备糖管理情况的内部管控，及时发现并解决问题。重大问题报请国家粮食和物资储备局、财政部处理。

第七章　罚　则

第三十二条　国家工作人员违反本办法规定，有下列行为之一的，依照《中华人民共和国公务员法》等有关规定，给予相应处分；构成犯罪的，依法追究刑事责任：

（一）不及时下达中央储备糖收储、销售、轮换、动用计划的；

（二）发现承储企业存在不适于储存中央储备糖的情况不责成其限期整改的；

（三）接到举报、发现违规问题不及时查处的；

（四）有其他违反本办法行为的。

第三十三条　储备运营机构违反本办法规定，有下列行为之一的，由国家粮食和物资储备局、财政部按照各自职责，责成储备运营机构限期整改；情节严重的，扣拨管理费补贴，对直接负责的主管人员和其他直接责任人员提出处理建议，按权限由有关部门或单位给予相应处分；构成犯罪的，依法追究刑事责任：

（一）拒不实施或擅自改变中央储备糖收储、销售、轮换、动用计划的；

（二）选择不符合有关资质条件的企业承储中央储备糖的；

（三）发现中央储备糖数量、质量和储存安全等方面问题不及时采取措施处理并按照规定报告的；

（四）有其他违反本办法行为的。

第三十四条　承储企业违反本办法规定，有下列行为之一的，由国家粮食和物资储备局、财政部、国家粮食和物资储备局垂直管理局按照各自职责，责成其限期整改；情节严重的，调出其承储的中央储备糖，责令退回财政补贴；有违法所得的，由财政部按有关规定收缴；构成犯罪的，依法追究刑事责任：

（一）拒不执行或擅自改变中央储备糖收储、销售、轮换、动用计划的；

（二）擅自动用中央储备糖的；

（三）以中央储备糖对外担保或清偿债务的；

（四）虚报、瞒报中央储备糖数量的；

（五）在中央储备糖中掺杂掺假，以次充好的；

（六）擅自串换中央储备糖品种，变更中央储备糖储存库点的；

（七）未对中央储备糖实行专仓储存、专人保管、专账记载，中央储备糖账账不符、账实不符的；

（八）因管理不善等人为因素造成中央储备糖数量、质量和储存安全等方面出现问题的；

（九）有其他违反本办法行为的。

第八章　附　则

第三十五条　本办法由国家发展改革委会同财政部、国家粮食和物资储备局负责解释。

第三十六条　本办法自2021年4月10日起施行，2008年1月24日发布的《中央储备糖管理办法》（商务部　国家发展改革委　财政部令2008年第1号）同时废止。

国家发展和改革委员会令
第4号

《粮食质量安全监管办法》已经2023年7月11日第3次委务会议审议通过，现予公布，自2023年10月1日起施行。

主任　郑栅洁

2023年7月28日

《粮食质量安全监管办法》

第一章　总　则

第一条　为保护粮食生产者的积极性，维护粮食经营者和消费者的合法权益，加强粮食流通领域质量安全监督管理，保障国家粮食质量安全，根据《粮食流通管理条例》等法律法规，制定本办法。

第二条　粮食收购、储存、运输和政策性粮食购销活动的质量安全监管工作，适用本办法。

政府储备粮食质量安全管理的特殊要求按国家粮食和储备行政管理部门制定的相关规定执行。

第三条　县级以上粮食和储备行政管理部门在本级人民政府的统一组织领导下，负责本行政区域粮食收购、储存、运输和政策性粮食购销活动中粮食质量安全的监督管理工作。

国家粮食和物资储备局垂直管理机构负责监管辖区内中央政府储备质量安全管理情况。

第四条　粮食经营者对粮食质量安全承担主体责任。

从事粮食经营活动，应当严格执行有关法律、法规、政策及标准，严格遵守粮食质量安全管理制度，明确质量安全管理责任，认真落实反食品浪费、粮食节约等有关规定和要求，严禁多扣水杂、压级压价、以陈顶新、掺杂使假、以次充好等行为。

第五条　国家鼓励采用并推行科学先进的质量安全管理和检验方法、标准和适用技术，不断提高粮食质量安全管理水平。

县级以上粮食和储备行政管理部门应当建立并完善粮食质量安全数据库；定期对相关人员进行有关法律、法规、政策、标准和技能等培训。

第六条　开展粮食质量安全风险监测、检验等检查活动所需必要合理的费用，按照有关规定列入本级部门预算。

第二章　粮食质量安全风险监测

第七条　省级以上粮食和储备行政管理部门应当建立健全粮食收购和储存环节质量安全风险监测制度，包括收购粮食质量安全监测、库存粮食质量安全监测、应急粮食质量安全监测和其他专项粮食质量安全监测。

县级以上地方粮食和储备行政管理部门应当按照国家粮食质量安全风险监测管理规定，结合本行政区域的具体情况，依职责组织开展粮食质量安全风险监测工作。

县级以上地方粮食和储备行政管理部门获知粮食质量安全风险信息后，应当立即组织开展核查，视情况及时调整粮食质量安全风险监测计划，依职责采取风险防控措施，降低粮食质量安全风险和损失。

第八条　开展风险监测工作应当充分利用现有资源和成果，建立各有侧重、上下联动、有效衔接、协同配合、结果共享的监测机制。

第九条　县级以上粮食和储备行政管理部门应当强化粮食质量安全风险监测等全过程信息化管理，统筹利用有关数据和信息资源。

第十条　省级粮食和储备行政管理部门应当及时将本行政区域内粮食质量安全风险监测结果以及对发现问题的处理情况报告本级人民政府，通报同级食品安全委员会办公室及相关部门和单位，抄送国家粮食和储备行政管理部门。

第十一条　县级以上地方粮食和储备行政管理部门应当按照本级人民政府加强粮食污染监控、建立健全被污染粮食处置长效机制等要求，依职责开展有关工作。发现区域性粮食污染情况或者在收购等环节发现有关线索的，应当按照地方人民政府或者有关部门和单位的规定，依职责迅速采取处置措施。

第三章 粮食质量安全管理

第十二条 粮食收购者、粮食储存企业使用仓储设施设备应当符合粮食储存有关标准和技术规范以及安全生产法律、法规的要求；收购、储存场所应当保持整洁，并按规定与有毒有害场所以及其他污染源保持安全距离。

第十三条 粮食经营者收购粮食，应当严格执行国家粮食质量标准和政策，按质论价，按照国家有关规定进行质量安全检验，并执行下列规定：

（一）告知售粮者或者在收购场所醒目位置公示粮食的品种、质量标准、收购价格等内容；

（二）按照有关标准、技术规范和政策规定进行入库和平仓环节扦样、检验，把好入库质量关。发现不符合食品安全国家标准的粮食，应当及时向收购地县级粮食和储备行政管理等部门报告，跨省收购的，应当向收购地和粮食收购企业所在地的县级粮食和储备行政管理等部门报告；

（三）杂质、水分等质量指标超过标准限量或者政策规定的政策性粮食，应当及时整理达标或者符合相关要求。水分较高时应当合理降水、降温，确保安全储粮。

第十四条 鼓励对不同产地、等级和品质的粮食单收、单储。

第十五条 粮食经营者收购非食用用途的粮食，应当单收、单储、单销，采取在收购码单、包装、库存货位卡上明确标识等措施，强化全流程闭环管理。

粮食经营者对粮食进行单收、单储，应当通过单独仓廒、物理隔断等措施进行，确保符合有关规定。

第十六条 粮食经营者储存粮食应当遵守粮油仓储管理制度规定和相关标准，规范仓储管理业务，合理应用粮油储藏技术。储存过程中发现粮食质量不符合要求的，应当及时按规定进行处置。

粮食不得与可能对粮食产生污染的有毒有害物质混存。

国家鼓励建设高标准粮仓，推广使用绿色储粮技术，有效保障储存安全和粮食品质。

第十七条 粮食经营者储存粮食应当严格执行储粮药剂使用管理制度和相关标准，不得使用国家禁止使用的化学药剂或者超量使用化学药剂。

第十八条 粮食销售出库前，粮食经营者应当严格按照粮食质量安全标准及有关规定进行质量安全检验，出具检验检测数据、结果、报告（以下统称检验报告），作为出库质量安全依据。未经质量安全检验的粮食不得销售出库。

（一）在正常储存年限内的粮食，销售出库前粮食储存企业应当自行检验或者委托粮食质量安全检验机构进行质量安全检验，并出具检验报告；

（二）超过正常储存年限的粮食，或者储存期间使用储粮药剂未满安全间隔期的粮食，以及色泽、气味异常的粮食，在出库前应当委托粮食质量安全检验机构进行质量安全检验，并出具检验报告。

销售出库粮食的质量安全状况应当与检验报告相一致。检验报告应当随货同行，有效期为自签发之日起6个月，国家另有规定的，从其规定。有效期满，应当重新检验并出具检验报告。

粮食质量安全检验机构应当按照委托方要求的时间和方式完成扦样、检验并出具检验报告。

第十九条　粮食收购者、粮食储存企业不得将直接拌有农药、混有农药残渣、含有国家禁止使用的储粮药剂或者超量使用化学药剂的粮食作为食用用途销售出库。定向销售用作非食用用途的粮食，应当在包装、销售凭证中明确标识用途。对定向销售作为非食用用途的政策性粮食的质量安全管理另有规定的，从其规定。

第二十条　根据特定区域粮食可能受到有害物质污染、发生霉变等情况，或者根据有关政策规定，省级粮食和储备行政管理部门应当统一或者分地区设定粮食收购和出库质量安全必检项目，并抄送国家粮食和储备行政管理部门。

第二十一条　运输粮食的运输工具、容器应当完好，并保持清洁、干燥、安全卫生。非专用车（船）应当有必要的铺垫物和防潮湿等设备，铺垫物、防潮湿设备等必备物品应当符合国家有关标准和政策要求。

不得使用被污染的运输工具、容器或者包装材料运输粮食，不得与有毒有害物质混装运输。

第二十二条　运输粮食应当严防发生质量安全事故。运输粮食发生污染、结露、虫害、霉变等情况的，有关方面应当积极采取有效措施进行处置。

运输粮食应当符合国家规定，有效减少粮食运输损耗。鼓励采取在途粮食质量安全监测技术等信息化手段，保障运输过程中粮食质量安全。

第二十三条　粮食经营者应当如实记录粮食品种、供货方、粮食产地、收获年度、入库时间、货位及数量、质量等级、品质情况、药剂使用情况、销售去向和出库时间，以及其他有关质量安全信息，形成档案，保存期限自粮食销售出库之日起，不得少于3年。

第二十四条　粮食经营者应当建立库存粮食从入库到出库环节的质量安全追溯制度，实现粮食质量安全可追溯。

第二十五条　按照粮食资源合理化利用、节粮减损等原则，对重金属、真菌毒素、农药残留等污染物质以及其他危害人体健康的物质含量超过食品安全标准限量的粮食，能够进行无害化处理的，鼓励粮食收储企业进行无害化处理，并按规定利用。

第四章　粮食质量安全检验

第二十六条　粮食质量安全检验机构应当取得检验检测机构资质认定，依法依规开展检验监测工作。

粮食质量安全检验机构应当加强自身质量控制体系、检验能力、人员队伍建设，包括健全的规章制度、必要的粮食检验仪器设备和配套基础设施，质量安全技术基础研究、应用和信息管理能力，相应的管理和技术人才队伍等。

粮食质量安全检验机构应当加强扦样、检验人员业务培训，提升人员素质，使其具备必要的专业知识和所需的职业技能，熟悉粮食相关法律法规和政策规定，满足岗位要求。扦样、检验人员上岗前应当接受所在岗位工作相关技术培训。

第二十七条　国家粮食和储备行政管理部门应当建立健全国家粮食质量安全检验监测体系，根据开展粮食质量检验监测等工作的需要，依托现有粮食检验监测资源，择优选用基础较好的粮食质量安全检验机构，委托承担检验监测任务。

省级以上粮食和储备行政管理部门应当加强对粮食质量安全检验监测业务的管理和指导，通过现场检查、标准物质测量审核、样品比对等方式，提升粮食质量安全检验监测能力，充分发挥粮食质量安全检验机构的作用。

县级以上地方粮食和储备行政管理部门应当按照落实粮食安全责任制的要求，建立健全粮食质量安全检验监测体系，加强能力建设，确保能够履行相应职责。

第二十八条　扦样方法和程序应当符合国家有关规定、标准。扦样机构和扦样人员对扦样合规性、样品真实性与代表性、信息准确性与完整性负责。

扦样人员在扦样过程中应当严格遵守安全生产有关规定，采取有效的安全防护措施。扦样机构和被扦样单位应当提供必要的人身安全保护用品。

出现下列情形的，应当实施现场扦样，不得由利益相关方送样：

（一）监督检查中的质量安全检验监测；

（二）超过正常储存年限的粮食、储存期间使用储粮药剂未满安全间隔期的粮食以及色泽、气味异常的粮食的出库质量安全检验监测；

（三）其他应当实施现场扦样的。

第二十九条　粮食经营者在收购环节进行的粮食质量安全检验以及县级以上粮食和储备行政管理部门依法依规开展的粮食质量安全风险监测和抽查检验，可采用国家粮食和储备行政管理部门认可的快速检测方法。

采用快速检测方法，应当实施有效的质量控制措施，保证检测结果真实可靠。在粮食质量安全抽查检验中，快速检测结果表明可能不符合国家粮食质量标准和政策规定的，应当按照国家标准规定的检验方法进行检验。

第三十条　县级以上粮食和储备行政管理部门在监督检查中需要对粮食质量安全进行检验的，应当委托粮食质量安全检验机构进行扦样和检验，并按规定支付相应费用。扦取的样品应当自监督检查工作结束后保留3个月。

第三十一条　粮食经营者对监督检查检验结果有异议的，可以向监督检查机构申请复检并充分说明理由。监督检查机构认为存在检验程序不规范等需要复检的，可以安排原粮食质量安全检验机构进行复检；必要时，可以安排其他具备条件的省级以上粮食质量安全检验机构进行复检。

复检应当使用备份样品。有充分理由说明备份样品不具备代表性的，可以安排重新扦样。

复检不得采用快速检测方法。

第三十二条　粮食质量安全检验机构应当履行保密义务，除法律法规规定的情形外，未经委托方同意，不得擅自公开或者向他人提供检验报告。对发现存在粮食质量安全重大风险情况的，应当及时报告粮食所在地粮食和储备行政管理部门。

第五章　粮食质量安全事故处置

第三十三条　县级以上地方粮食和储备行政管理部门应当结合本地实际建立健全粮食质量安全事故应急预案。对粮食经营者因管理不善等原因，导致粮食出现较为严重的质量安全等问题或者风险的，应当进行应急处置。

县级以上地方粮食和储备行政管理部门应当完善快速反应及应急处置信息发布机制和程序，加强应急处置能力和应急队伍建设，强化应急装备配置和应急物资储备，提升应急处置能力和水平，满足应急需要。

第三十四条　粮食经营者应当具备处置粮食质量安全事故的能力，定期检查各项风险防范措施的落实情况，及时消除事故隐患。

粮食质量安全事故发生后，有关粮食经营者应当立即对事故予以妥善处置，防止损害扩大，并及时向事故发生地县级粮食和储备行政管理部门报告。有上级管理单位的，一并向其上级管理单位报告。

第三十五条　县级以上粮食和储备行政管理部门在日常监督管理中发现粮食质量安全事故，或者接到粮食质量安全事故报告，应当依职责和权限立即调查处理，按规定采取封存、检验、限定用途等措施，防止或者减轻对社会的危害。发生重大粮食质量安全事故的，应当同时报告本级人民政府、上一级粮食和储备行政管理部门，并及时通报同级食品安全委员会办公室及相关部门。

任何单位或者个人不得隐瞒、谎报、缓报粮食质量安全事故，不得毁灭有关证据。

第三十六条　县级以上粮食和储备行政管理部门进行粮食质量安全事故调查，有权向有关单位和个人了解与事故有关的情况，并要求提供相关资料和样品。有关单位和个人应当予以配合，不得拒绝。

任何单位和个人不得阻挠、干涉粮食质量安全事故的调查处理。

第六章 监督管理

第三十七条 县级以上粮食和储备行政管理部门依法依规依职责对粮食经营者进行质量安全监督管理，制定粮食质量安全监督抽查计划，采用普查、随机抽查、巡查、重点检查、交叉检查、提级查办等方式，对本行政区域内收购、储存、运输活动和政策性粮食购销活动中的质量安全状况实施监督抽查。

国家粮食和储备行政管理部门根据质量安全监管需要组织开展监督抽查，原则上每年不少于1次；国家粮食和物资储备局垂直管理机构按照季度巡查等要求，开展质量安全监督抽查。

县级以上地方粮食和储备行政管理部门根据国家粮食和储备行政管理部门年度监督抽查计划，结合实际组织本行政区域监督抽查，原则上每年不少于2次。监督抽查内容主要包括粮食质量安全状况，执行出入库检验制度、质量管理制度情况，对被污染粮食实施定点收购、分类管理、专仓储存、定向处置等闭环管理、全程监控措施的情况等。

根据实际情况，政府储备粮食年度监督抽查比例一般不低于本行政区域内本级政府储备规模的30%，覆盖面不低于承储单位数量的30%。上级粮食和储备行政管理部门监督抽查过的单位，下级粮食和储备行政管理部门当年一般不再重复监督抽查。

第三十八条 县级以上粮食和储备行政管理部门在履行粮食质量安全监督管理职责过程中，有权采取下列措施：

（一）进入粮食经营者经营场所检查粮食质量安全情况，对检验仪器设备和扦样、检验的规范性进行检查；

（二）向有关单位和人员调查、了解相关情况；

（三）查阅、复制与粮食经营活动中与质量安全有关的合同、票据、账簿、检验报告以及其他资料、凭证；

（四）对粮食经营者经营的粮食进行扦样检验；

（五）检查粮食仓储设施、设备是否符合有关标准、技术规范和安全生产要求；

（六）查封、扣押非法收购或者不符合国家粮食质量安全标准的粮食，用于违法经营或者被污染的工具、设备以及有关账簿资料；

（七）查封违法从事粮食经营活动的场所。

粮食经营者拒绝检查的，粮食和储备行政管理部门应当向本级人民政府、上一级粮食和储备行政管理部门报告。

第三十九条 日常质量安全监督抽查的情况和处理结果应当经监督抽查人员和粮食经营者签字后归档。粮食经营者拒绝签字的，应当如实记录原因，经监督抽查人员2人以上签字后归档。

第四十条　县级以上粮食和储备行政管理部门建立粮食经营者信用档案，应当包含粮食经营者粮食质量安全信用情况，记录日常质量安全监督抽查结果、违规违纪违法行为查处等信息，并根据信用等级实施分类监管，对有不良信用记录的粮食经营者增加抽查频次。

第四十一条　任何组织和个人有权向县级以上粮食和储备行政管理部门提出加强粮食质量安全监督管理工作的意见和建议，举报粮食质量安全违规违纪违法行为。

第四十二条　县级以上粮食和储备行政管理部门接到意见、建议和举报，应当按照职责和程序及时研究、处理。对属于本部门职责的，应当受理，并及时进行答复、核实、处理；对不属于本部门职责的，应当书面通知相对人，按程序移交有权处理的部门处理，或者告知其向有权处理的部门反映。

第四十三条　国家粮食和储备行政管理部门可以依法依规对省级粮食和储备行政管理部门的质量安全监管工作进行年度评估考核，对取得显著成绩的单位和个人进行通报表扬。

县级以上地方粮食和储备行政管理部门落实粮食质量安全监管职责情况依法依规纳入相关考核。

第七章　法律责任

第四十四条　县级以上粮食和储备行政管理部门违反本办法规定，出现下列情形的，责令改正；造成严重后果的，对负有责任的领导人员和直接责任人员依规依纪依法给予处分：

（一）未建立并实施粮食质量安全风险监测制度的；

（二）发现区域性粮食污染情况，未按规定及时报告或者处置的；

（三）未建立健全粮食质量安全事故应急预案及相关机制的；

（四）本行政区域内的粮食质量安全违法违规行为由上级粮食和储备行政管理部门在监督抽查中发现的；

（五）其他在粮食质量安全监督管理中不依法依规履行职责或者存在滥用职权、玩忽职守、徇私舞弊等情形的。

第四十五条　县级以上粮食和储备行政管理部门所属的粮食质量安全检验机构和检验人员违反本办法规定，出现下列情形的，由县级以上粮食和储备行政管理部门依职责对有关单位和人员进行处分；情节严重的，依法纳入全国信用信息共享平台：

（一）违反保密规定，未经委托方同意擅自公开或者向他人提供检验报告的；

（二）未按要求实施现场扦样，或者扦样方法、程序等不符合国家有关规定或者标准的；

（三）存在其他违反扦样、检验管理规定行为的。

其他粮食质量安全检验机构和检验人员违反保密、扦样、检验管理等规定的，依照有关法律法规进行处理。

第四十六条 粮食经营者在从事粮食收购、储存、销售出库、运输和政策性粮食购销活动中违反质量安全管理有关规定的，依照《粮食流通管理条例》等有关法律法规进行处理。粮食经营者在收购等环节发现不符合食品安全国家标准的粮食，未及时向粮食和储备行政管理等部门报告的，依照有关规定进行处理。

第八章 附 则

第四十七条 大豆、油料和食用植物油的收购、储存、运输，政策性大豆、油料和食用植物油的购销等经营活动中的质量安全监管，适用本办法规定。

第四十八条 省级粮食和储备行政管理部门可以结合本行政区域实际制定相应的实施细则。

第四十九条 本办法由国家发展和改革委员会、国家粮食和物资储备局负责解释。

第五十条 本办法自2023年10月1日起施行。《粮食质量安全监管办法》（国家发展改革委2016年第42号令）同时废止。

联合发文

关于印发《中央应急抢险救灾物资储备管理暂行办法》的通知

国粮应急规〔2023〕24号

各省、自治区、直辖市及新疆生产建设兵团粮食和物资储备局、应急管理厅（局）、财政厅（局），国家粮食和物资储备局各垂直管理局、财政部各监管局：

为切实提升自然灾害抢险救灾应急保障能力，适应改革发展需要，进一步规范中央应急抢险救灾物资储备管理，提高物资使用效益，依据《中华人民共和国突发事件应对法》《中华人民共和国预算法》《中华人民共和国防洪法》《中华人民共和国防汛条例》《中华人民共和国抗旱条例》《自然灾害救助条例》等有关法律法规，国家粮食和物资储备局、应急管理部、财政部制定了《中央应急抢险救灾物资储备管理暂行办法》。现印发给你们，请遵照执行。执行中如有问题和意见，请及时反映。

国家粮食和物资储备局　应急管理部　财政部

2023年2月13日

中央应急抢险救灾物资储备管理暂行办法

第一章　总　则

第一条　为提高自然灾害抢险救灾应急保障能力，规范中央应急抢险救灾物资储备管理，提高物资使用效益，依据《中华人民共和国突发事件应对法》《中华人民共和国预算法》《中华人民共和国防洪法》《中华人民共和国防汛条例》《中华人民共和国抗旱条例》《自然灾害救助条例》等有关法律法规，制定本办法。

第二条　本办法所称中央应急抢险救灾储备物资（以下简称“中央储备物资”）是由中央财政安排资金购置，专项用于支持遭受重特大自然灾害地区开展抢险救灾和受灾群众生活救助的应急储备物资，包括防汛抗旱类物资和生活救助类物资等。

第三条　国家防汛抗旱总指挥部办公室（以下简称“国家防总办公室”）或者应急管理部按照各自职责提出中央应急抢险救灾储备需求和动用决策；商财政部、国家粮食和物资储备局等部门编制保障规划，确定储备规模、品种目录和标准、布局等；根据需要下达动用指令。

第四条　财政部负责安排中央储备物资购置和更新、保管等相关经费，组织指导有关单位开展全过程预算绩效管理，开展中央储备物资资产报告制度落实情况的监督检查。

第五条　国家粮食和物资储备局负责中央储备物资的收储、轮换和日常管理等工作，确保库存中央储备物资数量真实、质量合格、账实相符；根据国家防总办公室或者应急管理部的动用指令按程序组织调出，对相关经费组织实施全过程绩效管理。

第二章　储备购置

第六条　每年国家防总办公室或者应急管理部会同财政部根据储备保障规划确定的储备规模、当年储备物资调拨使用、报废消耗及应急抢险救灾新技术装备物资需求等情况，研究确定下一年度中央储备物资购置计划，包括物资品种、数量、布局等。国家防总办公室或者应急管理部向国家粮食和物资储备局提供采购物资技术要求。

第七条　发生重特大自然灾害需应急追加物资的，由国家防总办公室或者应急管理部会同财政部制定紧急购置计划，并联合下达国家粮食和物资储备局。

第八条　国家粮食和物资储备局根据国家防总办公室、应急管理部、财政部联合下达的年度购置计划或者紧急购置计划，向财政部申请储备购置经费预算。财政部按程序审批。

第九条 国家粮食和物资储备局按照年度购置计划或者紧急购置计划，以及财政部批复的购置经费预算，按照政府采购规定组织采购，并及时将采购情况通报国家防总办公室、应急管理部、财政部。

第十条 中央储备物资的入库验收，按照国家有关规定、相关标准以及采购合同约定的履约验收方案执行。采购物资数量和质量验收合格入库后，国家粮食和物资储备局核算应支付采购资金及检测等必要费用，报财政部审核后按照国库集中支付有关规定支付。

第十一条 财政部负责核定中央储备物资库存成本。

第三章 储备保管

第十二条 国家粮食和物资储备局根据确定的储备布局，商国家防总办公室、应急管理部、财政部确定储备库，实行中央应急抢险救灾物资储备库挂牌管理。具体管理办法由国家粮食和物资储备局会同国家防总办公室、应急管理部制定。

国家粮食和物资储备局根据国家有关中央储备库布局需求和资质条件等相关标准，采取公开、公平、公正的方式选择具备条件的储备库承储中央储备物资。

储备库实行动态管理，调整须报国家防总办公室、财政部、应急管理部审核。

第十三条 国家粮食和物资储备局负责中央储备物资保管工作，制定中央储备物资保管等各项规章制度，督促指导承储单位制定应急调运预案，落实专仓存储、专人保管、专账记载、挂牌明示等管理要求、掌握物资设备维护保养和操作技能，运用信息化手段加强储备管理，实现中央储备物资信息部门间共用共享。

承储单位按照承储要求负责中央储备物资具体日常管理，严格执行中央储备物资管理的有关标准和规定，落实中央储备物资验收入库、日常保管、紧急调用等有关工作，对中央储备物资数量、质量和储存安全负责。

国家防总办公室、应急管理部、财政部根据应急抢险救灾工作需要，适时对中央储备物资管理等情况进行检查。

第十四条 国家粮食和物资储备局商国家防总办公室、应急管理部制定中央储备物资统计制度，在每月前10个工作日内，将上月末库存中央储备物资品种数量及其价值、各仓库储备明细，以及上月储备物资出入库、报废处置等情况报国家防总办公室、应急管理部、财政部。

物资调运后，储备仓库应当及时在信息管理平台更新报送数据。

第十五条 国家粮食和物资储备局应当加强中央储备物资资产管理，认真填报资产信息卡，按照国有资产年报、月报有关规定，及时向财政部报告中央储备物资资产管理情况，并及时通报国家防总办公室、应急管理部。

第十六条　国家粮食和物资储备局会同国家防总办公室、应急管理部、财政部确定中央储备物资的建议储存年限。因储存年限到期后经技术鉴定，质量和性能不能满足应急抢险救灾工作要求的中央储备物资可按规定报废。相关处置收入在扣除相关税金、技术鉴定费等费用后，按照政府非税收入和国库集中收缴管理有关规定及时上缴中央国库。储存年限到期后质量和性能能够满足应急抢险救灾工作要求的，由国家粮食和物资储备局负责定期组织质检，优先安排调用。

国家粮食和物资储备局审核同意后，由垂管局向储备仓库所在地财政部监管局提出辖区内需报废物资审核申请，财政部监管局审核后提出意见，反馈垂管局，同时抄送财政部。国家粮食和物资储备局将申请报废物资情况和财政部监管局审核意见一并报送财政部审批。财政部审核批准后，相关物资作报废处理。国家粮食和物资储备局负责将报废物资按规定处理，并将物资报废情况报财政部、国家防总办公室或者应急管理部。

第十七条　财政部对中央储备物资给予保管费补贴，采取当年补上年的方式。对国家粮食和物资储备局委托相关单位代储的物资保管费补贴，防汛抗旱类物资按照年度平均月末库存成本的6%核算，生活救助类物资按照年度平均月末库存成本的4.5%核算；国家粮食和物资储备局在财政部核算的补贴总额内，可统筹考虑储备仓库实际管理情况，确定各承储仓库的具体补贴标准，报财政部批准后实施。国家粮食和物资储备局垂管仓库补贴标准按有关规定执行。

第十八条　国家粮食和物资储备局负责按政府采购有关规定对中央储备物资投保财产险，中央财政负担保险费。

第十九条　因管理不善或者人为因素导致毁损的中央储备物资由国家粮食和物资储备局组织储备仓库按相同数量、质量补充更新，并追究责任人责任。情节严重的要按照有关法律法规追责。

第四章　物资调用

第二十条　中央储备物资用于应对国家启动应急响应的重大自然灾害。对未达到启动应急响应条件，但局部地区灾情、险情特别严重的，由国家防总办公室或者应急管理部商财政部同意后动用中央储备物资。

党中央、国务院领导同志有相关重要指示批示的，按照指示批示精神落实。

第二十一条　应对国家启动应急响应的重大自然灾害时，各省（自治区、直辖市）应先动用本辖区储备物资。确需调用中央储备物资的，由省级防汛抗旱指挥机构、应急管理部门向国家防总办公室或者应急管理部提出书面申请。申请内容包括地方已调拨物资情况、省级物资储备情况、申请物资用途、品名、规格、数量、运往地点、时间要求、交接联系人与联系方式等。

流域管理机构直管工程出险需中央储备物资支持的，由流域防汛抗旱指挥机构向国家防总办公室提出书面申请。

中央企业所属防洪工程发生险情需调用中央储备物资的，由工程所在地的省级防汛抗旱指挥机构向国家防总办公室提出申请。

紧急情况下，可以先电话报批，后补办手续。

第二十二条　国家防总办公室或者应急管理部审批后，向国家粮食和物资储备局下达调用指令，明确调运物资品种、数量及接收单位，并抄送财政部和物资申请单位。

第二十三条　国家粮食和物资储备局根据国家防总办公室或者应急管理部动用指令，立即向储备仓库下达调运通知，抄送国家防总办公室、应急管理部、财政部。

第二十四条　中央储备物资调用坚持“就近调用”和“先进先出”原则，避免或者减少物资报废。

第二十五条　储备仓库接到国家粮食和物资储备局调运通知后，应当立即组织调运物资，并派仓储管理人员及时押运至指定地点，与申请单位办理交接手续。国家粮食和物资储备局应当及时将调运情况通报国家防总办公室或者应急管理部。

第二十六条　按照“谁使用、谁承担”的原则，调用中央储备物资所发生的调运费用（包括运输、搬运装卸、过路费、押运人员补助和通讯、运输保险等费用）由申请调用单位负担。调运费用可由调出物资的储备仓库先行垫付，抢险救援救助任务结束后三个月内，由物资调用申请单位负责与调出物资的储备仓库结算，其中用于流域管理机构直管工程应急抢险物资调运费用，由流域管理机构按部门预算管理程序报财政部审核后，流域管理机构负责支付；用于中央企业所属防洪工程应急抢险的，由物资调用申请单位组织物资使用单位与调出物资的仓库结算。

第二十七条　中央储备物资出库后，国家粮食和物资储备局核减中央储备库存。调用的中央储备物资由受灾省份或者流域管理机构立即安排用于应急抢险救灾工作。抢险救灾结束后，有使用价值的调用物资纳入地方或者流域管理机构储备物资统筹管理。财政部将根据调用物资情况，统筹考虑中央自然灾害救灾资金补助事宜。中央企业所属防洪工程发生险情调用的中央储备物资，由中央企业负责在抢险救灾工作结束后3个月内购置同品类、同规格物资归还入库。

第二十八条　除上述国内重大自然灾害应急抢险救灾以外，其他需要动用中央储备物资的，由中央和省级有关部门向国家防总办公室、应急管理部、财政部提出申请。国家防总办公室、应急管理部、财政部及时按程序完成审核。除特殊核准事项外，动用物资需按期归还。

第五章　责任追究

第二十九条　储备仓库违反本规定，有下列行为之一的，依国家有关法律法规和制度规定等进行处理，触犯法律的依法追究相关法律责任：

（一）拒不执行中央储备物资入库、出库指令和有关管理规定的；

（二）未经批准，擅自动用中央储备物资或者变更储存地点的；

（三）虚报、瞒报中央储备物资数量的；

（四）因管理不善造成中央储备物资缺失、质量明显下降的；

（五）拒绝、阻挠、干涉监督检查人员依法履行职责，造成严重后果的；

（六）其他违反相关管理制度和法规造成物资损失的。

第三十条　中央储备物资管理工作要自觉接受审计和有关部门的监督检查。任何单位和个人在中央储备物资管理和监督活动中，骗取、截留、挤占、挪用国家财政资金的，根据《财政违法行为处罚处分条例》等规定查处。

第三十一条　有关行政管理部门工作人员在中央储备物资管理和监督活动中，玩忽职守、滥用职权、徇私舞弊的，依法给予行政处分；涉嫌犯罪的，依法移送司法机关处理。

第六章　附　则

第三十二条　本办法由国家粮食和物资储备局、应急管理部、财政部共同负责解释。

第三十三条　本办法自发布之日起施行。《中央防汛抗旱物资储备管理办法》（财农〔2011〕329号）、《中央救灾物资储备管理办法》（民发〔2014〕221号）同时废止。

关于2023年稻谷最低收购价有关政策的通知

国粮粮〔2023〕39号

各省、自治区、直辖市发展改革委、粮食和物资储备局（粮食局）、财政厅（局）、农业农村厅（局、委）、农业发展银行分行，中国储备粮管理集团有限公司、中粮集团有限公司、中国供销集团有限公司、中国中化控股有限责任公司：

为保障国家粮食安全，进一步完善粮食最低收购价政策，2023年继续对最低收购价稻谷限定收购总量。现将具体事项通知如下。

一 限定收购总量

根据近几年稻谷最低收购价收购数量，限定2023年最低收购价稻谷收购总量为5000万吨（籼稻2000万吨、粳稻3000万吨）。

二 具体操作方式

（一）分批下达。限定收购总量分两批次下达，第一批数量为4500万吨（籼稻1800万吨、粳稻2700万吨），不分配到省；第二批数量为500万吨（籼稻200万吨、粳稻300万吨），视收购需要具体分配到省。

如籼稻、粳稻各自的最低收购价全国收购量达到第一批数量的90%时，中储粮有关分公司应会同省级粮食等部门单位及时提出本省该品种第二批收购的计划数量建议。中储粮集团公司根据当年稻谷产量、收购量、农户余粮和市场价格等情况统筹平衡各省数量后，报国家粮食和物资储备局批准。国家粮食和物资储备局通过政府网站公布各省第二批收购数量。在第一批收购完成后，有关省份按照批准的第二批数量继续开展收购。当收购量达到本省批准数量时，立即停止该省最低收购价收购且不再启动。

（二）动态监测。启动最低收购价执行预案后，中储粮集团公司要严格按照预案有关规定，加强统计监测，每五日向国家粮食和物资储备局报送收购进度；启动第二批收购后，中储粮集团公司要按日报送收购进度。国家粮食和物资储备局定期通过政府网站公布最低收购价全国收购总量。省级粮食等有关部门要结合稻谷商品量和农户余粮情况，及时开展调研调度，全面掌握收粮进度。

三 有关要求

（一）认真落实限量收购政策。中储粮集团公司作为最低收购价政策执行主体，要严格执行限定收购总量的收购政策，不得超量收购。财政资金支持限于最低收购价政策下的最高收购总量内。

（二）加强市场监管。各地要认真落实粮食收储制度改革精神，规范粮食流通市场秩序，依法依规严厉查处粮食收储过程中的违法违规行为。

（三）促进“优粮优价”。各地要积极鼓励农企对接，充分发挥市场价格对生产的反馈引导作用，促进种植结构调整优化，增加绿色优质安全产品供给。

国家发展和改革委员会　国家粮食和物资储备局　财政部
农业农村部　中国农业发展银行
2023年2月27日

关于开展2023年全国政策性粮油库存检查工作的通知

国粮执法〔2023〕52号

各省、自治区、直辖市及新疆生产建设兵团发展和改革委员会、粮食和物资储备局（粮食局）、财政厅（局），国家粮食和物资储备局各垂直管理局，农业发展银行各省级分行，中国储备粮管理集团有限公司、中粮集团有限公司、中国供销集团有限公司、中国中化控股有限责任公司、北大荒农垦集团有限公司：

为认真贯彻习近平总书记关于加强粮食购销监管的重要指示批示精神，全面落实党的二十大工作部署，持续深化粮食购销领域腐败问题专项整治，不断强化政策性粮食库存管理，依据《粮食流通管理条例》《中央储备粮管理条例》等有关规定和国务院关于深入推进“双随机、一公开”监管工作的要求，国家发展和改革委员会、国家粮食和物资储备局、财政部、中国农业发展银行研究决定，联合组织开展2023年全国政策性粮油库存检查。现将有关事项通知如下：

一 总体要求

各部门各单位要深入贯彻习近平总书记关于加强粮食购销监管重要指示批示精神，切实落实党的二十大关于“确保粮食、能源资源、重要产业链供应链安全”的决策部署，以及中央经济工作会议、中央农村工作会议要求，提高政治站位，充分认识本次库存检查的重大意义，切实增强政治自觉、思想自觉和行动自觉。要把政策性粮油库存检查作为落实中央纪委国家监委关于深化粮食购销领域腐败问题专项整治工作意见的重要抓手，推动“强监管严执法重处罚行动年”走深走实的关键环节。要全面落实关于创新方式强化粮食购销领域监管的通知要求，统筹协调季度巡查等日常检查工作，综合运用移库清查、视频抽查、交叉检查、信息化监管等手段，提高库存检查穿透性、精准性和监管效能，持续推进存量问题见底清零，遏制增量问题发生。要坚持边查边改边治，不断健全完善治理长效机制。要严格依据《粮食流通管理条例》等有关法律法规，从严从实开展行政处罚，坚决维护法律尊严和权威。

二 检查范围和内容

（一）检查范围。被检查企业承储的中央政府储备粮（油）、最低收购价粮、国家临时存储粮、地方政府储备粮（油）等政策性粮油，以及被检查库点存储的商品粮（油）库存。

（二）检查内容

1.库存粮油数量情况。检查粮油库存账实相符、账账相符情况，重点检查粮油库存实物的数量、品种、性质，粮油库存保管账、统计账、会计账、银行台账与实际库存对应相符、账务处理合规以及库贷挂钩情况。查清查实账实不符、亏库短量、擅自动用、超损耗、盗卖、虚报损耗等问题线索，并严肃查处。

2.库存粮油质量情况。重点对列入检查范围的库存粮油进行现场质量检查，并扦样检验部分仓房（货位）储存粮油符合国家质量、储存品质和食品安全标准情况；全面核查全周期各环节质量安全管理责任落实情况，包括执行粮油出入库及定期质量检验、质量档案管理、企业质量检验人员和检化验仪器设备配置等情况，是否存在严重虫粮、重度不宜存、霉烂变质等问题。

3.储备粮油轮换管理情况。重点检查2022年度中央政府储备粮油轮换情况，地方政府储备粮油规模落实及轮换情况，包括轮换计划下达是否及时规范，轮换任务执行时间以及轮换的库点、品种、数量是否与计划一致，是否严格执行轮换验收制度，是否存在以陈顶新、转圈轮换、未经批准擅自超架空期、虚假轮换骗取财政补贴、未验收即划转政府储备粮油等违规违法行为。

4.粮食购销政策执行情况。重点检查2018年以前国家政策性粮食管理和监管责任落实情况，2018年及以后国家政策性粮食"谁定点、谁监管、谁验收、谁负责"责任落实情况。收购环节。重点检查粮食收购质价等政策规定执行情况，是否存在多扣水杂、不执行收购质量标准、不按规定进行质量和食品安全指标检验、验收和实际等级不符、虚开结算凭证、虚增粮食重量、虚构交易、未及时支付售粮款、入库凭证造假或信息不全、检斤设备不准确等问题。销售环节。重点检查政策性粮食出库情况，是否存在销售出库未严格执行检验制度、出库检斤凭证造假、出库难、违规违法处置食品安全指标不合格粮食、违规处置定向销售政策性粮食等问题。同时，按照《粮食库存检查办法》要求，全面检查安全储粮和安全生产相关内容。

5.既往发现问题整改处置情况。现场核查涉粮专项巡视巡察、粮食购销领域腐败问题专项整治、2022年政策性粮油库存检查、2021年度中央储备粮棉管理和中央事权粮食政策执行情况考核、审计署审计以及其他专项检查中发现问题整改处置情况，重点检查是否逐条开展问题整改处置，是否有遗漏或故意隐瞒不报、拒绝整改处置现象；对已整改的问题相关制度措施是否及时补充完善并执行落实到位，是否举一反三，建立长效机制防止类似问题屡查屡犯；对尚未整改完成的问题是否积极整改并实施台账管理，是否能够按照规定时限和措施完成整改；对违规违法行为，是否严格依规依纪依法进行行政处罚并追究相关责任人员的责任；涉嫌违纪违法的，是否及时移交纪检监察机关和司法机关处置。

6.粮食流通统计调查制度执行情况。全面检查各层级各单位粮食流通统计调查制度执行情况，主要包括：是否按要求建立粮食经营（统计）台账，台账记录是否及时、准确、真实、完整；是否指定专人从事粮食统计工作，按规定向粮食和储备部门报送统计报表；是否存在拒报统计报表或提供虚假统计数据情况；统计报表数据与粮食统计台账数据是否一致；粮食库存统计数据与实物保管账、会计账是否一致；原始记录和凭证、统计台账和统计报表中的各项数据是否一致。粮食和储备部门统计机构、人员、工作制度及经费保障落实情况；粮食企业统计直报的覆盖面情况，以及粮食和储备部门对企业上报数据审核情况；开展粮食流通统计业务培训及监督检查情况；对违反《粮食流通统计调查制度》等相关制度规定的违规违法行为查处情况。

三　检查工作总体安排

（一）库点选择。坚持问题导向、目标导向，统筹考虑既往检查发现问题、粮食性质、布局、储存年限等因素，按照“双随机、一公开”原则，抽取检查库点，既要全面客观准确反映本辖区政策性粮油库存总体情况，更要最大限度发现问题，消除风险隐患。对存在信用评价等级低、中储粮年度考核评分较低、既往检查发现存在重大问题、发现问题屡查屡犯等情况的库点要进行重点检查。对2022年秋粮和2023年新粮收购轮换入库的库点要进行全覆盖检查。对因熏蒸等原因无法入库检查的，当地粮食和储备部门按管理权限要求承储企业签订粮食安全承诺书，待条件允许后，立即组织入库检查。2023年新入库政策性夏粮（油）库存检查要结合第三季度定期巡查等工作开展，确保新入库政策性粮油储存安全。

（二）检查比例和要求

1.数量检查。检查政府储备粮油的数量不低于辖区政府储备粮油总量的40%，检查最低收购价粮、国家临时存储粮等性质粮油的数量不低于辖区内相应库存总量的30%。对检查的库点，库内所有粮油要逐仓逐货位进行全覆盖检查，并加强关联检查、区域协查，深挖深层次问题和腐败问题线索。对实物检查发现超过允许差率范围的，要查清查实差率原因、问题根源以及是否存在违规违法线索，坚决采取移库清查的方法，彻底核实库存粮油准确数量。

2.质量检查。以仓内现场检查为主，重点检查库存粮油质量品质是否符合国家标准规定要求，是否与质量档案相符。根据被检查企业库存粮食性质、品种、年限等因素随机选取扦样货位，对外观质量差、与质量档案明显不符、质量存疑的货位重点扦样检验。原则上1个被检查粮食库点扦样检验不少于3个货位，1个被检查油脂库点扦样检验不少于5个油罐；每个货位（油罐）扦取1个样品送检。各省级粮食和储备部门、各垂直管理局要按规定程序确定样品检验机构。检测指标主要包括：粮油质量、储存品质、主要食品安全指标（食品安全指标按样品数量10%掌握）。检验机构应严格执行质量检验有关规定要求，确保检验结果真实准确；检验工作完成后应认真核对检验结果，确保每个货位扦样信息与检验结果准确匹配，并立即按规定要求报送至牵头检查单位〔所在省份省级粮食和储备部门或相应垂直管理局〕。对复核确认食品安全指标不合格的粮食，牵头单位应按照法律法规和政策制度规定处置。扦样检验要求按照《中央储备粮油质量扦样检验管理办法》等有关规定执行。

3.软件使用。为提高检查效率和准确性，本次粮油库存检查使用政策性粮油库存检查应用软件，分解登统、检查数据录入、结果汇总等均通过软件操作完成。

（三）检查分工。中储粮直属企业及其租仓库点承储的政策性库存粮油，由各垂直管理局牵头检查，各省级粮食和储备部门、中国农业发展银行各省级分行、中储粮集团公司和其他中央企业分（子）公司配合实施；地方粮食企业、其他央企承储的政策性库存粮油，由各省级粮食和储备部门牵头检查，各垂直管理局、中国农业发展银行各省级分行、中储粮集团公司和其他中央企业分（子）公司配合实施。

各省级粮食和储备部门、垂直管理局要加强沟通协调，统筹安排检查库点，做到应查尽查，查必彻底，不重复检查。

四 检查时点和进度安排

（一）检查时点。以2023年3月31日为检查时点，并以检查时点库存统计数据进行分解登统。库存检查工作分准备、交叉重点检查、部门督导抽查、总结报告和问题整改等5个阶段。

（二）进度安排

1.准备阶段。3月31日前，各省级粮食和储备部门、各垂直管理局会同同级有关部门和单位细化制定本地区工作实施方案，明确职责分工，落实检查人员，每个检查组配备具有行政执法资格的检查人员不少于2人；同时做好库存粮油分解登统、动员培训、检查工具配备等各项前期准备工作；督促企业做好迎检准备工作；落实跨省份异地储存粮油的委托检查手续；全面梳理既往问题整改、12325热线、中央储备粮库存动态监管系统等渠道接收的问题线索和相关情况，认真分析研判选取检查对象和检查重点，交由检查组开展现场检查。

4月20日前，各省级粮食和储备部门牵头完成分解登统工作，其他部门单位参与配合。中央政府储备粮（油）、最低收购价粮、国家临时存储粮和中储粮系统的商品粮（油）等统计库存，由作为统计报账单位的中储粮直属企业利用政策性粮油库存检查应用软件分解登统，通过中储粮专网报上级中储粮分（子）公司审核，中储粮集团公司完成备案。中储粮集团公司要组织中储粮子公司将有关库存粮油分解登统数据报送所在地中储粮分公司汇总。中粮集团负责承贷的中央政府储备粮由其省级管理公司通过履行监管职责的垂直管理局涉密内网进行分解登统；中粮集团、中国供销集团、中国中化集团等其他中央企业承贷的其他政策性粮食、商品粮统计库存，由其所属区域管理公司经上一级主管部门审核确认后，通过政策性粮油库存检查软件分解登统，报送至实际承储库点所在地省级粮食和储备部门。地方政府储备粮油和承储政策性粮油的地方企业商品粮油统计库存，由统计报账单位利用互联网政策性粮油库存检查应用软件进行分解登统，报所在地粮食和储备部门逐级审核。跨省份异地储存粮油统计库存，由委托方负责分解登统。各省级粮食和储备部门会同中储粮分公司、有关垂直管理局将分解登统数据，通过所在地垂直管理局涉密内网报送至国家粮食和物资储备局进行合并登统。

政策性粮油承储企业要高度重视，切实承担分解登统工作主体责任，准确理解并填报库存数据；各级粮食和储备部门要加强对分解登统数据审核，确保登统数据应报尽报、准确无误。国家粮食和物资储备局将加大督促、核查力度，对发现的问题及时通报。

2.交叉重点检查阶段。5月31日前，各省级粮食和储备部门要采取相互交叉、本地回避的方式，组织所辖市地之间开展省内交叉重点检查。各垂直管理局按跨区域检查方式对中储粮直属企业及其租仓库点进行检查，具体分工另行通知。

各检查组应及时将现场检查结果和工作底稿录入政策性粮油库存检查软件。检查发现问题要准确描述违规违法行为涉及的单位、时间、仓房货位、粮食数量、问题经过、问题成因、当前状态，违反的法规制度条款要清晰准确，并据实提出相应整改或处罚意见、整改时限和责任人。

各省级粮食和储备部门、各垂直管理局要对各检查组检查结果严格审核把关，对存在的账实、账账差数，要查清查实原因；对检查数据填报错误的要及时纠正。对发现问题描述不清、定性不准、整改处置意见不恰当的要认真复核，确保事实清楚、证据充分、整改处置意见准确。要及时汇总分析承检机构反馈的质量检验结果，第一时间报送国家粮食和物资储备局标准质量管理办公室，并导入政策性粮油库存检查软件。

3.部门督导抽查阶段。库存检查期间，国家粮食和物资储备局将会同有关部门单位采用实地督导检查和视频抽查等方式，对工作开展情况进行督导检查，督促有关单位严肃规范开展现场检查，跟踪检查发现问题整改和行政处罚等情况，对检查发现的重大违规违法问题进行重点督办。适时派出多部门联合抽查组，对部分重点地区、重点企业开展抽查。

4.汇总阶段。7月31日前，各省级粮食和储备部门、各垂直管理局对检查情况全面总结，认真汇总审核检查结果，编写检查结果报告（其中2022年入库的秋粮有关情况应单独说明），并报送国家粮食和物资储备局。

9月30日前，各省级粮食和储备部门、各垂直管理局将粮食流通统计调查制度执行情况和新入库政策性夏粮（油）库存检查情况分别形成报告，报送国家粮食和物资储备局。

5.问题整改处置阶段。检查组检查发现问题要正式反馈被检查单位，督促承储企业对发现问题进行立行立改。各级粮食和储备部门、各垂直管理局要建立问题台账，加强跟踪督促，实施限期销号管理；依据监管权责分工，及时移交相关问题线索。要严格对照法律法规，认真研判检查组发现问题，对涉嫌违规违法问题线索，立即按照法定程序立案调查，依法从严作出处罚决定，并及时将有关情况报送国家粮食和物资储备局。要用好督导检查、约谈、通报等工作机制，适时开展问题整改“回头看”，督促发现问题限期整改到位。国家粮食和物资储备局将加强对重点问题督办，并组织开展问题整改处置“回头看”工作。

五　有关工作要求

（一）加强组织领导。各部门各单位要深刻认识2023年政策性粮油库存检查工作的重要性，始终牢记“国之大者”，坚持从严从细从实的工作要求，以“零容忍”态度，牢牢守住库存粮食安全底线，持续保持对违规违法行为的高压态势，坚决消除政策性粮食收储购销领域风险隐患。要加强部门单位的协作配合，成立库存检查工作领导小组，建立工作协调机制，统筹各方力量，形成检查合力，共同完成好辖区内库存检查各项工作。

（二）增强检查实效。要继续聚焦粮食购销领域腐败问题专项整治工作中暴露的突出问题，统筹利用视频抽查、交叉检查、“四不两直”抽查、案件核查、信息化监管等方式，及时研判核查问题线索，不断提高检查权威性和针对性，强化监管震慑作用。要严格落实新修订的《粮食库存检查办法》《中央政府储备粮棉管理和中央事权粮食政策执行情况年度考核办法》，规范细致开展检查，按照“谁检查、谁签字、谁负责”的原则，认真落实以“组长负责制”为基础的检查工作制和责任追究制，确保检查工作深入细致，检查结果客观公正。要严明工作纪律，督促检查人员自觉遵守中央八项规定及其实施细则精神，严格遵守廉洁纪律和保密规定；要畅通库存检查人员违规违纪问题举报渠道，接受相关部门、被检查单位和群众监督，开展阳光检查。库存检查发现的重大问题，应第一时间报告国家粮食和物资储备局。

（三）严格行政执法。要坚决落实“强监管严执法重处罚行动年”相关要求，增强斗争精神、锤炼斗争本领，坚持“最严标准”查处涉粮违规违法案件，对违反《粮食流通管理条例》《中央储备粮管理条例》等法律法规政策规定的行为，坚决依规依法作出行政处罚。要按照《粮食流通行政执法办法》等有关规定，对违法事实确凿并可适用简易程序处罚的，依法现场作出处罚决定；涉嫌违法且达到立案标准的，要在现场检查任务结束15日内立案调查，杜绝有案不立、压案不查，杜绝以印发整改通知、通报、内部处理、党纪政务处分等代替行政处罚。涉嫌违法犯罪的，要按照《粮食和储备部门向纪检监察机关移送问题线索工作制度（试行）》《粮食和储备部门向公安机关移送问题线索工作制度（试行）》规定移送问题线索，并积极配合纪检监察机关和公安机关进行查处。要适时通报曝光重大典型涉粮违法案件，加大警示教育力度，达到查处一案、警示一片、治理一域的目的。

（四）严肃追责问责。要认真落实《粮食储备管理问责办法（试行）》等规定，对粮食储备管理过程中不作为、慢作为、乱作为等不履职尽责的相关企业责任人严肃追责问责；对相关监管部门行政监管不到位，检查走过场、发现问题不深入、督促整改不力的，按照干部管理权限，向相关责任人任免机关提出追责问责或岗位调整等处理建议。

国家发展和改革委员会　国家粮食和物资储备局

财政部　中国农业发展银行

2023年3月10日

关于切实做好2023年夏季粮油收购工作的通知

国粮粮〔2023〕78号

各省、自治区、直辖市及新疆生产建设兵团发展改革委、粮食和物资储备局（粮食局）、财政厅（局）、农业农村厅（局、委）、市场监督管理局（厅、委），中国农业发展银行各省级分行，中国储备粮管理集团有限公司、中粮集团有限公司、中国供销集团有限公司、中国中化控股有限责任公司、北大荒农垦集团有限公司，中国粮食行业协会：

为认真贯彻落实中央经济工作会议、中央农村工作会议和中央一号文件精神，扎实做好2023年小麦、早籼稻、油菜籽等夏季粮油收购（以下简称“夏粮收购”）工作，现将有关事项通知如下：

一 进一步深化思想认识，深刻把握抓好夏粮收购工作的重大意义

今年是全面贯彻落实党的二十大精神的开局之年，做好粮食工作、保障粮食安全意义重大。夏粮收购是全年粮食收购工作的首战，抓好夏粮收购是保障粮食稳定安全供给、全方位夯实粮食安全根基的重要举措，是维护粮食市场平稳运行、保护种粮农民利益的现实需要。各地要始终以习近平新时代中国特色社会主义思想为指导，严格落实粮食安全党政同责要求，切实把夏粮收购摆在突出位置，细化任务、压实责任，多措并举、担当作为，确保夏粮收购各项工作顺利开展。

二 充分发挥企业主体作用，着力激发市场化购销活力

加强收购统筹组织，更加注重以市场化方式和手段谋划推进夏粮收购工作，充分发挥市场配置粮食资源的决定性作用。围绕“有人收粮、有钱收粮、有仓收粮、有车

运粮”，扎实做好收购仓容准备、资金筹措、人员培训等各项工作，为夏粮收购提供有利条件。建立健全粮食收购市场化融资支持机制，积极搭建银企对接平台，巩固提升粮食收购贷款信用保证基金使用成效。持续深化粮食产销合作，加强政府间战略协作，办好各类产销洽谈活动，推动线上线下融合发展，进一步完善长期稳定、高效精准、顺畅衔接的产销合作机制。深入推进优质粮食工程，实施“六大提升行动”，不断提升粮食收储保障能力。尊重企业主体地位，在改善环境、优化政策、搭建平台等方面下更大功夫，发挥好龙头骨干企业的引领带动作用，巩固强化多元主体积极收购良好局面。

三 认真抓好政策性收购，坚决守住农民“种粮卖得出”的底线

中储粮集团公司要严格落实最低收购价政策执行主体责任，按照《小麦和稻谷最低收购价执行预案》（国粮发〔2018〕99号）、《关于2023年小麦最低收购价有关政策的通知》（国粮粮〔2022〕189号）和《关于2023年稻谷最低收购价有关政策的通知》（国粮粮〔2023〕39号）要求，精心组织政策性收购工作，切实发挥政策托底作用。要合理布设收购网点，及时公布有关信息，做好收购准备工作。要会同地方有关部门单位，加强市场价格监测，及时申请在符合条件的地区启动最低收购价执行预案。要严格执行质价标准，不得压级压价、抬级抬价、拒收符合标准的粮食。相关地方要切实承担起保障区域粮食安全的主体责任，对可能出现的不符合标准的粮食，必要时采取地方临储等方式妥善处置，严禁不符合食品安全标准的粮食流入口粮市场和食品生产企业。政策性收购资金要及时足额供应，专款专用、封闭运行。

四 牢固树立以人民为中心的发展思想，持续优化为农为企服务

紧贴农民售粮实际，创新服务方式，优化服务举措，帮助农民便捷顺畅售粮。指导收储库点落实价格上榜、标准上墙、样品上台等要求，做好咨询讲解、接卸引导、账款清算等工作；必要时早开门、晚收秤，延长收购时间。有条件的地方和企业要更多探索使用预约收购方式，推广应用手机客户端、微信小程序等，实现少排队、快售粮。充分发挥粮食产后服务中心作用，及时提供清理、干燥、收储等服务；加强农户科学储粮指导，促进农民减损增收。指导粮食收储企业改善仓储设施条件，应用先进、适用技术和装备，规范仓储管理，提高粮食储存保管水平。认真总结收购企业备案工作经验做法，进一步完善制度、优化流程、提高效率。同时，督促指导企业排查粮食出入库、烘干、熏蒸等各环节风险隐患，加强作业人员安全教育和管理，严格遵守“一规定两守则”等操作规程，严防安全生产事故发生。

五　强化监测预警和预期引导，全力保障市场平稳运行

增强系统观念和全局思维，强化粮食产购储加销协同保障，把夏粮收购与粮源调度、储备管理、加工销售等各环节工作统筹安排，形成保供稳价合力。加大粮油市场监测力度，密切跟踪主要品种市场形势变化，妥善解决苗头性、倾向性、潜在性问题。加强政策宣传解读，优化信息发布机制，适时通报工作部署、收购进度、价格走势、供求形势等相关情况，回应社会关切，稳定市场预期，引导企业均衡收粮、农民有序售粮。因地制宜修订完善粮食应急保供方案，持续加强粮食应急保障体系建设。结合形势变化和调控需要，科学把握中央和地方储备轮换时机节奏，加强两级储备协同，发挥好吞吐调节作用。

六　严格执法监管，进一步规范收购市场秩序

把粮食收购执法监管作为深化粮食购销领域腐败问题专项整治工作的重要举措，严厉打击涉粮违法违规行为，切实保护种粮农民和粮食经营者合法权益。督促粮食收购企业认真履行主体责任，严格执行粮食收储政策和法规制度标准，强化收购流程管控。加强粮食收购企业备案、政策性粮食收购库点审批、仓储管理等关键环节的事前事中监管，及时防范化解风险隐患。充分发挥12325、12315监管热线作用，综合运用“四不两直”“飞行检查”“交叉检查”“信用监管”等手段提升监管效能。严肃查处未按规定告知、公示粮食收购价格，收购粮食压级压价，未及时支付售粮款，以及“虚假收购”“先收后转”“以陈顶新”“以次充好”“转圈粮”等违法违规行为，加强涉粮资金监管，强化警示震慑作用。持续巩固拓展粮食购销领域监管信息化建设和应用成效，政策性粮食收购要全面使用信息化系统，确保粮库信息系统通过省级平台或央企平台与国家平台互联互通。粮食行业协会及中介组织要加强行业自律，引导企业遵纪守法、诚信经营，合力营造良好市场环境。

七　加强组织领导，确保各项政策措施不折不扣落到实处

今年冬小麦播种面积稳中有增、长势好于上年，油菜面积扩大较多，早籼稻面积保持稳定，夏粮生产形势总体较好。各地各有关部门要在当地党委、政府的统一领导下，进一步健全粮食收购协调机制，层层压实各方责任，扎实推进夏粮收购各项工作。认真落实中央关于在全党大兴调查研究的工作方案要求，把调查研究贯穿夏粮收购工作全过程，深入基层、沉到一线，广泛听取种粮农民、收购企业、基层部门等各方面意见建议，不断优化收购政策措施。强化底线思维，对收购中可能出现的困难问题，加强前瞻性谋划和针对性

安排，周密制定工作方案和应对预案，做到心中有数、应对有方。重大问题要及时向当地党委、政府和国家有关部门报告。

国家发展和改革委员会　国家粮食和物资储备局　财政部
农业农村部　国家市场监督管理总局　中国农业发展银行
2023年4月28日

关于印发《粮食运输技术指南（试行）》的通知

国粮仓〔2023〕136号

各省、自治区、直辖市及新疆生产建设兵团粮食和物资储备局（粮食局）、交通运输厅（局、委），国家粮食和物资储备局各垂直管理局，各地区铁路监督管理局，中国储备粮管理集团有限公司、中粮集团有限公司、中国远洋海运集团有限公司、招商局集团有限公司，各铁路局集团公司，河南工业大学、南京财经大学、武汉轻工大学，各有关单位：

为深入贯彻落实《粮食节约行动方案》和《粮食流通管理条例》，提高粮食运输效率，保持运输粮食品质稳定，提升粮食运输技术水平，降低运输环节粮食损耗，服务粮食产业高质量发展，指导粮食运输减损工作，我们制订了《粮食运输技术指南（试行）》。现印发给你们，请结合实际，认真抓好贯彻执行。试行工作中有关重要情况请及时报告国家有关部门单位。

国家粮食和物资储备局　交通运输部

国家铁路局　中国国家铁路集团有限公司

2023年6月19日

粮食运输技术指南（试行）

为深入贯彻落实《粮食节约行动方案》和《粮食流通管理条例》，提高粮食运输效率，保持运输粮食品质稳定，提升粮食运输技术水平，降低运输环节粮食损耗，服务粮食产业高质量发展，指导粮食运输减损工作，特制订本指南。

一 总体要求

以习近平新时代中国特色社会主义思想为指导，坚持企业为主体、市场为导向、创新为动力，强化粮食运输过程管理，突出系统布局，落实节粮减损，加强粮食运输技术指导，加快新技术、新理念、新模式应用，提升粮食运输效率，降低运输成本，保障粮食质量，切实减少运输环节粮食损失损耗，确保运输安全和操作安全。到2027年，粮食运输技术水平不断提高，逐步建立粮食运输技术支撑体系，粮食物流服务体系日趋完善，粮食运输装卸更加顺畅，运输效率进一步提升，粮食运输环节减损降耗效果明显。

二 做好粮食安全运输准备

（一）做好装运准备。粮食托运人应选用适宜载具运输粮食，优先选用各类专用粮食运输载具。对于确需采用非专用载具运输粮食的，应做好必要防护处理并备好包装物、铺垫物等。铺垫物不应破损，不得使用谷壳、篾片、苇席或其他不适宜的铺垫物。加强包装物、铺垫物和必备用品管理，确保质量良好。

（二）检查运输载具状态。各粮食托运人、承运人应加强对汽车、火车、船舶等运输载具检查，确保状态良好。认真检查运输载具门、窗、舱盖等处，确保无漏雨雪、漏粮、水湿、污染等异状，车辆、船只等粮食运输载具的装载空间规整完好，包装袋、集装袋、集装箱等完整无破损，内部空间清洁干燥，卫生条件良好，确保运输途中不开裂破损。及时检查车辆、船只铺垫物及防雨设施，避免粮食撒漏或湿损风险。做好粮食接卸和输送设备维护，确保传动、承载、运输设备状态良好。

（三）确保运输载具卫生安全。禁止使用不符合质量、食品安全标准的包装材料、容器、运输工具等运输粮食。装载过化肥、农药、玻璃纤维和其他有毒有害物质的，或装载过活牲畜和其他污秽物的包装材料及承载用具，须按规定彻底清洗洁净或消毒，在达到食品安全标准前不得运输粮食。

（四）加强托运粮食质量管理。粮食托运人要加强运输粮食质量安全管理，依据有关规定进行质量检验。不得违规托运真菌毒素、农药残留、重金属或其他危害物质超标的粮食，霉变或色泽、气味异常的粮食，以及储存期间使用储粮药剂未满安全间隔期等不符合食用质量标准的粮食。对于上述指定用途的粮食，要严格执行安全运输要求，确保不流入口粮市场。粮食不得与有毒有害物质混装运输。高水分粮、虫粮等，由粮食托运人在托运前进行妥善处理，并将有关情况如实告知承运人。按有关规定落实粮食、包装物、运输工具相关的防疫检测。不得在运输途中使用国家禁止的化学药剂或违规使用化学药剂进行保质杀虫等作业。

三　做好出入粮库运输技术应用

（一）做好粮食清理抑尘降碎工作。注意做好粮食装卸、入仓过程降尘清理工作，可使用高效环保粮食清理系统、密闭高效输送设备或其他除尘和抑尘技术装备降尘。装船、装车机具设备落粮处宜加装降碎抑尘装置或采取其他有效措施。粮食输送设备可采用弹性挡板等设施，降低作业粮食破碎率。

（二）做好出仓粮食质量管理工作。库存粮食质量应符合国家相关标准，出仓时如发现粮食遭受污染、水湿、虫霉变质等情况，该部分风险粮食须分类处置。根据粮食污染因素、水湿程度和质量情况，及时采取有效措施进行整理、抢救，防止损失扩大。

（三）做好出仓作业。平房仓粮食出仓前应进行通风散气，严格遵守作业规程，防止发生生产安全事故。粮堆或粮芯温度与环境温度差异较大时，应降低出仓速度，避免结露。提前检修扒谷机等机械设备，防止作业时出现故障或发生漏电事故。做好输送带等设备桥接，安排好开机顺序，防止出现遗撒。作业时应及时清扫粮仓和场地，收集遗撒粮食。

（四）做好港口中转作业。加强港口作业设备检修维护，确保运行状态良好。合理设置设备启动顺序，减少不必要停机，降低作业环节抛撒损耗。鼓励应用物联网技术，采用散粮物流管控一体化技术、三维可视化技术，实现运输、仓储及作业数据流的高度融合、动态作业协同，及时掌握设备运行情况，做到设备预测性管理和预防性维护。

四　促进粮食运输减损

（一）做好在途粮食安全管理工作。粮食运输应遵守各项相关管理要求。铁路运输，应确保车辆密封性能良好，保证装车后篷布苫盖质量良好，绳索固定系牢，行驶过程中遮盖牢固，有效防风、防雨雪、防危害物质混入。船舶运输，应做到粮面全覆盖，防止受潮、淋雨或因风吹落入水。公路运输，应确保篷布妥善安装，绳索固定系牢，整体密闭性好，通过积水及劣质路段，减速慢行，避免因水溅浸或颠簸造成粮食受潮、散落。集装箱运载粮食，应检查锁扣和箱体状态，防止松脱、破损。散粮汽车运载粮食，应检查仓口和车厢状态，防止发生松脱和受潮。

（二）预防在途粮食品质劣变。承运人根据粮食托运人要求，按照粮食品种和运输周期，有针对性地采取隔热、保温、抑菌等技术手段，避免粮食品质劣变，降低粮食运输过程中的结露、发热和虫害等风险。

（三）加强在途粮食质量管理工作。粮食托运人、承运人按约定加强粮食发运、运输、接收的质量管理。一车一船或一箱（大船按舱）宜装载同一品名、同一性质粮食，如遇特殊情况拼装时，需采取相应隔离措施，并有明显标识。粮食承运人在运输过程中应按照托运人要求，保持粮食品质，遇到异常情况，应及时与原发运单位联系进行处理，避免损失扩大。在粮食运输途中，根据约定做好粮食巡检和记录，消除粮食质量风险因素。

五 加强安全作业指导

（一）加强作业安全管理。粮食装卸作业须符合各项相关管理规定。仓库内和装卸车作业人员操作设备时要做好安全防护，未穿戴好安全帽等防护用具人员不得进入作业现场。要按照作业操作规程开展装卸车作业，严禁野蛮抛摔或不当操作。作业人员在指挥和配合机械作业时，注意作业机械动态，选择安全的位置及时避让。作业人员未离开设备运动部件危险区域时，不允许设备作业。与作业无关的人员和车辆不得进入作业区域。雨雪天作业时，人员注意防滑，在检验设备制动灵敏可靠后，方可进行正常作业。遇强风时，按规定停止室外作业。登高作业人员必须佩戴安全绳，应严格遵守高空作业的安全要求。装卸车过程中，非作业人员要与作业区域保持2米以上的安全距离。入仓作业人员按规定系好安全绳，人数不少于2人，入仓前必须检验仓内气体情况，检测符合要求后方可入仓作业。

（二）加强技术培训。加强粮食运输作业人员安全培训，确保相关人员了解作业流程和安全要求。从事粮食物流运输的驾驶人员须按规定持证上岗。粮食仓储物流从业人员须熟悉粮食特性，掌握储粮害虫防治技术、防霉技术、安全储藏技术、粮食安全检测技术，并按规定具备相应技能。从事粮食物流机械化装卸、搬运操作人员和管理人员，应熟练掌握设备操作和维护技能，熟悉安全操作规程，满足相应从业要求。

（三）加强安全教育和管理。各粮食运输参与单位要深入学习贯彻安全生产法和国务院关于深化粮食流通体制改革有关文件精神，严格落实各项安全生产制度。建立健全安全生产责任制，完善以排查隐患为主的安全生产检查制度，建立生产安全事故报告登记备案制度，完善生产安全事故责任追究制度。广泛开展安全生产宣传教育活动，强化企业职工安全意识。加强第三方业务单位监管，严格审查资质。签订专门的安全生产管理协议，依法履行各方安全生产管理职责，落实安全生产工作统一协调、管理责任。

六 推广粮食多式联运技术

（一）完善粮食多式联运硬件设施。统筹推进散粮运输、集装运输、多式联运等协调发展，装卸点应用集装箱翻转机、固定式集装箱装箱站、固定式集装箱卸箱站等装卸新技术、新装备，减少传统运输模式装卸、搬运次数，有效降低粮食转运过程损耗，提高粮食流通效率。

（二）提升运输信息技术应用水平。在粮食运输过程中，鼓励采用基于北斗时空定位及工业互联网技术的物联网监测系统、基于云平台的粮情数据存储平台等信息技术手段，及时提供运输粮情监控与预测服务。深化粮食物流信息化建设，畅通各环节之间的衔接与协调，形成灵活高效的粮食物流服务体系。

（三）创新多式联运组织模式。鼓励各类粮食运输承运人创新粮食物流组织和商业新模式，探索采用多式联运“一单制”，实现“一次委托、一次收费、一单到底”的承运模式，配合无线射频技术（RFID）、粮食运输识别技术、散粮集装箱运输数据在线传输技术、物流和质量追溯及平台服务等新型信息化技术，实现溯源数据自动提取、远程监测、可交互及可视化等功能，提高运输效率。

七 做好粮食运输创新工作

（一）强化科技创新。各粮食运输企业应加强科技创新，发挥引领作用，不断带动粮食物流业进步，促进产业结构调整和优化升级。加大核心技术研发力度和自主创新的知识产权保护力度。鼓励原始创新、集成创新和引进消化吸收再创新，在借鉴国外先进技术的同时，广泛学习和引入相关行业的先进技术成果。搭建粮食物流技术创新平台，促进产学研融合发展。科学普及粮食物流新技术成果，充分发挥物流减损新技术的作用，促进粮食物流业可持续发展。

（二）强化标准制修订。结合粮食流通发展现状，及时开展粮食接卸、运输、操作、安全等标准制修订工作，规范粮食运输技术应用。科学规划粮食运输相关标准研究工作，完善粮食运输标准规范，构建粮食运输标准体系。探索粮食运输物联网等新技术应用标准，引导粮食运输技术创新，促进粮食运输提质增效。

（三）强化人才培养。大力发扬工匠精神，鼓励有条件的粮食运输企业探索建立“首席技师”制度，发挥高技能人才的引领作用，切实提高技术技能人才经济待遇，提高学历水平。加大基层操作人员、专业技术人才知识更新培训力度，开展“岗位练兵”、“技能竞赛”活动，形成“比、学、赶、超”的浓厚氛围。引导一线广大技能人才向创造型技术技能人才发展，建设与粮食运输业发展需求相适应的技术技能人才队伍。

（四）强化监督管理。各粮食运输托运人、承运人应严格遵守民法典、公司法、安全生产法和《粮食流通管理条例》等法律法规和有关规定，加强粮食运输组织和管理，确保粮食质量安全，运输生产安全，严格落实各项责任。各级粮食行政管理部门、交通运输管理部门应严格执行政策，落实管理职责，加强指导、监督和管理，推广应用先进粮食运输技术，提升粮食运输技术水平，为保障粮食高效运输、安全运行提供优质服务。

关于印发《政策性粮食购销违法违规行为举报奖励办法（试行）》的通知

国粮执法规〔2023〕144号

各省、自治区、直辖市及新疆生产建设兵团粮食和物资储备局（粮食局）、财政厅（局），国家粮食和物资储备局各垂直管理局：

国家粮食和物资储备局、财政部联合制定了《政策性粮食购销违法违规行为举报奖励办法（试行）》，现印发给你们，请认真遵照执行。

国家粮食和物资储备局　财政部

2023年7月22日

政策性粮食购销违法违规行为举报奖励办法（试行）

第一条　为鼓励举报政策性粮食购销违法违规行为，动员社会力量参与政策性粮食购销领域监督，坚决维护国家粮食安全，根据《粮食流通管理条例》、《中央储备粮管理条例》等法律法规规章，制定本办法。

第二条　举报奖励遵循依法保护举报人合法权益、自愿领取、奖励适当的原则。

第三条　自然人（以下称举报人）可通过12325等热线电话、政府网站、信函以及其他渠道，向各级粮食和物资储备行政管理部门（以下简称粮食和储备部门）、国家粮食和物资储备局垂直管理局（以下简称垂直管理局）举报。

国家粮食和物资储备局线索的接收受理、办理等事项，依照《12325全国粮食和物资储备监管热线举报处理规定》（国家粮食和物资储备局公告2021年第5号）等处理。

第四条　举报人向粮食和储备部门、垂直管理局反映从事政策性粮食购销经营活动涉嫌违反《粮食流通管理条例》、《中央储备粮管理条例》等规定的行为，以及竞买政策性粮食时恶意违约等违反合同规定的行为，且属于粮食和储备部门、垂直管理局管辖范围，经查证属实应予奖励的，适用本办法。

第五条　奖励举报人须同时符合下列条件：

（一）有明确的被举报对象和具体违法违规线索，并提供了有效证据；

（二）举报事项事先未被粮食和储备部门、垂直管理局掌握，或者虽有所掌握，但举报人提供的情况更为具体详实；

（三）举报事项经查证属实；

（四）举报人愿意得到举报奖励，并提供可供核查且真实有效的身份信息、联系方式等；

（五）其他依法依规应予奖励的必备条件。

第六条　有下列情形之一的，不予奖励或者不予重复奖励：

（一）举报人为粮食和储备部门、垂直管理局工作人员或者其他具有法定职责人员的；

（二）在收到举报前，政策性粮食违法违规行为人已主动供述本人及其同案人员的违法违规事实，或者在被调查处理期间检举揭发其他违法违规行为的；

（三）粮食和储备部门、垂直管理局对举报事项作出处理决定前，举报人主动撤回举报的；

（四）举报人就同一违法违规行为多处、多次举报的，不予重复奖励；

（五）举报人身份无法确认或者无法与举报人取得联系的；

（六）举报前，相关政策性粮食违法违规行为已进入诉讼等法定程序的；

（七）其他依法依规不予奖励的情形。

第七条　地方各级粮食和储备部门查处的案件举报奖励由本部门负责发放，垂直管理局查处的案件举报奖励由国家粮食和物资储备局统一发放。

对符合奖励条件的举报人，综合考虑查实违法违规行为的危害程度、对国家造成的经济损失、线索质量以及行政处罚罚款金额等因素，给予作出行政处罚罚款金额3%以下的一次性资金奖励，最高不超过150000元，最低不少于1500元。

第八条　举报奖励所需资金按程序纳入县级及以上粮食和储备部门年度预算，垂直管理局举报奖励所需资金统一列入国家粮食和物资储备局部门年度预算，接受审计监督和财会监督。

第九条　多人、多次举报的，奖励按照以下规则发放：

（一）同一违法违规行为由两个及两个以上举报人分别举报的，奖励最先举报人，举报次序以粮食和储备部门、垂直管理局受理举报的登记时间为准；

（二）两个及两个以上举报人联名举报同一违法违规行为的，按同一举报奖励。

第十条　对政策性粮食购销违法违规行为作出处理决定后30个工作日内，由查处举报的粮食和储备部门、垂直管理局启动奖励程序。

粮食和储备部门应当在作出奖励决定之日起10个工作日内，以适当方式将奖励决定告知举报人。

举报人放弃奖励的，终止奖励程序。

第十一条　举报人应当在收到领取奖励通知之日起30个工作日内，凭本人有效身份证明领取奖励。委托他人代领的，受托人须同时持有举报人授权委托书、举报人和受托人的有效身份证明。

举报人逾期未领取奖励的，视为主动放弃。

联名举报的举报人应当推举一名代表领取奖励，并自行进行内部分配。

第十二条　粮食和储备部门应当开辟便捷的兑付渠道，便于举报人领取举报奖励资金。

举报奖励资金原则上应当使用非现金的方式兑付，按国库集中支付规定办理。

第十三条　发放举报奖励资金时，应当严格审核。

举报奖励资金发放后，发现存在以伪造材料、隐瞒事实等方式骗取举报奖励的，或者存在其他不符合领取奖励的情形，发放奖励的粮食和储备部门查实后有权收回举报奖励，并依法追究当事人相应责任。

第十四条　举报人应当对举报内容及其提供材料的真实性负责，捏造、歪曲事实或者诬告陷害他人的，应当依法承担相关法律责任。

第十五条　粮食和储备部门、垂直管理局应当严格为举报人保密，不得以任何方式泄露举报人身份等相关信息。粮食和储备部门、垂直管理局相关工作人员泄露举报人信息的，依规依纪依法给予严肃处理。

第十六条　地方各级粮食和储备部门、垂直管理局和财政部门可依据本办法，制定实施细则，对奖励的标准、发放程序等作出具体规定。

第十七条　本办法由国家粮食和物资储备局、财政部负责解释，自发布之日起施行，有效期5年。

关于切实做好2023年秋粮收购工作的通知

国粮粮〔2023〕165号

各省、自治区、直辖市及新疆生产建设兵团发展和改革委员会、粮食和物资储备局（粮食局）、财政厅（局）、交通运输厅（局、委）、农业农村（农牧）厅（局、委）、市场监督管理局（厅、委），中国人民银行上海总部，各省、自治区、直辖市、计划单列市分行，国家金融监督管理总局各监管局，各铁路局集团公司，各有关商业银行，中国农业发展银行，中国储备粮管理集团有限公司、中粮集团有限公司、中国供销集团有限公司、中国中化控股有限责任公司、中国农业发展集团有限公司、北大荒农垦集团有限公司，中国粮食行业协会：

为认真贯彻落实中央经济工作会议、中央农村工作会议和中央一号文件精神，切实做好2023年秋粮收购工作，现就有关事项通知如下：

一　提高政治站位，深刻认识抓好秋粮收购工作的重大意义

今年是全面贯彻落实党的二十大精神的开局之年，抓好粮食收购工作、保障粮食安全意义重大。秋粮收购涉及品种多、范围广、数量大，是全年粮食收购工作的重中之重。抓好秋粮收购，是认真落实学习贯彻习近平新时代中国特色社会主义思想主题教育“学思想、强党性、重实践、建新功”总要求的应有之义，是增强粮食供应保障能力、全方位夯实粮食安全根基的现实需要，是守牢农民“种粮卖得出”底线、保护种粮农民利益的必然要求。各单位要始终以习近平新时代中国特色社会主义思想为指导，切实增强抓好秋粮收购工作的责任感和使命感，进一步统一思想、深化认识，主动担当、狠抓落实，确保秋粮收购各项工作顺利开展。

二　激发购销活力，精心组织市场化收购

要进一步强化市场化理念，集中精力做好仓容准备、资金筹措、优化服务、规范管理等工作，引导各类主体积极入市，充分发挥市场配置粮食资源的决定性作用，确保

“有人收粮、有钱收粮、有仓收粮、有车运粮”。要深化粮食产销合作，加强政府间战略协作，拓展第五届中国粮食交易大会成果，举办形式多样、各具特色的区域性产销洽谈活动，推动粮食跨区域高效顺畅流通；鼓励支持粮食企业和种粮农民通过订单收购、代储代销等方式，建立健全粮食购销长效合作机制。要加快构建粮食收购市场化融资支持机制，积极搭建银企对接平台，巩固提升粮食收购贷款信用保证基金使用成效。要充分发挥国务院物流保通保畅工作机制作用，加强粮食铁路、公路、水路运输需求与运力供给对接，着力提高粮食流通效率。要深入推进优质粮食工程，加快实施“六大提升行动”，不断提升粮食收储保障能力。有关企业要主动服从服务国家宏观调控，发挥仓容、资金、渠道等资源优势，合理把握收购节奏，切实发挥引领收购、稳定市场的重要作用。

三 强化底线思维，认真抓好政策性收购

中储粮集团公司要切实履行最低收购价政策执行主体责任，严格落实《小麦和稻谷最低收购价执行预案》（国粮发〔2018〕99号）、《关于2023年稻谷最低收购价有关政策的通知》（国粮粮〔2023〕39号）有关规定，合理布设收购网点，及时公布有关信息，提前做好政策性收购准备。要加强市场监测，及时申请在符合条件的地区启动最低收购价执行预案，切实发挥政策托底作用。要严格执行质价政策，按质论价，不得压级压价、抬级抬价、拒收符合标准的粮食，不得损害种粮农民利益。必要时各地可采取地方临储等方式，确保农民售粮顺畅。要严格把好质量关口，严禁不符合食品安全标准的粮食流入口粮市场和食品生产企业。政策性收购资金要及时足额供应，专款专用、封闭运行。

四 践行宗旨意识，持续提升为农服务水平

要牢固树立以人民为中心的发展思想，紧贴农民售粮需要，创新服务方式，提高服务水平。要优化收购现场服务，按规定明码标价，做到价格上墙、标准上榜、样品上台，做好咨询讲解、接卸引导、账款清算等工作。要加大预约收购探索推广力度，灵活运用手机APP、小程序、公众号等多种方式，让售粮农民少跑腿、少排队、快售粮；已实行预约收购的要完善运行机制，未实行预约收购的要借鉴先进经验、加快探索实践，不断提高收购工作质量和效率。要统筹考虑稻谷、玉米、大豆等秋粮重点品种生产形势、市场走势以及天气变化等多种因素，综合评估对收购工作的影响，提前研究制定应对预案；发生雨雪等极端天气的，要及时采取针对性措施，满足农民售粮需求，最大程度减少灾害影响。要充分发挥粮食产后服务中心作用，及时提供清理、干燥、储存、加工、销售等服务；指导农

户科学储粮，助农减损增收；指导收储企业改善仓储设施条件，应用先进、适用技术和装备，提高粮食储存保管水平。要以“时时放心不下”的责任感抓好安全生产，督促企业严格遵守“一规定两守则”和《粮食仓储企业安全生产作业指南》等操作规程，加强风险隐患排查和安全作业教育管理，严防安全生产事故发生。

五 抓好保供稳价，保障粮食市场平稳运行

要持续加强粮食市场监测预警，密切跟踪粮食市场动态变化，紧盯重点品种、重点时段、重点地区、重点环节，加强分析研判，丰富政策储备，掌握工作主动。要加大宣传引导力度，通过新闻发布会、记者采访等多种形式，解读收购政策，通报工作成效，定期发布粮食收购进展、价格等信息，及时回应社会关切，帮助农民有序售粮、企业均衡收粮。要强化粮食产购储加销协同保障，统筹做好粮食收购、粮源调度、加工销售等各环节工作，科学把握中央和地方储备轮换时机节奏，发挥好吞吐调节作用，确保粮食市场供应充足和平稳运行。要加强粮食应急保障体系建设，持续完善粮食应急保供方案，切实提升应急保供能力。

六 严格日常监管，加大检查执法力度

要严格落实粮食收购监督检查工作要求，围绕粮食收购质量检验、支付售粮款、政策性粮食定点和执行水杂增（扣）量标准等问题易发多发环节，突出检查重点，加大执法监管力度，及时消除风险隐患。要充分发挥12325、12315热线作用，拓宽群众投诉举报渠道，建立问题线索快速响应机制，严肃查处“转圈粮”、“以陈顶新”、“先收后转”、“虚假收购”、“压级压价”、“未按规定明码标价”等违法违规问题；加强涉粮资金监管。强化多部门协同配合，健全问题线索移送机制，形成监督检查合力。要严格落实粮食购销领域监管信息化建设和应用要求，政策性粮食收购全面应用信息化系统，确保数据实时互联互通、准确反映业务实际。粮食行业协会及中介组织要加强行业自律，引导企业遵纪守法、诚信经营，维护良好的市场秩序。

七 强化组织保障，确保各项政策措施落实落地

要严格落实粮食安全党政同责要求，完善收购方案，明确任务分工，层层压实责任，扎实推进秋粮收购各项工作。要发挥好粮食收购相关协调机制作用，强化跨层级、跨区域、跨部门上下联动和横向协同，妥善解决收购中遇到的实际问题。要认真落实大兴调查研究的部署要求，把调查研究贯穿秋粮收购工作全过程，主动深入田间地头和收购一线，

广泛听取意见建议，不断优化收购政策措施。重大问题要及时向当地党委、政府和国家有关部门报告。

国家发展和改革委员会　国家粮食和物资储备局　财政部
交通运输部　农业农村部　中国人民银行
国家市场监督管理总局　国家金融监督管理总局
中国国家铁路集团有限公司
2023年9月12日

关于2024年小麦最低收购价有关政策的通知

国粮粮〔2023〕178号

各省、自治区、直辖市发展改革委、粮食和物资储备局（粮食局）、财政厅（局）、农业农村（农牧）厅（局、委）、农业发展银行分行，中国储备粮管理集团有限公司、中粮集团有限公司、中国供销集团有限公司、中国中化控股有限责任公司：

为保障国家粮食安全，进一步完善粮食最低收购价政策，2024年继续对最低收购价小麦限定收购总量。现将具体事项通知如下。

一 限定收购总量

根据近几年小麦最低收购价收购数量，限定2024年最低收购价小麦收购总量为3700万吨。

二 具体操作方式

（一）分批下达。限定收购总量分两批次下达，第一批数量为3330万吨，不分配到省；第二批数量为370万吨，视收购需要具体分配到省。

如最低收购价小麦全国收购量达到第一批数量的90%时，中储粮有关分公司应会同省级粮食等部门单位及时提出本省第二批收购的计划数量建议。中储粮集团公司根据当年小麦产量、收购量、农户余粮和市场价格等情况统筹平衡各省数量后，报国家粮食和物资储备局批准。国家粮食和物资储备局通过政府网站公布各省第二批收购数量。在第一批收购完成后，有关省份按照批准的第二批数量继续开展收购。当收购量达到本省批准数量时，立即停止该省最低收购价收购且不再启动。

（二）动态监测。启动最低收购价执行预案后，中储粮集团公司要严格按照预案有关规定，加强统计监测，每五日向国家粮食和物资储备局报送收购进度；启动第二批收购后，中储粮集团公司要按日报送收购进度。国家粮食和物资储备局定期通过政府网站公布最低收购价全国收购总量。省级粮食等有关部门要结合小麦商品量和农户余粮情况，及时开展调研调度，全面掌握收粮进度。

三 有关要求

（一）认真落实限量收购政策。中储粮集团公司作为最低收购价政策执行主体，要严格执行限定收购总量的收购政策，不得超量收购。财政资金支持限于最低收购价政策下的最高收购总量内。

（二）加强市场监管。各地要认真落实粮食收储制度改革精神，规范粮食流通市场秩序，依法依规严厉查处粮食收储过程中的违法违规行为。

（三）促进“优粮优价”。各地要积极鼓励农企对接，充分发挥市场价格对生产的反馈引导作用，促进种植结构调整优化，增加绿色优质安全产品供给。

国家发展和改革委员会　国家粮食和物资储备局　财政部

农业农村部　中国农业发展银行

2023年9月26日

国家粮食和物资储备局文件

局发文

关于印发《政府储备粮油质量检查扦样检验管理办法》的通知

国粮标规〔2023〕60号

各省、自治区、直辖市及新疆生产建设兵团粮食和物资储备局（粮食局），各垂直管理局：

为进一步规范政府储备粮油质量检查扦样检验工作，切实加强粮食质量安全管理，我局对《中央储备粮油质量检查扦样检验管理办法》进行修订，制定了《政府储备粮油质量检查扦样检验管理办法》，并经局长办公会议审议通过。现印发给你们，并提出如下要求，请结合实际认真遵照执行。

一、高度重视。扦样检验是粮食质量检查中重要的基础性工作，扦样的代表性、检验结果的准确性事关反映政府储备粮油整体质量状况，对强化粮油监管、确保质量安全起到技术支撑作用。各单位要切实提高对质量检查扦样检验工作重要性的认识，推进质量检查工作制度化、规范化，更好地服务保障粮食质量安全。

二、做好组织。各单位要结合实际，制定详细科学的扦样检验方案，科学选定承检机构，保障扦取样品的代表性；承检机构应当严格按照国家有关规定和标准进行规范操作，确保检查结果客观公正、准确，真实反映政府储备粮油质量实际状况，不得弄虚作假，不得调换样品，不得违规分包转包。

三、强化指导。扦样检验的技术性、专业性强，要及时组织相关质量管理和扦样检验等人员的培训，注重实操训练，切实提高相关人员的水平和业务能力。要强化跟踪问效，指导相关人员在实际工作中执行好相关规定，加强对这项工作落实情况的跟踪管理，发现问题及时协调解决，务求实效。

国家粮食和物资储备局

2023年3月27日

政府储备粮油质量检查扦样检验管理办法

第一章 总 则

第一条 为加强政府储备粮油（以下简称政府储备）管理，规范政府储备质量检查扦样检验活动，促进质量检查工作制度化、规范化，确保扦取样品的代表性，检验结果的准确性，根据《粮食流通管理条例》《中央储备粮管理条例》《粮食质量安全监管办法》等有关法律法规和政策规定，制定本办法。

第二条 本办法适用于粮食和物资储备行政管理部门组织开展，以及会同有关部门和单位联合组织开展的政府储备质量检查扦样检验工作。

本办法所称政府储备，包括中央政府储备和地方政府储备。

第三条 牵头组织单位应当制定扦样检验方案，明确扦样方式，确定检验项目、检验方式和检验结果判定要求等，并委托粮食质量安全检验机构承担扦样检验任务。

第四条 政府储备承储企业和承储库点应当主动配合做好质量检查扦样工作。具体承储库点应当提供扦样器、分样器等必要设备和必须的安全生产防护用品，以及其他便利条件；如实提供粮食库存数量、品种、货位分布图和相关货位粮食质量档案、粮情信息、虫害及施药情况、储粮技术措施等资料，供检查扦样人员查阅和记录；选派必要的专业人员积极配合协助扦样，确保工作顺利开展。

第五条 承担政府储备扦样、检验任务的机构（以下简称承检机构）应当依法依规取得资质认定。扦样、检验人员，应当熟悉政府储备管理有关法律法规、政策标准、安全作业等相关知识，具备粮食质量检查扦样、检验专业技能和实际工作经验。

扦样、检验应当执行国家有关标准和政策规定，并按照扦样检验方案或者委托任务书的要求开展工作。

第六条 中央政府储备扦样信息和检验结果应当按规定纳入国家粮食和物资管理平台，地方政府储备扦样信息和检验结果应当按规定纳入所在地省级粮食和物资管理平台。

第二章 扦样与送样

第七条 承检机构应当按照扦样检验方案或者委托任务书要求，重点做好以下工作：

（一）准备测距仪、记录仪（或者其他视频拍摄设备）、扦样器（含深层）、记录夹、样品袋（瓶）、封条（标签）等工具和用具，按要求准备相关表格，做好扦样人员的技术培训工作。

（二）收集和整理国家和相关省份粮食安全储存水分规定等质量管理制度，向牵头组织单位确认各类政府储备粮油的具体质量要求。

（三）制定样品集并和转送工作方案，明确专人、专车，或者邮寄、快递等方式，确保样品按要求送达。

（四）指派专业技术人员赴承储库点扦样，每个小组的扦样人员不得少于2人。扦样人员到达承储库点后，应当出示相关文件或者委托方出具的委托任务书原件（或者复印件）以及相关函件等材料，按要求实施扦样、分样和封样，做好样品信息记录。扦样场所、储存环境、样品信息以及扦样过程重要节点应当录像或者拍照。扦样时确保人身安全。

（五）指定专人负责核对、录入样品的原始信息和检验结果。

第八条　散装粮食扦样。

扦样的粮食应当已形成规范的粮堆形态（粮面可有正常的垄沟等）。大型房式仓和圆仓（含筒式仓）等均以不超过2000吨为一个检验单位，分区扦样，每增加2000吨应当增加一个检验单位。圆仓以扦样器能够达到的深度为准计算粮食代表数量。

扦样点布置应当以扦取的样品能够反映被扦样区域粮食质量的整体状况为原则。分区及扦样布点等要求见附件1，扦样人员可根据粮堆实际情况和检查需要对扦样点位置进行适当调整。每个检验单位全部样品充分混合均匀后分样，形成检验样品。

小型仓房（货位）可在同品种、同等级、同批次、同生产年份、同储存条件下，以代表数量不超过2000吨为原则，按权重比例从各仓房（货位）扦取适量样品合并，充分混合均匀后分样，形成检验样品。不能合并扦样的，应当分别扦样、分样形成检验样品。

第九条　包装粮食扦样。

在同品种、同等级、同批次、同生产年份、同储存条件下，以不超过2000吨为一个检验单位分区扦样。扦样时应当尽量避免破坏既有储粮形态，若有必要，可以翻包打井，扦取中层样品；如翻包打井确有困难，可在粮垛边缘和上层设点扦样。各点等量样品合并，充分混合均匀后分样，形成检验样品。

对“包打围”情况的粮食，若包装粮食数量超过整体粮食数量的30%，应当对散装粮食和包装粮食按数量权重分别按前述要求扦取适量样品，混合均匀后分样，形成检验样品。

对大米、小麦粉等包装成品粮，应当从同一批次样品的不同部位扦样。对净含量不超过5千克的小包装产品，扦取不少于3个独立包装；对净含量超过5千克的大包装产品，可从不少于2个独立包装产品中扦样，每个独立包装扦取的样品数量应当基本一致，充分混合均匀后分样，形成检验样品。

第十条　食用植物油扦样。

散装油以一个油罐（货位）为一个检验单位，从罐顶检查口或者取样口用油脂扦样器分层扦样。

扦样按从上至下的位置顺序进行，在罐内油深1/10、1/2、9/10处分别扦取顶部、中部、底部样品。顶部取样点距油面、底部取样点距罐底的距离应当不少于50厘米。顶部、中部、底部三层扦样质量比为1∶3∶1。将各层检样混合，充分摇匀缩分后，形成检验样品。

对包装成品植物油，应当从同一批次样品的不同部位扦样。对净含量不超过5升的小包装产品，扦取不少于3个独立包装；对净含量超过5升的大包装产品，可从不少于2个独立包装产品中扦样，每个独立包装扦取的样品数量应当基本一致，充分摇匀缩分后，形成检验样品。

第十一条　检验样品不少于一式三份，送承检机构检验、复核和备检。样品重量应当满足检验需求，原则上不超过合理的需要量。每份检验样品，小麦粉不少于2.5千克，小麦、稻谷、玉米不少于2千克，大豆、大米不少于1千克，植物油不少于2升。具体样品份数和每份样品重量由牵头组织单位根据检验项目等实际要求确定。在行政执法、专项检查等活动中，必要时可选择性随机扦样。

扦样时如发现整仓粮食中较为普遍混有外观色泽、气味与整批粮食存在明显差异的籽粒，且占比达到10%以上的，每份检验样品重量应当加倍。

第十二条　扦样检验方案或者委托任务书对扦样有特殊要求的，承检机构按其要求进行扦样。发现受潮、结露、发热、结块、明显生霉、严重生虫、色泽气味异常等情况，应当对异常情况区域粮食单独扦样，采用拍照或者录像的方式准确记录相关问题、涉及区域、代表数量等信息。情况严重的，承检机构应当及时报告牵头组织单位。发现“埋样”“换样”等行为或者粮堆中存在违规填充物的，承检机构应当收集相关证据第一时间报告牵头组织单位，经牵头组织单位核实后，应当立即调整扦样布点重新扦样。

正在实施熏蒸的仓房一般不安排扦样，但应当查验熏蒸记录并做好登记，可在散气通风符合要求后按规定实施补扦。正在实施气调储粮或者薄膜密闭的，应当视情况扦样，尽量避免破坏储粮条件。对未形成规范粮堆形态的一般不安排扦样；确需扦样的，可根据粮堆实际情况，在确保人身安全的前提下，以尽量能够反映被扦区域粮食质量的整体状况为原则，参照附件1的布点要求，以不超过2000吨为一个检验单位，分区布置扦样点。

第十三条　扦取的检验样品应当在承储库点进行现场封样、编号，经扦样人和承储库点代表签字认可后加贴封口条，并采取防拆封措施。样品封样前不得离开扦样人员视野。样品编号应当在样品袋（瓶）外明确标识，不得涂改，并采用妥当方式避免破损、丢失。

第十四条　扦样人应当查阅承储库点的有关记录和凭证，现场填写《粮油质量检查扦样登记表》（格式参照附件2-1、2-2，以下简称《扦样登记表》），绘制扦样布点图，详细记录相关原始信息，表中无填写内容的空格以斜杠填充，所填信息由扦样人和承储库点相关负责人共同签字确认。《扦样登记表》一式两份，一份留承储库点，一份交承检机构。

相关样品信息记录和影像资料交牵头组织单位审核并留存备查，留存时间应当不少于

6年。

原则上，对每个检查库点，扦样人应当形成一份《粮油质量检查样品登统表》(格式参照附件2–3、2–4，以下简称《样品登统表》)。

第十五条　扦取的样品应当按要求集并到承检机构。实行跨省交叉检验或者集中检验的样品，承担扦样任务的机构应当在扦样工作完成后2个工作日内或者按照牵头组织单位要求，安排专人、专车将样品送达或者寄送至指定的承检机构，并附《样品登统表》。

第十六条　运送样品，应当采取密闭、控温和避光等必要措施，防止曝晒、雨淋、污染等，尽量缩短在途时间，确保样品包装完好，确保样品质量在运送和保管期间不发生明显变化。

第十七条　承检机构接收样品时，应当认真检查样品包装和封条有无破损，样品在运送过程中是否受到雨淋、污染，是否存在其他可能对检验结果产生影响的情况，对照《扦样登记表》逐一清点核对样品，确认样品编号与《样品登统表》是否相符，并填写样品签收单。如发现存在样品信息有误或者不全、样品撒漏或者受损、封条破损等异常情况，承检机构应当及时采用拍照或者录像的方式准确记录，当场填写样品拒收告知书，并向扦样单位和牵头组织单位报告。

复核、备份样品应当在低温、干燥等适宜的环境中妥善保存，确保样品质量在保管期间不发生明显变化。备份样品保存时间不少于3个月或者按委托方要求的时限。若检验样品无需复核，复核样品的保存时间同备份样品。

第三章　检验与判定

第十八条　检验项目按照扦样检验方案或者委托任务书要求执行。原则上，原粮质量检验的主要项目应当包括：水分、杂质、色泽气味；稻谷的出糙率、整精米率、黄粒米；小麦和青稞的容重、不完善粒；玉米的容重、不完善粒、霉变粒；大豆的完整粒率、损伤粒率、热损伤粒，进口大豆增加粗脂肪含量；其他需要检验的项目。

食用植物油质量检验的主要项目应当包括：气味滋味、水分及挥发物、不溶性杂质、酸价、过氧化值、溶剂残留量，其他需要检验的项目。

成品粮质量检验的主要项目应当包括相关国家标准规定的质量指标。

第十九条　质量检验项目有一项不符合政府储备相关质量要求的，综合判定为不达标。评判是否达标时，对下列指标，应当按照相应的国家检验方法标准扣除允许偏差。即：

原粮“杂质”的允许偏差不大于0.3个百分点；

稻谷“黄粒米”的允许偏差不大于0.3个百分点；

小麦和青稞“不完善粒”的允许偏差不大于0.5个百分点；

玉米“不完善粒”的允许偏差不大于1.0个百分点。

入库水分应当符合安全水分要求。

地方政府相关部门对其地方政府储备质量达标评判有不低于本办法要求的规定，按照地方相关规定执行。

第二十条 稻谷、小麦、玉米、大豆和食用植物油储存品质分别按《稻谷储存品质判定规则》（GB/T 20569）、《玉米储存品质判定规则》（GB/T 20570）、《小麦储存品质判定规则》（GB/T 20571）、《大豆储存品质判定规则》（GB/T 31785）国家标准和《粮油储存品质判定规则》等规定的项目进行检验和判定。判定结果分为宜存、轻度不宜存、重度不宜存。

国家对粮油储存品质判定有新规定的，按新规定执行。

第二十一条 食品安全检验项目按照相关国家食品安全标准进行检验和判定，有一项超过标准限量的，判定为不合格。

第二十二条 每个检验单位应当单独进行检验和判定。对于一个货位粮食数量超过2000吨，形成两个或者两个以上检验单位的，所有检验单位都符合要求，以同一货位各检验单位检验结果的加权平均值（以代表数量为权重），作为该货位整体检验结果；有一个检验单位质量指标或者储存品质指标不符合要求，即判定整个货位相关指标不符合要求，并注明问题粮食所在区域和代表数量；有检验单位食品安全指标不合格的，应当判定为“该货位存在食品安全不合格粮食”，并可根据粮堆位置、不合格指标等实际情况，将相关代表区域划分多个检验单位（每个检验单位粮食代表数量应当不小于200吨），分别单独扦样检验判定，进一步确定不合格粮食具体位置和数量。

对第十一条第二款的样品，应当将外观色泽、气味与整批粮食存在明显差异的籽粒单独挑出，计算所占比例，分别检验挑选出籽粒和挑选后样品的质量项目和储存品质。相关情况应当单独记录和报告。

第二十三条 承检机构收到样品后，应当在牵头组织单位要求的时限内完成检验工作，确保检验结果独立、客观、公正，并按照牵头组织单位要求，汇总、分析质量检查检验数据，填写《检验结果表》（格式参照附件3-1、3-2、3-3、3-4、3-5、3-6），编写质量检验报告，以纸质文档和电子文档两种形式向牵头组织单位报送检验结果，纸质文档和电子文档内容应当保持一致。

第二十四条 牵头组织单位在审核承检机构报送材料的基础上，负责编写总体质量检查报告，按照有关规定向有关部门和单位通报或者报告。

对水分检验结果超过当地安全储存水分规定的（如当地安全储存水分没有明确规定，可参考国家粮食质量标准规定的水分），相关政府储备承储企业和承储库点，结合实际储粮条件，妥善采取控温、降水等措施，确保储粮安全。

第二十五条 承储单位对检查结果有异议的，应当自接到通报之日起10个自然日内，以书面形式提出复检申请并充分说明理由，处理原则按照《粮食质量安全监管办法》和

《粮食质量安全风险监测管理暂行办法》有关规定执行。

第二十六条　相关粮食和物资储备行政管理部门收到复检申请后，认为存在检验程序不规范等情形需要复检的，检验机构应当复检；或者另行安排具备条件的县级以上粮食质量安全检验机构进行复检并通知初检机构。原则上使用备份样品进行复检，必要时可重新扦样进行复检。

第四章　工作纪律

第二十七条　承检机构及其工作人员在执行扦样和检验任务时，必须严格遵守国家有关法律法规和政策规定，廉洁自律，客观公正，认真负责，如实记录和反映政府储备质量状况，发现重大质量安全问题，要立即向牵头组织单位报告。

第二十八条　承检机构应当如实报告扦样检验结果，不得弄虚作假；未经牵头组织单位允许，禁止以任何方式将委托任务分包、转包。承检机构应当履行相关保密义务。

第二十九条　牵头组织单位发现承检机构承担委托任务时发生违规违纪问题或者出现重大失误，应当视情况向相关粮食和物资储备行政管理部门或者检验检测机构资质认定管理部门通报。相关粮食和物资储备行政管理部门应当依职责及时按照有关规定进行处理。

第五章　附　则

第三十条　其他粮油质量检查的扦样检验可参照本办法执行。

库存粮食质量安全风险监测和政策性粮食入库平仓质量验收的扦样与送样、检验与判定可按照本办法第二章、第三章相关规定执行。

政府储备粮食、最低收购价和临时收储粮食等竞价销售出库质量检验的扦样可参照本办法第八条、第九条、第十条相关规定执行。对质量指标，应当按照相关国家标准判定等级，不判定是否达标。

国家标准和有关文件有新规定的，按新规定执行。

第三十一条　本办法由国家粮食和物资储备局负责解释。

第三十二条　本办法自发布之日起施行，有效期4年。《中央储备粮油质量抽查扦样检验管理办法》（国粮发〔2010〕190号）同时废止。

附件：1.散装粮仓扦样布点示意图（略）

2-1.粮食质量检查扦样登记表（略）

2-2.油脂质量检查扦样登记表（略）

2-3.粮食质量检查样品登统表（略）

2–4. 油脂质量检查样品登统表（略）

3–1. 稻谷质量和储存品质检验结果表（略）

3–2. 小麦质量和储存品质检验结果表（略）

3–3. 玉米质量和储存品质检验结果表（略）

3–4. 大豆质量和储存品质检验结果表（略）

3–5. 油脂质量安全检验结果表（略）

3–6. 主要食品安全指标检验结果表（略）

关于印发《中央储备棉糖承储企业信用监管办法（试行）》的通知

国粮执法规〔2023〕262号

中国储备粮管理集团有限公司、中粮集团有限公司，各垂直管理局：

为认真贯彻落实党中央、国务院关于强化信用分级分类监管，实施守信联合激励和失信联合惩戒有关部署要求，推动建立中央储备棉糖信用监管机制，进一步规范承储企业管理，切实提高中央储备棉糖管理水平，国家粮食和物资储备局制定了《中央储备棉糖承储企业信用监管办法（试行）》。现印发给你们，请认真遵照执行。

附件：中央储备棉糖承储企业信用监管办法（试行）

国家粮食和物资储备局

2023年12月28日

中央储备棉糖承储企业信用监管办法（试行）

第一条 为规范中央储备棉糖承储企业信用监管活动，依据党中央、国务院相关规定和中央储备棉糖管理有关法规制度，制定本办法。

第二条 本办法适用于全国范围内承储中央储备棉糖的企业，包括中储粮集团公司、中粮集团公司直属库，及其租仓和代储企业。

第三条 本办法所称信用监管，是指以促进承储企业守法经营和诚信自律为目的，国家粮食和物资储备局及国家粮食和物资储备局各垂直管理局（以下简称各垂直管理局）根据中央储备棉糖承储企业信用信息科学研判企业信用状况，并依法依规开展分级分类监管。

第四条 中央储备棉糖承储企业信用信息包括企业基本信息，国家粮食和物资储备局及各垂直管理局产生的监督检查、通报、行政处罚、奖励信息，以及其他国家机关产生的信用信息。

企业基本信息包括统一社会信用代码、企业名称、经营范围、注册地址、登记机关、法定代表人或者主要负责人、企业财务信息、资信情况、盈亏情况、薪金发放状态、纳税情况等。

第五条 国家粮食和物资储备局指导中央储备棉糖承储企业信用监管工作，建立全国中央储备棉糖承储企业信用监管平台。中央储备棉糖承储企业信用信息归集、公示、修复，以及信用评价等工作通过全国中央储备棉糖承储企业信用监管平台开展。各垂直管理局按照管辖权限，负责本辖区中央储备棉糖承储企业信用监管工作的具体组织、实施。

第六条 各垂直管理局应当严格执行全国公共信用信息基础目录，依法归集、使用并共享中央储备棉糖承储企业信用信息，褒扬诚信，惩戒失信；支持中央储备棉糖承储企业信用信息在其他领域的合法应用；充分发挥信用管理的引导作用。

第七条 各垂直管理局依托全国中央储备棉糖承储企业信用监管平台归集信用信息，原则上以独立法人为单位，通过统一社会信用代码进行。

第八条 中央储备棉糖承储企业基本信息鼓励通过端口方式对接全国信用信息共享平台等自动获取。中央储备棉糖承储企业通过统一社会信用代码在全国中央储备棉糖承储企业信用监管平台及时更新维护本企业基本信息，各垂直管理局负责核验中央储备棉糖承储企业录入数据的真实性。

国家粮食和物资储备局及各垂直管理局产生的监督检查、通报、行政处罚、奖励信息，由相关单位根据管辖权限，自行政处罚、奖励等决定作出之日起7个工作日内，将有关信用信息录入全国中央储备棉糖承储企业信用监管平台，并共享至全国信用信息共享平台、国家企业信用信息公示系统。

其他国家机关产生的信用信息通过部门间签订数据共享协议等方式获取。

第九条　各垂直管理局应当通过全国中央储备棉糖承储企业信用监管平台及时公示下列信息：

（一）企业注册登记或者备案及企业相关人员等基本信息；

（二）国家粮食和物资储备局及垂直管理局产生的行政处罚信息；

（三）国家粮食和物资储备局及垂直管理局产生的奖励信息；

（四）其他国家机关产生的依法可公开的信用信息。

公示信息涉及国家秘密、国家安全、社会公共利益、商业秘密或者个人隐私的，应当依照法律、行政法规的规定办理。

第十条　各垂直管理局应当加强对中央储备棉糖承储企业信用信息公示管理：

（一）企业注册登记或者备案及企业相关人员等基本信息进行永久公示；企业基本信用信息变更的，应当及时在全国中央储备棉糖承储企业信用监管平台进行更新维护；

（二）国家粮食和物资储备局及垂直管理局产生的行政处罚信息，应当进行公示；最短公示期为1年，最长公示期为3年，最短公示期届满后，方可按规定申请提前终止公示，最长公示期满后，相关信息自动停止公示；公示期以在全国中央储备棉糖承储企业信用监管平台上的实际公示时长为准；

（三）国家粮食和物资储备局及垂直管理局产生的奖励信息进行永久公示；奖励被撤销的，作出撤销决定的部门应当及时在全国中央储备棉糖承储企业信用监管平台进行更新维护；

（四）其他国家机关产生的信用信息变更后，具有管辖权的垂直管理局应当及时更新相关信息。

第十一条　各垂直管理局依照权限，对归集的信用信息数据进行更新和维护，实行动态管理。

第十二条　中央储备棉糖承储企业信用评价是指各垂直管理局依据有关法律法规和中央储备棉糖承储企业信用信息，按照统一的信用评价标准，采取规范的程序、方法对中央储备棉糖承储企业信用状况进行评价，确定其信用等级的活动。

中央储备棉糖承储企业信用评价由各垂直管理局按照管辖权限和本办法有关规定，依托全国中央储备棉糖承储企业信用监管平台开展。法律法规另有规定的，从其规定。

中央储备棉糖承储企业信用评价标准由国家粮食和物资储备局制定，并结合承储企业自身特点和重要影响因素对评价指标和权重进行适时调整。

第十三条　中央储备棉糖承储企业信用评价周期为一年，评价时间从每年1月1日起至12月31日止。每年3月底前应当完成上年度信用评价工作。自注册之日起不满一年的企业，不纳入当期评价范围，相关记录转入下年度。

第十四条 中央储备棉糖承储企业信用评价采取年度评价指标得分方式开展，根据中央储备棉糖承储企业信用信息和上年度的信用评价等级情况进行综合评价。

第十五条 中央储备棉糖承储企业信用等级从高到低依次分为A、B、C三级。信用评价结果作为国家粮食和物资储备局及各垂直管理局的内部决策参考，被评价企业可以依权限查询本企业信用评价结果。

第十六条 对上年度信用等级为A级的中央储备棉糖承储企业，各垂直管理局可以采取以下激励措施：

（一）在中央储备棉糖相关领域财政性资金和项目申报、评优评先、政策性收储定点时，符合法律法规规定条件的列为优先选择对象；

（二）在“双随机”检查时，降低抽查比例、频次。

采取激励措施期间，上年度信用等级为A级的企业产生新的违法失信行为的，暂停激励措施。

第十七条 对上年度信用等级为C级的中央储备棉糖承储企业，各垂直管理局可以采取以下措施：

（一）依法限制享受中央储备棉糖相关领域相关扶持政策；

（二）在“双随机”检查时，加大抽查比例、频次；

（三）情节严重的，上报国家粮食和物资储备局建议调出中央储备棉糖库存。

第十八条 各垂直管理局结合实际，细化信用评价结果应用，制定本辖区信用评价实施细则和统一结果应用标准。

第十九条 中央储备棉糖承储企业违法失信行为是指被国家机关依法给予警告及以上行政处罚的行为。

第二十条 由国家粮食和物资储备局及各垂直管理局认定的失信行为，中央储备棉糖承储企业失信行为纠正后，可向作出失信认定的部门提出信用修复申请。申请时，应当提交信用修复承诺书、已纠正失信行为的证明材料或者信用报告等。

各垂直管理局应当对申请材料进行形式审查，材料齐全且符合要求的，予以受理；材料不齐全或者不符合要求的，应当在3个工作日内一次性告知信用主体予以补正，补正后符合要求的，予以受理；确已掌握失信行为纠正信息的，可不要求申请人提供证明材料。

各垂直管理局收到信用修复申请后，5个工作日内作出受理决定，并出具受理通知书或者不予受理通知书。自受理之日起7个工作日内作出是否修复的决定，符合修复条件的，及时进行修复；不符合修复条件的，告知申请企业不予修复的理由。

第二十一条 中央储备棉糖承储企业失信信息最短公示期满，且垂直管理局同意修复后，自同意修复之日起，撤销公示，在全国中央储备棉糖承储企业信用监管平台中保存5年，5年内未发生同类失信行为的，删除或者屏蔽该记录；5年内再次发生同类失信行为的，该记录信息的保存期限重新计算。

第二十二条　其他国家机关认定的失信行为的信用修复，按照认定机关规定执行。完成信用修复后，具有管辖权的垂直管理局应当及时在全国中央储备棉糖承储企业信用监管平台撤销相关信息公示。

第二十三条　失信信息修复后，不再作为信用评价依据。

第二十四条　对下列情形，中央储备棉糖承储企业可以向具有管辖权的垂直管理局提出异议申请，并提供证明材料。垂直管理局应当自收到申请5个工作日内作出受理决定，并在15个工作日内完成审核。

（一）认为垂直管理局公示的信用信息不准确的；

（二）对垂直管理局采集信用信息行为有异议的；

（三）对垂直管理局作出信用修复申请不予受理或者不予信用修复决定有异议的；

（四）其他认为垂直管理局因信用信息归集侵犯其合法权益的。

中央储备棉糖承储企业对垂直管理局针对异议申请作出的相关决定、处理结果不服的，可以依法提起行政复议、行政诉讼。

第二十五条　各垂直管理局发现采集的信用信息确有错误的，应当在全国中央储备棉糖承储企业信用监管平台及时更正或者删除。

第二十六条　对在中央储备棉糖承储企业信用监管工作中不作为、乱作为，造成不良社会影响的，依规依纪依法追究单位和相关责任人责任。

第二十七条　各垂直管理局依据本办法，结合工作实际，制定具体实施细则。

第二十八条　本办法由国家粮食和物资储备局负责解释。

第二十九条　本办法自发布之日起施行，有效期5年。

局办公室发文

关于印发《全国粮食和物资储备教育培训基地管理办法》的通知

国粮办人〔2023〕131号

各省、自治区、直辖市及新疆生产建设兵团粮食和物资储备局（粮食局），各司局、直属单位、联系单位，各垂直管理局，各有关中央企业，各有关院校：

《全国粮食和物资储备教育培训基地管理办法》已经国家粮食和物资储备局局长办公会议审议通过。现印发给你们，请结合实际，认真组织实施。

国家粮食和物资储备局办公室

2023年6月2日

全国粮食和物资储备教育培训基地管理办法

第一章　总　则

第一条　为贯彻落实中央人才工作会议精神，积极推进《“十四五”粮食和物资储备科技和人才发展规划》部署安排，加快全国粮食和物资储备教育培训工作体系建设，规范管理粮食和物资储备教育培训工作，制定本办法。

第二条　全国粮食和物资储备教育培训基地（以下简称基地）是经国家粮食和物资储备局认定，为各级粮食和物资储备行政管理部门及企事业单位提供教育培训服务的专业平台。

第三条　基地可按规定承办粮食和物资储备干部教育培训、专业技术人才知识更新和技能人才技能培训等项目。

第四条　国家粮食和物资储备局按照“统筹管理、特色鲜明、科学规范、竞争择优”的原则，指导基地建设，加强日常管理。

第二章　职责分工

第五条　国家粮食和物资储备局是基地的综合管理单位，负责基地的认定、考核、监督和撤销等，制定相关制度、规程，并督促落实。日常工作由国家粮食和物资储备局机关党委（人事司）承担。

第六条　省级粮食和物资储备行政管理部门、垂直管理局和有关中央企业是本地区、本单位基地的归口推荐单位，负责基地的申报推荐、指导监督等工作。

第七条　基地承建单位负责基地建设、运行管理和项目实施等工作。承建单位不改变原有行政隶属关系，在教育培训工作上接受综合管理单位、归口推荐单位的监督指导。

第八条　国家粮食和物资储备局直属联系单位按照工作职责，参与行业教育培训工作的理论研究、标准制修订、师资队伍建设和教材、课程资源开发等工作。

第三章　基地设立

第九条　基地承建单位应当符合以下条件：

（一）独立法人单位；

（二）具有健全的教育培训管理机构、制度，以及从事教育培训管理的专（兼）职人员；

（三）具有政治素质过硬、教学和实践经验丰富的专（兼）职师资队伍；

（四）具备较完善的教育培训课程资源和组织实施相关项目的设施设备，能够为基地日常运行提供必要的经费保障。

第十条 有关院校、科研院所和企事业单位遵循自愿原则，按以下程序申请设立基地。

（一）国家粮食和物资储备局根据工作需要，面向全行业全系统组织申报；

（二）具备设立条件的单位可按照隶属或属地关系，向归口推荐单位提交申报材料。归口推荐单位审核后，择优向国家粮食和物资储备局推荐；

（三）国家粮食和物资储备局组织专家，通过审阅材料、实地考察、专家评议等方式，对申报单位的软硬件条件和预期效益进行审核评估，统筹研究提出建议设立基地名单。建议名单提请国家粮食和物资储备局党组审核同意，并经公示无异议后，由国家粮食和物资储备局公开发布。

第四章 基地运行

第十一条 基地应当严格遵守党和国家关于教育培训工作的方针政策、法律法规和制度规定，紧紧围绕保障国家粮食安全和战略应急物资储备安全的需要，切实履职尽责，深化改革发展，提供高质量教育培训服务。

第十二条 基地应当充分发挥自身优势，坚持问题导向，强化精准施训。突出做好新政策、新理论、新知识、新技术、新技能的培训，不断提升学员的政治素质、职业素养和专业水平，增强学员的学习能力、实践能力和创新能力。

第十三条 基地应当狠抓学风建设，严格全过程管理和质量控制，努力打造基地品牌和特色课程。

第十四条 基地应当着力加强师资队伍建设，优化专（兼）职师资库，建立动态调整机制，充分适应各类培训对象的个性化教育培训需要。

第十五条 基地应当贯彻落实先进的教育培训理念，深化产学研用融合，加强理论研究，创新方式方法，切实提高工作的针对性、科学性和时效性。

第十六条 基地应当充分运用信息技术等现代化手段，积极开发线上学习资源，推进网络远程培训等新形式。

第五章 支持措施

第十七条 国家粮食和物资储备局机关司局、直属联系单位和各垂直管理局的年度业务培训项目，一般应当委托基地承办，并按照有关财务规定列支培训费。

第十八条 国家粮食和物资储备局采取政府购买服务的方式，委托基地承担培训项目、课题研究、资源开发等工作，并提供相应的工作经费。相关成果的知识产权归双方共有。经向国家粮食和物资储备局报备后，优先支持成果完成单位或个人牵头成果转化，或将成果用于奖项申报、职称评审等工作。

第十九条　国家粮食和物资储备局根据基地考核结果和平时工作表现，择优推荐申报相关国家级教育培训基地或奖项。

第二十条　各省级粮食和物资储备管理部门、各垂直管理局和有关中央企业结合实际，通过政策扶持、项目支持、师资培养、资源整合、培训宣传等多方面为基地发展提供必要支持。

第二十一条　承担教育培训相关工作的基地应当按照国家有关财务规定，完善经费使用管理办法，确保专款专用，取得最大效益。

第二十二条　国家粮食和物资储备局系统干部职工在基地参加培训的经历和表现，可在有关考核评价、岗位聘用和职称评聘中作为参考。

第六章　考核监督

第二十三条　国家粮食和物资储备局每两年对基地开展一次全面考核。考核结果作为委托培训项目，以及调整、撤销基地的重要参考。考核不合格或无正当理由拒绝接受考核的基地，一律予以撤销。

第二十四条　对于在工作中违反党和国家教育培训方针政策、法律法规和相关制度规定的基地，一律予以撤销，并依法追究其承建单位领导和当事人责任。

对在基地申报、检查、考核等工作中弄虚作假的单位，一经查实，取消其申报资格或予以撤销，今后不再受理其相关申请。

第七章　附　则

第二十五条　本办法由国家粮食和物资储备局负责解释。

第二十六条　本办法自发布之日起施行。

关于印发《粮食仓储企业重大生产安全事故隐患判定标准（试行）》的通知

国粮办应急〔2023〕155号

各省、自治区、直辖市及新疆生产建设兵团粮食和物资储备局（粮食局），中国储备粮管理集团有限公司、中粮集团有限公司、中国供销集团有限公司：

《粮食仓储企业重大生产安全事故隐患判定标准（试行）》，已经国家粮食和物资储备局局长办公会议审议通过，现印发给你们，请结合实际抓好落实。

国家粮食和物资储备局

2023年6月25日

粮食仓储企业重大生产安全事故隐患判定标准（试行）

第一条　为准确判定、及时消除粮食仓储企业重大生产安全事故隐患（以下简称重大事故隐患），根据《中华人民共和国安全生产法》等法律、行政法规，制定本标准。

第二条　本标准适用于粮食仓储企业重大事故隐患的判定，法律、行政法规和国家标准、行业标准另有规定的，从其规定。其中涉及危险化学品、消防（火灾）、特种设备等方面的重大事故隐患判定另有规定的，适用其规定。

第三条　粮食仓储企业有下列情形之一的，应当判定为重大事故隐患：

（一）未对承包单位、承租单位的安全生产工作统一协调、管理，或者未定期进行安全检查的；

（二）特种作业人员未按照规定经专门的安全作业培训并取得相应资格，上岗作业的。

第四条　在房式仓、筒仓（含立筒仓、浅圆仓，下同）、简易仓囤及烘干塔粮食进出仓作业时，有下列情形之一的，应当判定为重大事故隐患：

（一）未对可能意外启动的设备和涌入的物料、高温气体、有毒有害气体等采取隔离措施的；

（二）未落实防止高处坠落、坍塌等安全措施的。

第五条　粮食熏蒸作业或熏蒸散气时，有下列情形之一的，应当判定为重大事故隐患：

（一）熏蒸作业未制定作业方案、未经粮库负责人审批，或者熏蒸负责人及操作人员未经专业培训合格的；

（二）在存在磷化氢的作业场所未配备磷化氢气体浓度检测报警仪器，或者未采用测氧仪检测氧气浓度，或者未配备检验合格的呼吸防护用品的；

（三）未设置警戒线、警示标志，或者熏蒸作业前未确认无关人员全部撤离熏蒸作业场所的。

第六条　房式仓、罩棚仓、筒仓及配套工作塔、连廊、输粮地沟等存在粉尘爆炸危险的区域，有下列情形之一的，应当判定为重大事故隐患：

（一）未制定和落实粉尘清理制度或作业现场积尘严重的；

（二）未按规定使用防爆电器设备设施的。

第七条　在存在中毒风险的有限空间作业时，包括气调仓、烘干塔、卸粮仓、地上（下）通廊及药品库等区域，有下列情形之一的，应当判定为重大事故隐患：

（一）未对有限空间进行辨识、建立安全管理台账，并且未设置明显的安全警示标志的；

（二）未落实有限空间作业审批，或者未执行“先通风、再监测、后作业”要求，或者作业现场未设置监护人员的。

第八条 本办法由国家局承担安全生产监管职能的司局负责解释，自印发之日起施行。

公 告

2023年第1号公告

根据《中华人民共和国标准化法》规定，现发布《稻米加工技术规程》等11项行业标准，编号和名称如下：

1. LS/T 1231–2023《稻米加工技术规程》
2. LS/T 1232–2023《粮油储藏　简易仓囤储粮通风技术规程》
3. LS/T 1805–2023《粮食数据采集技术规范　政策性粮食收购》
4. LS/T 3271–2023《蒸谷米》
5. LS/T 3272–2023《面皮》
6. LS/T 3273–2023《米皮》
7. LS/T 6141–2023《粮油检验　大米水浸裂纹粒的测定》
8. LS/T 6142–2023《粮食真菌毒素快速检测方法性能评价》
9. LS/T 6143–2023《粮油检验　谷物中黄曲霉毒素B1的测定　时间分辨荧光免疫层析定量法》
10. LS/T 6144–2023《粮油检验　粮食中镉的测定　胶体金快速定量法》
11. LS/T 6145–2023《粮油检验　粮食中铅的测定　胶体金快速定量法》

以上行业标准自2023年9月20日起实施。

特此公告。

国家粮食和物资储备局

2023年3月20日

2023年第2号公告

根据《中华人民共和国标准化法》等规定，现发布《小麦粉加工精度标准样品　精制粉》《小麦粉加工精度标准样品　标准粉》《小麦硬度指数标准样品》等3项行业标准样品（见附件），自发布之日起实施。

特此公告。

附件：1.粮食标准样品目录

2.粮食标准样品研制单位

国家粮食和物资储备局

2023年5月19日

附件1

粮食标准样品目录

序号	标准样品名称		标准号	参考值	适用标准	有效期	备　注
1	小麦粉加工精度标准样品	精制粉	LS/T 15111-2023	麸星含量：（1.2 ± 0.22）%	《小麦粉》GB/T 1355-2021	1年	代替LS/T 15111.1-2022、LS/T 15111.2-2022、LS/T 15112.1-2022、LS/T 15112.2-2022
2		标准粉	LS/T 15112-2023	麸星含量：（4.1 ± 0.38）%		1年	代替LS/T 15111.3-2022、LS/T 15112.3-2022
3	小麦硬度指数标准样品		LS/T 1531-2023	硬度指数：（64.3 ± 1.5）%	《小麦硬度测定　硬度指数法》GB/T 21304-2007	2年	代替LS/T 1531-2019

附件2

粮食标准样品研制单位

序号	标准样品名称	研制单位	联系方式
1	小麦粉加工精度标准样品（精制粉、标准粉）	江苏省粮油质量监测中心 戴波、黄熙荣、莫晓嵩、张祎、贾继荣、丁亮 丹阳市同乐面粉有限公司 张燕萍、洪芸	0511-86476191、18906108912 （丹阳市同乐面粉有限公司，庄腊美）
2	小麦硬度指数标准样品	河南工业大学 赵仁勇、王艳艳、田双起、王新伟、牛永武、王香玉 河南翔良仓储设备有限公司 崔运祥	0371-60273901、13703925847 （河南翔良仓储设备有限公司，崔运祥）

2023年第3号公告

根据《中华人民共和国标准化法》等规定，现发布《籼米加工精度标准样品　精碾》等9项行业标准样品（见附件），自发布之日起施行。

特此公告。

附件：1. 粮食标准样品目录

2. 粮食标准样品研制单位

国家粮食和物资储备局

2023年8月29日

附件1

粮食标准样品目录

序号	标准样品名称		标准号	特征描述/参考值	适用标准	有效期	备注
1	籼米加工精度标准样品	精碾	LS/T 15121–2023	精碾：背沟基本无皮、或有皮不成线，米胚和粒面皮层去净的占80%~90%；或留皮度在2.0%以下。	《大米》 GB/T 1354–2018	1年	代替LS/T 15121.1–2022、LS/T 15122.1–2022
2		适碾	LS/T 15122–2023			1年	代替LS/T 15121.2–2022、LS/T 15122.2–2022
3	粳米加工精度标准样品	精碾	LS/T 15123.1–2023	适碾：背沟有皮，粒面皮层残留不超过1/5的占75%~85%，其中粳米、优质粳米中有胚的米粒在20%以下；或留皮度为2.0%~7.0%。		1年	代替LS/T 15123.1–2022
4		适碾	LS/T 15123.2–2023			1年	代替LS/T 15123.2–2022
5	籼稻整精米率标准样品		LS/T 15321–2023	整精米率：（51.8 ± 1.5）%	《稻谷整精米率检验法》 GB/T 21719–2008	1年	代替LS/T 15321–2022
6	粳稻整精米率标准样品		LS/T 15322–2023	整精米率：（56.8 ± 1.5）%		1年	代替LS/T 15322–2022
7	大米颜色黄度指数标准样品		LS/T 1533–2023	籼米颜色黄度指数：Ym=49.10 ± 2.59 粳米颜色黄度指数：Ym=54.01 ± 1.84	《粮油检验　大米颜色黄度指数测定》 GB/T 24302–2009	2年	代替LS/T 1533–2019
8	籼米品尝评分参考样品		LS/T 1535–2023	综合评分：（79 ± 3.3）分 其中： 气味16分； 颜色6分； 光泽6分； 完整性4分； 粘性7分； 弹性8分； 硬度8分； 滋味21分； 冷饭质地3分。	《粮油检验 稻谷、大米蒸煮食用品质感官评价方法》 GB/T 15682–2008	1年	代替LS/T 1535–2022
9	粳米品尝评分参考样品		LS/T 1534–2023	综合评分：（79 ± 3.6）分 其中： 气味16分； 颜色6分； 光泽6分； 完整性4分； 粘性7分； 弹性7分； 硬度8分； 滋味22分； 冷饭质地3分。		1年	代替LS/T 1534–2022

附件2

粮食标准样品研制单位

序号	标准样品名称	研制单位	联系方式
1	籼米加工精度标准样品（精碾、适碾）	安徽省粮油产品质量监督检测站 季一顺、胡斌、张黎利、吴云、毛永荣、李月双、韩煜晖、章亚伟、张爱英 安徽省粮油科学研究所 王懿	0551-65632300、18788837518 （安徽省粮油产品质量监督检测站，章亚伟）
2	粳米加工精度标准样品（精碾、适碾）	吉林省粮油卫生检验监测站 颜庭辉、杨会宁、徐振斌、李伟航、石家源、张建桥、董娜、赵越超、张月	0512-63369988、13771666588 （苏州市绿世纪粮油有限公司，夏正萍）
3	籼稻整精米率标准样品	湖北省粮油食品质量监督检测中心 李琦、陈轲、倪姗姗、吴莉莉、朱玫、邹洁、高倩	027-88873413、13910708344 （山东美正生物科技有限公司，吕伟）
4	粳稻整精米率标准样品	辽宁省粮食和物资储备事务服务中心 范艺凡、闵国春、路峰、乔丽娜、宁阳阳	024-43967979、18341465566 （本溪市国家粮油质量监测站，李南东）
5	大米颜色黄度指数标准样品	湖北省粮油食品质量监督检测中心 熊宁、孙婷琳、刘利、许诗尧、刘坚、秦时聪、王枭鹏	027-88873413、13910708344 （山东美正生物科技有限公司，吕伟）
6	籼米、粳米品尝评分参考样品	国家粮食和物资储备局科学研究院 王縙、段晓亮、孙辉、刘辉、洪宇	010-56452651、15210245580 （国家粮食和物资储备局科学研究院，刘辉）

2023年第4号公告

根据《中华人民共和国标准化法》规定，现发布《农户小型粮仓建造技术规范》等12项行业标准，编号和名称如下：

1. LS/T 1233–2023《粮油储藏　粮食仓储企业危险源辨识与评价方法》

2. LS/T 3126–2023《油用杏仁》

3. LS/T 3127–2023《鹰嘴豆》

4. LS/T 3321–2023《马铃薯全粉》

5. LS/T 3322–2023《冷冻熟面条》

6. LS/T 3323–2023《食品工业用玉米蛋白》

7. LS/T 6146–2023《粮油检验　粮食中霉菌计数　荧光快速检测法》

8. LS/T 6147–2023《粮油检测　粮食中T–2毒素的测定　时间分辨荧光免疫层析快速定量法》

9. LS/T 6148–2023《粮油检测　粮食中铅的测定　时间分辨荧光免疫层析快速定量法》

10. LS/T 8005–2023《农户小型粮仓建造技术规范》

11. LS/T 8012–2023《气膜钢筋混凝土圆顶仓设计规范》

12. LS/T 8013–2023《气膜钢筋混凝土圆顶仓工程施工与验收规范》

以上行业标准自2024年5月14日起实施。

特此公告。

国家粮食和物资储备局

2023年11月14日

2023年第5号公告

根据《中华人民共和国标准化法》规定，现发布《高标准粮仓建设标准》等3项行业标准，编号和名称如下：

1. LS/T 1234–2023《植物油储存品质判定规则》

2. LS/T 1715–2023《粮食仓储基础代码》

3. LS/T 8014–2023《高标准粮仓建设标准》

以上行业标准自2024年6月27日起实施。

特此公告。

国家粮食和物资储备局

2023年12月27日

附　录

2023年大事记

一月

1月11日，全国粮食和物资储备工作会议召开。会议以习近平新时代中国特色社会主义思想为指导，深入贯彻落实党的二十大精神和中央经济工作会议、中央农村工作会议精神，按照全国发展和改革工作会议部署要求，总结2022年粮食和物资储备工作，分析当前形势，安排2023年重点任务。会议传达学习了国务院领导同志、国家发展和改革委员会领导同志重要批示。丛亮同志作工作报告，卢景波、黄炜、贾骞、刘小南和中央纪委国家监委驻国家发展和改革委员会纪检监察组有关负责同志出席会议。

春节前夕，丛亮同志以电话等方式慰问了白美清和聂振邦等老领导老同志，卢景波、黄炜、贾骞、刘小南同志分别电话慰问了赵凌云、朱长国、郄建伟、杨兵、张桂凤、吴子丹、赵中权、曾丽瑛、韩卫江、梁彦等老领导老同志，向他们致以诚挚的节日问候，衷心祝愿他们新春愉快、健康长寿。

二月

2月16日至20日，丛亮同志带队赴黑龙江省齐齐哈尔、哈尔滨、佳木斯等地调研大豆、玉米市场形势和收购情况，以及超储稻谷储存管理、“水改旱”等，主持召开粮食购销领域腐败问题专项整治工作座谈会。

2月24日，国家粮食和物资储备局召开全国粮食和物资储备系统警示教育视频会议，启动“以案为鉴警示教育月”和“严监管强执法重处罚行动年”活动。丛亮同志出席会议并讲话，卢景波、黄炜和中央纪委国家监委驻国家发展和改革委员会纪检监察组有关负责同志出席会议。

三月

3月3日，国家粮食和物资储备局召开全面从严治党工作会议。国家发展和改革委员会党组成员、中央纪委国家监委驻国家发展和改革委员会纪检监察组组长孙怀新，丛亮同志出席会议并讲话。卢景波同志主持会议，黄炜、贾骞、刘小南同志出席会议。

3月23日，国家粮食和物资储备局在河南省南阳市召开全国粮食和储备系统警示教育现场会，教育警醒粮食和储备系统广大党员、干部、职工进一步提高思想认识，保持清醒坚定，严守党纪国法，忠诚履职尽责。丛亮同志出席会议并讲话，卢景波同志、中央纪委国家监委驻国家发展和改革委员会纪检监察组有关负责同志出席会议。

3月30日，国家粮食和物资储备局在京召开定点帮扶安徽省阜南县工作座谈会。丛亮同志会见阜南县委书记李云川一行，刘小南同志出席并讲话。

四月

4月4日，国家粮食和物资储备局召开2023年全国政策性粮油库存检查动员培训视频会议，全面动员部署库存检查工作，开展检查业务培训。卢景波同志出席会议并讲话，对检查工作提出明确要求。

4月10日，国家粮食和物资储备局召开会议，深入学习贯彻习近平总书记重要讲话精神，按照党中央部署要求，对全局全系统深入开展学习贯彻习近平新时代中国特色社会主义思想主题教育进行动员部署。中央第三十一指导组组长冯正霖出席会议并讲话。丛亮同志主持会议并作动员部署。会议以视频形式召开。中央主题教育领导小组第三十一指导组全体成员，国家粮食和物资储备局党组成员，中央纪委国家监委驻国家发展和改革委员会纪检监察组负责同志，国家粮食和物资储备局总工程师、督查专员，各司局单位班子成员，机关副处级以上干部在主会场参加会议；各直属联系单位、垂直管理局副处级以上干部在分会场参加会议。

4月25日，为深入学习宣传贯彻《习近平关于国家粮食安全论述摘编》，国家发展和改革委员会、国家粮食和物资储备局召开《习近平关于国家粮食安全论述摘编》专题座谈会，深入学习贯彻习近平总书记关于国家粮食安全的重要论述。国家发展和改革委员会党组书记、主任郑栅洁出席会议并讲话，丛亮同志主持会议，介绍《习近平关于国家粮食安全论述摘编》出版发行情况并发言。

4月28日，国家粮食和物资储备局党组举办学习贯彻习近平新时代中国特色社会主义思想主题教育读书班开班式。中央主题教育第三十一指导组组长冯正霖到会指导，丛亮同志围绕“自觉用习近平新时代中国特色社会主义思想武装头脑指导实践推动工作”主题作讲话和专题辅导。

五月

5月11日，国务院新闻办公室举行“权威部门话开局”系列主题新闻发布会，丛亮、卢景波、黄炜同志介绍“保障粮食安全，端牢中国饭碗”有关情况，并答记者问。

5月16日，国家粮食和物资储备局召开全国夏季粮油收购工作会议，分析研判收购形势，安排部署收购工作。卢景波同志出席会议并讲话。

5月21日，2023年全国粮食和物资储备科技活动周启动式在安徽省合肥市举行。丛亮同志出席启动式并讲话；安徽省委常委、常务副省长费高云出席启动式并致辞；卢景波同志主持启动式；丛亮、费高云、卢景波共同启动科技活动周，并向创新中心依托单位授牌。

5月21日，全国粮食和物资储备科技和人才兴粮兴储工作经验交流会在安徽省合肥市召开。丛亮同志出席会议并讲话，卢景波同志主持会议。

5月22日，丛亮同志带队赴安徽省阜南县开展定点帮扶专题调研，实地考察阜南优质小麦基地、粮食产业园等帮扶项目，主持召开座谈会，看望慰问挂职干部，研究推进定点帮扶和粮食产业发展助力乡村振兴落实措施。

5月24日，丛亮同志在京会见乌拉圭牧农渔业部部长费尔南多·马托斯先生一行。会谈后，丛亮和马托斯共同见证了《中国国家粮食和物资储备局科学研究院—乌拉圭国家农业研究院合作谅解备忘录》的签署。卢景波同志和乌拉圭驻华大使费尔南多·卢格里斯参加会见。

六月

6月29日，国家粮食和物资储备局举行“光荣在党50年”纪念章颁发暨预备党员入党宣誓仪式。卢景波同志出席颁章仪式并讲话。

七月

7月4日，为深入开展学习贯彻习近平新时代中国特色社会主义思想主题教育，持续推动落实党建工作责任制，国家粮食和物资储备局在吉林局二三八处召开推动基层党建高质量发展现场会。卢景波同志出席会议并讲话，中央主题教育第三十一指导组、吉林省直机关工委有关同志应邀出席会议进行指导。

7月26日至29日，在“八一”建军节来临之际，刘小南同志与中央军委后勤保障部负责同志赴西藏自治区调研，看望慰问基层部队。

八月

8月2日，全国粮食和物资储备工作半年会议在京召开。会议以习近平新时代中国特色社会主义思想为指导，深入贯彻习近平总书记关于粮食和物资储备安全的重要指示和党中央、国务院关于做好下半年经济工作的重要部署，以及国家发展和改革委员会上半年发展改革形势通报会议精神，总结工作，分析形势，安排下步任务，推动粮食和物资储备事业高质量发展。丛亮同志讲话，卢景波同志主持会议，黄炜、刘小南和中央纪委国家监委驻国家发展和改革委员会纪检监察组有关负责同志出席会议。

8月2日，国家粮食和物资储备局党组召开学习贯彻习近平新时代中国特色社会主义思想主题教育调研成果交流研讨会。中央第三十一指导组副组长崔少鹏出席会议并讲话，丛亮同志主持会议并讲话，国家粮食和物资储备局党组成员围绕主题教育期间开展调查研究情况交流发言。中央第三十一指导组、中央纪委国家监委驻国家发展和改革委员会纪检监察组有关负责同志出席会议。

8月18日，国家粮食和物资储备局召开全局及垂管系统领导干部会议，中央组织部负责同志宣布中央决定：刘焕鑫同志任国家粮食和物资储备局党组书记，免去丛亮同志的国家粮食和物资储备局党组书记职务。国家发展和改革委员会党组书记、主任郑栅洁同志出席会议并讲话，丛亮、刘焕鑫同志作表态讲话，卢景波、黄炜、刘小南同志出席会议。

8月26日，第五届中国粮食交易大会在河南省郑州市开幕。河南省委副书记、省长王凯出席，刘焕鑫同志讲话。王凯、刘焕鑫共同启动大会开幕，卢景波同志主持开幕式。本届粮食交易大会以“强产业促流通开新局”为主题，大会展览面积6.5万平方米，参展参会企业约2600家。

8月26日至28日，国家发展和改革委员会、国家粮食和物资储备局在第五届中国粮食交易大会期间，联合举办第三届全国脱贫地区优质特色粮油产品展销会暨中央和国家机关定点帮扶县农副产品产销对接活动。

8月26日，粮食产业高质量发展高层专家报告会在河南省郑州市召开。刘焕鑫同志主持会议，全国政协常委、经济委员会副主任，中国国际经济交流中心副理事长宁吉喆等专家围绕当前经济形势、粮食安全、小麦产业高质量发展作了专题报告。河南省人民政府党组成员、副省长李酌，中国国际贸易促进委员会粮食行业分会会长曾丽瑛，卢景波同志出席报告会。

8月30日，国家粮食和物资储备局召开对口支援江西省于都县工作座谈会，助力于都县粮食产业高质量发展，助推巩固拓展脱贫攻坚成果同乡村振兴有效衔接。

8月31日，国家粮食和物资储备局召开学习贯彻习近平新时代中国特色社会主义思想主题教育总结会议，刘焕鑫同志作总结讲话，中央第三十一指导组副组长崔少鹏到会指导并讲话。崔少鹏对国家粮食和物资储备局开展主题教育取得的积极成效给予充分肯定，并就巩固扩大主题教育成果提出要求。中央主题教育第三十一指导组、中央纪委国家监委驻国家发展和改革委员会纪检监察组有关同志，国家粮食和物资储备局党组成员，局总工程师、督查专员，各司局单位、各垂直管理局副处级以上干部参加会议。

九月

9月15日，国家粮食和物资储备局召开落实全面从严治党主体责任推进会，刘焕鑫同志出席会议并讲话，卢景波同志主持会议并传达中央有关会议精神，通报各垂管局分党组上半年落实“两个责任”情况。刘小南同志、中央纪委国家监委驻国家发展和改革委员会纪检监察组有关同志出席会议。

9月20日，国家粮食和物资储备局在江西省南昌市召开全国秋粮收购工作会议，分析研判收购形势，安排部署收购任务。刘焕鑫同志出席会议并讲话，江西省人民政府党组成员、副省长卢小青出席会议并致辞，卢景波同志主持会议。

9月25日，国家粮食和物资储备局在新疆维吾尔自治区博尔塔拉蒙古自治州召开全国粮食和物资储备系统对口援疆工作暨粮食产业对接现场会，深入学习贯彻习近平总书记关于做好新疆工作的重要讲话和第三次中央新疆工作座谈会精神，认真落实第九次全国对口支援新疆工作会议精神，总结近年来粮食和物资储备系统对口援疆工作，交流经验做法，研究部署任务。刘焕鑫同志出席会议并讲话，新疆维吾尔自治区副主席麦尔丹·木盖提出席会议并致辞，刘小南同志主持会议，新疆生产建设兵团副司令员哈增友出席会议。

9月27日，刘焕鑫同志赴北京市调研节日期间粮油市场供应工作，北京市副市长司马红，卢景波同志一同调研。

9月28日，国家粮食和物资储备局举行升国旗仪式，庆祝中华人民共和国成立74周年。国家粮食和物资储备局领导班子成员，机关各司局、直属单位干部职工代表，以及驻局武警中队官兵等200余人参加。

十月

10月2日，刘焕鑫同志带队赴昌平直属处开展安全生产督导检查，查看库房、铁路专用线、作业现场等，慰问节日期间坚守岗位的干部职工。刘焕鑫代表国家局对节日期间坚守一线的同志们表示衷心感谢，向全系统全行业广大干部职工致以节日的问候。

10月9日至12日，为贯彻落实习近平总书记在新时代推动东北全面振兴座谈会和在黑龙江考察时的重要讲话精神，刘焕鑫同志带队赴黑龙江省哈尔滨、佳木斯等地调研，深入田间地头和收储库点，详细了解秋粮生产、加工、销售情况，实地检查粮食储备库存管理、信息化建设应用情况，认真听取基层部门、粮食企业、专业合作社、经纪人等意见建议。

10月9日，国家粮食和物资储备局召开系统安全风险防范视频会议，认真贯彻落实习近平总书记关于安全生产重要论述，落实国务院安委会有关部署安排，分析安全生产形势，部署安全生产重点工作，刘小南同志出席会议并讲话。

10月14日，中国粮食经济学会第八届第一次会员代表大会在北京召开，刘焕鑫同志出席会议并讲话。中国粮食经济学会第七届理事会会长、原国家粮食局局长聂振邦，卢景波同志，国家粮食和物资储备局原副局长韩卫江出席会议。大会选举产生了学会第八届理事、第八届常务理事和会长、副会长。韩卫江当选为会长。

10月15日至18日，刘焕鑫同志带队赴江苏省南京、泰州、盐城等地调研粮食和物资储备工作，了解粮油供应、产业园建设、码头运营、粮食吞吐和仓储设施建设等情况，认真听取有关部门、企业意见建议。

10月16日，国家粮食和物资储备局、农业农村部、教育部、科技部、全国妇联，江苏省人民政府以及联合国粮农组织在江苏南京联合主办2023年世界粮食日和全国粮食安全宣传周主会场活动。刘焕鑫同志讲话，江苏省委常委、省委统战部部长、省政协党组副书记惠建林，联合国粮农组织驻华代表处代理代表谢赫·阿哈杜扎曼分别致辞；全国妇联书记处书记杜芮，卢景波同志和农业农村部、教育部、科技部有关负责同志，联合国世界粮食计划署驻华代表屈四喜出席活动。

10月16日，首批全国粮食和物资储备教育培训基地交流研讨会在南京财经大学召开。卢景波同志出席会议并讲话。

10月17日至18日，国家粮食和物资储备局在江苏省盐城市召开全国深入推进优质粮食工程、加快粮食产业高质量发展现场会。刘焕鑫同志，江苏省委常委、省委统战部部长、省政协党组副书记惠建林，钱毅同志出席会议。会议期间，与会代表实地观摩了江苏省优质粮食工程成果展示区、射阳县粮食全产业链发展示范区及阜宁县央地联动示范区，现场参观了相关企业。

10月24日至25日，中国粮油学会第九次会员代表大会在北京召开，刘焕鑫同志，中国科协党组成员、国际合作部（港澳台办公室）部长（主任）罗晖出席大会并讲话。刘小南同志出席会议，中国粮食行业协会会长栾日成、中国粮食经济学会会长韩卫江等到会祝贺。大会以无记名方式投票选举产生第九届理事会理事和第二届监事会监事，选举产生了常务理事。卢景波同志当选为第九届理事会理事长。

十一月

11月9日，国家粮食和物资储备局召开老干部情况通报会。刘焕鑫同志出席会议并讲话。黄炜同志主持会议，钱毅同志出席。聂振邦、曾丽瑛、吴子丹、贾骞等老领导和老干部代表100余人参加通报会。

11月10日至12日，刘焕鑫同志带队赴广东省韶关市就粮食和物资储备工作进行调研。调研期间，主持召开粮食和物资储备改革发展座谈会。钱毅同志出席座谈会。

11月11日，为深入贯彻落实习近平总书记关于安全生产工作的重要指示批示精神和党中央、国务院部署要求，扎实推进重大事故隐患专项排查整治行动，国家粮食和物资储备局在广东省韶关市举办安全生产综合应急演练。刘焕鑫同志出席并讲话，广东省委常委、常务副省长张虎出席并致辞；钱毅同志，有关部门相关同志出席演练活动。

11月12日至13日，刘焕鑫同志带队赴广西壮族自治区南宁市就粮食和物资储备工作进行调研并主持召开粮食和物资储备改革发展座谈会。广西壮族自治区党委常委、常务副主席蔡丽新一同调研，刘小南同志出席座谈会。

11月13日至15日，2023年全国行业职业技能竞赛——第六届全国粮食行业职业技能竞赛决赛在广西壮族自治区南宁市举办。刘焕鑫同志出席开幕式并讲话。广西壮族自治区党委常委、常务副主席蔡丽新，中华全国总工会书记处书记、党组成员邹震出席开幕式并致辞。刘小南同志主持开幕式。第六届全国粮食行业职业技能竞赛以“技能成才，为国保粮”为主题，经过各个层级的初赛和选拔，全国共有322名选手参加决赛，共产生团体奖项29个、优秀个人奖项86个。

11月23日至24日，国家粮食和物资储备局在山东省滨州市召开全国粮食产后节约减损工作现场推进会。会议深入学习贯彻习近平总书记关于节粮减损工作的重要指示批示精神，全面落实党中央、国务院部署要求，深化认识、交流经验、部署任务，深入落实粮食节约行动，推动粮食产后节约减损取得更大成效。刘焕鑫同志出席会议并讲话，山东省委常委、常务副省长曾赞荣出席会议并致辞。与会代表实地参观了滨州粮食和物资储备集团、滨州中裕食品有限公司。

十二月

12月5日，国家粮食和物资储备局召开垂直管理系统安全生产视频会议。会议认真传达贯彻落实习近平总书记重要指示，落实李强总理要求，以及全国安全生产电视电话会议精神，分析安全生产形势，部署岁末年初安全生产工作。钱毅同志出席会议并讲话。

12月16日，国家粮食和物资储备局召开专题会议，深入学习习近平总书记重要指示精神，落实中央领导同志要求，研究部署全系统低温雨雪冰冻灾害防范应对工作，要求密切关注重点地区强寒潮天气，突出抓好保安全、保供应等重点工作，强化元旦、春节等重点时段防范应对，全力保障人民生命财产安全，钱毅同志出席会议。

12月19日，国家粮食和物资储备局召开党组专题会，传达学习贯彻习近平总书记对甘肃临夏州积石山县6.2级地震作出的重要指示，钱毅同志出席。国家防灾减灾救灾委员会、应急管理部会同国家粮食和物资储备局向甘肃省紧急调拨2500顶棉帐篷、1万件棉大衣（防寒服）、1万床棉被、1万床棉褥、1万张折叠床等中央救灾物资，支持地方做好抗震救灾和受灾群众转移安置等保障工作。

撰稿单位：国家粮食和物资储备局办公室（外事司）
撰稿人：薄传敏、张宇阳、李燕博、李冬良、罗乐添、张杰才、毕一卓、孙兴昊
审稿人：方进、周辉

扫码阅读电子书